Anlagenplanung, Anlagenbau, Anlagenbetrieb für Unternehmen

De Gruyter Praxishandbuch

Anlagenplanung, Anlagenbau, Anlagenbetrieb für Unternehmen

Herausgegeben von
Ines Zenke, Miriam Vollmer

DE GRUYTER

Zitiervorschlag: Zenke/Vollmer, Anlagenplanung

Hinweis:
Alle Angaben in diesem Werk sind nach bestem Wissen unter Anwendung aller gebotenen Sorgfalt erstellt worden. Trotzdem kann von dem Verlag und den Autoren keine Haftung für etwaige Fehler übernommen werden.

ISBN 978-3-11-035466-9
ISBN (PDF) 978-3-11-035480-5
ISBN (EPUB) 978-3-11-038770-4

Bibliografische Information der Deutschen Nationalbibliothek
Die Deutsche Nationalbibliothek verzeichnet diese Publikation in der Deutschen Nationalbibliografie; detaillierte bibliografische Daten sind im Internet über http://dnb.d-nb.de abrufbar.

Coverabbildung: Pipop_Boosarakumwadi/iStock/thinkstock
Datenkonvertierung/Satz: Satzstudio Borngräber, Dessau-Roßlau
Druck: CPI books GmbH, Leck
♾ Gedruckt auf säurefreiem Papier
Printed in Germany

www.degruyter.com

Vorwort

Liebe Leser,
wie so häufig folgt auch dieses Buch der Praxis. Die Herausgeber dieses Buches „rund um die Anlage“ haben ihre, in der Sozietät Becker Büttner Held PartGmbB seit Jahren gesammelten, Erfahrungen selbst und mit Unterstützung erfahrener Kollegen zu Papier gebracht. Entstanden ist ein Werk, das den Lebenszyklus einer Feuerungsanlage – von der Planung bis zur Nachsorge nach ihrer Stilllegung – beschreibt und rechtlich aufarbeitet. Dabei haben wir gleichermaßen auf die Energieversorger wie die vielfältigen genehmigungsbedürftigen Anlagen der Industrie geschaut.

Wir begleiten heute rund 250 Anlagenbetreiber mit oft weit mehr als nur einer Anlage. Einige unserer Erkenntnisse über Stolpersteine und Lösungsmöglichkeiten, über hilfreiche Vorüberlegungen und Erfahrungen aus (wo nicht vermeidbar) geführten Gerichtsprozessen geben wir nun an Sie weiter, natürlich in allgemeiner Form und ohne den Anspruch auf Vollständigkeit oder gar Garantie auf Anwendbarkeit in Ihrem konkreten Fall. Denn eines haben wir gelernt: Es gibt auch im Recht der Anlage nicht „den einzigen Weg“, nicht „die allein typische Situation“. Es bleibt vielfältig und ein bunter Strauß an Möglichkeiten, der natürlich oft auch Chancen und Gestaltungsmöglichkeiten bietet.

Wir danken unseren Autoren, die sich im Rahmen unseres Buches engagiert haben. Ebenso möchten wir Katja Seidel, Arlett Steinhöfel und Maria Thelemann erwähnen; wir wissen, es ist nicht immer einfach, uns redaktionell zu betreuen. Ein weiteres Dankeschön geht natürlich an unseren Verlag, de Gruyter, und insbesondere an Ulrich Wittek, gerade auch für Ihr Vertrauen und die stetige Ansprechbarkeit. Ein Buch kann schließlich nur geschrieben werden, wenn der nötige Freiraum hierfür besteht. Herzlichen Dank daher an unsere Lieben, Rhett und Jan. Ein ganz spezieller Gruß geht an Florentine, Leo, Edgar und den kleinen Franz.

Wir hoffen, Ihnen gefällt unser Werk und Sie nehmen für die tägliche Arbeit einiges an Gewinn mit. Für Anmerkungen und konstruktive Änderungsvorschläge sind wir dankbar.

Berlin, Juli 2016

Sie erreichen uns unter:
Becker Büttner Held, Rechtsanwälte Wirtschaftsprüfer Steuerberater
Magazinstraße 15–16, 10179 Berlin
oder per E-Mail unter:
ines.zenke@bbh-online.de und miriam.vollmer@bbh-online.de

Ihre

Dr. Ines Zenke
Fachanwältin für Verwaltungsrecht

Dr. Miriam Vollmer
Fachanwältin für Verwaltungsrecht

Inhalt

Kapitel 4
Die Anlage im laufenden Betrieb — 131

Kapitel 5
Nachsorge nach Anlagenstilllegung — 227

Abkürzungsverzeichnis

€	Euro
a	anno (Jahr)
a.A.	am Anfang, anderer Ansicht
ABl EG	Amtsblatt der Europäischen Gemeinschaften
ABl EU	Amtsblatt der Europäischen Union
Abs.	Absatz
AbwV	Abwasserverordnung
ACER	Agency for the Cooperation of Energy Regulators
a.F.	alte Fassung
Anh.	Anhang
Art.	Artikel
AT	Allgemeiner Teil
Aufl.	Auflage
AZB	Ausgangszustandsbericht
BAnz AT	Bundesanzeiger Amtlicher Teil
BAnz	Bundesanzeiger
BauGB	Baugesetzbuch
BauNVO	Baunutzungsverordnung
BauO	Bauordnung
BayBO	Bayerische Bauordnung
BayVerf	Verfassung des Freistaates Bayern
BayWG	Bayerisches Wassergesetz
BBodSchG	Bundes-Bodenschutzgesetz
BBodSchV	Bundes-Bodenschutz- und Altlastenverordnung
BeckOK	Beck'scher Online-Kommentar
BeckRS	Beckonline Rechtsprechung
Beschl.	Beschluss
BFH	Bundesfinanzhof
BFHE	Entscheidungssammlung des Bundesfinanzhofs
BGB	Bürgerliches Gesetzbuch
BGBl.	Bundesgesetzblatt
BGH	Bundesgerichtshof
BHKW	Blockheizkraftwerk
BImSchG	Bundes-Immissionsschutzgesetz
BImSchV	Verordnung zur Durchführung des Bundes-Immissionsschutzgesetzes
BMUB	Bundesministerium für Umwelt, Bau, Naturschutz und Reaktorsicherheit
BMWi	Bundesministerium für Wirtschaft und Energie
BNatSchG	Bundesnaturschutzgesetz
BNetzA	Bundesnetzagentur
BR-Drucks.	Bundesrats-Drucksache
BT-Drucks.	Bundestags-Drucksache
BVerfG	Bundesverfassungsgericht
BVerwG	Bundesverwaltungsgericht
BVerwGE	Entscheidungssammlung des Bundesverwaltungsgerichts
BVT	beste verfügbare Technik(en)
bzw.	beziehungsweise

ca.	zirka
CCS	Carbon Capture and Storage
CDU	Christlich Demokratische Union Deutschlands
CLP-VO	CLP-Verordnung
CO	Kohlenmonoxid
CO_2	Kohlendioxid
CO_{2e}	Kohlendioxidäquivalent
CSU	Christlich-Soziale Union
DB	Der Betrieb (Zeitschrift)
dB(A)	Dezibel
DEHSt	Deutsche Emissionshandelsstelle
DepV	Deponieverordnung
d.h.	das heißt
DÖV	Die öffentliche Verwaltung (Zeitschrift)
DStRE	Deutsches Steuerrecht Entscheidungsdienst (Zeitschrift)
EE	Erneuerbare Energie/n
EEG	Erneuerbare-Energien-Gesetz
EE-RL	Erneuerbare-Energien-Richtlinie
EHRL	Emissionshandelsrichtlinie
EL	Ergänzungslieferung
EMASPrivilegV	EMAS-Privilegierungs-Verordnung
ENTSO Strom	Europäische Verbund der Übertragungsnetzbetreiber
EnWG	Energiewirtschaftsgesetz
EnWZ	Zeitschrift für das gesamte Recht der Energiewirtschaft (Zeitschrift)
ErbbauRG	Erbbaurechtsgesetz
EStG	Einkommensteuergesetz
etc.	et cetera
EU	Europäische Union
EUA	European Union Allowances
EuGH	Europäischer Gerichtshof
EuZW	Europäische Zeitschrift für Wirtschaftsrecht (Zeitschrift)
f./ff.	folgend/fortfolgend
FWL	Feuerungswärmeleistung
GBl.	Gesetzblatt
gem.	gemäß
GewO	Gewerbeordnung
GG	Grundgesetz
GIRL	Geruchsimmissions-Richtlinie
GK	Gemeinschaftskommentar
GmbH & Co. KG	Gesellschaft mit beschränkter Haftung & Compagnie Kommanditgesellschaft
GmbH	Gesellschaft mit beschränkter Haftung
GmbHG	GmbH-Gesetz
GMBl	Gemeinsames Ministerialblatt
GuD	Gas- und Dampfturbinenanlage
GÜ-Vertrag	Generalübernehmervertrag

GU-Vertrag	Generalunternehmervertrag
GWh	Gigawattstunde
GWh/a	Gigawattstunde pro Jahr
GWP	Erderwärmungspotential (Global Warming Potential)
h	Stunde(n)
ha	Hektar
HBO	Hessische Bauordnung
Hervorh. d. d. Verf.	Hervorhebung durch den/die Verfasser/in
HGB	Handelsgesetzbuch
HKW	Heizkraftwerk
Hrsg.	Herausgeber
Hs.	Halbsatz
ICSID	International Centre for Settlement of Investment Disputes
i.d.F.	in der Fassung
I+E	Zeitschrift für Immissionsschutzrecht und Energiehandel (Zeitschrift)
IED	Industrial Emissions Directive (Industrieemissionsrichtlinie)
i.H.d.	in Höhe der
i.H.v.	in Höhe von
ImmoWertV	Immobilienwertermittlungsverordnung
insb.	insbesondere
IR	InfrastrukturRecht (Zeitschrift)
i.S.d.	im Sinne des
i.V.m.	in Verbindung mit
IVU-RL	IVU-Richtlinie
IZÜV	Industriekläranlagen-Zulassungs- und Überwachungsverordnung
JuS	Juristische Schulung (Zeitschrift)
Kap.	Kapitel
KapResV	Kapazitätsreserveverordnung
KEMS	kontinuierliches CO_2-Emissionsmesssystem
KFK	Kommission zur Überprüfung der Finanzierung des Kernenergieausstiegs
kJ/kg	Kilojoule pro Kilogramm
KrWG	Kreislaufwirtschaftsgesetz
KWKG	Kraft-Wärme-Kopplungsgesetz
LABO	Bund/Länder-Arbeitsgemeinschaft Bodenschutz
LAI	Länderausschuss für Immissionsschutz
LAWA	Bund/Länder-Arbeitsgemeinschaft Wasser
LG	Landgericht
lit.	litera
m	Meter
MBl. NRW.	Ministerialblatt für das Land Nordrhein-Westfalen
MBO	Musterbauverordnung
MCPD	Medium Combustion Plant Directive (Richtlinie für mittelgroße Feuerungsanlagen)

mg/m^3	Milligramm pro Kubikmeter
Mio.	Million
Mrd.	Milliarde
MüKo	Münchener Kommentar
MVO	Monitoring-Verordnung
MW	Megawatt
MW_{el}	Megawatt elektrisch
m.w.N.	mit weiteren Nachweisen
MWp	Megawatt Peak
m.w.V.	mit weiteren Verweisen
MzB	Mitteilung zum Betrieb
N_2O	Distickstoffoxid
NACE	Statistische Systematik der Wirtschaftszweige in der Europäischen Gemeinschaft (Nomenclature statistique des activités économiques dans la Communauté européenne)
NJOZ	Neuen Juristischen Online-Zeitschrift (Zeitschrift)
NJW	Neue Juristische Wochenschrift (Zeitschrift)
NJW-RR	NJW-Rechtsprechungs-Report (Zeitschrift)
NO_x	Stickoxid
Nr.	Nummer
NuR	Natur und Recht (Zeitschrift)
NVwZ	Neue Zeitschrift für Verwaltungsrecht (Zeitschrift)
NVwZ-RR	NVwZ-Rechtsprechungs-Report Verwaltungsrecht (Zeitschrift)
OLG	Oberlandesgericht
OVG	Oberverwaltungsgericht
OWiG	Ordnungswidrigkeitengesetz
PFC	perflourierte Kohlenwasserstoffe
PV	Photovoltaik
ResKV	Reservekraftwerksverordnung
RGBl.	Reichsgesetzblatt
RL	Richtlinie
Rn	Randnummer
ROG	Raumordnungsgesetz
S.	Seite, Satz
SektVO	Sektorenverordnung
SO_2	Schwefeldioxid
sog.	sogenannt/e/en/er
SO_x	Schwefeltrioxid
Sp.	Spalte
SPD	Sozialdemokratische Partei Deutschlands
SPV	Special Purpose Vehicle (Zweckgesellschaft)
StandAG	Standortauswahlgesetz
StGB	Strafgesetzbuch

t	Tonne
TA Lärm	Technische Anleitung zum Schutz gegen Lärm
TA Luft	Technische Anleitung zur Reinhaltung der Luft
TALA	TA Luft-Ausschuss
TEHG	Treibhaugas-Emissionshandelsgesetz
TJ	Terajoule
TWh	Terawattstunde
u.a.	und andere, unter anderem
UAbs.	Unterabsatz
UG	Unternehmensgesellschaft
UIG	Umweltinformationsgesetz
UmweltHG	Umwelthaftungsgesetz
UmweltOK	Online-Kommentar zum Umweltrecht
UmwG	Umwandlungsgesetz
UmwRG	Umwelt-Rechtsbehelfsgesetz
UPR	Umwelt- und Planungsrecht (Zeitschrift)
Urt.	Urteil
USchadG	Umweltschadensgesetz
UVP	Umweltverträglichkeitsprüfung
UVPG	Umweltverträglichkeitsprüfungsgesetz
v.	vom, von
VGH	Verwaltungsgerichtshof
vgl.	vergleiche
VO	Verordnung
VwGO	Verwaltungsgerichtsordnung
VwVfG	Verwaltungsverfahrensgesetz
WHG	Wasserhaushaltsgesetz
z.B.	zum Beispiel
ZfBR	Zeitschrift für deutsches und internationales Bau- und Vergaberecht (Zeitschrift)
zit.	zitiert
ZNER	Zeitschrift für Neues Energierecht (Zeitschrift)
ZPO	Zivilprozessordnung
ZuG 2007	Zuteilungsgesetz 2007
ZUR	Zeitschrift für Umweltrecht (Zeitschrift)
ZuV 2020	Zuteilungsverordnung 2020

Literaturverzeichnis

Altrock, Martin/Oschmann, Volker/Theobald, Christian (Hrsg.), Erneuerbare-Energien-Gesetz (EEG), 4. Aufl., München 2013 (zit.: Altrock/Oschmann/Theobald/*Bearbeiter*, EEG, §)

Battis, Ulrich/Krautzberger, Michael/Löhr, Rolf-Peter (Hrsg.), Baugesetzbuch, Kommentar, 12. Aufl., München 2014 (zit.: Battis/Krautzberger/Löhr/*Bearbeiter*, BauGB, §)

Beckmann, Martin, Abfallbezogene Nebenbestimmungen und nachträgliche Anordnungen bei immissionsschutzrechtlich genehmigungsbedürftigen Anlagen, I+E 2014, 192 ff.

Binz, Mark K./Sorg, Martin H., Die GmbH & Co. KG, 11. Aufl., München 2010 (zit.: *Binz/Sorg*, GmbH & Co. KG, §)

Creifels, Carl/Weber, Klaus (Hrsg.), Rechtswörterbuch, 21. Aufl., München 2014 (zit.: *Creifels*, Rechtswörterbuch, S.)

Danner, Wolfgang/Theobald, Christian (Hrsg.), Energierecht, Lose-Blatt-Kommentar in 5 Bänden, München, 86. EL/September 2015 (zit.: Danner/Theobald/*Bearbeiter*, Energierecht)

Däuper, Olaf/Voß, Jan Ole, Die Netzreserve nach der neuen Reservekraftwerksverordnung – Chancen und Risiken für Kraftwerksbetreiber, IR 2013, 170 ff.

Diekmann, Nina, Das neue CCS-Gesetz – Überblick und Ausblick, NVwZ 2012, 989 ff.

Ehrmann, Markus, Emissionshandel ab 2013 – die neuen Zuteilungsregeln gemäß der Zuteilungsverordnung 2020 (ZuV 2020), I+E 2011, 243 ff.

Ernst, Werner/Zinkahn, Willy/Bielenberg, Walter/Krautzberger, Michael (Hrsg.), Baugesetzbuch (BauGB), Lose-Blatt-Kommentar in 6 Bänden, 119. EL/November 2015 (zit.: Ernst/Zinkahn/Bielenberg/Krautzberger/*Bearbeiter*, BauGB, §)

Feldhaus, Gerhard, Verordnung über das Genehmigungsverfahren, 1. Aufl., Baden-Baden 2007 (zit.: *Feldhaus*, 9. BImSchV, §)

Frenz, Walter, Emissionshandelsrecht, Kommentar zum TEHG und ZuG, München 2008 (zit.: *Frenz*, Emissionshandelsrecht, §)

Frenz, Walter, BImSchG und KrWG, I+E 2012, 202 ff.

Führ, Martin (Hrsg.), Gemeinschaftskommentar zum Bundes-Immissionsschutzgesetz, Köln 2016 (zit.: GK-BImSchG/*Bearbeiter*, §)

Giesberts, Ludger/Reinhardt, Michael (Hrsg.), Beck'scher Online-Kommentar Umweltrecht, 38. Edition, München 2016 (zit.: BeckOK/*Bearbeiter*, UmweltR, § Gesetz)

Göbler, Erich (Hrsg.), Gesetz über Ordnungswidrigkeiten (OWiG), Kommentar, 16. Aufl., München 2012 (zit.: Göbler/*Bearbeiter*, OWiG, §)

Hansmann, Klaus, Die Nachsorgepflichten im Immissionsschutzrecht, NVwZ 1993, 921 ff.

Hennecken, Andrea/Rosenbeck, Johanna, Überwachungspläne/Umweltinspektionen – Anlagenüberwachung im Fokus, I+E 2014, 2 ff.

Hoppenberg, Michael/de Witt, Siegfried (Hrsg.), Handbuch des öffentlichen Baurechts, Lose-Blatt-Werk, München, 43. EL/Oktober 2015 (zit.: Hoppenberg/deWitt/*Bearbeiter*, Handbuch des öffentlichen Baurechts)

Hornmann, Gerhard (Hrsg.), Hessische Bauordnung (HBO), Kommentar, 2. Aufl., München 2011 (zit.: Hornmann/*Bearbeiter*, HBO, §)

Jacob, Peter, Der Amtsermittlungsgrundsatz vor dem Verwaltungsgericht, JuS 2011, 510 ff.

Jarass, Hans D., Bundes-Immissionsschutzgesetz (BImSchG), Kommentar, 10. Aufl., München 2013 (zit.: *Jarass*, BImSchG, §)

Jarass, Hans D., Das neue Recht der Industrieanlagen, NVwZ 2013, 169 ff.

Jarass, Hans D., Immissionsschutzrechtlicher Anlagenbegriff und Reichweite der Genehmigungsbedürftigkeit, UPR 2011, 201 ff.

Jarass, Hans D./Petersen, Frank (Hrsg.), Kreislaufwirtschaftsgesetz (KrWG), Kommentar, München 2014 (zit.: Jarass/Petersen/*Bearbeiter*, KrWG, §)

Kapellmann, Klaus D. (Hrsg.), Juristisches Projektmanagement, 2. Aufl., Köln 2007 (zit.: Kapellmann/ *Bearbeiter*, Juristisches Projektmanagement)
Kloepfer, Michael, Umweltrecht, 3. Aufl., München 2004 (zit.: *Kloepfer*, Umweltrecht, §)
Kment, Martin/Pleiner, Tom, Veröffentlichung von immissionsschutzrechtlichen Mängelberichten nach Umweltinspektionen, ZUR 2015, 330 ff.
Koch, Hans-Joachim, Umweltrecht, 4. Aufl., München 2014 (zit.: *Koch*, Umweltrecht, §)
Koch, Hans-Joachim/Weiss, Daniel, Aktuelle Entwicklungen des Immissionsschutzrechts (Teil 2), NVwZ 2015, 1100 ff.
König, Helmut/Roeser, Thomas/Stock, Jürgen (Hrsg.), Baunutzungsverordnung (BauNVO), Kommentar, 3. Aufl., München 2014 (zit.: König/Roeser/Stock/*Bearbeiter*, BauNVO)
Kopp, Ferdinand O./Ramsauer, Ulrich, Verwaltungsverfahrensgesetz (VwVfG), Kommentar, 13. Aufl., München 2012 (zit.: *Kopp/Ramsauer*, VwVfG)
Kotulla, Michael (Hrsg.), Bundes-Immissionsschutzgesetz, Lose-Blatt-Kommentar, Stuttgart, 18. EL/ Januar 2014 (zit.: Kotulla/*Bearbeiter*, BImSchG, §)
Krahnefeld, Lutz/Conzelmann, Ruben, Abfallgrundpflichten und fünfstufige Abfallhierarchie – Bedeutung für Betreiber genehmigungsbedürftiger BImSchG-Anlagen, I+E 2014, 7 ff.
Krahnefeld, Lutz/Ehrmann, Markus, Die Umsetzung der Industrieemissions-Richtlinie im Wasserrecht , I+E 2013, 171 ff.
Krappel, Thomas, Ausgangszustandsbericht und Rückführungspflicht nach dem neuen Recht der Industrieemissionen, ZUR 2014, 202 ff.
Länderausschuss für Immissionsschutz, Hinweise zur Messung, Beurteilung und Verminderung von Erschütterungsimmissionen (Erschütterungs-Leitlinie), 2. Aufl., Berlin 2001 (zit.: *LAI*, Erschütterungs-Leitlinie)
Landmann, Robert von/Rohmer, Gustav (Hrsg.), Umweltrecht, Lose-Blatt-Kommentar, München, 77. EL/August 2015 (zit.: Landmann/Rohmer/*Bearbeiter*, Umweltrecht, §)
Matthes, Felix Christian/Cames, Martin/Deuber, Odette/Koch, Matthias/Harnisch, Jochen/ Kohlhaas, Michael/Schumacher, Katja/Ziesing, Hans-Joachim, Analyse und Bewertung eines europäischen Emissionshandelssystems für Deutschland, Berlin u.a. 2002
Meßerschmidt, Klaus (Hrsg.), Bundesnaturschutzgesetz, Lose-Blatt-Kommentar, Heidelberg, 127. EL/Oktober 2015 (zit.: Meßerschmidt/*Bearbeiter*, BNatSchG, § Rn)
Müggenborg, Hans-Jürgen, Der Ausgangsbericht über den Bodenzustand nach Umsetzung der Industrieemissions-Richtlinie, NVwZ 2014, 326 ff.
Ohms, Martin J., Praxishandbuch Immissionsschutzrecht, 1. Aufl., Baden-Baden 2003 (zit.: Ohms, Praxishandbuch Immissionsschutzrecht, Rn)
Palandt, Otto (Hrsg.), Bürgerliches Gesetzbuch, Kommentar, 74. Aufl., München 2015 (zit.: Palandt/ *Bearbeiter*, BGB, §/Art. Rn)
Pütz, Manfred/Buchholz, Karl-Heinz/Runte, Klaus, Anzeige- und Genehmigungsverfahren nach dem Bundes-Immissionsschutzgesetz, 8. Aufl., Berlin 2007 (zit.: *Pütz/Buchholz/Runte*, Anzeige- und Genehmigungsverfahren nach BImSchG)
Ramsauer, Ulrich, Die Dogmatik der subjektiven öffentlichen Rechte, JuS 2012, 769 ff.
Reshöft, Jan/Schäfermeier, Andreas (Hrsg.), Erneuerbare-Energien-Gesetz (EEG), Handkommentar, 4. Aufl., Baden-Baden 2014 (zit.: Reshöft/Schäfermeier/*Bearbeiter*, EEG, §)
Rixecker, Roland/Säcker, Franz Jürgen/Oekter, Hartmut (Hrsg.), Münchener Kommentar zum Bürgerlichen Gesetzbuch, 6. Aufl., München 2015 (zit.: MüKo-BGB/*Bearbeiter*, §)
Röckinghausen, Marc, Die Umsetzung der Richtlinie über Industrieemissionen, I+E 2013, 99 ff.
Schink, Alexander, Ausgangszustandsbericht und Rückführungspflicht, UPR 2013, 241 ff.
Schink, Alexander/Versteyl, Andrea (Hrsg.), Kommentar zum Kreislaufwirtschaftsgesetz (KrWG), 1. Aufl., Berlin 2012 (zit.: Schink/Versteyl/*Bearbeiter*, KrWG, §)

Schmidt, Karsten (Hrsg.), Münchener Kommentar zum Handelsgesetzbuch, 3. Aufl., München 2013 (zit.: MüKo-HGB/*Bearbeiter*, § Rn)

Schneider, Jens-Peter/Theobald, Christian (Hrsg.), Recht der Energiewirtschaft, Praxishandbuch, 4. Aufl., München 2013 (zit.: Schneider/Theobald/*Bearbeiter*, Recht der Energiewirtschaft, §)

Schöner, Hartmut/Stöber, Kurt, Grundbuchrecht, 15. Aufl., München 2012 (zit.: *Schöner/Stöber*, Grundbuchrecht)

Schönke, Adolf/Schröder, Horst (Hrsg.), Strafgesetzbuch, 29. Aufl., München 2014 (zit.: Schönke/Schröder/*Bearbeiter*, StGB, §)

Sellner, Dieter, Änderungen des Bundes-Immissionsschutzgesetzes – Allgemeine und anlagenbezogene Neuerungen, NVwZ 1991, 305 ff.

Simon, Alfons/Busse, Jürgen (Hrsg.), Bayerische Bauordnung, Lose-Blatt-Kommentar, München, 121. EL/September 2015 (zit.: Simon/Busse/*Bearbeiter*, BayBO, §)

Spannowsky, Willy/Runkel, Peter/Goppel, Konrad (Hrsg.), Raumordnungsgesetz (ROG), Kommentar, München 2010 (zit.: Spannowsky/Runkel/Goppel/*Bearbeiter*, ROG, §)

Stüer, Bernhard (Hrsg.), Bau- und Fachplanungsrecht, 4. Aufl., München 2009 (zit.: Stüer/*Bearbeiter*, Bau- und Fachplanungsrecht)

Theuer, Andreas/Kenyeressy, Alexander, Anforderungen an genehmigungsbedürftige Anlagen, I+E 2012, 140 ff.

Vollmer, Miriam, Kraftwerke vor Gericht – Nachbar- und Verbandsklagen gegen Immissionsschutzgenehmigungen, IR 2011, 2 ff.

Vollmer, Miriam, Schadstoffimmissionen mittelgroßer Feuerungsanlagen – Ein Richtlinienvorschlag, NuR 2015, 442 ff.

Vollmer, Miriam/Telschow, Carsten, Strafen und Bußen im Emissionshandel, I+E 2014, 21 ff.

Vollprecht, Jens/Clausen, Fabian, Auf dem Weg zum EEG 2014 – ein Werkstattbericht, EnWZ 2014, 112 ff.

Wasielewski, Andreas, Das Gesetz zur Umsetzung der Richtlinie über Industrieemissionen – Auswirkungen auf den Vollzug der Länder, I+E 2013, 17 ff.

Zenke, Ines, Die Strafzahlung im Emissionshandel – Eine Anmerkung zu § 18 Abs. 1 TEHG, ZNER 2010, 545 ff.

Zenke, Ines, Was die Finanzmarktaufsichtsbehörde BaFin mit Energie umtreibt, IR 2015, 266 ff.

Zenke, Ines/Fischer, Claudia, Transparenzpflichten nach REMIT und EMIR – Auswirkungen der europäischen Energie- und Finanzmarktregulierung auf Energieversorger, EnWZ 2013, 211 ff.

Zenke, Ines/Fuhr, Thomas, Handel mit CO_2-Zertifikaten, München 2006 (zit.: *Zenke/Fuhr*, Handel mit CO_2-Zertifikaten)

Zenke, Ines/Fuhr, Thomas/Bornkamm, Malte (Hrsg.), CO_2-Handel aktuell, Frankfurt am Main 2009 (zit.: Zenke/Fuhr/Bornkamm/*Bearbeiter*, CO_2-Handel aktuell, S.)

Zenke, Ines/Schäfer, Ralf (Hrsg.), Energiehandel in Europa, 3. Aufl., München 2012 (zit.: Zenke/Schäfer/*Bearbeiter*, Energiehandel in Europa, §)

Zenke, Ines/Schäfer, Ralf/Brocke, Holger (Hrsg.), Risikomanagement, Organisation, Compliance für Unternehmer, Berlin 2015 (zit.: Zenke/Schäfer/Brocke/*Bearbeiter*, Compliance für Unternehmer, Kap.)

Zenke, Ines/Vollmer, Miriam, Der künftige Rechtsrahmen für die Abscheidung und Speicherung von CO_2, IR 2009, 129 ff.

Zenke, Ines/Vollmer, Miriam, Einfach geht anders – die Zuteilung von Emissionsberechtigungen in der 3. Handelsperiode, Publicus 10/2011, 11 ff.

Zenke, Ines/Vollmer, Miriam, Fast fertig – Die Umsetzung der Industrieemissionsrichtlinie, Publicus 1/2013, 6 ff.

Zenke, Ines/Wollschläger, Stefan/Eder, Jost (Hrsg.), Preise und Preisgestaltung in der Energiewirtschaft, Berlin 2015 (zit.: Zenke/Wollschläger/Eder/*Bearbeiter*, Preise und Preisgestaltung, Kap.)

Zimmermann, Christian, Auswirkungen der Industrieemissions-Richtlinie auf die immissionsschutzrechtliche Änderungsgenehmigung, I+E 2012, 110 ff.

Bearbeiterverzeichnis

Dr. Ursula Prall ist Rechtsanwältin und Partnerin der auf Infrastrukturrecht spezialisierten Partnerschaft Becker Büttner Held in Hamburg. Sie ist spezialisiert auf Fragen des Umwelt-, Planungs- und Genehmigungsrechts. Daneben beschäftigt sie sich mit den rechtlichen und politischen Aspekten der Förderung der Windenergie auf See. Dr. Ursula Prall verfügt über eine umfangreiche Publikationstätigkeit, insbesondere im Energierecht, speziell die Erneuerbaren Energien.

Dr. Max Reicherzer ist Rechtsanwalt, Fachanwalt für Verwaltungsrecht und Partner der auf Infrastrukturrecht spezialisierten Partnerschaft Becker Büttner Held in München. Seine Tätigkeitsschwerpunkte sind unter anderem das Bauplanungsrecht und Genehmigungsrecht. Er besitzt langjährige Erfahrung bei der Beratung von kommunalen Gebietskörperschaften. Dr. Max Reicherzer verfügt des Weiteren über eine regelmäßige Vortrags- und Publikationstätigkeit im Bauplanungsrecht, Recht der Raumordnung und Landesplanung, Umweltrecht, Kommunalen Unternehmensrecht sowie Europarecht.

Roland Schmidt ist Rechtsanwalt und Fachanwalt für Verwaltungsrecht der auf Infrastrukturrecht spezialisierten Partnerschaft Becker Büttner Held in München. Seine Tätigkeitsschwerpunkte sind das Bauplanungsrecht, Kommunalrecht, Recht der Erneuerbaren Energien sowie Umweltrecht.

Carsten Telschow ist Rechtsanwalt der auf Infrastrukturrecht spezialisierten Partnerschaft Becker Büttner Held in Berlin. Sein Tätigkeitsschwerpunkt liegt in der Beratung von Industrieunternehmen und Unternehmen der Energiewirtschaft in den Bereichen des Emissionshandels- und Immissionsschutzrechts sowie des allgemeinen Energiewirtschafts- und Regulierungsrechts. Er ist Autor verschiedener Fachpublikationen, u.a. als Mitautor in Zenke/Fuhr/Bornkamm, „CO_2-Handel aktuell“, VWEW Energieverlag, Zenke/Wollschläger, „§ 315 BGB: Streit um Versorgerpreise“, VWEW Energieverlag, 2. Auflage 2009 und Zenke/Schäfer, „Energiehandel in Europa“, C.H. Beck Verlag, 3. Auflage 2012.

Dr. Miriam Vollmer ist Rechtsanwältin, Fachanwältin für Verwaltungsrecht und Partner in der auf Infrastrukturrecht spezialisierten Partnerschaft Becker Büttner Held in Berlin mit dem Beratungsschwerpunkt Umweltrecht und beschäftigt sich insbesondere mit dem Emissionshandel, dem Immissionsschutzrecht und dem Recht der Fernwärmeversorgung. Dr. Miriam Vollmer hat über ein energiebezogenes Thema im Immissionsschutzrecht promoviert und publiziert regelmäßig vor allem zu umweltrechtlichen Fragen. Sie verfügt über eine umfangreiche auch universitäre Lehr- und Vortragserfahrung.

Dr. Ines Zenke ist Rechtsanwältin, Fachanwältin für Verwaltungsrecht und Partnerin der auf Infrastrukturrecht spezialisierten Partnerschaft Becker Büttner Held in Berlin. Sie ist seit mehr als 20 Jahren in der Energiewirtschaft tätig. Dr. Ines Zenke unterstützt Versorger, energieintensive Abnehmer, Investoren und Politik bei der pragmatischen Bewältigung der Normenflut im Alltag und der Entwicklung tragfähiger Lösungen. Sie ist Verfasserin zahlreicher Fachpublikationen und Dozentin an der Hochschule für nachhaltige Entwicklung Eberswalde (HNEE), Fachbereich Wirtschaft, Studiengang Master Kommunalwirtschaft. Außerdem ist sie Gründungsmitglied und Vizepräsidentin des Wirtschaftsforums der SPD.

Kapitel 1
Einleitung

1 Große gewerbliche Anlagen haben ein erhebliches Schadenpotential. Verunreinigungen der Luft können gesundheitliche Schäden bei Mensch und Tier verursachen und sich negativ auf die Pflanzenwelt auswirken (Stichwort: saurer Regen); sie sind außerdem eine der identifizierten Hauptquellen für die negative Entwicklung des Weltklimas, deren Auswirkungen heute noch gar nicht absehbar sind. In einem eng besiedelten Lebensraum wie der Bundesrepublik Deutschland konkurrieren industrielle Tätigkeiten zudem mit anderen Nutzungen der Fläche wie etwa der Wohnbebauung. Es ist daher nicht erstaunlich, dass seit schon rund 100 Jahren (konkret bereits vor 1918) nicht mehr jedes Unternehmen frei und ungehemmt von rechtlichen Bindungen Industrieanlagen auf seinem Grund und Boden errichten und betreiben darf. Die Grenzen industrieller Tätigkeiten ergaben sich ursprünglich aus der Gewerbeordnung.[1]

2 Seit Erlass des Bundes-Immissionsschutzgesetzes (BImSchG) im Jahre 1974[2] und der umweltrechtlichen Aufladung des Planungsrechts existiert ein Regelwerk, das einerseits planungsrechtlich die Frage betrifft, wo Anlagen errichtet werden dürfen, und andererseits immissionsschutzrechtlich anordnet, wie diese Anlagen betrieben werden müssen und welche Umweltbelastungen maximal von diesen ausgehen dürfen. Seit 2004 steht neben dem Planungsrecht und dem Immissionsschutzrecht speziell für Anlagen der Größenkategorie von mehr als 20 MW FWL noch das – im Immissionsschutzrecht zuvor nur über das Vorsorgegebot verankerte – Klimaschutzrecht.[3] Dieses schränkt zwar das Recht des Anlagenbetreibers nicht ein, das klimaschädliche Kohlendioxid (CO_2) zu emittieren, belegt die Emission aber mit einer Abgabepflicht in Form werthaltiger Zertifikate.[4]

3 Mit wachsendem Umweltbewusstsein von Bevölkerung und Politik hat sich das Recht der Anlagenplanung, der Anlagengenehmigung und des Anlagenbetriebs immer weiter ausdifferenziert. Durch diese fein verästelten Wege möchte das vorliegende Werk den Praktiker führen. Die Darstellung folgt dabei den Lebenszyklen einer Industrieanlage:

1 Die Gewerbeordnung (GewO) vom 21.6.1869 (RGBl. S. 245) regelte noch bis 1974 die Rahmenbedingungen für Gewerbebetriebe.

2 Bundes-Immissionsschutzgesetz (BImSchG) v. 17.5.2013 (BGBl. I S. 1274), zuletzt geändert durch Verordnung v. 31.8.2015 (BGBl. I S. 1474).

3 Bis zum Inkrafttreten des Treibhausgas-Emissionshandelsgesetzes (TEHG) wurde der Schutz des Klimas vor Emissionen insbesondere über § 5 Abs. 1 Nr. 4 BImSchG gewährleistet, der allerdings weitgehend leer lief.

4 § 7 Abs. 1 TEHG. Zur Einführung des Emissionshandels *Zenke/Fuhr*, Handel mit CO_2-Zertifikaten.

4 Am Anfang steht die Planung[5] einer solchen Anlage, die naturgemäß davon abhängt, worum es eigentlich genau geht. Soll eine konventionelle Anlage errichtet werden, in der Braun- oder Steinkohle verbrannt wird? Immerhin ist Braunkohle – auch wenn ihr Ende gerade wieder beschworen wird[6] – bis heute Deutschlands meist genutzter Energieträger. Von dem rund 647 TWh erzeugten Strom insgesamt wurden 2015 24,0 % auf Basis von Braunkohle hergestellt.[7] Und auch Steinkohleanlagen – 2015 noch mit 118 TWh dabei[8] – werden in Deutschland absehbar noch lange nicht verschwinden. Wenngleich die Importquote der Steinkohle ab 2018 100 % betragen wird;[9] auf dem Weltmarkt wächst ihr Anteil an den eingesetzten Energieträgern noch. Schließlich ist auch für die Erdgas einsetzenden Anlagen – die es, wenn sie auch Strom erzeugen, angesichts der so nicht erwarteten Strompreise an der Börse aktuell schwer haben – noch nicht aller Tage Abend. Die Politik hat die Beschäftigung mit der Zukunft dieser emissionsärmeren Anlagen angekündigt und bereits bedeutende Schritte zu ihrer Unterstützung unternommen.[10] Oder geht es um eine Anlage, die auf Erneuerbare Energien setzt? Windenergie, Biomasse, Photovoltaik und Wasserkraft bringen immerhin schon 434 TWh auf die Straße.[11] Sie führen gleichzeitig auch zu anderen Problemen in der Planungsphase als konventionelle Anlagen.

5 Nicht nur der klassische Energieversorger, sondern auch die Industrie plant eigene Anlagen, oft um in erster Linie den erheblichen Wärmebedarf für die Herstellung ihrer Produkte an den Industriestandorten zu decken. Nachdem die Eigenerzeugung nun doch nicht – wie Anfang des Jahres 2014 angesichts eines Verfahrens der Europäischen Kommission zu befürchten war – flächendeckend mit der Erneu-

---

5 Kap. 2.

6 Vgl. hierzu enervis energy advisors, Der Klimaschutzbeitrag des Stromsektors bis 2040, Entwicklungspfade für die deutschen Kohlekraftwerke und deren wirtschaftliche Auswirkungen, Studie im Auftrag von Agora Energiewende, November 2015, abrufbar unter http://www.agora-energiewende.de/fileadmin/Projekte/2014/Kraftwerkspark-im-Einklang-mit-Klimazielen/Agora_Klimaschutzbeitrag_des_Stromsektors_2040_WEB.pdf.

7 Zenke/Wollschläger/Eder/*Vollmer/Monjau*, Preise und Preisgestaltung, Kap. 3 Rn 4 f.; BMWi, Energiedaten: Gesamtausgabe, Januar 2016, abrufbar unter https://www.bmwi.de/BMWi/Redaktion/PDF/E/energiestatistiken-grafiken,property=pdf,bereich=bmwi2012,sprache=de,rwb=true.pdf.

8 BMWi, Energiedaten: Gesamtausgabe, Januar 2016, abrufbar unter https://www.bmwi.de/BMWi/Redaktion/PDF/E/energiestatistiken-grafiken,property=pdf,bereich=bmwi2012,sprache=de,rwb=true.pdf.

9 Zenke/Wollschläger/Eder/*Vollmer/Monjau*, Preise und Preisgestaltung, Kap. 3 Rn 10; Steinkohlefinanzierungsgesetz (SteinkohleFinG) v. 20.12.2007 (BGBl. I S. 3086), zuletzt geändert durch Gesetz v. 11.7.2011 (BGBl. I S. 1344).

10 Zum 1.1.2016 wurde das KWKG novelliert und ist nun als Kraft-Wärme-Kopplungsgesetz (KWKG 2016) v. 21.12.2015 (BGBl. I S. 2498) in Kraft getreten.

11 AG Energiebilanzen, Auswertungstabellen zur Energiebilanz für die Bundesrepublik Deutschland 1990–2014, August 2015, abrufbar unter http://www.ag-energiebilanzen.de/10-0-Auswertungstabellen.html.

erbare-Energien-Gesetz[12]-Umlage (EEG-Umlage) belastet wird,[13] denkt die Industrie wieder über eigene Anlagen nach. Weil das Thema der Einbeziehung der eigenversorgenden Industrie in das Umlagesystem des EEG nach wie vor nicht ganz vom Tisch der Politik ist, sind die Überlegungen berechtigt zögerlich; die Anlage soll sich auch in einigen Jahren noch rechnen können. Die Planung von Industrieanlagen folgt dabei teils eigenen Notwendigkeiten, die in Kapitel 2 mit aufgegriffen werden und in den Abschnitten zu den weiteren Lebenszyklen der Anlage stets auch zur Sprache kommen sollen.

Kapitel 3 beschäftigt sich mit der Genehmigung der Anlage. Zu den Problemen in 6 Zusammenhang mit der Anlagengenehmigung gehört dabei insbesondere die Frage nach der Anlagenkategorisierung. Dieser Punkt ist oftmals alles andere als trivial. Denn sowohl die Genehmigungspflicht als solche als auch das einzuhaltende Verfahren und auch die materiellen Anforderungen für die Genehmigungserteilung sind von der Frage abhängig, um was für eine Anlage es sich handelt und wie groß diese Anlage ist. Insbesondere der letzte Punkt erlangt erhebliche Bedeutung für die Praxis: Werden mehrere Anlagenmodule zusammen betrachtet und ihre Feuerungswärmeleistung damit addiert? Oder können technisch selbständige Anlage separat betrachtet werden? Hier können sich je nach technischer und räumlicher Konfiguration erhebliche Unterschiede ergeben. So wird etwa ein Ausgangszustandsbericht über die Bodenqualität nur dann gefordert, wenn die Anlage, um die es geht, mehr als 50 MW FWL aufweist. In solchen – und vielen anderen – Fällen ist es also wichtig, ob zwei Anlagen mit je 25 MW oder eine Anlage mit 50 MW FWL genehmigt werden sollen.[14]

Doch nicht nur die Wahl des richtigen Verfahrens, auch die vielfältigen Fallstricke 7 im Verfahren können über den Erfolg eines Vorhabens entscheiden. Denn die Rechtsentwicklungen der letzten Jahre haben prozedurale Anforderungen deutlich aufgewertet.[15] Die Einhaltung aller Verfahrensschritte ist ein Punkt, auf den höchste Aufmerksamkeit verwandt werden muss. Vermeintliche Formalitäten können über Wohl oder Wehe eines Projekts entscheiden.[16] Dass dies natürlich auch für die materiellen immissionsschutzrechtlichen,[17] aber auch wasserrechtlichen[18] Anforderungen an Projekte gilt, bedarf keiner weiteren Worte. Da in den letzten Jahren vor dem Hintergrund einer wachsenden Skepsis gegenüber großtechnischen Anlagen faktisch jedes größere Kraftwerksprojekt – aber auch viele Industrieanlagen – Gegenstand rechtli-

---

12 Erneuerbare-Energien-Gesetz (EEG 2014) v. 21.7.2014 (BGBl. I S. 1066), zuletzt geändert durch Gesetz v. 21.12.2015 (BGBl. I S. 2498).

13 *Vollprecht/Clausen*, EnWZ 2014, 112 ff.

14 *Vollmer*, NuR 2015, 442 ff. m.w.N.

15 Grundlegend BVerwG, Urt. v. 17.12.2013 – 4 A 1.13. – ZNER 2014, 205 ff.

16 BVerwG, Urt. v. 17.12.2013 – 4 A 1.13. – ZNER 2014, 205 ff.

17 Kap. 3 Rn 1 ff.

18 Kap. 3 Rn 252 ff.

cher Auseinandersetzungen wird,[19] kommt es dabei nicht nur darauf an, die strengen Anforderungen einzuhalten, die für Anlagen gelten, sondern die umfassende Prüfung auch lückenlos zu dokumentieren und die Auseinandersetzung mit allen denkbaren Einwänden transparent zu machen. Nicht zuletzt dient dies auch der Akzeptanz von Vorhaben, auf die Unternehmen heute mehr denn je angewiesen sind.[20]

8 In der Phase der Genehmigung und anschließenden Errichtung stellt der Emissionshandel[21] einen weiteren Punkt dar, auf den der Vorhabenträger besonderes Augenmerk legen sollte.[22] Zwar hat der Emissionshandel nicht die wirtschaftlich entscheidende Bedeutung erlangt, die seine Schöpfer gern gesehen hätten.[23] Bei Kursen von derzeit eher 5 € als 25 € stellt der Emissionshandel keinen Faktor dar, der dazu führen würde, dass ein Unternehmen auf einen emissionsärmeren Brennstoff als bisher umschwenkt. Gleichwohl ist eine gute Ausstattung mit Emissionszertifikaten für ein Vorhaben gerade in Zeiten niedriger Strompreise wichtig. Doch den Weg zur guten Ausstattung mit den inzwischen nur noch teilweise kostenlos zugeteilten Berechtigungen hat der – vor allem europäische – Gesetzgeber inzwischen deutlich erschwert. Der Regelungsbestand gilt als sperrig.[24]

9 Anders als vor einigen Jahren prognostiziert, muss – oder kann – sich ein Vorhabenträger heute noch nicht mit der Frage auseinandersetzen, ob er seine Anlage mit einer Vorrichtung zur Abscheidung von CO_2 ausstattet. Denn die bisher nur im Rahmen kleiner Forschungsanlagen erprobte Technologie hat den Sprung in den kommerziellen, großtechnischen Maßstab bisher noch nicht geschafft.[25] Dies liegt sicher auch an den niedrigen Preisen für CO_2-Zertifikate, die die Ersparnis durch die unterirdische Einlagerung unattraktiv machen. Möglicherweise ist in dieser Hinsicht das letzte Wort aber noch nicht gesprochen.

10 Aber auch nach Inbetriebnahme bleiben Rechtsfragen bedeutsam. Hiermit beschäftigt sich Kapitel 4. Anders als etwa im Baurecht genießen Anlagen nach ihrer Genehmigung keinen Bestandsschutz, der sie gegen spätere Verschärfungen der Anforderungen abschirmt.[26] Das Umweltrecht ist „dynamisch", sodass ein Fortschritt

---

19 Vgl. nur VGH Hessen, Urt. v. 14.7.2015 – 9 C 1018/12.T – ZUR 2016, 44 ff. = ZNER 2015, 586 ff. – Staudinger; VGH Baden-Württemberg, Urt. v. 20.7.2011 – 10 S 2102/09 n. v. – GKM; OVG Nordrhein-Westfalen, Urt. v. 3.9.2009 – 10 D 121/07.NE – ZNER 2009, 284 ff. – Datteln; OVG Nordrhein-Westfalen, Urt. v. 1.12.2011 – 5 D 58/08.AK – ZNER 2012, 199 ff.

20 *Vollmer,* IR 2011, 2 ff.

21 Kap. 3 Rn 190 ff.

22 Gem. §§ 16 ff. Zuteilungsverordnung 2020 (ZuV 2020) v. 26.9.2011 (BGBl. I S. 1921) wird auch für neue Marktteilnehmer eine Zuteilung gewährt, es sei denn, sie produzieren Strom.

23 *Diekmann,* EU-Emissionshandel, November 2012, abrufbar unter http://www.umweltbundesamt.de/sites/default/files/medien/461/publikationen/4378.pdf.

24 Für viele: *Zenke/Vollmer,* Publicus 10/2011, 11 ff.

25 Die aktuellen Entwicklungen in der Markteinführung dieser Technologie listet das – freilich interessengeleitete – Klima. Zum Rechtsrahmen einführend *Zenke/Vollmer,* IR 2009, 129.

26 Vgl. nur § 17 BImSchG, der es bekanntlich erlaubt, trotz bestandskräftiger Genehmigungen nachträgliche Anordnungen zu erlassen, wenn der Stand der Technik sich geändert hat.

beim Stand der Technik bedeutet, dass auch die einzelne, noch vor wenigen Jahren moderne Anlage sich dem Wandel der Zeit anzupassen hat. Umweltbehörden sind daher berechtigt, nachträgliche Anforderungen zu erlassen, im Extremfall bis hin zur Stilllegungsverfügung.[27]

In den letzten Jahren wurde dieser Prozess institutionalisiert. Im sog. Sevilla- 11
Prozess[28] werden in achtjährigen Zyklen die jeweils aktuellen Anforderungen an Anlagen in einem Stakeholder-Verfahren festgestellt und in BVT-Merkblättern festgeschrieben, die für große Anlagen inzwischen verbindlich sind und auch für kleinere Anlagen den rechtlichen Maßstab bilden. Die Einhaltung dieser Anforderungen wird durch ein inzwischen durchweg vergemeinschaftetes Verfahren sichergestellt, dessen Verbindlichkeit durch die IED[29] und die MCPD[30] festgeschrieben wurde. Mit diesen verhältnismäßig neuen Regelungen mussten sich viele Anlagenbetreiber von nicht wenigen bekannten und bewährten Routinen trennen. Der neue Rechtszustand bedarf in vielfacher Hinsicht noch der Erprobung. Dass schließlich das Recht des Emissionshandels weitere Anforderungen[31] auch an Betreiber von Bestandsanlagen stellt, ist allgemein bekannt. Hier sind – auch weil Europa zunehmend eine eigene Verwaltungskompetenz anmahnt – einige Fragen offen und leider alles andere als trivial. Die Antragstellung (z.B. auch für Kapazitätsänderungen), die reine Abgabe von Berechtigungen und natürlich auch die Berichterstattungen stellen neben dem anfallenden Aufwand eine nicht unerhebliche Fehlerquelle dar.[32]

Kapitel 5 schließlich beschreibt das Ende eines (hoffentlich) langen Anlagenle- 12
bens. Wie sieht die Nachsorge nach der Stilllegung der Anlage aus? Wer kommt für die Veränderungen auf, die mit einem oft jahrzehntelangen Anlagenbetrieb immer verbunden sind? Welche ordnungsrechtlichen Anforderungen gibt es? Wer haftet eigentlich wie lange für eine ordnungsgemäße Nachsorge? Alle diese Fragen müssen sich Anlagenbetreiber lange vor der tatsächlichen Stilllegung stellen, meist bereits in der Planungs- und Inbetriebnahmephase.[33] Zudem spielen diese Fragen eine erhebliche Bedeutung bei der Veräußerung von Anlagen und Anlagengrundstücken.[34]

Dieses Buch schließt mit einem kleinen Resümee und Ausblick im Kapitel 6. Nun 13
wünschen wir Ihnen viel Vergnügen beim Lesen.

---

27 Vgl. § 20 BImSchG.

28 Art. 13 IED und Kap. 3 Rn 97.

29 Industrieemissionsrichtlinie (IED – RL 2010/75/EU) v. 24.11.2010 (ABl EU Nr. L 334 S. 17); Umsetzung in BGBl. 2013 I S. 973; *Zenke/Vollmer*, Publicus 1/2013, 6 ff.

30 Medium Combustion Plant Directive (MCPD – RL 2015/2193/EU) v. 25.11.2015 (ABl EU Nr. L 313 S. 1).

31 Danner/Theobald/*Zenke/Vollmer*, Energierecht, Emissionshandel.

32 *Vollmer/Telschow*, I+E 2014, 21; *Zenke*, ZNER 2010, 545 ff.

33 Vgl. insbesondere auch Kap. 2 zum Ausgangszustandsbericht.

34 Die Frage nach – möglicherweise kostenträchtig zu beseitigenden – Altlasten spielt eine erhebliche Rolle bei der Preisbildung und gehört zu den zentralen Prüfungsstationen jedes Asset Deals, bei dem Anlagen veräußert werden.

Kapitel 2
Planungsphase

A Einleitung

Basis der Errichtung und des dauerhaften Betriebs von Energieerzeugungs- und Industrieanlagen, die wir nachfolgend als Projekt bezeichnen werden, ist die Planungsphase. Diese Phase ist der erste Schritt im Projekt und für alle am Projekt Beteiligten von großer Bedeutung. 1

Jedoch ist in der Praxis immer wieder zu beobachten, dass die Planungsphase in ihrer Relevanz unterschätzt wird. Oftmals dominiert im Rahmen der Planung in einer frühen Phase die Betrachtung des Projekts rein unter wirtschaftlichen oder technischen Gesichtspunkten. Das Projektmanagement wird dabei sehr stark von diesen Aspekten dominiert. Insbesondere bei komplexeren industriellen Anlagen besteht die „Versuchung“, die vorhandenen Ressourcen sehr stark auf technische Detaillösungen zu konzentrieren, die Lösung rechtlicher Themen jedoch auf einen späteren Zeitpunkt zu verschieben. 2

Nicht nur wirtschaftliche und technische Aspekte, sondern auch rechtliche Strukturierung und Ausgestaltung stellen wesentliche Grundsteine für Erfolg oder Misserfolg eines Projektes dar. In der Planungsphase geschaffene (Rechts-)Tatsachen können zu einem späteren Zeitpunkt im Projekt erfahrungsgemäß nur noch schwer oder gar nicht mehr korrigiert werden. Exemplarisch sind frühzeitig abgeschlossene Verträge mit Dritten, die wegen unzureichender Regelungen von der finanzierenden Bank nicht akzeptiert werden und nur zum Preis wirtschaftlicher Neuverhandlung (zum Beispiel Grundstückseigentümer) abgeändert werden können oder wo zum Beispiel durch Wechsel der Entscheidungsträger (wie zum Beispiel Gemeinden nach Gemeinderatswahlen) Änderungen überhaupt nicht mehr in Betracht kommen. 3

Von entscheidender Bedeutung ist aber auch die juristische Implementierung eines Projektes in die jeweilige Umgebung. Anlagenbezogene Projekte nehmen regelmäßig Flächen in Anspruch. Sie konkurrieren um diese Fläche mit anderen Nutzungen und führen nicht selten auch zu Beeinträchtigungen des Umfeldes. Mit den Projekten sind oftmals Eingriffe in Natur und Landschaft, Immissionen für die Nachbarschaft und Verkehrsprobleme verbunden. Hier gilt es, die Probleme rechtzeitig zu identifizieren und zu sachgerechten Lösungen zu kommen, die möglichst von der Bevölkerung in der Umgebung akzeptiert werden. In diesem Zusammenhang ist die Kenntnis der einschlägigen öffentlich-rechtlichen Vorschriften von großer Bedeutung, da ansonsten Rechtsbehelfe gegen die Anlagengenehmigung eingelegt werden können. Ferner sind auch Rechtsbehelfe gegen die zugrundeliegenden Bauleitpläne oder Planfeststellungsverfahren denkbar. Dies kann zu erheblichen Verzögerungen und Kostensteigerungen führen, die sogar zur Unwirtschaftlichkeit des Projekts und dessen Verhinderung führen können. Die Vernachlässigung dieser Themen hat nicht 4 zuletzt zum Fall von „Stuttgart 21" zu erheblichen Problemen geführt. Die öffentlich-rechtlich vorgeschriebenen Verfahren sollten dabei stets als Chance begriffen werden, die Bedenken der Bevölkerung ernst zu nehmen und zu möglichst einvernehmlichen Lösungen zu kommen. Eine substantielle Erörterung von Einwendungen der betroffenen Bevölkerung ist deshalb notwendig und kann die Akzeptanz der Projekte deutlich verbessern. Hierfür ist eine genaue Kenntnis der rechtlichen Hintergründe unerlässlich.

5 Gerade in der Planungsphase ist die Gestaltungsfreiheit innerhalb des Projekts am größten und durch gute Strukturierungsarbeit besteht erhebliches Potential zur Beschleunigung von Projekten und einer damit verbundenen Kostenminimierung. Insbesondere ist die frühzeitige Einbindung und die regelmäßige Kommunikation mit und unter allen am Projekt Beteiligten ein Schlüssel zum Erfolg.

6 Wir wollen daher die Planungsphase nachstehend im Sinne eines juristischen Projektmanagements[1] näher beleuchten und auf die für diesen Projektabschnitt typischen Konstellationen näher eingehen.

B Grundbegriffe der Anlagenplanung

7 Bevor wir auf die Strukturierung der Planungsphase und ihre Inhalte näher eingehen, wollen wir zunächst eine Begriffsklärung voranstellen. Im Rahmen der Projektierung von Energieerzeugungs- und Industrieanlagen arbeiten Ingenieure, Architekten, Landschaftsplaner, Betriebswirte und Juristen eng zusammen. Vielfach werden dabei Begriffe verwendet, die scheinbar dasselbe meinen, beim genaueren Hinsehen jedoch durchaus unterschiedlich verstanden werden (können).

8 Wir halten es daher für geboten, an dieser Stelle zunächst erst einmal eine nähere Definition dieser Begriffe vorzunehmen, um nachfolgend ein einheitliches Verständnis voraussetzen zu können. Dabei ist unser Ausgangspunkt stets der rechtliche Gehalt eines Begriffs.

9 Der juristische Anlagenbegriff hat erhebliche Bedeutung, weil mit ihm der jeweilige Anwendungsbereich des jeweiligen Fachgesetzes umrissen wird. Die öffentlich-rechtlichen Rechtsnormen wie das Bundesimmissionsschutzgesetz (BImSchG),[2] das Wasserhaushaltsgesetz (WHG),[3] die Landesbauordnungen, das Gesetz über die

1 Vgl. zum Begriff Kapellmann/*Kapellmann*, Juristisches Projektmanagement, Rn 3.

2 Bundes-Immissionsschutzgesetz (BImSchG) v. 17.5.2013 (BGBl. I S. 1274), zuletzt geändert durch Gesetz v. 31.8.2015 (BGBl. I S. 1474).

3 Wasserhaushaltsgesetz (WHG) v. 31.7.2009 (BGBl. I S. 2585), zuletzt geändert durch Gesetz v. 31.8.2015 (BGBl. I S. 1474).

Umweltverträglichkeitsprüfung (UVPG),[4] aber auch das Erneuerbare-Energien-Gesetz (EEG)[5] knüpfen stets an den Anlagenbegriff an.

I Anlage

Schon die Frage, was unter „Anlage“ im Allgemeinen zu verstehen ist, fällt nicht ganz 10
leicht. Bereits der Duden gibt bis zu 10 Begriffsklärungen vor.[6] Energieerzeugungs- und Industrieanlagen sind dabei Teil zwei verschiedener Kategorien:

1. Die bauliche Anlage – verstanden als eine dem Baurecht unterfallende Anlage und
2. die technische Anlage – verstanden als planvolle Zusammenstellung von in räumlichem Zusammenhang stehenden Maschinen oder Geräten, die Maschinen bzw. Geräte können funktional, steuerungstechnisch oder sicherheitstechnisch miteinander verknüpft sein.[7]

Der hier besprochene Anlagentyp ist stets eine Kombination aus einer baulichen und einer technischen Anlage.

Dieser Unterscheidung folgt das deutsche Recht insoweit, als dass es kein allge- 11
meines Anlagenzulassungsrecht gibt. Vielmehr kommt der Anlagenbegriff in einer Vielzahl von Normen vor – mit teilweise unterschiedlicher Bedeutung.[8]

Folgende gesetzliche Definitionen sind dabei für die hier besprochenen Typen 12
von Anlagen relevant:

- bauliche Anlage, § 2 Abs. 1 Musterbauverordnung (MBO)[9]

> „Bauliche Anlagen sind mit dem Erdboden verbundene, aus Bauprodukten hergestellte Anlagen; eine Verbindung mit dem Boden besteht auch dann, wenn die Anlage durch eigene Schwere auf dem Boden ruht oder auf ortsfesten Bahnen begrenzt beweglich ist oder wenn die Anlage nach ihrem Verwendungszweck dazu bestimmt ist, überwiegend ortsfest benutzt zu werden.“

---

4 Gesetz über die Umweltverträglichkeitsprüfung (UVPG) v. 24.2.2010 (BGBl. I S. 94), zuletzt geändert durch Gesetz v. 21.12.2015 (BGBl. I S. 2490).

5 Erneuerbare-Energien-Gesetz (EEG) v. 21.7.2014 (BGBl. I S. 1066), zuletzt geändert durch Gesetz v. 21.12.2015 (BGBl. I S. 2498).

6 Die Brockhaus Enzyklopädie Online, Version v. 13.1.2015, Gütersloh/München, Suchbegriff Anlage liefert 1057 Fundstellen; Duden Online liefert 519 Fundstellen, Problem Zitierfähigkeit Duden online nur über Webseite http://www.duden.de/suchen/dudenonline/Anlage%20 Zugriff am 14.1.2015 um 14.45 Uhr.

7 Die Brockhaus Enzyklopädie Online, Version v. 13.1.2015, Gütersloh/München, Titel Anlage (Technik).

8 Danner/Theobald/*Danner*, Energierecht, Einführung Rn 100.

9 § 2 Abs. 1 Musterbauverordnung (MBO), Fassung November 2002, zuletzt geändert im September 2012, abrufbar unter http://www.bauminister konferenz.de/verzeichnis.aspx?id=991&o=7590986O991.

- Anlage im Sinne des Immissionsschutzes, § 3 Abs. 5 BImSchG:

„Anlagen im Sinne dieses Gesetzes sind
1. Betriebsstätten und sonstige ortsfeste Einrichtungen,
2. Maschinen, Geräte oder sonstige ortsveränderliche technische Einrichtungen sowie Fahrzeuge, soweit sie nicht der Vorschrift des § 38 unterliegen und
3. Grundstücke, auf denen Stoffe gelagert oder abgelagert oder Arbeiten durchgeführt werden, die Immissionen verursachen können, ausgenommen öffentliche Verkehrswege."

- Anlage im Sinne des EEG, § 5 Nr. 1 EEG:

„Jede Einrichtung zur Erzeugung von Strom aus erneuerbaren Energien oder aus Grubengas; als Anlage gelten auch Einrichtungen, die zwischengespeicherte Energie, die ausschließlich aus erneuerbaren Energien oder Grubengas stammt, aufnehmen und in elektrische Energie umwandeln."

- Anlage im Sinne des UVPG zum Beispiel integrierte chemische Anlage, Anhang 1 Nr. 4.1 UVPG:
Eine Gesetzesdefinition der Anlage im UVPG gibt es nicht. Das UVPG setzt einen Anlagenbegriff voraus und formuliert im Anhang 1 die Vorhaben, die unter das UVPG fallen. Dabei hat sich der Gesetzgeber an sachbezogenen Merkmalen (Art, Größe und Leistung, Standort) des betreffenden Vorhabens orientiert.[10] Teilweise werden dabei bestimmte Anlagen, wie zum Beispiel integrierte chemische Anlagen (Anhang 1 Nr. 4.1) definiert, während zum Beispiel technische Anlagen aus dem Immissionsschutzrecht abgeleitet werden.

- „Integrierte chemische Anlage", Anhang 1 Nr. 4.1 UVPG:

„Verbund zur Herstellung von Stoffen oder Stoffgruppen durch chemische Umwandlung im industriellen Umfang, bei dem sich mehrere Einheiten nebeneinander befinden und in funktioneller Hinsicht miteinander verbunden sind und
- zur Herstellung von organischen Grundchemikalien,
- zur Herstellung von anorganischen Grundchemikalien,
- zur Herstellung von phosphor-, stickstoff- oder kaliumhaltigen Düngemitteln (Einnährstoff- oder Mehrnährstoff),
- zur Herstellung von Ausgangsstoffen für Pflanzenschutzmittel und von Bioziden,
- zur Herstellung von Grundarzneimitteln unter Verwendung eines chemischen oder biologischen Verfahrens oder
- zur Herstellung von Explosivstoffen dienen."

13 Bereits aus diesen Beispielen ist deutlich ersichtlich, dass der Anlagenbegriff vom Regelungsgegenstand des jeweiligen Gesetzes abhängt und somit unterschiedliche

10 Landmann/Rohmer/*Gallas/Sangenstedt*, Umweltrecht, § 3 UVPG Rn 22.

Anwendungsbereiche hat. Es zeigt darüber hinaus, dass für jede Anlage sowohl für Errichtung wie auch Betrieb stets verschiedenen gesetzlichen Vorgaben unterliegt.

1 Anlagen für die konventionelle Energieerzeugung

Anlagen zur Erzeugung von konventionellen Energien sind alle Anlagen, in denen 14 durch Einsatz konventioneller Energieträger (dies sind: Braunkohle, Steinkohle, Erdgas, Heizöl) Strom erzeugt wird. Dabei kommt es nicht entscheidend darauf an, ob durch diese Anlagen ausschließlich Strom oder auch Strom und Wärme erzeugt wird.[11]

Beispiel
Blockheizkraftwerke sind kompakte Energieerzeugungsanlagen, die Wärme und Strom dezentral im Verbraucherschwerpunkt mit Gesamtwirkungsgraden bis zu 95 % liefern.[12] Zumeist werden diese Anlagen mit Gas als Einsatzbrennstoff betrieben, jedoch ist ein Betrieb auch mit erneuerbaren Energieträgern möglich.

Dabei umfasst die Anlage nach der oben zugrunde zu legenden weiten Definition 15 sämtliche Betriebseinrichtungen, die zu vorgenannten Anlagen gehören und für den dauerhaften Betrieb notwendig sind.

Beispiel
Die eigentliche Stromerzeugungseinheit (Generator und Turbine) wird durch Verbrennungseinrichtungen, technische Einrichtungen zur Abführung von Abwärme und Abgasen, Mess- und Regeleinrichtungen oder ähnliches ergänzt.

Nicht vom Begriff der Anlage umfasst sind im Regelfall Nebenanlagen, die zur Fortlei- 16 tung des produzierten Stroms dienen (zum Beispiel Mittelspannungskabel, Umspannwerke). Diese sind nur technisch, nicht jedoch rechtlich mit der Anlage verknüpft.[13]

2 Anlagen zur Erzeugung von Erneuerbaren Energien

Die Anlagen zur Erzeugung von Erneuerbaren Energien stehen im Rahmen des Zulas- 17 sungsrechts zunächst anderen Energieerzeugungsanlagen gleich. Gleichwohl schafft das EEG[14] als „Sonderrecht" zum allgemeinen Energiewirtschaftsrecht[15] besondere

---

11 Danner/Theobald/*Rebentisch*, Energierecht, Einführung BImSchG Rn 6.
12 Die Brockhaus Enzyklopädie Online, Version v. 13.1.2015, Titel: Blockheizkraftwerk, online nicht mehr abrufbar; Simon/Busse/*Wolf*, BayBO, § 78 Rn 43.
13 Altrock/Oschmann/Theobald/*Oschmann*, EEG, § 3 Rn 20.
14 Reshöft/Schäfermeier/*Reshöft*, EEG, § 2 Rn 44 ff.
15 Das Energiewirtschaftsrecht wird bestimmt durch das Energiewirtschaftsgesetz (EnWG) v. 7.7.2005 (BGBl. I S. 1970, 3621), zuletzt geändert durch Gesetz v. 19.2.2016 (BGBl. I S. 254), das die grundsätzli-

Vorgaben für diese Art von Anlagen: Von der Erfüllung dieser Vorgaben wird der Erhalt der Förderung (sei es als Einspeisevergütung[16] oder Marktprämie[17]) für den von den Anlagen produzierten Strom abhängig gemacht.

18 Dabei ist zunächst der Begriff der „Erneuerbaren Energien" im Gesetz eindeutig bestimmt (§ 5 Nr. 14 EEG). Es handelt sich um:

> „a) Wasserkraft einschließlich der Wellen-, Gezeiten-, Salzgradienten- und Strömungsenergie,
> b) Windenergie,
> c) solare Strahlungsenergie,
> d) Geothermie,
> e) Energie aus Biomasse einschließlich Biogas, Biomethan, Deponiegas und Klärgas sowie aus dem biologisch abbaubaren Anteil von Abfällen aus Haushalten und Industrie."

19 In der Praxis werden vorrangig bislang Anlagen zur Erzeugung von Strom aus Wind, solarer Strahlungsenergie (Photovoltaik[PV]-Anlagen)[18] und Biogas-/Biomasseanlagen errichtet. Während bei Erlass des ersten EEG im Jahre 2000 kaum zulassungsrelevante Vorgaben gemacht worden sind, hat sich – auch mit der Intention, die Ansiedlung von EE-Anlagen zu steuern und die Höhe der zu zahlenden Förderungen zu begrenzen – der gesetzliche Rahmen erheblich verschärft. Bei allen Typen von EE-Anlagen sind zusätzliche rechtliche Anforderungen an die Standortwahl und den Betrieb der Anlagen hinzugekommen.

Beispiel
Windenergieanlagen müssen seit dem 1.1.2012 die Vorgaben der Systemdienstleistungsverordnung Windenergieanlagen (SDLWindV)[19] einhalten, andernfalls entfällt die Vergütung.

---

20 Insbesondere bei PV-Freiflächenanlagen hat eine erhebliche Verschärfung stattgefunden, ist doch eine Errichtung einer PV-Anlage außerhalb der gesetzlich vorgegebenen Flächenkategorien förderschädlich.

---

chen Regelungen zum Energiemarkt enthält. Ergänzt wird das EnWG durch einzelne Spezialgesetze wie z.B. das EEG.

16 Die Einspeisevergütung ist in § 37 EEG geregelt. Dabei handelt es sich um eine staatlich fest zugesicherte Vergütung für den produzierten Strom.

17 Geregelt in § 34 EEG stellt die Marktprämie einen Anspruch des Anlagebetreibers gegenüber dem Netzbetreiber auf eine Zahlung einer Vergütung dar. Ein Verzicht der Einspeisevergütung ist dabei Voraussetzung.

18 Altrock/Oschmann/Theobald/*Altrock*, EEG, § 6 Rn 7 f.

19 Systemdienstleistungsverordnung Windenergieanlagen (SDLWindV) v. 3.7.2009 (BGBl. I S. 1734), zuletzt geändert durch Verordnung v. 6.2.2015 (BGBl. I S. 108).

Beispiel

Neben dem – im Regelfall[20] – notwendigen Erlass eines Bebauungsplans durch die zuständige Kommune muss darauf geachtet werden, dass die zu errichtende PV-Anlage zum Beispiel auf einer Konversionsfläche errichtet wird. Kann nur für einen Teil der Fläche der Konversionsstatus nicht bestätigt werden, kann dies zum teilweisen oder gar vollständigen Entfall der Förderung führen.[21]

Der Anlagenbegriff des EEG hat damit gegenüber den für die Zulassung der Anlage entscheidenden Gesetze (zum Beispiel BImSchG, BauGB[22] etc.) eine förderrechtsspezifische Funktion. 21

Ein spezielles Anlagenzulassungsrecht für Anlagen zur Erzeugung von Strom aus Erneuerbaren Energien existiert nicht.[23] Eine solche Anlage kann eine Anlage im Sinne des BImSchG sein (so zum Beispiel Windenergieanlagen bei Gesamthöhen über 100 m),[24] kann aber Gegenstand eines Baugenehmigungsverfahrens (so zum Beispiel PV-Freiflächenanlagen[25] unabhängig von der tatsächlichen Erzeugungskapazität) oder eines anderen Zulassungsverfahrens (so zum Beispiel Wasserkraftanlagen, die einer wasserrechtlichen Genehmigung nach WHG bedürfen[26]) sein. 22

3 Industrieanlagen

Industrieanlagen sind – wie sich schon aus der Weite der oben dargestellten Begriffe[27] ergibt – ebenfalls nicht eindeutig gesetzlich definiert. Jedoch gibt es für das Vorliegen genehmigungsrelevanter Anlagen durchaus Anhaltspunkte: Die Richtlinie 2010/75/EU über Industrieimmissionen (IED)[28] ist am 6.1.2011 in Kraft getreten, wurde in das deutsche BImSchG umgesetzt und ist die Fortentwicklung der alten IVU-Richtlinie.[29] 23

20 Für Ausnahmen vgl. § 51 EEG.

21 Clearingstelle EEG, Empfehlung v. 1.7.2010 – 2010/2, Leitsatz 5.

22 Baugesetzbuch (BauGB) v. 23.9.2004 (BGBl. I S. 2414), zuletzt geändert durch Gesetz v. 20.10.2015 (BGBl. I S. 1722). Hinzu kommen die jeweils einschlägigen Landesbauordnungen.

23 Schneider/Theobald/*Fehling*, Recht der Energiewirtschaft, § 8 Rn 4.

24 Zur Genehmigungspflicht vgl. Anlage 1 Nr. 1.6 zur 4. BImSchV.

25 Die Genehmigungspflicht für diese Anlage ergibt sich aus dem jeweiligen Landesbaurecht. Die MBO (vgl. Rn 9) stellt in § 61 Abs. 1 Nr. 3a und Nr. 3b MBO die Verfahrensfreiheit für kleine PV-Anlagen an Gebäuden fest. Alle anderen Anlagen unterliegen der Genehmigungspflicht nach § 59 MBO.

26 Die Wasserkraftanlage ist nach dem jeweiligen Landesrecht genehmigungspflichtig. In Bayern ergibt sich z.B. die Genehmigungspflicht aus § 20 Abs. 1 S. 1 Bayerisches Wassergesetz (BayWG) v. 25.2.2010 (GBl. S. 66), zuletzt geändert durch Verordnung v. 22.7.2014 (GBl. S. 286); vgl. zur Genehmigungspflicht in den Ländern Giesberts/Reinhardt/*Riedel*, UmweltOK, § 36 WHG Rn 11.

27 Vgl. Rn 10 ff.

28 Industrieimmissionsrichtlinie (IED-RL 2010/75/EU) v. 24.11.2010 (ABl EU Nr. L 334 S. 17).

29 IVU-Richtlinie (IVU-RL 2008/1/EG) v. 15.1.2008 (ABl EU Nr. L 24 S. 8).

24 Diese Richtlinie stellt Regelungen zur integrierten Vermeidung und Verminderung der Umweltverschmutzung infolge industrieller Tätigkeiten auf.[30] Dabei bezieht sich die Richtlinie auf einen in ihren Anhängen [...][31] aufgeführten Katalog industrieller Anlagen, dem der Katalog des Anhangs I zur 4. BImSchV[32] im Wesentlichen entspricht.[33]

II Projektrechte

25 Projektrechte sind ein fundamentaler Begriff im Rahmen der Zulassung von neuen oder der Erneuerung bestehender Anlagen. Gleichwohl findet sich auch hier keine nähere gesetzliche Definition dieses Begriffs. Der Begriff der Projektrechte hat wichtige Bedeutung beim Projektverkauf.[34] Der Projektverkauf stellt nämlich eine Veräußerung der Gesamtheit der Projektrechte dar.

26 Als Projektrechte bezeichnet man die Gesamtheit aller zur Errichtung, zum Betrieb, zur Instandhaltung, Wartung und gegebenenfalls Erneuerung einer Anlage notwendigen Rechte.

27 Diese Rechte differieren nach Anzahl und Umfang je nach zugrunde liegendem Projekt erheblich. Nachfolgend sollen diese Projektrechte je nach Art ihrer Herkunft systematisch betrachtet werden.

1 Projektrechte öffentlich-rechtlicher Natur

28 Projektrechte öffentlich-rechtlicher Natur sind all jene Projektrechte, für deren Wirksamkeit eine behördliche Zulassungsentscheidung notwendig ist. Behördliche Zulassungsentscheidungen werden in der Regel nach Durchführung eines Verwaltungsverfahrens getroffen. Durch diese Zulassungsentscheidung entstehen Rechte für den Antragsteller, entweder aufgrund vertraglicher Vereinbarung mit der Verwaltung[35] oder als Ergebnis eines Verwaltungsverfahrens.[36] Eine weitere Möglichkeit ist die Schaffung von Rechten aufgrund von Planungsprozessen.[37] Jedoch ist die Rechtsposition des zukünftigen Anlagenbetreibers gegenüber dem Planungsträger nicht so

30 Art. 1 RL IED; *Betensted/Grandjot/Waskow*, ZUR 2013, 395, 396.

31 Anhang 1 zu Art. 10 IED.

32 Verordnung über genehmigungsbedürftige Anlagen (4. BImSchV) v. 2.5.2013 (BGBl. I S. 973, 3756).

33 Die Industrieanlagen, die unter die IED fallen, sind in der Anlage 1 zur 4. BImSchV im Rahmen der Tabellenübersicht mit einer eigenen Spalte gekennzeichnet.

34 Vgl. Rn 171 ff.

35 Auf Basis eines öffentlich-rechtlichen Vertrages, vgl. dazu die §§ 54 ff. VwVfG.

36 Durch Verwaltungsakt i.S.d. § 35 VwVfG

37 So z.B. durch Aufstellung von Bauleitplänen, §§ 2 ff. BauGB.

deutlich ausgeprägt wie im Verwaltungsverfahren, da weder auf Durchführung der Planung selbst, wie auf Erlass eines bestimmten Plans, ein Rechtsanspruch besteht.[38]

a) Vertraglich begründete Projektrechte

Selbstständig vertraglich begründete Projektrechte stellen eher eine Ausnahme dar. 29
Zwar kommt überall dort, wo eine Behörde befugt ist, einen Verwaltungsakt zu erlassen, grundsätzlich auch der Erlass eines öffentlich-rechtlichen Vertrages in Betracht (§ 54 VwVfG[39]). In der Regel wird die zuständige Behörde den Erlass eines Verwaltungsaktes als die gesetzlich vorgegebene „Grundform" der behördlichen Entscheidung vorziehen.

Ausgenommen davon ist der Abschluss eines Durchführungsvertrages bei Erlass 30
eines vorhabenbezogenen Bebauungsplans (§ 12 Abs. 1 Satz BauGB). Dieser „schafft" zwar nicht aus sich selbst heraus Baurecht zugunsten des Vertragspartners der Gemeinde, bildet aber zusammen mit dem Vorhaben- und Erschließungsplan das Fundament für die planerische Entscheidung der Gemeinde, auf der wiederum die behördliche Zulassungsentscheidung für das durch die Planung ermöglichte Vorhaben beruht.

Üblich ist der Abschluss von vertraglichen Vereinbarungen hingegen als Begleit- 31
oder Folgevereinbarungen zu behördlichen Zulassungsentscheidungen zur Regelung von einzelnen Aspekten auf vertraglichem Wege.

Beispiel

Abschluss eines Folgekostenvertrages zur Finanzierung der in Folge eines Bauvorhabens entstehenden Folgekosten auf Seiten der Gemeinde durch Erweiterung der verkehrlichen oder sozialen Infrastruktur.

Jedoch ist beim Abschluss von öffentlich-rechtlichen Verträgen darauf zu achten, 32
dass es im Rahmen des öffentlichen Rechts strikte Grenzen für die vertragliche Gestaltung gibt, die nicht überschritten werden dürfen, da andernfalls die Nichtigkeit der vertraglichen Vereinbarung Folge ist. Diese sind das:

- Angemessenheitsgebot (§ 56 Abs. 1 Satz 2 VwVfG) und
  Das Angemessenheitsgebot ist gewahrt, wenn bei wirtschaftlicher Betrachtung des Gesamtvorgangs die vom Privaten zu erbringende (Gegen-)leistung nicht außer Verhältnis zu der Bedeutung und dem wirtschaftlichen Wert der von der Behörde erbrachten oder zu erbringenden Leistung stehen darf und sich daraus

---

38 Vgl. § 1 Abs. 3 S. 2 BauGB.

39 Verwaltungsverfahrensgesetz (VwVfG) v. 23.1.2003 (BGBl. I S. 102), zuletzt geändert durch Gesetz v. 20.11.2015 (BGBl. I S. 2010).

auch keine unzumutbaren Belastungen für den Vertragspartner oder durch den Vertrag betroffene Dritte ergeben dürfen.[40]

Beispiel
Bei der vertraglichen Vereinbarung einer gesetzlich begründeten Abgabenpflicht (zum Beispiel Ausbaubeiträge) anstelle einer Abgabenerhebung dürfen die Leistungspflichten nicht wesentlich abweichend von der gesetzlich vorgegebenen Leistungspflicht vereinbart werden.[41]

- Koppelungsverbot (§ 56 Abs. 1 Satz 2 VwVfG)
  Das Koppelungsverbot beschreibt das Erfordernis, nachdem die Gegenleistung in einem sachlichen Zusammenhang mit der Leistung der Behörde stehen muss.[42] Dazu müssen Leistung und Gegenleistung demselben öffentlichen Interesse dienen, welche die Behörde zu der von ihr zu erbringenden Leistung ermächtigen oder diesem sachlich zuzuordnen sein.[43]

Beispiel
Leistungen des Bürgers, die sich im Ergebnis als Aufwendungsersatz im Rahmen der von der Verwaltung erbrachten Leistungen darstellen, sind grundsätzlich zulässig. Sachwidrig und damit unter das Koppelungsverbot fallend wäre es aber, wenn für die Erteilung einer Ausnahme oder Befreiung nach § 31 BauGB die Übertragung eines Grundstücks an die Gemeinde verlangt würde, wenn das übertragene Grundstück in keinerlei planerischem Zusammenhang zum Grundstück des Dispenses steht und auch die Ursächlichkeit im Sinne eines Folgekostenvertrages nicht nachgewiesen werden kann.
Da die Verträge immer nur inter partes gelten, können sie nur mit Zustimmung des Gläubigers übertragen werden (§ 62 VwVfG i.V.m. §§ 415 ff. BGB[44]). Dies ist beim Verkauf der Projektrechte zu beachten.

b) Durch Verwaltungsakt begründete Projektrechte

33 Die durch Verwaltungsakt begründeten Projektrechte sind regelmäßig die öffentlich-rechtliche Grundlage für die Zulassung von Anlagen. Verwaltungsakte werden dabei nach Durchführung eines Verwaltungsverfahrens erlassen.[45] Genehmigungen haben für die Bankability von Projekten eine große Bedeutung. Sie vermitteln ein hohes Maß an Rechtssicherheit, weil der Genehmigungsverwaltungsakt unabhängig von seiner Rechtmäßigkeit wirksam ist. Nach Ablauf der Rechtsbehelfsfristen kann die Rechts-

---

40 BVerwG, Urt. v. 6.7.1973 – IV C 22.72 – BVerwGE 42, 331, 345; *Kopp/Ramsauer,* VwVfG, § 56 Rn 13 m.w.N.

41 OVG Rheinland-Pfalz, Urt. v. 13.12.2011 – 6 A 10857/11 – n.v.

42 Vgl. dazu BVerwG, Urt. v. 16.5.2000 – 4 C 4.99 – BVerwGE 111, 162.

43 *Kopp/Ramsauer,* VwVfG, § 56 Rn 17.

44 Bürgerliches Gesetzbuch (BGB) v. 18.8.1896 (RGBl. I S. 195), zuletzt geändert durch Gesetz v. 11.3.2016 (BGBl. I S. 396).

45 Es ist dabei strittig, ob und inwieweit der Erlass eines Verwaltungsakts das Verwaltungsverfahren beendet. Vgl. dazu *Kopp/Ramsauer,* VwVfG, § 9 Rn 30 m.w.N.

widrigkeit der Genehmigung nicht mehr geltend gemacht werden. In der Praxis sind im Rahmen der Anlagenzulassung folgende Verwaltungsakte relevant:

Die **Baugenehmigung** stellt die Erlaubnis zur Errichtung und (dauerhafter) Nutzung einer baulichen Anlage nach Maßgabe der einschlägigen Landesbauordnungen dar. Mit ihrem Erlass ist die Erklärung verbunden, dass dem Vorhaben im Zeitpunkt der Entscheidung öffentliches Recht nicht entgegensteht, soweit dies von der Bauaufsichtsbehörde zu prüfen ist. Auf die Erteilung der Genehmigung besteht ein Anspruch. Die Genehmigung wird unbefristet erteilt. Sie kann mit Nebenbestimmungen verbunden werden. 34

Die Baugenehmigung geht in der Regel mit Veräußerung des Grundstücks auf den Grundstückserwerber über. Es sind jedoch abweichende Konstellationen denkbar, wenn es sich um eine personengebundene Baugenehmigung, zum Beispiel im Rahmen eines vorhabenbezogenen Bebauungsplanes gem. § 12 BauGB handelt. 35

Die **Genehmigung nach BImSchG** stellt bindend fest, dass die Errichtung am vorgesehenen Standort und der Betrieb der Anlage zum Zeitpunkt der Genehmigung mit den immissionsschutzrechtlichen Anforderungen nach § 6 Nr. 1 BImSchG entspricht und die Umweltauswirkungen berücksichtigt und gewürdigt wurden. Zusätzlich erfasst die Feststellungwirkung auch die Übereinstimmung mit sonstigen öffentlich-rechtlichen Vorschriften und die Belange des Arbeitsschutzes nach § 6 Nr. 1 BImSchG.[46] Neben der Gestattungswirkung entfaltet die immissionsschutzrechtliche Genehmigung auch privatrechtsgestaltende Wirkung.[47] Die immissionsschutzrechtliche Genehmigung schließt im Regelfall weitere Genehmigungen mit ein.[48] Sie wird unbefristet erteilt. Auf sie besteht bei der Erfüllung aller gesetzlichen Voraussetzungen ebenfalls ein Anspruch. Sie wird im Regelfall ebenfalls mit Nebenbestimmungen verbunden, § 12 Abs. 1 Satz 1 BImSchG. 36

Die Genehmigung nach BImSchG geht in der Regel bei Veräußerung der genehmigungsbedürftigen Anlage auf den Erwerber über. Hiervon kann es jedoch Ausnahmen geben, soweit die Genehmigung personengebundene Regelungsgehalte enthält. Im Zweifel ist ein Anzeigeverfahren[49] durchzuführen, um Rechtssicherheit zur Frage zu erlangen, ob eine neue Genehmigung des Erwerbers beantragt werden muss. 37

Die **wasserrechtliche Zulassungsentscheidung** wird je nach Art des zu gewährenden Rechts differenziert: 38

46 Landmann/Rohmer/*Dietlein*, Umweltrecht, § 4 Rn 52 ff.

47 Die privatrechtsgestaltende Wirkung gem. § 14 BImSchG umschreibt die Tatsache, dass aufgrund der Genehmigung keine Geltendmachung von Rechten Dritter z.B. Rücksichtnahmerechte der Nachbarn nach § 1004 BGB mehr möglich ist.

48 Sofern keine Planfeststellung in anderen Verfahren notwendig ist oder es sich nicht um zu prüfende Aspekte des Wasserrechts, Atomrechts oder Bergrechts handelt, werden die anderen Genehmigungen im Rahmen der Konzentrationswirkung nach § 13 BImSchG mit eingeschlossen.

49 Vgl. § 15 BImSchG.

39 Die Erlaubnis gem. §§ 8 Abs. 1, 10 Abs. 1 WHG gewährt die widerrufliche Befugnis, ein Gewässer zu benutzen, und stellt deshalb wegen der Widerruflichkeit lediglich ein labiles Recht des Einzelnen dar. Ihr kommt auch keine privatrechtsgestaltende Wirkung nach § 16 Abs. 1 WHG zu. Die Erlaubnis wird erteilt, wenn keine Beeinträchtigungen des Wohles der Allgemeinheit zu erkennen sind.[50] Sie kann befristet werden.

40 Die Bewilligung gem. §§ 8 Abs. 1, 10 Abs. 1 WHG stellt das nur eingeschränkt widerrufliche subjektive Recht dar, das Gewässer in einem festgelegten Umfang zu benutzen. Die Bewilligung hat privatrechtsgestaltende Wirkung gem. § 16 Abs. 2 WHG, sodass Dritte die Benutzung dulden müssen. Mit der Erteilung einer Bewilligung ist der verlässlichste Schutz von Investitionen in Anlagen möglich, weil Unterlassungsansprüche Dritter ausgeschlossen werden und weil die Behörde hinsichtlich des Entzugs der Bewilligung an enge gesetzliche Voraussetzungen gebunden ist.[51]

41 Anders als bei der baurechtlichen oder bei der immissionsschutzrechtlichen Genehmigung besteht auf die wasserrechtliche Bewilligung und Erlaubnis kein Genehmigungsanspruch. Vielmehr steht die Genehmigungserteilung in wasserwirtschaftlichem Bewirtschaftungsermessen der jeweils zuständigen Genehmigungsbehörde. Der Antragsteller im Anlagengenehmigungsverfahren ist deshalb in besonderem Maße auf die einvernehmliche Kooperation mit den zuständigen Behörden angewiesen.

42 Die Genehmigung einer Anlage an einem Gewässer ist in § 36 WHG in Kombination mit dem jeweiligen Landesrecht geregelt.

43 Allen vorgenannten wasserrechtlichen Genehmigungen kommt Gestattungswirkung für entweder die Benutzung des Wassers (Bewilligung und Erlaubnis) oder den Bau der Anlage zu.

44 Das Verfahren bis zur Erteilung einer Genehmigung wird unten näher erläutert.[52]

c) Planung und Projektrechte

45 Planerische Entscheidungen begründen in der Regel noch keine von den finanzierenden Banken anerkannten öffentlich-rechtlichen Projektrechte, sind aber im Rahmen der Standortentscheidung von großer Wichtigkeit. Die planerischen Festsetzungen in Bauleitplänen können aber Bedeutung erlangen, um Eigenkapitalgeber für das Projekt zu interessieren. Ferner vermitteln die sogenannten Planfeststellungsbeschlüsse ähnliche Projektrechte wie Genehmigungen.[53]

---

50 BeckOK/*Schendel/Scheier*, UmweltR, § 10 WHG Rn 1, 4.

51 BeckOK/*Schendel/Scheier*, UmweltR, § 10 WHG Rn 15.

52 Vgl. Kap. 3.

53 Die Wechselwirkung von Planung auf die Zulassung von Anlagen wird unten näher behandelt, vgl. Rn 94 ff.

2 Projektrechte zivilrechtlicher Natur

Dem Zivilrecht zuzuordnende Projektrechte sind grundsätzlich vertraglich begründete Rechte. Sie sind für die behördliche Entscheidung im Regelfall[54] nicht relevant. 46

Der Kernbereich der zivilrechtlichen Projektrechte umfasst Rechte zur Gestattung der Inanspruchnahme fremder Grundstücke durch Dritte (insbesondere Eigentümer von Grundstücken oder anderweitigen Nutzungsberechtigten), meistens in Form von Miet- oder Pachtverträgen oder durch Erwerb des jeweiligen Grundstücks. Ferner kommt auch das Erbbaurecht in Betracht. Diese Rechte können sich sowohl auf den Standort der Anlage wie auch auf Grundstücke beziehen, die für ergänzende Infrastruktur (zum Beispiel Zu- und Ableitungen, Nebenanlagen) benötigt werden. 47

Existiert bereits eine Gesellschaft, die Inhaberin von Projektrechten ist, können Anteile an dieser Gesellschaft ebenfalls zivilrechtliche Projektrechte sein. 48

Weiterhin können Verträge als zivilrechtliche Projektrechte eingeordnet werden, die die Anlieferung von Einsatzstoffen oder die Abnahme des von der Anlage produzierten Outputs regeln (zum Beispiel Verträge über die Anlieferung von Biomasse für eine Biogasanlage, Verträge über die Vermarktung des von einer Windenergieanlage produzierten Stroms etc.). Vermarktungsverträge sind für die Bankability von erheblicher Bedeutung. Auf deren rechtliche Belastbarkeit und die Liquidität der Abnehmer ist deshalb besonderes Augenmerk zu lenken. 49

a) Nutzungsverträge (Miete und Pacht)

Nutzungsverträge beinhalten die – zumeist zeitlich befristete – Überlassung des Grundstücks an den Nutzer zu dem vertraglich definierten Nutzungszweck. Die Sicherung des Nutzungsrechts erfolgt im Grundsatz nur auf schuldrechtlicher Ebene. 50

Bei Anlagen zur Erzeugung von Strom aus Erneuerbaren Energien, insbesondere Windenergieanlagen und PV-Anlagen, wird der Abschluss von Nutzungsverträgen durchgesetzt. Die genaue rechtliche dogmatische Einordnung dieser Verträge als Miet- oder Pachtverträge ist strittig, kann aber in der Praxis im Regelfall dahinstehen, da das im Ergebnis anwendbare Rechtsregime gleich sein wird.[55] 51

Tipp 1 !

Im Rahmen der Grundstückssicherung muss an die Eintragung beschränkt-persönlicher Dienstbarkeiten für den Anlagenbetreiber zur Absicherung der Errichtung und des Betriebs der Anlage gedacht werden – andernfalls wird die Finanzierung des Projekts gefährdet.

---

54 Ausnahme bildet dabei der Bau auf fremden Grund, bei dem gem. § 68 Abs. 4 Satz 3 MBO die Zustimmung vom Eigentümer im Rahmen der Prüfung der Baugenehmigung gefordert werden kann und bei Nichtvorliegen die Baugenehmigung wegen fehlenden Sachbescheidungsinteresses versagt werden kann, vgl. hierzu Hornmann/*Hornmann*, HBO, § 64 Rn 84. Nicht zu verwechseln ist dies mit dem Fehlen des Sachbescheidungsinteresses wegen Verstoß gegen öffentlich-rechtliche Vorschriften im vereinfachten Genehmigungsverfahren.

55 In diesem Sinne auch Brandenburgisches OLG, Urt. v. 30.3.2011 – 3 U 113/10 – ZNER 2011, 536 ff.

! **Tipp 2**
Ferner ist darauf zu achten, dass die Sonderrechtsfähigkeit der im Boden verankerten Anlage sichergestellt wird. Ansonsten besteht die Gefahr, dass die Anlage Bestandteil des Grundstückseigentums wird, was ebenfalls zu Problemen bei der Finanzierung führt.

b) Erbbaurechtsverträge

52 Eine weitere Möglichkeit zur zivilrechtlichen Sicherung des Standortes ist der Abschluss von Erbbaurechtsverträgen. Das Erbbaurecht ist ein dingliches Recht an einem fremden Grundstück, das grundbuchfähig ist und ein eigenes Grundbuchblatt erhält. Es ist zeitlich befristet (üblicherweise auf 99 Jahre) und führt dazu, dass Eigentum an Grund und Boden und der darauf errichteten Anlage für die Dauer des Erbbaurechts auseinanderfallen.[56] Vorteil des Erbbaurechts ist es, da es als eigenständiges dingliches Recht beleih- und besicherbar ist, eine höhere Sicherheit bietet. Ferner kann keine längere dingliche Sicherheit über das Erbbaurecht im Vergleich zu Dienstbarkeiten erreicht werden.

c) Grundstückskaufverträge

53 Der Abschluss von Grundstückskaufverträgen dient dem Erwerb des vollen Eigentums am Grundstück. Daneben besteht noch die Möglichkeit, Grundstücke indirekt durch Übernahme einer Gesellschaft zu übernehmen, der ihrerseits das Grundstück gehört. Der Grundstückskaufpreis kann von erheblicher Bedeutung für die Wirtschaftlichkeit des Projektes sein. Für die Ermittlung eines sachgerechten Kaufpreises spielt der Entwicklungszustand des Grundstücks eine erhebliche Rolle. Die Bewertungsspanne reicht von der landwirtschaftlichen Fläche bis zum baureifen Bauland (vgl. hierzu § 5 ImmoWertV[57]).

54 Je nach Entwicklungszustand des Projektes werden die Grundstückskaufverträge als Kaufvertrag mit Rücktrittsrecht oder als Optionsvertrag abgeschlossen.

55 Im Einzelfall kommt auch die Durchführung eines Enteignungsverfahrens in Betracht.[58]

---

56 Palandt/*Bassenge*, BGB, Einleitung ErbbauRG Rn 3; MüKo-BGB/*von Oefele/Heinemann*, § 1 ErbbauRG Rn 3 ff.

57 Immobilienwertermittlungsverordnung (ImmoWertV) v. 19.5.2010 (BGBl. I S. 639).

58 Dies ist für das Energierecht in § 45 EnWG geregelt und kann nur zugunsten von Energieversorgungsunternehmen erfolgen. Die Enteignung für ein Unternehmen wirft viele Probleme im Zusammenhang mit dem Eigentumsrecht auf; vgl. hierzu Schneider/Theobald/*Hermes*, Recht der Energiewirtschaft, § 10 Rn 40 ff.

3 Projektverträge

Neben der Verschaffung der Projektrechte ist eine Vielzahl von Projektverträgen notwendig, um die Errichtung der Anlage zu ermöglichen und den Betrieb der Anlage dauerhaft sicherzustellen. 56

a) GU-/GÜ-Vertrag

Prinzipaler Vertragstyp ist der sogenannte GU-Vertrag (Generalunternehmervertrag) 57
oder der GÜ-Vertrag (Generalübernehmervertrag).

Der Unterschied zwischen einem Generalübernehmer und einem Generalunter- 58
nehmer liegt darin, dass der Generalübernehmer zwar gegenüber dem Auftraggeber, dem Bauherrn, die Planung und zumeist schlüsselfertige Errichtung des Bauvorhabens schuldet, die zu diesem Zweck erforderliche Bauausführung jedoch an Drittunternehmen weiterbeauftragt.[59] Üblicherweise befasst sich der Generalübernehmer daher lediglich mit den für die Vorhabenrealisierung notwendigen Koordinierungs- und Managementleistungen, bisweilen darüber hinaus auch mit der vollständigen oder zumindest partiellen Planung des Bauvorhabens, keinesfalls jedoch mit der Durchführung der Bauleistung selbst.

Im Gegensatz dazu erbringt der Generalunternehmer sämtliche zu einem Bau- 59
vorhaben gehörigen Leistungen, davon sind in der Regel auch Planungsleistungen im Rahmen der Immobilienprojektentwicklung umfasst und er verpflichtet sich zur schlüsselfertigen Errichtung des Bauvorhabens.[60] Hierbei führt er in der Regel einen Teil der Leistungen selbst aus, alle anderen Leistungen werden im Rahmen separater Bauverträge an Nachunternehmer (Subunternehmer) von ihm beauftragt. In der Praxis kann ein Generalübernehmer bei komplexeren Projekten durchaus einen weiteren Generalunternehmer unterbeauftragen.

Tipp !
Vorteilhaft aus Sicht des Auftraggebers ist die Beauftragung eines Generalunternehmers, damit das gesamte Leistungsspektrum abgedeckt wird. Es sollte vor Vertragsschluss darauf geachtet werden, Erkundigung über die Projekterfahrung und Referenzen des Generalunternehmers einzuziehen. Muss der Generalunternehmer mitten im Projekt gewechselt werden, verursacht dies erhebliche und im Regelfall unwirtschaftliche Mehrkosten für den Auftraggeber.

Der Vorteil der GU-Verträge ist aus Sicht des zukünftigen Anlagenbetreibers, dass 60
sämtliche Projektleistungen aus einer Hand erbracht werden. Je nach Art der Anlage oder Art des Projekts ist dies jedoch oft nicht darstellbar oder auch nicht gewollt.

59 MüKo-BGB/*Busche*, § 631 BGB Rn 234; Kapellmann/*Lederer*, Juristisches Projektmanagement, Rn 442.
60 MüKo-BGB/*Busche*, § 631 BGB Rn 233; Kapellmann/*Lederer*, Juristisches Projektmanagement, Rn 450.

Ein Projekt besteht in der Regel aus einer Vielzahl von handelnden Akteuren. Daraus folgt eine Vielzahl von vertraglichen Vereinbarungen. Abgesehen von dem damit zusätzlich verbundenen Koordinationsaufwand beim zukünftigen Anlagenbetreiber bzw. Auftraggeber spiegelt sich diese Komplexität auch auf Ebene der Projektverträge wider.

b) Werklieferverträge

61 Ein typischer Vertragstyp im Zusammenhang mit Projekten ist der Werkliefervertrag zur Lieferung und Errichtung der Anlage oder wesentlicher Komponenten davon.

Beispiel

Zum Beispiel sind Werklieferverträge[61] für Windenergieanlagen durchaus üblich. Je nach definiertem Leistungsumfang erbringt der Hersteller der Windenergieanlagen nur reine Lieferleistungen oder zusätzliche Bauleistungen. Die zusätzlichen Bauleistungen werden deswegen angeboten, weil der Hochbau von Windenergieanlagen aufgrund dafür benötigter Spezialkräne nicht von jedem Generalunternehmer angeboten werden kann.

---

c) Wartungsverträge/Betriebsführungsverträge

62 Ebenfalls regelmäßig abgeschlossen werden Wartungsverträge und Betriebsführungsverträge zur dauerhaften Aufrechterhaltung der technischen Betriebsbereitschaft der Anlagen. Je nach Anlagentyp und Anlagenklasse ist eine dauerhafte Überwachung der Anlage mit der Durchführung notwendiger Reparaturen und geplanter Wartungsarbeiten notwendig. Wartung und Betriebsführung können in einem Vertrag zusammenfallen, je nach Anlagenklasse aber auch getrennt abgeschlossen werden (insbesondere, wenn der Hersteller einer Anlage deren Wartung übernimmt).

Beispiel

Bei der Errichtung einer PV-Freiflächenanlage ist der Abschluss eines Vertrages über die technische Betriebsführung notwendig. Die technische Betriebsführung enthält beispielsweise

- Regelungen über die Herstellung und Aufrechterhaltung der Verfügbarkeit der Anlage (das ist die Zeit, in der die Anlage elektrischen Strom produzieren kann);
- Regelungen über die Reparatur und den Austausch defekter Module oder sonstiger Teile der PV-Anlage;

---

61 Wobei die genaue dogmatische Einordnung strittig ist. Zum Teil werden diese Verträge auch als reine Kaufverträge betrachtet (ohne abnehmerspezifische Fertigung der Windenergieanlage), Schleswig-Holsteinisches OLG, Urt. v. 7.9.2007 – 4 U 156/06 – NJOZ 2008, 851. Zur Rückabwicklung eines Vertrages nach Kaufrecht bei Lieferung serienmäßig hergestellter, mangelhafter Windenergieanlage, LG Kiel, Urt. v. 23.12.2008 – 16 O 213/05 – n.v. Die gleiche Abgrenzungsfrage stellt sich im Übrigen auch bei der Lieferung und Montage von PV-Anlagen, vgl. BGH, Urt. v. 3.3.2004 – VIII ZR 76/03 – NJW-RR 2004, 850; OLG Naumburg, Urt. v. 20.2.2014 – 1 U 86/13 – NJW-RR 2014, 842; *Schneidewindt*, ZNER 2014, 234, 234 f. m.w.N.

– Regelungen zur regelmäßigen Überwachung des Produktionsprozesses der Anlage. Im Gegenzug erhält der technische Betriebsführer eine monatliche Vergütung und oftmals auch eine Erfolgsbeteiligung.

d) Finanzierungsverträge

Soweit ein Projekt nicht vollständig aus vorhandenem Eigenkapital finanziert wird, gehören zu den Projektverträgen auch vertragliche Vereinbarungen zur Sicherstellung der Fremdfinanzierung des Projekts. Hierzu zählen insbesondere Kreditverträge und damit verbundene Sicherheitenvereinbarungen. 63

Das projektadäquate Mischungsverhältnis von Eigen- und Fremdkapitalfinanzierung hängt vom Einzelfall ab. Maßgebliche Kriterien sind die zur Verfügung stehenden Sicherheiten, aber auch wirtschaftliche Hebeleffekte (sogenannter Leverage-Effekte)[62] sowie das Zinsniveau. Verfügen die Projektbeteiligten über eine besonders belastbare Bonität, können über die Eigenkapitalfinanzierung unter Umständen günstigere Konditionen erreicht werden. Beispielsweise können Körperschaften des öffentlichen Rechts über Kommunalkredite besonders günstige Zinskonditionen erzielen, weil sie über eine hohe Bonität verfügen. Unter Umständen bilden aber auch die Projektrechte eine einsetzbare Beleihungsgrundlage. 64

e) Strukturierende Verträge

Insbesondere bei komplexeren Projekten mit mehreren Anlagen und mehreren Anlagenbetreibern ergibt sich oft die wirtschaftliche Notwendigkeit, die erforderliche Infrastruktur gemeinsam zu erstellen und gemeinsam zu benutzen (zum Beispiel ein Windpark mit mehreren Windenergieanlagen, die unterschiedlichen Betreibern zugeordnet werden). In diesem Fall bedarf es der Infrastrukturnutzungsverträge im weiteren Sinn, wie zum Beispiel eines Vertrages über die gemeinsame Nutzung eines Umspannwerkes. Bei der von mehreren Betreibern gemeinsam zu nutzenden Infrastruktur ist ferner auch an die Erschließung, gemeinsame Zuwegungen und Leitungen sowie an gemeinsame Einrichtungen zur Roh- und Brennstoffbeschaffung zu denken. 65

III Projektstrukturierung

Die transparente, übersichtliche und nachvollziehbare Projektstrukturierung ist für den Erfolg von Projekten von wesentlicher Bedeutung. Es zeigt sich immer wieder, dass durch ein straffes Projektmanagement und eine nachvollziehbare Projektstrukturierung erhebliche Beschleunigungseffekte erzielt werden können, die für den wirtschaftlichen Erfolg entscheidende Bedeutung haben. Nachfol- 66

62 Zur allgemeinen Begriffsklärung vgl. http://de.wikipedia.org/wiki/Leverage-Effekt.

gend wollen wir kurz die allgemeinen Grundsätze der Projektstrukturierung näher beleuchten.

1 Allgemeine Projektphasen

67 Bei aller Vielfalt der verschiedenen Projekte im Zusammenhang mit der Anlagenzulassung und -genehmigung lassen sich doch im Wesentlichen sowohl in zeitlicher wie in sachlicher Hinsicht verschiedene Projektphasen in aller Regel deutlich abgrenzen.

a) Zeitlicher Ablauf des Projekts

68 Im Hinblick auf den zeitlichen Ablauf eines Projekts lassen sich vier Teilphasen unterscheiden:

aa) Planungsphase

69 Die Planungsphase betrifft die grundsätzliche Standortentscheidung, Nachprüfung von Standortalternativen und grundsätzliche Fragen zur Wirtschaftlichkeit der geplanten Anlage. In dieser Phase sind die wichtigsten wirtschaftlichen Parameter eines Projekts zu definieren. Es ist dabei nach harten und weichen Parametern zu unterscheiden.

- Ohne die harten Parameter kann das Projekt wirtschaftlich nicht realisiert werden.
- Die weichen Parameter markieren hingegen das wirtschaftliche Optimierungspotential.

70 Es empfiehlt sich, bereits in dieser frühen Phase zu prüfen, welche zeitintensiven Planungsarbeiten vor Beginn des offiziellen Genehmigungsverfahrens durchgeführt werden müssen. So sind beispielsweise artenschutzrechtliche Begutachtungen an bestimmte Vegetationsperioden, also Jahreszeiten, gebunden. Es kann sich anbieten, diese Untersuchungen bereits vor Einleitung des Genehmigungsverfahrens zu starten, damit es später nicht zu unnötigen Zeitverlusten kommt. Bei der Standortprüfung findet zunächst eine grobe Prüfung (Makrobetrachtung) statt. Später wird diese Prüfung im Laufe des Projektes immer mehr verfeinert, sodass die Standortalternativenprüfung immer mehr eingeengt werden kann (Mikroprüfung).

bb) Genehmigungsphase

71 In dieser Phase wird das eigentliche Genehmigungsverfahren zur Erlangung des die Anlage zulassenden Verwaltungsakts durchgeführt. Abschluss dieser Phase stellt die Erteilung einer vollziehbaren Genehmigung dar. Für den Schutz der Investitionen, die in das Projekt fließen, ist es wichtig, dass keine Genehmigungslücken

auftauchen. Auch wenn die Genehmigungen eine sogenannte Konzentrationswirkung[63] entfalten, muss genau untersucht werden, wie weit diese Konzentrationswirkung reicht. Oftmals werden die Infrastruktureinrichtungen nicht von der Anlagengenehmigung abgedeckt. Die Vermeidung von Genehmigungslücken ist auch wichtig, um die Bankability sicherzustellen. Da es sich bei Genehmigungsverfahren um mitwirkungsbedürftige Verwaltungsverfahren handelt, die durch einen Antrag eingeleitet werden, kann sich der Projektant nicht darauf verlassen, dass die Genehmigungsbehörde ihm umfassend mitteilt, welche Genehmigungen erforderlich sind. Vielmehr muss sich der Projektant hierzu selbst informieren, entsprechend fachkundigen Rat einholen und die notwendigen Genehmigungsanträge in eigener Verantwortung stellen.

Tipp !

Hierbei ist darauf zu achten, dass – soweit bereits nicht gesetzlich angeordnet[64] – die Anordnung des Sofortvollzugs der Genehmigung beantragt wird. Die Anordnung des Sofortvollzugs durch die Genehmigungsbehörde führt dazu, dass Rechtsmittel gegen die Genehmigung keine aufschiebende Wirkung haben (§ 80 Abs. 1 VwGO[65]). Dies bedeutet, dass auch während eines eventuellen Anfechtungsverfahrens durch Dritte vor dem Verwaltungsgericht oder im Verwaltungsverfahren von der Genehmigung Gebrauch gemacht werden kann, insbesondere die Anlage weiter errichtet werden kann. In manchen Fällen ist der Sofortvollzug allerdings bereits vom Gesetzgeber angeordnet. Dies hängt vom jeweiligen Genehmigungsregime ab.[66]

In der Genehmigungsphase muss sich der Anlagenbetreiber auch die anderen Pro- 72
jektrechte verschaffen. Die öffentlich-rechtliche Genehmigung sichert lediglich die Vereinbarkeit der Anlage mit der Umgebung ab. Die zivilrechtliche Nutzungsbefugnis über das Grundstück muss sich der Projektant oder Anlagenbetreiber hingegen gesondert beschaffen. Ziel der Genehmigungsphase ist es, ein baureifes Projekt zu erhalten. Dies setzt auch voraus, dass zumindest die Zwischenfinanzierung bis hin zur Bauphase gesichert ist.

cc) Bauphase

Diese beginnt mit der ersten baulichen Tätigkeit zur Errichtung der Anlage und ist 73
mit deren technischer Fertigstellung und auch rechtlicher Fertigstellung im Sinne der einschlägigen Landesbauordnung (technische Fertigstellung und Inbetriebnahmebereitschaft) abgeschlossen. In der Bauphase kann insbesondere die Dokumentation

63 Vgl. dazu § 13 BImSchG.

64 Vgl. dazu § 80 Abs. 2 VwGO.

65 Verwaltungsgerichtsordnung (VwGO) v. 19.3.1991 (BGBl. I S. 686), zuletzt geändert durch Gesetz v. 21.12.2015 (BGBl. I S. 2490).

66 Das Risiko der gerichtlichen Aufhebung der Genehmigung trägt in dieser Konstellation jedoch der Bauherr.

etwaiger Baumängel von entscheidender Bedeutung sein. Unter Umständen sollte bereits während der Bauarbeiten eine entsprechende Beweissicherung durch ein sogenanntes selbständiges Beweisverfahren[67] durchgeführt werden. Dies erleichtert in der Praxis wesentlich die spätere Geltendmachung von Baumängeln.

dd) Betriebsphase

74 Die Betriebsphase umfasst den gesamten Lebenszyklus der Anlagen mit endgültiger technischer Fertigstellung. Hier ist im Grunde genommen das Projekt abgeschlossen und die Anlage geht in den Dauerbetrieb über. Für diese Phase ist ein juristisches Monitoring der Anlage zu empfehlen. Zum einen gilt es, fortlaufend zu überwachen, ob die Anlagen bzw. deren Betrieb die gesetzlichen Voraussetzungen einhält. Abweichungen von den gesetzlichen Vorgaben können durch Veränderungen des Rechtsrahmens aber auch durch Änderungen des Standes der Technik oder durch Anlagenverschleiß eintreten. Ferner sind Störfälle denkbar. Gerade in Bereichen des Immissionsschutzrechtes und des Wasserrechtes kommt es jedoch immer wieder zur Verschärfung der gesetzlichen Anforderungen. Für einen dauerhaft wirtschaftlichen Anlagenbetrieb ist es notwendig, die Änderungen des Rechtsrahmens frühzeitig zu identifizieren bzw. zu antizipieren, damit die Investitionspläne des Unternehmens darauf abgestimmt werden können. Für Anlagen wie zum Beispiel Windenergieanlagen, die sich stark auf das Umfeld auswirken, ist es auch wichtig, das Umfeld stets zu betrachten. So kann beispielsweise eine heranrückende Wohnbebauung zu Betriebseinschränkungen führen. Deshalb kann es geboten sein, „heranrückenden" Veränderungen des Umfeldes frühzeitig entgegen zu treten (sogenanntes Umfeld-Monitoring).[68]

b) Beteiligte des Projekts

75 Neben der zeitlichen Strukturierung des Projekts müssen auch die Beteiligten am Projekt identifiziert werden. Dabei sind Anzahl und Funktionen der Beteiligten vom Stand des Projekts in zeitlicher Hinsicht und dem konkreten Projektumfang abhängig. In jedem Fall ist es für die Strukturierung des Projekts, insbesondere das Fristen- und Vertragsmanagement, entscheidend, dass eine klare Aufgabenverteilung und Zuordnung erfolgt. Es darf zu keinen Grauzonen der organisierten Unverantwortlich-

---

67 Vgl. §§ 484 ff. ZPO.

68 Vgl. dazu exemplarisch BVerwG, Urt. v. 20.12.2012 – 4 C 11.11 – BVerwGE 145, 290. Heranrückende Bebauung löst zusätzliche rechtliche Anforderungen für einen Störfallbetrieb i.S.d. RL 96/82/EG (Seveso-II-Richtlinie) v. 9.12.1996 (ABl EU Nr. L 10 S. 13 ff.) aus, was wiederum Abwehransprüche begründet. Unterbleibt ein Umfeld-Monitoring, können erhebliche Auswirkungen auf den Betrieb der Anlage die Folge sein.

keit kommen. Die termingerechte Aufgabenerfüllung ist einem Aufgabenerfüllungscontrolling zu unterziehen. Wesentliche Projektbeteiligte sind:

aa) Anlagenbetreiber

Der Anlagenbetreiber ist derjenige, der das wirtschaftliche Risiko der Errichtung und 76
des Betriebs der Anlage trägt. Hier kommt im Bereich der Anlagen der Erneuerbaren Energien üblicherweise eine Projektgesellschaft – meistens in Form der GmbH & Co. KG – in Betracht, während Industrieanlagen nicht von einer gesonderten Projektgesellschaft, sondern vom Unternehmen selbst betrieben werden.

Weiterhin können auch mehrere Projektgesellschaften sich eine Anlage 77
„teilen".

Beispiel

Bei einer großen PV-Freiflächenanlage mit einer Gesamteinspeisekapazität von 10 MWp (maximale Vergütungsfähigkeit gem. § 51 Abs. 3 EEG 2014) existieren zwei Projektgesellschaften: Eine Projektgesellschaft hält eine Einspeisekapazität von 7 MWp, eine Projektgesellschaft eine Einspeisekapazität von 3 MWp. Gleichwohl handelt es sich bei der PV-Anlage um eine im Bebauungsplan festgelegte einheitliche Anlage, die auch genehmigungsrechtlich einheitlich behandelt wird. Konsequenz ist, dass die Projektgesellschaften gemeinsam Inhaber einer Baugenehmigung bzw. im Fall eines vorhabenbezogenen Bebauungsplans beide Vertragspartner der entsprechenden städtebaulichen Verträge werden. Zivilrechtlich werden die Rechte soweit als möglich abgegrenzt und unter den Projektgesellschaften aufgeteilt. Dies setzt eine Strukturierung bereits vor Beginn der Genehmigungsphase voraus. Strukturierung bedeutet in diesem Fall, dass die Projektrechte rechtlich und wirtschaftlich sowie technisch trennbar konfiguriert werden. Durch diese Trennung wird eine Übertragung auf unterschiedliche Gesellschaften erst ermöglicht.

---

bb) Projektmanager

Der Projektmanager ist derjenige, der die verschiedenen Projektphasen leitet und mit- 78
einander verzahnt. Soweit ein Generalunternehmer beauftragt wird, erledigt dieser das Projektmanagement als Teil seiner im GU-Vertrag übernommenen Verpflichtungen. Soweit der Anlagenbetreiber das Projektmanagement nicht selbst übernimmt, ist in jedem Fall eine enge Anbindung und regelmäßige Berichtspflicht an den Anlagenbetreiber notwendig. Es empfiehlt sich, einen Projektsteuerungsvertrag abzuschließen. Neben dem technisch betriebswirtschaftlichen Projektmanagement empfiehlt sich der Abschluss eines Projektsteuerungsvertrages für das juristische Projektmanagement.

cc) Projektrechteinhaber

Soweit der Anlagenbetreiber nicht über alle notwendigen Projektrechte verfügt, muss 79
er diese sich von einem Dritten die Projektrechte verschaffen (Projektrechtekauf) oder

von einem Dritten verschaffen lassen (Projektrechte sind erst noch zu entwickeln – Projektentwicklungsvertrag).[69]

dd) Sonstige Beteiligte

80 Sonstige Beteiligte sind im Regelfall die mit der Errichtung und der Betriebsführung der Anlage beauftragten Dritten.

2 Zuordnung der Projektrechte

81 Es ist für die Projektstrukturierung ein wesentlicher Punkt, wem genau die Projektrechte zugeordnet werden sollen. Gerade diese Frage bereitet in der Praxis oftmals große Probleme, da aufgrund nachträglicher Anforderungen anderweitige Zuordnung vorgenommen werden sollen. Für den Erfolg eines Projektes und dessen Vermarktbarkeit ist es deshalb wichtig, dass die spätere Vermarktung und Aufteilung der Projektrechte frühzeitig vergegenwärtigt werden. In die vertraglichen Gestaltungen sind sogenannte Sollbruchstellen zur Rechteaufteilung einzubauen.

a) Anlagenbetreiber = alleiniger Rechteinhaber

82 Im Grundsatz soll der Anlagenbetreiber auch gleichzeitig Inhaber aller Projektrechte sein. Gerade im Bereich der EE-Anlagen ist eine solche Strukturierung im Regelfall dadurch vorgezeichnet, dass Gläubiger der Marktprämie der Anlagenbetreiber im Sinne des EEG ist (§ 34 Abs. 1 EEG). Auch bei anderen Anlagentypen ist diese Zuordnung zunächst notwendig und geboten. Der Inhaber der Genehmigung der Anlage ist Adressat verschiedenster öffentlich-rechtlicher Pflichten, denen er im Regelfall nur dadurch Genüge tun kann, dass er auch die übrigen Projektrechte besitzt.

Beispiel
Eine Behörde ordnet wiederkehrende Messungen der Emissionen gem. § 28 BImSchG in einer Befeuerungsanlage an. Weicht der Betreiber der Befeuerungsanlage zivilrechtlich vom Eigentümer der Anlage ab, ist zwar öffentlich-rechtlich der Betreiber der Anlage verpflichtet, er kann aber ohne Einverständnis des Eigentümers der Anlage eine solche Nachschau nicht durchführen lassen.

---

83 Üblicherweise erfolgt die Zuordnung der Rechte an einer Anlage auf eine sogenannte Zweckgesellschaft (englisch Special Purpose Vehicle = SPV). Eine solche Zweckgesellschaft hält alle Projektrechte, betreibt die Anlage und ihr steht der Gewinn aus dem Anlagenbetrieb zu. Spiegelbildlich hat sie auch sämtliche Verluste, die aus dem Anlagenbetrieb folgen, zu tragen. Sie ist auch im Regelfall Darlehensnehmer und Sicherheitengeber im Rahmen der Projektfinanzierung.

69 Die Einzelheiten zu diesen Verträgen werden unten besprochen, vgl. Rn 176 ff.

Im deutschen Recht wird im Regelfall eine GmbH & Co. KG als Zweckgesellschaft gegründet. Dabei handelt es sich um eine Personengesellschaft.[70] Diese besteht aus einer Komplementärin (einer Verwaltungs-GmbH)[71] und einem Kommanditisten, die grundsätzlich auf den Betrag ihrer geleisteten Hafteinlage persönlich haften.[72] Die Gewinn- und Verlustbeteiligung der Gesellschafter erfolgt auf Ebene der Kommanditisten. Die Komplementärin, die zwar auch Gesellschafterin ist, ist im Regelfall aber nicht an der Gewinnverteilung beteiligt und erbringt nur die Geschäftsführung der Gesellschaft.[73] 84

Andere Formen der Zweckgesellschaften sind die Gesellschaft mit beschränkter Haftung (GmbH) und die Unternehmensgesellschaft (UG).[74] Dabei handelt es sich um (kleine) Kapitalgesellschaften, für die abweichende haftungsrechtliche und steuerrechtliche Regelungen gelten. Eine Entscheidung, welche Rechtsform für eine Projektgesellschaft im konkreten Projekt vorzugswürdig ist, ergibt sich aus einer Betrachtung des Einzelfalls, wobei steuerrechtliche Erwägungen im Regelfall im Vordergrund der Betrachtung stehen. 85

Für Körperschaften des öffentlichen Rechts kommt auch die Gründung einer Anstalt des öffentlichen Rechts (sogenannte Kommunalunternehmen) als Zweckgesellschaft in Betracht. Dabei ist jedoch zu beachten, dass diese Rechtsform in der Regel keine Aufnahme von privaten Investoren zulässt. Dies kann von den Kommunen aber auch gewünscht sein, wenn die öffentlich-rechtliche Trägerschaft dauerhaft gewährleistet sein soll. Zudem können Kommunalunternehmen in privatrechtliche Rechtsformen umgewandelt werden.[75] 86

b) Aufteilung der Projektrechte

Eine Aufteilung der Projektrechte muss immer dann vorgenommen werden, wenn eine Anlage von verschiedenen Personen betrieben werden soll oder der Anlagenbetreiber mit anderen Anlagenbetreibern kooperieren muss, um den wirtschaftlichen Betrieb seiner Anlage zu gewährleisten. Letzteres ist immer dann der Fall, wenn der Anlagenbetreiber nicht alle Projektrechte innehat, sondern Projektrechte, sei es in Form von Gestattungen, sei es in Form von Unterbeteiligungen, entgeltpflichtig zur Verfügung gestellt bekommt. 87

70 Vgl. dazu *Binz/Sorg*, GmbH & Co. KG, § 1 Rn 17.
71 *Binz/Sorg*, GmbH & Co. KG, § 2 Rn 1 ff.
72 *Binz/Sorg*, GmbH & Co. KG, § 5 Rn 4 ff.
73 *Binz/Sorg*, GmbH & Co. KG, § 4 Rn 2 ff.
74 Vgl. dazu § 5a GmbHG.
75 Vgl. dazu § 191 Abs. 1 Nr. 6 UmwG.

Beispiel
Bei der Strukturierung eines Windparks mit mehreren Anlagenbetreibern ergibt sich oftmals die Notwendigkeit, besondere Vereinbarungen über die Infrastruktur des Windparks zu treffen. Die Infrastruktur des Windparks betrifft im Regelfall die Parkverkabelung, die Einspeiseleitung bis hin zum Netzverknüpfungspunkt und gegebenenfalls ein privat betriebenes Umspannwerk als Netzverknüpfungspunkt. In diesem Fall wäre es nicht wirtschaftlich, wollte jeder Anlagenbetreiber einer Windenergieanlage die Infrastruktur selbst errichten, sodass sich im Rahmen der Strukturierung oftmals Mischmodelle bilden. Es wird zum Beispiel eine Infrastrukturgesellschaft gegründet, der rechtlich die Kabelleitungen und sonstige Nebenanlagen der Infrastruktur nebst Netzverknüpfungspunkt zugeordnet sind. Diese gestattet den einzelnen Windenergieanlagenbetreibern die Mitnutzung dieser Infrastruktur gegen Entgelt.

88 Weiterer Fall des Abweichens ist die Aufteilung innerhalb eines Konzerns. Hier kann aus betriebswirtschaftlichen oder auch steuerlichen Gesichtspunkten die Aufteilung auf eine oder mehrere Konzerngesellschaften durchaus üblich sein.

Beispiel
Eine Biomethananlage kann das Anlageneigentum als solches in der einen Projektgesellschaft stehen, während die Lieferverträge zur Anlieferung der Einsatzstoffe und die Abnahmeverträge zur Abnahme des von der Anlage produzierten Biomethans in einer Projektgesellschaft liegen können, da beispielsweise der Ein- und Verkauf von Produkten im Konzern anderweitig rechtlich zugeordnet wird.

89 Ein weiterer Fall, der energiewirtschaftlich durchaus relevant sein kann, ist die Aufspaltung eines einheitlichen Kraftwerkes (zum Beispiel eines BHKW) in verschiedene Erzeugungsscheiben. Das Kraftwerk wird damit nicht sachenrechtlich, aber virtuell hinsichtlich der Erzeugungskapazitäten verschiedenen Gesellschaften zugeordnet, denen dann die erzeugten Produkte entsprechend dem Zuordnungsschlüssel zustehen. Kennzeichen dieses Modells ist, dass das Anlageneigentum grundsätzlich in der Hand einer Betriebsgesellschaft bleibt, die auch für die Aufrechterhaltung des Betriebs verantwortlich ist. Die wirtschaftlichen Folgen des Betriebs werden dagegen an die „Scheibenpächter“ übertragen.

90 Bei der Aufteilung von öffentlich-rechtlichen Projektrechten wie Genehmigungen oder Anlagenzulassungen ist darauf zu achten, dass für die Übertragung unter Umständen eine Zustimmung der Genehmigungsbehörde notwendig ist. Dies gilt auch beim Vorhabenträgerwechsel des vorhabenbezogenen Bebauungsplans.[76]

3 Strukturierung nach Abschluss der Planungsphase

91 Nach Möglichkeit ist die Projektstrukturierung während der Planungsphase eines Projektes abzuschließen. Gleichwohl kommt es immer wieder vor, dass eine Struk-

76 Vgl. § 12 Abs. 5 BauGB.

turierung bereits nach Abschluss der Planungs- oder gar der Genehmigungsphase durchgeführt werden muss.

Beispiel
Ein Windpark besteht aus fünf Windenergieanlagen, die von einer einheitlichen Betreibergesellschaft gehalten werden. Im Hinblick auf eingetretene Liquiditätsverschlechterungen entschließt sich die Gesellschaft, eine der Windenergieanlagen an einen Dritten zu verkaufen. Damit stellt sich dann die Frage der Infrastrukturgewährleistung (Einspeisung) durch den bisherigen Betreiber. Dieses Problem muss im Rahmen einer Neustrukturierung des Projekts aufgefangen werden.

Weitere Möglichkeiten für eine Umstrukturierung des Projekts sind auch konzernin- 92
terne Umstrukturierungen oder teilweise der Verkauf eines Projekts, um es der Zielstruktur des Käufers anzupassen. Im Rahmen der juristischen Projektstrukturierung ist es hierbei wichtig, auf eine möglichst genaue Teilbarkeit des Projekts und der Projektrechte zu achten. Insbesondere bei vertraglichen Vereinbarungen sollten diese so gestaltet sein, dass eine möglichst weitgehende freie Übertragbarkeit auf Dritte gewährleistet ist. Soweit möglich, sollte die Zustimmung des jeweiligen Vertragspartners an der vertraglichen Vereinbarung nur fristgebunden ausgeübt werden können und zudem sollte sichergestellt werden, dass der Vertragsübertragung auf Dritte nur bei Vorliegen eines wichtigen Grundes widersprochen werden kann.

Im Rahmen der öffentlich-rechtlichen Genehmigungen, die – wie oben ausge- 93
führt – anlagenbezogen erteilt werden, ist eine Teilbarkeit im Regelfall nicht gegeben. Dies stellt aber grundsätzlich kein Problem dar, da aufgrund der Anlagenbezogenheit bei Übertragung des Eigentums der Anlage jedenfalls ein sogenannter Bauherrenwechsel stattfinden kann, nachdem die öffentlich-rechtlichen Verantwortlichkeiten auf den neuen Projektrechteinhaber und Anlagenbetreiber übergehen.

C Standortsicherung

Wesentlicher Teil der Gestaltung eines Projekts und Auftakt innerhalb der Planungs- 94
phase ist die Entscheidung und Sicherung eines Standortes für die Anlage. Die Standortwahl ist dabei sowohl unter öffentlich-rechtlichen wie auch zivilrechtlichen Gesichtspunkten zu betrachten. Die Wahl des richtigen Standortes trägt nicht selten wesentlich zum Erfolg oder Misserfolg eines Projektes bei.

I Öffentlich-rechtliche Standortsicherung

Die öffentlich-rechtliche Standortsicherung erfolgt grundsätzlich durch die Zulas- 95
sungsentscheidung für die Anlage, das heißt in Form der Genehmigung. Im Rahmen der Genehmigung wird entschieden, ob der vom Antragsteller vorgegebene Standort

der Anlage öffentlich-rechtlich zulässig ist, das heißt mit öffentlich-rechtlichen Vorgaben vereinbar ist.

96 Die Wahl des zutreffenden Standortes kann aber auch mit Mitteln des öffentlichen Rechts beeinflusst werden, die dem (potentiellen) Anlagenbetreiber bei der Standortwahl im Wege der Kooperation mit Verwaltungsträgern zur Verfügung stehen und die Spielräume bei der Standortwahl gezielt eröffnen können. Die Wahl des Standortes wird aber auch wesentlich von planerischen Entscheidungen der jeweils zuständigen Träger der Raumplanung beeinflusst. Für die Projektanten von Anlagen kommt es darauf an, die aus unternehmerischer Sicht wesentlichen Abwägungskriterien in die planerische Entscheidung des jeweiligen Planungsträgers einzubringen.

1 Raumordnungsrecht

a) Grundlagen

97 Durch die Raumordnung soll der Gesamtraum der Bundesrepublik Deutschland und seine Teilräume entwickelt, geordnet und gesichert werden (§ 1 Abs. 1 ROG[77]). Die Raumordnung ist dabei eine der gemeindlichen Bauleitplanung übergeordnete Verwaltungstätigkeit, die die räumlichen Entwicklungslinien vorgibt, in deren Rahmen Grund und Boden für Siedlungstätigkeit, wirtschaftliche Entwicklung und Infrastrukturprojekte genutzt oder für sonstige Raumfunktionen gesichert werden soll.[78]

98 Als Raumfunktionen kommen insbesondere die Bewahrung naturnaher oder natürlicher Lebensräume, die Festlegung von Gebieten für den Abbau von Bodenschätzen oder von sonstigen Vorbehaltsflächen – zum Beispiel für Infrastrukturprojekte[79] – in Betracht.

99 Mit der Raumordnung ist die Aufgabe verbunden, die Entwicklungsabsichten unterschiedlichster Raumnutzer derart aufeinander abzustimmen und zuzuordnen, dass eine insgesamt ausgewogene und aufeinander abgestimmte Gesamtnutzung des Raumes stattfindet. Dabei ist darauf zu achten, dass einzelne Nutzungsarten sinnvoll miteinander verknüpft werden. Daraus folgt einerseits eine räumliche Bündelung von gewissen, einander zuzuordnenden Nutzungen und andererseits eine Trennung anderer Nutzungen.[80]

100 Schließlich hat die Raumordnung die Aufgabe, gewisse Raumfunktionen zu sichern und diese gegenüber konkurrierenden Raumnutzungen zu schützen (so zum Beispiel Naturschutzgebiete).[81]

---

77 Raumordnungsgesetz (ROG) v. 22.12.2008 (BGBl. I S. 2986), zuletzt geändert durch Gesetz v. 31.8.2015 (BGBl. I S. 1474).
78 *Spannowsky/Runkel/Goppel*, ROG, § 1 Rn 47 ff.
79 Vgl. BVerwG, Urt. v. 16.3.2006 – 4 A 1001.04 – NVwZ 2006, 1055 – Flughafen Schönefeld.
80 Vgl. dazu die gesetzgeberische Leitvorstellung der Raumordnung in § 1 Abs. 2 ROG
81 *Spannowsky/Runkel/Goppel*, ROG, § 1 Rn 50.

Die Vorgaben der Raumordnung werden im Wesentlichen dadurch umgesetzt, dass auf Ebene der Länder sogenannte Landesentwicklungspläne oder Landesentwicklungsprogramme erlassen werden. Diese haben meist die Form einer Rechtsverordnung und enthalten verbindliche Ziele der Raumordnung sowie abwägungsfähige Grundsätze der Raumordnung. Die Differenzierung zwischen Zielen und Grundsätzen der Raumordnung ist in Bezug auf die nachgelagerten Planungsebenen entscheidend. 101

b) Verbindlichkeit der Raumordnung

Rechtlich verbindliche Vorgaben der Raumordnung an die nachgeordneten Planungsebenen werden im Gesetz als **Ziele der Raumordnung** bezeichnet. Diese sind gem. § 3 Abs. 1 Nr. 2 ROG: 102

> „Verbindliche Vorgaben in Form von räumlich und sachlich bestimmten oder bestimmbaren, vom Träger der Raumordnung abschließend abgewogenen (§ 7 Abs. 2) textlichen oder zeichnerischen Festlegung in Raumordnungsplänen zur Entwicklung, Ordnung und Sicherung des Raumes."

Demgegenüber sind **Grundsätze der Raumordnung** (§ 3 Abs. 1 Nr. 3 ROG): 103

> „Aussagen zur Entwicklung, Ordnung und Sicherung des Raumes als Vorgaben für nachfolgende Abwägungs- oder Ermessensentscheidungen; Grundsätze der Raumordnung können durch Gesetz oder als Festlegung in einem Raumordnungsplan (§ 7 Abs. 1 und 2) aufgestellt werden."

Entscheidender Unterschied ist, dass Ziele der Raumordnung im nachgelagerten Verwaltungsverfahren grundsätzlich bindende Wirkung haben; Grundsätze der Raumordnung bestimmen nur Leitlinien der Entwicklung, von denen im Einzelfall jedoch abgewichen werden kann. 104

c) Abstimmung der Planungsebenen

Die Vorgaben der Raumordnung des Bundes, der Länder und der jeweiligen Teilbereiche sind aufeinander abzustimmen. Nach dem sogenannten **Gegenstromprinzip** des § 1 Abs. 3 ROG sind vielmehr auch in der übergeordneten Planung die Belange der nachgeordneten Planung zu berücksichtigen.[82] Das Gegenstromprinzip behandelt die wechselseitigen Beziehungen der räumlichen Planungsebenen. Zum einen enthält das Gegenstromprinzip die Aussage, dass die Entwicklung, Ordnung und Sicherung der Teilräume sich in die Gegebenheiten und Erfordernisse des Gesamtraumes einzufügen haben. Der zweite Aspekt behandelt die Verzahnung der verschiedenen Planungsebenen untereinander. Das Gegenstromprinzip bedeutet, dass Planung keine strikte Vorgabe von „oben nach unten" ist, sondern dass auch Aspekte untergeord- 105

82 Vgl. dazu *Spannowsky/Runkel/Goppel*, ROG, § 1 Rn 103 ff.

neter Planungsebenen und die dortige Planungsfreiheit gebührend zu berücksichtigen sind. Nach dem Anpassungsgebot des § 1 Abs. 4 BauGB müssen die Bauleitpläne den Zielen der übergeordneten Regionalpläne angepasst werden. Raumordnung ist jedoch keine Einbahnstraße von „oben nach unten".

106 Die Landesplanung und Raumordnung auf Ebene der Länder findet neben Landesentwicklungsplänen auch in Form von Regionalplänen statt, die in Regionen der einzelnen Länder angelegt werden. Diese sind gemäß dem Gegenstromprinzip aufeinander abzustimmen.

d) Auswirkungen auf die konkrete Standortwahl

107 Im Rahmen der Standortentscheidung für eine Anlage muss zunächst beachtet werden, ob und inwieweit die Raumordnung (dabei insbesondere die Regionalpläne) zulassungssteuernde Wirkung haben. Nur soweit es sich um sogenannte raumbedeutsame Vorhaben[83] handelt, muss zunächst die Vereinbarkeit mit den Vorgaben der Raumordnung oder der Regionalplanung festgestellt werden.

Beispiel

PV-Freiflächenanlagen werden unbeschadet von der Größe nicht als raumbedeutsam angesehen und sind demzufolge auch nicht Regelungsgegenstand von Regionalplänen. Anders verhält es sich bei Windenergieanlagen von einer Höhe von mehr als 100 m: Diese gelten als raumbedeutsam und ihre (gebietsbezogene) Standortzuweisung kann Gegenstand eines Regionalplans sein. Diese entfalten über § 35 Abs. 3 S. 3 BauGB auch steuernde Wirkung für die Standortentscheidung und müssen im Rahmen der Anlagenzulassung Berücksichtigung finden.[84]

---

108 Liegt ein raumbedeutsames Vorhaben vor, sind die Standortvorgaben in der Raumordnung auch im Genehmigungsverfahren unmittelbar zu beachten. Dabei werden planerisch sogenannte **Vorrang-, Vorbehalts- und Ausschlussgebiete** festgelegt:

- Vorranggebiete
  Bei Vorranggebieten handelt es sich um Gebiete, in denen die mit dem Vorrang belegte Funktion oder Nutzung andere raumbedeutsame Nutzungen ausschließlich, soweit diese mit der vorrangingen Funktion oder Nutzung nicht vereinbar sind (§ 8 Abs. 7 Nr. 1 ROG).

---

83 Die Anpassungspflicht ist in § 1 Abs. 4 BauGB geregelt. Raumbedeutsame Vorhaben sind nach § 3 Abs. 1 Nr. 6 ROG Planungen einschließlich der Raumordnungspläne, Vorhaben und sonstige Maßnahmen, durch die Raum in Anspruch genommen oder die räumliche Entwicklung oder Funktion eines Gebietes beeinflusst wird. Vgl. zur Anpassungspflicht auch BVerwG, Beschl. v. 27.6.2007 – 4 BN 18.07 – ZfBR 2007, 685, 685.

84 Vgl. zu den Auswirkungen auf die planerische Ebene Ernst/Zinkahn/Bielenberg/Krautzberger/*Söfker*, BauGB, § 35 Rn 124a f.

- Vorbehaltsgebiete
  Vorbehaltsgebiete sind Gebiete, in denen bestimmte raumbedeutsame Funktionen oder Nutzungen bei der Abwägung mit konkurrierenden raumbedeutsamen Nutzungen besonderes Gewicht beizumessen ist (§ 8 Abs. 7 Nr. 2 ROG).
- Eignungsgebiete
  Gebiete, in denen bestimmte raumbedeutsame Maßnahmen oder Nutzungen, die städtebaulich nach § 35 BauGB zu beurteilen sind, andere raumbedeutsame Belange nicht entgegenstehen, wobei diese Maßnahmen oder Nutzungen an anderer Stelle im Planungsraum ausgeschlossen sind (Eignungsgebiete).
- Ausschlussgebiete
  Ausschlussgebiete sind Gebiete, in denen bestimmte raumbedeutsame Nutzungen komplett ausgeschlossen sind. Zwar ist diese Gebietskategorie nicht gesetzlich definiert, ihre juristische Zulässigkeit wird unterschiedlich beurteilt, jedoch unabhängig vom Herleitungsweg in der Regel bejaht.[85]

Die raumordnerischen Vorgaben sind darüber hinaus nach § 1 Abs. 4 BauGB für die **109** gemeindliche Bauleitplanung bindend und entfalten damit indirekte Wirkung auf die Standortwahl durch Bindung der nachgeordneten Plangeber. Die gemeindliche Bauleitplanung ist zwingend an die Vorgaben der Raumordnung gebunden, das heißt bei einer Abweichung ist die Bauleitplanung unwirksam, jedoch der Heilung in einem ergänzenden Verfahren gem. § 214 BauGB in der Regel zugänglich.[86] Es sind jedoch auch bei unmittelbar fehlenden Vorgaben der Raumordnung für die konkrete Anlage Prüfungen notwendig, inwieweit indirekt Vorgaben für nachrangige Planungsebenen gemacht werden.

Ist der geplante Standort einer Anlage nicht mit verbindlichen Vorgaben der **110** Raumordnung vereinbar, besteht die Möglichkeit der Durchführung eines Zielabweichungsverfahrens. Ein solches Zielabweichungsverfahren nimmt jedoch in der Regel einen längeren Zeitraum in Anspruch. Deshalb ist es vorzugswürdig, bereits bei der Aufstellung der Raumordnungs- und Regionalpläne die Belange des Projektanten und Anlagenbetreibers in die Planung einzubringen. Wenn dies nicht möglich ist, weil diese Pläne bereits Verbindlichkeit erlangt haben, sollte versucht werden, auf die nur geringfügige raumordnerische Relevanz der Anlage abzustellen. Gelingt auch dies nicht, muss im Zielabweichungsverfahren die atypische Konstellation dargestellt werden, die eine Abweichung von den raumordnerischen Zielen rechtfertigt.

85 Vgl. *Spannowsky/Runkel/Goppel*, ROG, § 8 Rn 72 f.
86 Vgl. BVerwG, Urt. v. 18.9.2003 – 4 CN 20.02 – BVerwGE 119, 54.

2 Bauplanungsrecht

111 Wesentliche öffentlich-rechtliche Standortentscheidungen werden im Rahmen der Bauleitplanung getroffen. Die Bauleitplanung ist in allen Bundesländern gemeindliche Aufgabe.[87]

a) Grundbegriffe der Bauleitplanung

112 Aufgabe der Bauleitplanung ist es, „die bauliche und sonstige Nutzung der Grundstücke in der Gemeinde nach Maßgabe dieses Gesetzbuches vorzubereiten und zu leiten" (§ 1 Abs. 1 BauGB).

113 Dabei wird unterschieden zwischen Flächennutzungsplänen[88] und Bebauungsplänen.[89] **Flächennutzungspläne** sind der vorbereitenden Bauleitplanung zuzuordnen und vermitteln im Regelfall keine Rechte und Pflichten Dritter.[90] Unbeschadet dessen ist darauf hinzuweisen, dass auch der Flächennutzungsplan grundsätzlich den Planungsträger, das heißt die Gemeinde, bindet. Eine Rechtswirkung gegenüber Dritten ist vermittelt über § 35 BauGB im Einzelfall möglich.

Beispiel

Bei Windenergieanlagen ist eine Standortsteuerung durch Flächennutzungspläne möglich. Gleiches gilt für Anlagen zur Gewinnung von Bodenschätzen (zum Beispiel Kiesgewinnung). Dies erfolgt durch sogenannte Konzentrationszonenplanungen (§ 35 Abs. 3 S. 3 BauGB).

---

114 Die Darstellungen im Flächennutzungsplan sind etwas schematischer und „grober" gehalten als im Bebauungsplan. Der Flächennutzungsplan stellt die grundlegende Ordnung des Gemeindegebiets auf planerischer Ebene dar.

115 Anders verhält es sich bei den **Bebauungsplänen**. Diese bilden die konkreten planerischen Grundlagen für die Verwirklichung eines Vorhabens. Bei Bebauungsplänen wird unterschieden zwischen sogenannten Angebotsbebauungsplänen und vorhabenbezogenen Bebauungsplänen.[91] Letztere werden nur auf Antrag eines Investors durchgeführt, der sich dann auch verpflichten muss, das beantragte Vorhaben

---

87 Vgl. z.B. Art. 83 BayVerf.

88 Der Flächennutzungsplan ist in § 5 BauGB geregelt und stellt das beabsichtigte städtebauliche Entwicklungsprogramm dar. Für die Anlagenplanung sind vor allem die Darstellungen zu Industriegebieten, Gewerbegebieten und Sondergebieten Windenergie, Wasserenergie, Photovoltaik und Biomasse interessant.

89 Der Bebauungsplan ist in § 9 BauGB geregelt und legt rechtsverbindlich die bauliche und sonstige Nutzung der Grundstücke im Plangebiet fest.

90 Ernst/Zinkahn/Bielenberg/Krautzberger/*Söfker*, BauGB, § 5 Rn 7. Ausnahmen ergeben sich für den Außenbereich bei dem der Flächennutzungsplan gem. § 35 Abs. 3 S. 1 Nr. 1 BauGB als entgegenstehender Belang vorgebracht werden kann und für die Konzentrationszonen nach § 35 Abs. 3 S. 3 BauGB.

91 § 12 BauGB definiert den Rahmen der Zusammenarbeit der Gemeinde mit Dritten im Bauleitverfahren, vgl. hierzu Kappellmann/*Oehmen*, Juristisches Projektmanagement, Rn 270.

binnen einer bestimmten Frist durchzuführen und er muss gegenüber der Kommune nachgewiesen haben, dass er zur Durchführung bereit und in der Lage ist.[92]

Im Rahmen der Angebotsplanung besteht hingegen keinerlei Baupflicht. Vielmehr enthält der Bebauungsplan lediglich das Angebot an den Grundstückseigentümer oder Nutzungsberechtigten, die festgesetzte Variationsbreite an zulässigen baulichen Anlagen zu nutzen. 116

Ein Angebotsbebauungsplan kann auch auf Veranlassung eines Investors aufgestellt werden. Dies bietet sich vor allem dann an, wenn sich der Investor nicht zur Durchführung binnen einer bestimmter Frist verpflichten möchte. Der Angebotsbebauungsplan kann in diesen Fällen mit einem städtebaulichen Vertrag nach § 11 BauGB verbunden werden, der beispielsweise die Erstattung von Planungs- und sonstigen Folgekosten vorsieht. 117

Neben dem regulären Verfahren der Aufstellung eines Bebauungsplans können verfahrensbeschleunigende Planvarianten auf den Weg gebracht werden. Denkbar sind hier Bebauungspläne im vereinfachten Verfahren[93] und Bebauungspläne der Innenentwicklung.[94] 118

Bebauungspläne sind gem. § 8 Abs. 2 BauGB aus Flächennutzungsplänen zu entwickeln, das heißt sie müssen sich an dem vom Flächennutzungsplan verbindlich vorgegebenen Rahmen halten. Der Verstoß gegen dieses Entwicklungsgebot führt dazu, dass der Bebauungsplan unwirksam ist.[95] 119

Im Baugesetzbuch ist abschließend geregelt, welche Festsetzungen in einem Bebauungsplan erfolgen können (vgl. § 9 BauGB). Die dortigen Vorgaben sind insgesamt abschließend, das heißt einer Gemeinde steht kein sogenanntes Festsetzungserfindungsrecht zu. Eine Ausnahme vom Verbot der Festsetzungserfindung stellt der sogenannte vorhabenbezogene Bebauungsplan dar. In ihm kann die Gemeinde auch 120

92 Dies wird im Durchführungsvertrag gem. § 12 Abs. 1 S. 1 BauGB geregelt.

93 § 13 BauGB regelt das vereinfachte Verfahren und kommt im Regelfall nur bei der Veränderung oder Ergänzung eines Bauleitplanes in Betracht. Es kürzt vor allem die Öffentlichkeitsbeteiligung ab. Zudem ist nach § 13 BauGB kein Umweltbericht erforderlich.

94 Im Fall der Wiedernutzbarmachung von Flächen oder Nachverdichtung wird gem. § 13a BauGB ein Bebauungsplan der Innenentwicklung erlassen. Das Verfahren entspricht im Wesentlichen dem vereinfachten Verfahren. Im Verfahren nach § 13a BauGB ist indessen keine Änderung des Flächennutzungsplanes in einem Bauleitplanverfahren erforderlich. Es genügt die bloße Berichtigung des Flächennutzungsplanes. Dies kann erheblich zur Beschleunigung des Bauleitplanverfahrens beitragen, da insbesondere das Verfahren zur Genehmigung des Flächennutzungsplanes nicht selten mehrere Monate in Anspruch nimmt. Ferner entfällt beim Verfahren nach § 13a BauGB das Erfordernis von Ausgleichs- und Ersatzmaßnahmen. Dies kann zu erheblichen Kosteneinsparungen für derartige Maßnahmen führen.

95 Vgl. zur dazu bestehenden Kasuistik Ernst/Zinkahn/Bielenberg/Krautzberger/*Runkel*, BauGB, § 8 Rn 34 ff.

detailliertere Regelungen vorsehen, als sie in der Baunutzungsverordnung enthalten sind.[96]

b) Verfahren zur Aufstellung von Bauleitplänen

aa) Frühzeitige Beteiligung, §§ 3 Abs. 1, 4 Abs. 1 BauGB

121 Zunächst ist von der Gemeinde ein Planentwurf zu erarbeiten, an dem dann alle Behörden, Träger öffentlicher Belange und die Bürger frühzeitig zu beteiligen sind. Die frühzeitige Beteiligung dient dazu, die Betroffenen rechtzeitig über die Planungsabsichten der Gemeinde zu informieren und ihnen die Möglichkeit zu geben, am Planungsprozess zu partizipieren. Diese erste Beteiligungsrunde sollte dazu genutzt werden, projektrelevante Informationen zu erhalten. Durch die frühzeitige Beteiligung ist es möglich, bereits zu Projektbeginn die zu erwartenden Raumwiderstände und Projektrisiken abschätzen zu können.

bb) Förmliches Verfahren, §§ 3 Abs. 2, 4 Abs. 2 BauGB

122 Nach Abschluss dieser Phase geht der Bauleitplan sodann in den Gemeinderat, wo er erneut gebilligt wird, gegebenenfalls unter Berücksichtigung der im Rahmen des Beteiligungsverfahrens angeregten Änderungen. Daraufhin findet das sogenannte förmliche Verfahren statt. Hier werden nun nochmals Bürger und Träger öffentlicher Belange beteiligt. Während die Frist für die frühzeitige Beteiligung mindestens zwei Wochen beträgt, ist die Frist für die förmliche Beteiligung auf einen Monat festgesetzt. Vor der einmonatigen Auslegung ist der Bebauungsplan für einen Zeitraum von einer Woche öffentlich bekannt zu machen (§ 3 Abs. 2 S. 2 BauGB).

cc) Beschlussfassung und Bekanntmachung

123 Nach Abschluss dieser Beteiligungsphase entscheidet dann der Gemeinderat abschließend über das Ergebnis der Planung durch Satzungsbeschluss. Der Bebauungsplan wird daraufhin veröffentlicht und gegebenenfalls noch genehmigt.

124 Flächennutzungspläne bedürfen regelmäßig der Genehmigung durch die höhere Verwaltungsbehörde. Die Genehmigung kann nur dann verweigert werden, wenn der Flächennutzungsplan nicht ordnungsgemäß zustande gekommen ist oder er gegen höherrangige gesetzliche Vorgaben verstößt.

c) Materielle Planungsgrundsätze

125 Kernelement der gemeindlichen Planung ist die Abwägung (§ 1 Abs. 7 BauGB). Die Gemeinde als Planungsträger ist verpflichtet, die verschiedenen Belange, die im Rahmen der Planung betroffen sind, ordnungsgemäß zu ermitteln und ihrer Bedeu-

96 Vgl. dazu § 12 Abs. 3a BauGB.

tung gemäß gegeneinander und untereinander abzuwägen. Werden Belange in die Abwägung nicht eingestellt, führt dies zur Unwirksamkeit des Bebauungsplanes.

Die Rechtsprechung verlangt weiterhin, dass die Abwägung ergebnisoffen durch- **126** geführt wird. Dies kann dann auf Probleme stoßen, da bei der gemeindlichen Bauleitplanung nicht selten die Versuchung besteht, vom Ergebnis her zu denken und nachträglich zu versuchen, die Abwägung dem gewollten Ergebnis anzupassen. Nicht zu verkennen ist jedoch, dass der Gemeinde wegen ihrer grundgesetzlich garantierten Planungshoheit ein weiter Gestaltungsspielraum zusteht. Für die Projektierungspraxis ist anzuraten, dass in der Abwägung sämtliche in Betracht kommenden Probleme benannt werden. Werden hingegen Problembereiche aus politischen Gründen nicht benannt oder verharmlost, kann dies zu einem Abwägungsfehler führen, der die Unwirksamkeit des Bebauungsplans zur Folge hat. Dies kann zumindest Verzögerungen der Projektrealisierung zur Folge haben, wenn ein nachträgliches Heilungsverfahren in Gang gesetzt werden muss. In diesem Zusammenhang ist der Hinweis wichtig, dass kein Anspruch auf Durchführung eines Bauleitplanverfahrens besteht (§ 1 Abs. 3 BauGB). Es ist also nicht möglich, die Gemeinde rechtlich zu zwingen, planerisch tätig zu werden. Darüber entscheidet sie ausschließlich im eigenen Ermessen.

d) Festsetzungen im Bebauungsplan

Die Festsetzungen des Bebauungsplans bestimmen gem. § 30 BauGB die Zulässigkeit **127** der in ihr zu realisierenden Vorhaben. Ein Vorhaben, das nicht den Vorgaben des Bebauungsplans entspricht, ist damit nicht genehmigungsfähig. Zusätzlich muss die Erschließung gesichert sein.

Beispiel

Der Bebauungsplan einer Gemeinde setzt ein Mischgebiet fest. Ein Mischgebiet ist gekennzeichnet aus einer Mischung aus Wohngebäuden, Geschäftsgebäuden und kleineren Gewerbebetrieben. Eine Großfeuerungsanlage wird im Regelfall im Mischgebiet unzulässig sein, da sie ein Betrieb ist, der mit erheblichen Belästigungen für die Nachbarschaft verbunden ist. Er ist daher einer anderen Gebietskategorie zuzuweisen. In diesem Zusammenhang ist auch das immissionsschutzrechtliche Trennungsgebot zu beachten (§ 50 BImSchG).

Die Vorgaben des Bebauungsplans können dabei Vorgaben zu Art und Maß der bau- **128** lichen Nutzung, die überbaubaren Grundstücksflächen sowie die örtlichen Verkehrsflächen beziehen (qualifizierter Bebauungsplan). Fehlen bindende Festsetzungen zu den vorgenannten Punkten, handelt es sich um einen einfachen Bebauungsplan.

Die Art der baulichen Nutzung bezeichnet die verschiedenen Baugebiete, wie **129** sie in der Baunutzungsverordnung (BauNVO)[97] Ausdruck gefunden haben (allge-

97 Baunutzungsverordnung (BauNVO) v. 23.1.1990 (BGBl. I S. 132), zuletzt geändert durch Gesetz v. 11.6.2013 (BGBl. I S. 1548).

meine und reine Wohngebiete, Kerngebiete, Mischgebiete, Dorfgebiete, Gewerbegebiete, Industriegebiete). In der BauNVO werden diese Gebiete mit ihren Nutzungen beschrieben, die dort typischerweise zulässig sein sollen.

130 Das Maß der baulichen Nutzung bezeichnet demgegenüber die Ausnutzbarkeit des jeweiligen konkreten Baugrundstücks in Beziehung auf die Kubatur der zu errichtenden Gebäude, die Höhe, die Überdeckung der Grundstücksflächen mit baulichen Anlagen etc.

131 Die Erschließung ist immer dann gesichert, wenn ein Baugrundstück anfahrbar ist. Der Nachweis der gesicherten Erschließung ist im Regelfall dann geführt, wenn das Grundstück von einer öffentlich gewidmeten Straße aus erreichbar ist. Im Einzelfall kann aber auch eine private Erschließung, die entsprechend rechtlich abgesichert ist, genügen.

3 Zulässigkeit zum Vorhaben im unbeplanten Bereich

132 Nicht nur Bebauungspläne können öffentlich-rechtliche Zulassungsentscheidungen determinieren. Soweit kein Bebauungsplan erlassen wurde, greifen die Planersatzvorschriften der §§ 34, 35 BauGB. Dabei wird zwischen dem sogenannten **Innen- und Außenbereich** unterschieden:

- Innenbereich:
  Innenbereich ist der innerhalb von Ortsteilen gelegene geschlossene Bebauungszusammenhang (§ 34 Abs. 1 BauGB).
- Außenbereich
  Der Außenbereich ist als solcher nicht gesetzlich definiert. Er wird jedoch als Gegenteil zum Innenbereich verstanden. Das bedeutet, alle Bereiche, die nicht dem Innenbereich zuzuordnen sind, sind als Außenbereich anzusehen.

133 Der Außenbereich ist grundsätzlich von Bebauung freizuhalten, während hingegen der Innenbereich grundsätzlich der Bebauung dient.

134 Im Innenbereich ergibt sich die Zulassung von Vorhaben im Regelfall danach, ob sie sich in die vorhandene Bebauung einfügen. Das Einfügen wird durch Verweis auf die BauNVO konkretisiert (§ 34 Abs. 2 BauGB) bzw. ist im Einzelfall zu ermitteln. Im Außenbereich existiert die Unterscheidung zwischen privilegierten Vorhaben im Sinne des § 35 Abs. 1 BauGB mit einem erleichterten Zulassungsanspruch und sonstigen Vorhaben im Sinne des § 35 Abs. 2 BauGB, deren Zulassung im Regelfall an beeinträchtigen öffentlichen Belangen im Sinne des § 35 Abs. 3 BauGB scheitert.

Tipp

Bei der Unwirksamkeit von Bebauungsplänen ergibt sich der in der Praxis häufige Anwendungsfall der Planersatzvorschriften. Es ist daher bei der gemeindlichen Planung darauf zu achten, dass diese im Wesentlichen fehlerfrei abläuft, da andernfalls die Anwendung der Planersatzvorschriften ausgelöst wird und die bauplanungsrechtliche Zulässigkeit in Frage gestellt wird.

---

4 Sonderfall: Planfeststellung und Plangenehmigung

Die Planfeststellungsverfahren finden dann Anwendung, wenn sie gesetzlich angeordnet sind.[98] Die gesetzliche Anordnung wird als Planfeststellungsvorbehalt bezeichnet. Die Planfeststellungsverfahren zeichnen sich dadurch aus, dass sie planende und gestattende Elemente miteinander verbinden, das heißt eine Kombination aus Planungs- und Genehmigungsverfahren sind. Der Erlass des Planfeststellungsbeschlusses steht grundsätzlich im planerischen Ermessen der Planfeststellungsbehörde. Bei sogenannten privatnützigen Planfeststellungen ist es den Planfeststellungsbehörden jedoch untersagt, die Planfeststellung allein aus wirtschaftlichen Gründen abzulehnen. Deren Beurteilung ist Sache des privaten Vorhabenträgers. Auch bei privatnützigen Planfeststellungsverfahren sollte der Vorhabenträger jedoch im Rahmen der Antragstellung die Wirtschaftlichkeit und Zweckmäßigkeit sowie die Allgemeinwohldienlichkeit des Projektes darstellen. Ein substantiiert dargelegtes öffentliches Interesse an der Errichtung der Anlage kann notwendig sein, um entgegenstehende Belange im Wege der Abwägung zu überwinden. 135

II Zivilrechtliche Standortsicherung

Die zivilrechtliche Sicherung von Standorten erfolgt durch vertragliche Vereinbarungen mit den jeweiligen Grundstückseigentümern. Dabei ist auf die Vollständigkeit der Standortsicherung zu achten. Sämtliche vom Vorhaben in Anspruch genommenen Grundstücke müssen über entsprechende Verträge gesichert werden. Ansonsten sind die Bankability und der Projekterfolg gefährdet. Beispielsweise muss für die lückenlose Standortsicherung von Windparks an die Überstreichungsfläche des Rotors, die gesetzlichen Abstandsflächen nach Landesbauordnung sowie an die Flächen für Leitungen, Zuwegungen und für die Kranstellfläche gedacht werden. Nicht selten wird nur an die Sicherung des Standortes für das Anlagengrundstück selbst und weniger an die Sicherung der Grundstücke für die Infrastruktur gedacht. 136

Bei einer Vielzahl von Grundstückseigentümern und einer kleinteiligen Parzellenstruktur sollte versucht werden, die Interessen der Grundstückseigentümer zu bündeln. Hierzu ist eine Zusammenarbeit mit den regionalen Akteuren zu empfehlen. In Betracht kommen kann eine Zusammenarbeit mit den jeweiligen Kommunen, aber auch mit Zusammenschlüssen von Landwirten oder ähnlichen Einrichtungen. Möglicherweise kann ein Umlegungs- und Flurbereinigungsverfahren notwendig sein, um ausreichend nutzbare Grundstücke herzustellen. In diesem Zusammenhang können vertragliche Umlegungen oder Flurbereinigungen deutliche Beschleunigungseffekte gegenüber amtlichen Lösungen durch die zuständigen Behörden darstellen. 137

98 Vgl. bereits Rn 45 ff.

1 Nutzungsverträge

138 Nach den gesetzlichen Vorgaben ist ein Nutzungsvertrag zumindest stets mit dem Grundstückseigentümer abzuschließen. Dies bedeutet beim Abschluss mit einer Mehrheit von Grundstückseigentümern, dass der Vertrag mit jedem der Eigentümer abgeschlossen werden muss. Dies gilt auch für Erbengemeinschaften, denen das Grundstück gehört, da diese nach den gesetzlichen Regelungen[99] nur gemeinschaftlich vertretungsbefugt sind. Etwas anderes gilt, wenn es einen gemeinschaftlichen Bevollmächtigten der Erbengemeinschaft oder einen Testamentsvollstrecker gibt.[100]

! **Tipp**
Im Rahmen einer Bevollmächtigung einzelner Grundstückseigentümer ist darauf zu achten, dass diese ordnungsgemäß erteilt wurde.

---

139 Die Berechtigung des Eigentümers sollte durch einen möglichst aktuellen Grundbuchauszug nachgewiesen werden. Der Auszug aus dem Grundbuch kann beglaubigt oder unbeglaubigt erfolgen. Das Grundbuch genießt in jedem Fall öffentlichen Glauben (§ 892 BGB).

! **Tipp**
Es ist darauf zu achten, dass zum Abschluss des Vertrages Grundbuchauszüge vorliegen, die nicht älter als drei Monate sind. Ältere Grundbuchauszüge geben keine hinreichende Sicherheit darüber, ob nicht zwischendurch doch ein Eigentümerwechsel stattgefunden hat. Darauf ist im Rahmen des Vertragsmanagements zu achten.

---

140 Weiterhin enthält der Nutzungsvertrag eine Beschreibung der gegenseitigen Leistungspflichten. Kernleistungspflicht der Eigentümer ist dabei zunächst die Zurverfügungstellung des Grundstücks zu dem angestrebten Zweck, kombiniert mit der Verpflichtung, alles zu unterlassen, was Errichtung oder Betrieb der Anlage beeinträchtigen könnte. Im Gegenzug ist es die Verpflichtung des Anlagenbetreibers, das dafür geschuldete Nutzungsentgelt regelmäßig zu zahlen. Der Umfang der vertraglichen Pflichten und Gegenpflichten, insbesondere aus Sicht des Eigentümers, hängt stark von der Art der zu errichtenden Anlage ab. Insbesondere eine Duldungsverpflichtung hinsichtlich der Hinnahme von Immissionen ist zu empfehlen.

141 Weiteres Kernelement bei den Nutzungsverträgen ist die Verpflichtung, auf Anforderung oder unmittelbar nach Vertragsschluss für eine dingliche Absicherung der Errichtung und des Betriebs der Anlage zu sorgen. Dies geschieht dadurch, dass der Grundstückseigentümer dem Anlagenbetreiber eine beschränkt-persönliche Dienst-

---

99 Vgl. dazu § 2038 BGB.
100 Vgl. §§ 2197 ff. BGB.

barkeit einräumt. Auch im Rahmen der beschränkt-persönlichen Dienstbarkeit ist darauf zu achten, dass der Gestattungsumfang dort zutreffend wiedergegeben wird.

Tipp **!**
Zudem muss zumindest bei großflächigen Grundstücken auch darauf geachtet werden, dass der beschränkt-persönlichen Dienstbarkeit ein Lageplan beigefügt wird. Unterbleibt dies, erstreckt sich der Ausübungsbereich der beschränkt-persönlichen Dienstbarkeit auf das gesamte Grundstück und führt zu einem Verlegungsrecht des Eigentümers bei Unzumutbarkeit.[101] Zwar ist dies durch die Grenzen des Rechtsmissbrauchs beschränkt, kann aber doch bei größeren Anlagen schnell zu wirtschaftlichen Folgeverlusten führen.

Ein weiteres Kernelement des Nutzungsvertrages ist eine Befristung mit dem damit **142** verbundenen Ausschluss des ordentlichen Kündigungsrechts für die Dauer der Laufzeit. Der Abschluss eines unbefristeten Vertrages ist unter Finanzierungsgesichtspunkten in der Regel nicht möglich, da für einen solchen Vertrag keine Finanzierung gewährt wird. Grund dafür ist, dass ein unbefristeter Vertrag jederzeit durch eine ordentliche Kündigung unter Einhaltung bestimmter Fristen beendet werden kann.[102] Im Gegensatz zur außerordentlichen Kündigung ist die ordentliche Kündigung dadurch gekennzeichnet, dass der Eigentümer für deren Vorliegen keinerlei Gründe angeben muss. Die fristgerechte Ausübung des Rechts genügt, um die vertragliche Grundlage aufzuheben.

Tipp **!**
Die ordnungsgemäße Laufzeitbestimmung ist essentiell! Eine nicht ordnungsgemäße Laufzeitbestimmung führt dazu, dass die für den Vertrag notwendige Schriftform nicht gewahrt wurde und damit der Vertrag als auf unbestimmte Zeit geschlossen gilt. Ebenfalls zu beachten ist, dass bei Laufzeiten, die 30 Jahre überschreiten, der Vertrag als auf eine Laufzeit von 30 Jahren abgeschlossen gilt. Der Vertrag wird danach als Vertrag mit unbestimmter Laufzeit fortgesetzt. Auch dies gilt es, im Einzelfall zu vermeiden.

Das außerordentliche Kündigungsrecht beider Parteien kann nicht eingeschränkt **143** werden. Es handelt sich um zwingendes gesetzliches Recht. Voraussetzung dafür ist es, dass schwerwiegende Gründe vorliegen, die eine Fortsetzung des Vertragsverhältnisses für einen der Beteiligten unzumutbar erscheinen lassen. Die außerordentlichen Kündigungsgründe sollten benannt werden. Eine abschließende Aufzählung ist jedoch nicht möglich. Vielmehr können nur Beispielsfälle benannt werden.

101 Schneider/ Theobald/*Hermes*, Recht der Energiewirtschaft, § 10 Rn 76.
102 MüKo-BGB/*Bieber*, § 542 BGB Rn 1.

144 Übliche Beispielsfälle sind:
- erheblicher Zahlungsverzug von Seiten des Nutzers;
- Betriebseinstellung der Anlage;
- Insolvenz des Anlagenbetreibers.

Tipp
Inwieweit die Insolvenz des Eigentümers ebenfalls ein Grund für die Kündigung des Vertragsverhältnisses ist, ist im Einzelfall abzuwägen. Hierbei verbieten sich schematische Lösungen, zumal der Insolvenzverwalter in der Regel die Fortsetzung eines solchen Vertragsverhältnisses wählen wird, da dies für den Grundstückseigentümer oder dessen Rechtsnachfolger im Regelfall lukrativ sein wird.

---

145 Weiterhin sind in den Nutzungsverträgen Vertragsübernahmeklauseln vorzusehen für den Fall, dass der Grundstückseigentümer sein Grundstück veräußert. Diese Regelungen sind nur schuldrechtlicher Natur. Sie müssen allerdings mit den oben beschriebenen Maßnahmen zur dinglichen Sicherung des Rechts des Anlagenbetriebs zusammen gesehen werden und können insoweit von jedem Erwerber im Grundbuch eingesehen werden und gelten auch gegenüber diesen.

146 Weiterer wichtiger Punkt ist der Verzicht auf das Verpächter- oder Vermieterpfandrecht der §§ 562 ff. BGB. Wird auf dieses nicht verzichtet, haftet die Anlage auf dem Grundstück für die Mietzahlungen und kann auf dem gesetzlichen Weg verwertet werden. Ohne den Verzicht auf das Verpächterpfandrecht ist eine Finanzierbarkeit der Anlage im Regelfall ausgeschlossen.

2 Erbpacht

147 Um sich Anschaffungskosten für ein Grundstück zu sparen, kann es sinnvoll sein mit dem Grundstückeigentümer ein Erbbaurecht zu vereinbaren. Der Erbbauberechtigte entrichtet regelmäßig einen jährlichen Erbbauzins in Höhe von 4 bis 5 % des Grundstückwertes.[103]

148 Die Erbpacht oder das Erbbaurecht beschreibt das Recht eines Berechtigten, ein ihm gehörendes Gebäude auf einem Grundstück zu errichten, dessen Eigentümer er nicht ist. Die auf dem mit Erbbaurecht belasteten Grundstück errichtete Anlage wird nicht wesentlicher Bestandteil des Grundstücks, sodass die Eigentumsverhältnisse zwischen Grundstück und Anlage auseinanderfallen.[104]

149 Das Erbbaurecht ist ein dingliches Recht, sodass bezüglich der Form, insbesondere der notarielle Beurkundung dasselbe wie zum Grundstückskauf gilt.

150 Zusätzlich sollte darauf geachtet werden, dass sich das Erbbaurecht auf das Grundstück im Ganzen bezieht.[105]

---

103 Kapellmann/*Hansen*, Juristisches Projektmanagement, Rn 158.
104 MüKo-BGB/*von Oefele/Heinemann*, § 1 ErbbauRG Rn 24 ff.
105 Kapellmann/*Hansen*, Juristisches Projektmanagement, Rn 158.

Wichtig ist weiterhin, dass die Höhe eine Entschädigung vereinbart wird, die beim Erlöschen des Erbbaurechts fällig ist. Wann das Erbbaurecht erlischt, liegt in der Gestaltungsfreiheit der Beteiligten. Sinnvoll erscheint eine Orientierung an der zu erwartenden Lebenszeit einer Anlage. Es gibt hierbei keine Mindest- oder Höchstlaufzeit. 151

Tipp

Nach Ablauf der vereinbarten Laufzeit erlischt das Erbbaurecht und die errichtete Anlage wird wesentlicher Teil des Grundstücks. Somit geht das Eigentum dann auf den Grundstückseigentümer über. Um beim Übergang einen Ausgleich für die Anlage zu bekommen, ist es wichtig, im Vorhinein eine entsprechende Entschädigung zu vereinbaren, die der Grundstückseigentümer an den ehemals Erbbaurechtberechtigen zahlen muss. !

3 Grundstückskauf

Grundstückskaufverträge müssen den gesetzlichen Formvorschriften genügen. Die notarielle Beurkundung ist auch gerade für die Absicherung entscheidend.[106] 152

Deswegen kann ein Grundstückskaufvertrag nur vor dem Notar bei gleichzeitiger Anwesenheit des Käufers und des Verkäufers vollzogen werden. Eine Vertretung ist möglich. 153

Tipp

Eine Vertretung durch den Notar von Verkäufer- und Käuferseite ist nicht möglich. Insofern ist darauf zu achten, dass wenn keine beidseitige eigene Teilnahme am Notartermin erfolgt, eine dritte Person, zum Beispiel ein beratender Rechtsanwalt, beauftragt wird. !

Im Falle des Ankaufs eines Grundstücks von einer Gemeinde ist zusätzlich darauf zu achten, dass die handelnde Person auch nach dem Gemeinderecht dafür ermächtigt ist. Bei kleinen Gemeinden ist deswegen nicht nur eine Vertretung durch den ersten Bürgermeister, sondern im Regelfall auch ein Gemeinderatsbeschluss notwendig. 154

Der Kaufgegenstand ist mit Hilfe des Grundbuchauszugs genau zu bezeichnen, um rechtliche Auseinandersetzungen vorzubeugen.[107] 155

Problematisch ist die Bezeichnung des Kaufgegenstandes, insbesondere wenn das Grundstück von einer noch nicht im Grundbuch eingetragenen Person weiterveräußert wird. Entscheidend ist dabei, dass erst geklärt wird, was tatsächlich verkauft 156

106 Ein Schadenersatzanspruch unter dem Aspekt des Verschuldens bei Vertragsverhandlungen kommt bei formbedürftigen Verträgen grundsätzlich nicht in Betracht, sodass gerade für die Absicherung im Anfangsverfahren die Beurkundung notwendig ist, vgl. hierzu BGH, Urt. v. 29.3.1996 – V ZR 332/94 – NJW 1996, 1884, 1885.

107 Der Grundstückskaufvertrag ist zwar auch wirksam, wenn keine genaue Bezeichnung erfolgt. Die Bestimmtheit, auf was sich der Kauf bezieht, müsste sich dann jedoch auch aus anderen Unterlagen ergeben, was risikobehaftet ist; vgl. hierzu *Schöner/Stöber*, Grundbuchrecht, Rn 3145.

wird. Oft ist der Weiterverkauf und Kauf des Grundstücks selber gewollt. In diesem Fall ist noch kein tatsächlicher Kauf möglich, aber der Abschluss von Veräußerungs- und Erwerbungsverpflichtungen möglich. Auch diese Vereinbarungen müssen zur Absicherung beurkundet werden.[108]

Tipp
Andere Formen des Weiterverkaufs sind nicht zu empfehlen, da hierbei nicht lösbare Sicherungsprobleme auftreten, sofern noch keine Vormerkung eingetragen ist.

---

157 Bezüglich der Zahlung des Kaufpreises sind verschiedene Gestaltungsformen möglich. Wird Direktzahlung vereinbart, ist zur Absicherung des Käufers nötig, den Kaufpreis erst fällig zu stellen, wenn die Auflassungsvormerkung rangrichtig im Grundbuch eingetragen ist und zur Wirksamkeit des Vertrages nötige Genehmigungen (zum Beispiel § 5 ErbbauRG[109]) Gerichten oder Behörden vorliegen.

Tipp
Wichtig ist es, sich hier vom Notar genau über mögliche Gestaltungsformen aufklären zu lassen. Nur in Ausnahmefällen sollte zulasten des Käufers von der Direktzahlung bei Eintragung der Vormerkung abgewichen werden.

---

158 Ein weiterer wichtiger Punkt ist die Bestellung der Sicherheiten für die finanzierende Bank. Der Käufer muss das Grundstück meistens bereits vor Eintragung im Grundbuch zur Zahlung des Kaufpreises mit einen Grundpfandrecht belasten, da die finanzierende Bank dies für die Ausschüttung des Kredits verlangt. Das Eigentum geht aber erst bei Zahlung des Kaufpreises auf den Käufer über. Als Lösung bietet sich hier die Eintragung der Grundpfandrechte unter Mitwirkung des Verkäufers an.[110]

III Begleitvereinbarungen

159 Die öffentlich-rechtliche und zivilrechtliche Standortsicherung kann im Einzelfall von begleitenden vertraglichen Vereinbarungen flankiert werden, sei es, um die Erschließung einer Anlage sicherzustellen, sei es, um Folgekosten von der Kommune

---

108 Bei Nichtabschluss eines Kaufvertrages kann dann ein Schadenersatzanspruch nach § 311a BGB wegen Leistungshindernis bei Vertragsschluss i.H.d. aufgelaufenen getätigten Investitionen geltend gemacht werden, vgl. hierzu *Schöner/Stüber*, Grundbuchrecht, Rn 3147.
109 Erbbaurechtsgesetz (ErbbauRG) v. 15.1.1919 (RGBl. S. 72), zuletzt geändert durch Gesetz v. 1.10.2013 (BGBl. I S. 3719).
110 Der Verkäufer stimmt der Eintragungsbewilligung und der Unterwerfung unter die Zwangsvollstreckung gem. § 185 BGB zu und gibt selbst eine dingliche Zwangsvollstreckungsunterwerfung ab, vgl. hierzu *Schöner/Stüber*, Grundbuchrecht, Rn 3158.

abzuwälzen. Diese Vereinbarungen decken eine enorme Bandbreite ab,[111] sodass eine erschöpfende Darstellung den hier vorgegebenen Rahmen sprengen würde. Daher konzentrieren wir uns in Folge auf eine kurze Darstellung des Rechts der städtebaulichen Verträge und erläutern den Durchführungsvertrag als Teil des vorhabenbezogenen Bebauungsplans näher.

1 Städtebauliche Verträge

Städtebauliche Verträge finden ihre Rechtsgrundlage in § 11 BauGB. Dort heißt es in Abs. 1 S. 1: 160

> „Die Gemeinde kann städtebauliche Verträge schließen."

Diese Vorschrift ist Rechtsgrundlage für den Abschluss städtebaulicher Vereinbarungen,[112] benennt diese in § 11 Abs. 1 S. 2 BauGB jedoch nur beispielhaft.[113] 161

In der Praxis stellen diese vertraglichen Vereinbarungen wichtige Mittel zur Erreichung städtebaulicher Ziele für die Gemeinden dar, können aber auch für Anlagenbetreiber im Rahmen der Anlagenzulassung relevant sein. 162

Von großer praktischer Bedeutung sind vor allem Verträge, in deren Rahmen sich Private zur Begleitung eines Planaufstellungsverfahrens (zum Beispiel durch Übernahme von Verfahrensschritten und/oder Kostenübernahme) verpflichten. Ebenfalls relevant sind Verträge, in denen Private an Stelle der Gemeinde Bauvorhaben erschließen. 163

Städtebauliche Verträge sind öffentlich-rechtliche Verträge;[114] die für sie geltenden Einschränkungen gelten gem. § 11 Abs. 2 BauGB sinngemäß.[115] 164

2 Durchführungsvertrag

Der Durchführungsvertrag ist Teil eines vorhabenbezogenen Bebauungsplans gem. § 12 BauGB. Hierbei wird auf Antrag eines Vorhabenträgers (der im Fall der Anlagenzulassung mit dem Anlagenbetreiber identisch sein sollte) ein Bebauungsplanverfahren durchgeführt. 165

Der Abschluss eines Durchführungsvertrages ist zwingende Voraussetzung für die Wirksamkeit des vorhabenbezogenen Bebauungsplans (§ 12 Abs. 1 BauGB). 166

---

111 Vgl. dazu § 11 BauGB.

112 Vgl. BVerwG, Urt. v. 29.1.2009 – 4 C 15.07 – BVerwGE 133, 85, Umdruck Rn 24.

113 Vgl. zur generellen Zulässigkeit städtebaulicher Vereinbarungen im Bereich des Städtebaurechts des Bundes Ernst/Zinkahn/Bielenberg/Krautzberger/*Krautzberger*, BauGB, § 11 Rn 27 ff.

114 Ernst/Zinkahn/Bielenberg/Krautzberger/*Krautzberger*, BauGB, § 11 Rn 110.

115 Vgl. dazu oben Rn 28 ff.

167 Der Durchführungsvertrag enthält eine Durchführungsverpflichtung des Vorhabenträgers, das heißt der Vorhabenträger muss innerhalb einer vertraglich vorgegebenen Frist einerseits die Verpflichtung, eine Baugenehmigung erwirken und andererseits das Vorhaben nach Maßgabe des Bebauungsplans und der Baugenehmigung umzusetzen.

168 Durchführungsverträge können auch mit einer Betriebspflicht für die Anlage verbunden werden.

169 Weiterhin enthält der Durchführungsvertrag die Verpflichtung des Vorhabenträgers, die rechtliche und finanzielle Durchführbarkeit des Vorhabens sicherzustellen. Diese muss der Vorhabenträger beim Abschluss des Durchführungsvertrages nachgewiesen haben.[116]

170 Führt der Investor das Vorhaben nicht durch, kann die Gemeinde das Baurecht entschädigungslos entziehen (§ 12 Abs. 6 BauGB).

D Erwerb von Projektrechten

I Projektrechtekauf

1 Grundstrukturen eines Projektrechtskaufvertrages

171 Der Projektrechtskaufvertrag ist ein Vertrag über den Kauf und die Übereignung einer Gesamtheit von Rechten und Sachen, die die Errichtung und den Betrieb von Anlagen ermöglichen. Dabei handelt es sich oftmals um eine Mischung aus Sachkauf und Rechtskauf, je nachdem welche Rechte und Sachgesamtheiten übernommen werden.

172 Wesentlicher Vertragsgegenstand ist dabei die Übereignung bzw. Abtretung von Rechten und Sachen gegen Zahlung des Kaufpreises.

173 Dabei ist neben der umfänglichen Beschreibung der zu übereignenden Rechte auch zu beachten, wie die Rechte übereignet werden können. Wichtig ist dabei, dass alle zur Übereignung/Abtretung der Rechte und Sachen notwendigen Zustimmungen Dritter eingeholt werden. Dies sollte entweder vor Vertragsschluss erfolgen oder als aufschiebende Bedingung aufgenommen werden. Eine Abbildung über die Fälligkeit des Kaufpreises ist ebenfalls möglich, führt aber dazu, dass schon vertragliche Verpflichtungen auch von Käuferseite entstanden sind, obwohl noch nicht klar ist, dass die Rechte wirklich übergehen. Im Fall der gescheiterten Übertragung verbleibt dem Käufer nur ein Schadenersatzanspruch gegen den Verkäufer.

174 Wichtig sind bei der Abgrenzung zwischen Sach- und Rechtskauf auch die Gewährleistungsvorschriften. Diese differieren bei Sachen und Rechten erheblich. Eine Rechtsgewährleistung gilt üblicherweise deutlich länger als eine Sachgewähr-

116 Vgl. die gesetzliche Formulierung „bereit und in der Lage“, § 12 Abs. 1 S. 1 BauGB.

leistung, die von der Art der verkauften Sache (Grundstücksbezug oder nicht) abhängt. Üblicherweise werden jedoch einheitliche Gewährleistungsfristen vereinbart. In der Regel kommen Gewährleistungsfristen von zwei oder fünf Jahren in Betracht.

Tipp

Grundsätzlich sollte aus Käufersicht auf eine Gewährleistung von fünf Jahren bestanden werden.

Öffentlich-rechtliche Projektrechte sind im Regelfall anlagenbezogen. Diese sind zwar 175 an den Betreiber der Anlage gerichtet, können aber nicht losgelöst von der übrigen Anlage oder ihrer Errichtung übertragen werden. Dies bedeutet vielfach, dass bei der Übertragung dieser Rechte nur die Anzeige eines sogenannten Bauherrenwechsels notwendig ist.

II Projektentwicklungsvertrag

Im Gegensatz zu Projektrechtskaufverträgen ist der Projektentwicklungsvertrag ein 176 Werkvertrag. Je nach Ausgestaltung kommt auch ein reiner Dienstleistungsvertrag in Betracht.

Tipp

Letztere Konstellation wird gerade von kleineren, finanzschwachen Projektentwicklern bevorzugt, ist aber im Rahmen der Vertragsgestaltung möglichst auszuschließen, da das Interesse des zukünftigen Anlagenbetreibers im Regelfall darin liegt, ein fertig entwickeltes Projekt zu erwerben. Zur rechtlichen Sicherstellung dieser Pflicht muss eine Verschaffung der notwendigen Projektrechte erfolgen.

Es empfiehlt sich, die notwendigen Projektrechte vom Umfang und von der Ausge- 177 staltung her schon möglichst im Projektentwicklungsvertrag genau abzubilden, um spätere Streitigkeiten zu vermeiden. Standard der Vertragsgestaltung ist es, zunächst eine Generalklausel vorzusehen.

Beispiel

Der Projektentwickler ist verpflichtet, alle zur Errichtung und zum Betrieb der Anlage XY notwendigen Projektrechte zu verschaffen.

Eine genaue Gestaltung mit Ausbeschreibung der Projektrechte empfiehlt sich gleich- 178 wohl, um später Streit zu vermeiden. Insbesondere ergibt sich dieser Streit aus der Frage, ob die Projektentwickler-Vergütung bereits fällig ist oder nicht.

Hauptleistungspflicht des Projektentwicklers ist die Verschaffung der Projekt- 179 rechte. Im Gegenzug erhält er vom Auftraggeber eine Vergütung. Diese Vergütung wird üblicherweise stufenweise fällig (je nach Verschaffung der Projektrechte mit Übertragung eines einzelnen Projektrechts).

180 Wichtiges Vertragselement ist die Regelung, ob und inwieweit der Projektentwickler im Namen des Auftraggebers Erklärungen abgeben darf. Eine beschränkte Vollmacht empfiehlt sich, da anderenfalls der Projektentwickler bei jeder Entscheidung vorher die Zustimmung des Auftraggebers einholen muss. Es empfiehlt sich weiterhin, die Vollmacht an die Einhaltung bestimmter Budgets zu knüpfen. Oftmals verfügen Projektentwickler über keine hinreichende Kapitaldecke und sind daher auch bei der Beauftragung von Sachverständigengutachten etc. darauf angewiesen, dass der Auftraggeber entsprechend Vorschuss leistet.

181 Wichtig bei der Vertragsgestaltung ist zudem noch die Frage, ob der Projektentwickler selbst als Auftraggeber für Drittanbieter auftritt (Nachunternehmer) oder ob der Auftraggeber diese selbst beauftragt. Dies ist bei der preislichen Gestaltung zu berücksichtigen.

Kapitel 3
Errichtung der Anlage

In der Errichtungsphase wird die Bedeutung der rechtlichen Bindungen für den Anlagenbetreiber am ehesten spürbar. Denn bevor die Bagger rollen, bedarf es einer Genehmigung für den Bau. 1

Doch nur selten – etwa bei kleineren Anlagen ohne erhebliche Umweltauswirkungen – ist es mit einer einzigen Genehmigung getan. Meist findet ein Parcours zwischen den Anforderungen unterschiedlichster Gesetze statt. Dieser ist nur schwer standardisiert darzustellen. Denn die Anforderungen des Genehmigungsverfahrens und der damit verbundenen Verfahren unterscheiden sich erheblich je nach Umgebung, Art und Umfang der Anlage, Vorbelastung der Liegenschaft etc. Im Folgenden soll gleichwohl ein Überblick über die zumeist erforderlichen Schritte vor Errichtung der Anlagen geboten werden. Im Anschluss an das Kapitel 2 zur Planungsphase der Anlage wird auf Fragen des Immissionsschutzes[1] eingegangen. Sodann folgen Ausführungen zum – zumindest bei größeren Anlagen gleichfalls zentralen – Emissionshandel[2] und zum Wasserrecht.[3] Nur kurz soll sodann auf Carbon Capture and Storage[4] eingegangen werden, da diese neuartige Technik bisher in der Bundesrepublik noch keine großtechnisch praktische Bedeutung erlangt hat. 2

Ein Abschnitt zur Frage der Anfechtung und Drittanfechtung von Anlagenprojekten schließt das Kapitel ab.[5] Denn in den letzten Jahren hat sich zum Bedauern vieler Vorhabenträger gezeigt, dass kaum ein Anlagenprojekt ohne teilweise jahrelange Gerichtsverfahren realisiert werden kann. 3

A Immissionsschutz

Die zentrale Weichenstellung für Errichtung und Betrieb einer neuen Anlage ist die Frage ihrer immissionsschutzrechtlichen Zulässigkeit. Denn alle Anlagen, die auch nur potentiell auf Mensch, Tier und Umwelt einwirken können, werden durch das Immissionsschutzrecht streng reguliert. 4

Doch nicht alle Anlagen bedürfen einer Immissionsschutzgenehmigung. Entsprechend ist die Klassifizierung von Anlagen als genehmigungsbedürftig, alt oder neu, unselbständig oder selbständig von hoher Relevanz für das zu durchlaufende 5

1 Vgl. Rn 4.
2 Vgl. Rn 189.
3 Vgl. Rn 251.
4 Vgl. Rn 259.
5 Vgl. Rn 270 ff.

Verfahren und die qualitativen Anforderungen an die Anlage.[6] Diese unterscheiden sich bei genehmigungsbedürftigen[7] und nicht genehmigungsbedürftigen Anlagen.[8] Der Grundsatz „Je größer, umso strenger" zieht sich spiegelbildlich hierzu auch durch die Vorschriften zum Genehmigungsverfahren.[9]

I Klassifizierung von Anlagen

6 Die Anforderungen an Anlagen sind nicht immer gleich. Denn größere Anlagen weisen ein höheres Schadenpotential auf als kleine Anlagen. Teilanlagen sind anders zu betrachten als Anlagen, die als selbständig angesehen werden. Entsprechend steht am Beginn jeder Prüfung auf die immissionsschutzrechtliche Zulässigkeit einer Anlage[10] die Frage nach ihrem Umfang.[11] Erst wenn dieser Prüfungsprozess abgeschlossen ist, kann die Anlage hinsichtlich Genehmigungsbedürftigkeit und Größe abschließend klassifiziert werden.[12]

1 Der immissionsschutzrechtliche Anlagenbegriff

7 Unter „Anlagen" versteht das Bundes-Immissionsschutzgesetz (BImSchG)[13] in § 3 Abs. 5 Betriebsstätten und sonstige ortsfeste Einrichtungen, Maschinen, Geräte und sonstige ortsveränderliche technische Einrichtungen sowie Fahrzeuge, soweit sie nicht der Vorschrift des § 38 BImSchG unterliegen, und Grundstücke, auf denen Stoffe gelagert oder abgelagert oder Arbeiten durchgeführt werden, die Emissionen verursachen können, ausgenommen öffentliche Verkehrswege. Mit anderen Worten: Eine Anlage nach dem BImSchG ist erst einmal (fast[14]) jede denkbare Quelle von Umweltauswirkungen, die im weitesten Sinne betrieben wird (oder wurde) und die auf längere Dauer angelegt ist.

---

6 Vgl. Rn 6 ff.
7 Vgl. Rn 27 ff.
8 Vgl. Rn 122 ff.
9 Vgl. Rn 122 ff.
10 Vgl. Rn 7.
11 Vgl. Rn 11.
12 Vgl. Rn 23.
13 Bundes-Immissionsschutzgesetz (BImSchG) v. 17.5.2013 (BGBl. I S. 1274), zuletzt geändert durch Verordnung v. 31.8.2015 (BGBl. I S. 1474).
14 Für bestimmte Einrichtungen wie militärische Anlagen, Atomkraftwerke etc. gibt es gesetzlich bestimmte Ausnahmen. Für diese ausgenommenen Anlagen sind unabhängig von ihrer Größe nicht die Immissionsschutzbehörden zuständig.

Aus § 1 Abs. 2 der Verordnung über genehmigungsbedürftige Anlagen (4. BImSchV)[15] ergibt sich, dass eine Anlage alle **betriebsnotwendigen Anlagenteile** und Verfahrensschritte umfasst. Damit sind alle für den betreffenden Prozess der Herstellung, Gewinnung, Verarbeitung etc. unmittelbar eingesetzten Anlagenteile, wie Reaktionsbehälter, Brenner, Motoren, Rohrleitungen aber auch Hilfs- und Sicherheitseinrichtungen Teile einer Anlage.[16] Mit anderen Worten: Technisch einheitliche Prozesse gehören auch rechtlich zusammen. 8

Beispiel
Ein Heizkraftwerk soll einen Kessel und eine Turbine umfassen. Da beide Anlagenteile erforderlich sind, um Strom zu erzeugen, ist es nicht möglich, Kessel und Turbine als jeweils separate Anlage zu betrachten. Sie gehören zusammen und stellen *eine* Anlage dar.

Neben diesen betriebsnotwendigen Anlagenteilen besteht eine Anlage regelmäßig auch aus **unselbständigen Nebenanlagen** (§ 1 Abs. 2 Nr. 2 der 4. BImSchV). Diese dienen zwar der Erreichung des Anlagenzwecks, sind aber im vorstehenden Sinne nicht erforderlich wie zum Beispiel Lager oder Abladeplätze. 9

Zu beachten ist in dieser Beziehung, dass **Nebeneinrichtungen** sich stets **in der Nähe der Haupteinrichtung** befinden müssen. Bei weit entfernten Nebeneinrichtungen ist von einer selbständigen Anlage auszugehen.[17] Ebenso dann, wenn die Anlage vielen genehmigungsbedürftigen Anlagen dient und so ihren dienenden Charakter einbüßt. Ist dies der Fall, so muss sie separat – meist baurechtlich – genehmigt werden und nimmt nicht mehr an der Legalisierungswirkung der Genehmigung der Haupteinrichtung teil.[18] 10

2 Umfang der Anlage

Unter bestimmten Bedingungen sind auch an sich technisch separate Anlagen eines Unternehmens, also Einrichtungen, die technisch in sich abgeschlossen sind, als gemeinsame Anlage zu betrachten. Dies hat praktisch hohe Relevanz.[19] Die Prüfung, ob eine solche gemeinsame Anlage vorliegt, ist in vielen Fällen jedoch schwierig.[20] 11

15 Verordnung über genehmigungsbedürftige Anlagen (4. BImSchV) v. 2.5.2013 (BGBl. I S. 973, 3756), zuletzt geändert durch Verordnung v. 28.4.2015 (BGBl. I S. 670).

16 *Jarass*, BImSchG, § 4 Rn 64.

17 Landmann/Rohmer/*Hansmann/Röckinghausen*, Umweltrecht, § 1 der 4. BImSchV Rn 17.

18 BVerwG, Urt. v. 6.7.1984 – 7 C 71.82 – NVwZ 85, 46, 47; Landmann/Rohmer/*Hansmann/Röckinghausen*, Umweltrecht, § 1 der 4. BImSchV Rn 16.

19 Vgl. Rn 12.

20 Vgl. Rn 13 ff.

a) Hohe Relevanz der Anlagengröße

12 Das Immissionsschutzrecht knüpft an die Anlagengröße zahlreiche Rechtsfolgen. Schon die konstitutive Bestimmung der Genehmigungsbedürftigkeit selbst trifft die 4. BImSchV jeweils in Abhängigkeit von der Anlagengröße. Ebenso ist die Anlagengröße Anknüpfungspunkt der Zuordnung zum Verfahren mit oder ohne Öffentlichkeitsbeteiligung.[21] Aber auch hinsichtlich der Anforderungen an die Grenzwerteinhaltung ist die Größe der Anlagen entscheidend. So greift die Verordnung über Großfeuerungs-, Gasturbinen- und Verbrennungsmotoranlagen (13. BImSchV)[22] gem. deren § 1 nur bei Feuerungsanlagen mit mehr als 50 MW Feuerungswärmeleistung (FWL). Ebenso ist die Frage der Emissionshandelspflicht mit dieser Frage verknüpft. Entsprechend ist die – möglichst wenig umfangreiche – Anlagengröße immer wieder Gegenstand der Gestaltungswünsche von Anlagenbetreibern.

b) Die gemeinsame Anlage

13 Bereits § 3 Abs. 5 BImSchG verweist darauf, dass eine immissionsschutzrechtliche Anlage auch aus mehreren einzelnen technischen Einrichtungen (Maschinen und Geräte) bestehen und damit eine aus mehreren Teilanlagen bestehende Betriebsstätte darstellen kann.[23] Beruhend auf diesem Grundsatz sind teilweise ganze Industriestandorte als Gesamtanlage Gegenstand nur einer Genehmigung.[24]

14 Wann einzelne Einrichtungen als gemeinsame Anlage anzusehen sind, ergibt sich jedoch nicht aus einer einzigen Norm. Stattdessen existieren zwei Regelungen, nach denen sich die Kriterien für die Addition von Einzeleinrichtungen ergeben. Hieraus resultiert eine gestufte Vorgehensweise:

aa) Grundsatz: Die stufenweise Prüfung der Anlagengröße

15 Die Prüfung, welche Anlagen zusammenzurechnen sind, ist zum einen in § 1 der 4. BImSchV und zum anderen in § 3 der 13. BImSchV geregelt. Diese auf den ersten Blick irritierende Vorgehensweise bei der Anordnung des Umgangs mit einer so zentralen Frage beruht auf der Regelungsgeschichte. Bis 2013 gab es nur die Regelung der 4. BImSchV für die Frage, wann gemeinsam genehmigt werden muss. Im Zuge der

---

21 Vgl. § 2 Abs. 1 der 4. BImSchV; BR-Drucks. 226/85, S. 42; Landmann/Rohmer/*Hansmann/Röckinghausen*, Umweltrecht, § 1 der 4. BImSchV Rn 16.

22 Verordnung über Großfeuerungs-, Gasturbinen- und Verbrennungsmotoranlagen (13. BImSchV) v. 2.5.2013 (BGBl. I S. 1021, 1023, 3754), zuletzt geändert durch Verordnung v. 31.8.2015 (BGBl. I S. 1474); BT-Drucks. 17/12164.

23 Vgl. *Jarass*, UPR 2011, 201.

24 Voraussetzung ist dabei aber, dass die Anlage durch denselben Betreiber betrieben wird. Vgl. den Wortlaut von § 1 Abs. 1 S. 4 der 4. BImSchV; weiterführend dazu Landmann/Rohmer/*Hansmann/Röckinghausen*, Umweltrecht, § 1 der 4. BImSchV Rn 26.

Umsetzung der Industrieemissionsrichtlinie (IED)[25] wurde dessen Art. 29 ins deutsche Recht transplantiert. Da die IED aber nur bestimmte Anlage betrifft – nämlich die in der 4. BImSchV als IED-Anlagen gekennzeichneten Großfeuerungsanlagen –, hat der Gesetzgeber sich dazu entschieden, auch nur für diese die neuen Regelungen für die Bestimmung des Anlagenumfangs zu treffen.

Aus der dargestellten Regelungsstruktur ergibt sich, dass nun in jedem komplexeren Anlagenkonglomerat zunächst zu prüfen ist, 16

- ob eine gemeinsame Anlage nach § 1 Abs. 3 und 4 der 4. BImSchV vorliegt.[26]
- Sofern sich hiernach eine Gesamtfeuerungsleistung von mehr als 50 MW ergibt, ist § 3 Abs. 1 bis 3 der 13. BImSchV zu prüfen.[27]
- Wenn sich hiernach abweichend doch weniger als 50 MW ergeben, liegt keine Großfeuerungsanlage vor. Es gelten damit nicht die schadstoffbezogenen Anforderungen der 13. BImSchV, sondern „nur" die der TA Luft.[28]

bb) Schritt 1: Prüfung des § 1 Abs. 3 und 4 der 4. BImSchV

§ 1 Abs. 3 und 4 der 4. BImSchV treffen eine Regelung für die Fälle, in denen am selben Standort voneinander technisch unabhängige Einheiten existieren. Jene lauten: 17

> „(3) Die im Anhang 1 bestimmten Voraussetzungen sind auch erfüllt, wenn mehrere Anlagen derselben Art in einem engen räumlichen und betrieblichen Zusammenhang stehen (gemeinsame Anlage) und zusammen die maßgebenden Leistungsgrenzen oder Anlagengrößen erreichen oder überschreiten werden. Ein enger räumlicher und betrieblicher Zusammenhang ist gegeben, wenn die Anlagen
> 1. auf demselben Betriebsgelände liegen,
> 2. mit gemeinsamen Betriebseinrichtungen verbunden sind und
> 3. einem vergleichbaren technischen Zweck dienen.
>
> (4) Gehören zu einer Anlage Teile oder Nebeneinrichtungen, die je gesondert genehmigungsbedürftig wären, so bedarf es lediglich einer Genehmigung."

Festzuhalten ist hierzu zunächst, dass **Abs. 3 und 4 unterschiedliche Fälle** betreffen: In Abs. 3 geht es um Anlagen, die zusammengefasst werden müssen, weswegen eine separate Genehmigung sich ausschließt. In Abs. 4 dagegen sind ausweislich des Wortlauts („bedarf") Fälle geregelt, in denen eine gemeinsame Genehmigung erteilt werden kann, aber nicht muss.[29] 18

25 Industrieemissionsrichtlinie (IED – RL 2010/75/EU) v. 24.11.2010 (ABl EU Nr. L 334 S. 17); Umsetzung in BGBl. 2013 I S. 973.

26 Vgl. Rn 17 ff.

27 Vgl. Rn 21 ff.

28 Technische Anleitung zur Reinhaltung der Luft (TA Luft) v. 24.7.2002 (GMBl 2002 S. 511). Vgl. Rn 57 ff.

29 Landmann/Rohmer/*Hansmann/Röckinghausen*, Umweltrecht, § 1 der 4. BImSchV Rn 30.

Beispiel
Ein Unternehmen plant ein Heizkraftwerk und eine größere Papiermaschine. Beide Anlagen sind schon für sich genommen wegen ihrer Größe genehmigungsbedürftig. Sie unterfallen aber nicht Abs. 3, da es sich nicht um gleichartige Anlagen handelt. Eine gemeinsame Genehmigung für eine den gesamten neuen Standort umfassenden Gesamtanlage ist deswegen nur auf Basis von Abs. 4 möglich, aber eben nicht zwingend.

19 Für den Vorhabenträger, dessen Interesse sich meist auf möglichst kleine Anlagenzuschnitte richtet, ist daher naturgemäß Abs. 3 die eigentlich relevante Norm. Dieser greift, wenn folgende Voraussetzungen **kumulativ** vorliegen:

- § 1 Abs. 3 der 4. BImSchV betrifft ausschließlich **gleichartige Anlagen**. Solche Anlagen derselben Art sind systematisch unter der gleichen Nummer im Anhang der 4. BImSchV einzuordnen.[30] Entscheidend hierfür sind Beschaffenheit und Betriebsweise der Anlage selbst, vor allem die Anlagentechnik.[31] Ausnahmsweise können deshalb auch Anlagen aus verschiedenen Nummern eine gemeinsame Anlage bedeuten, wenn die beiden im Hinblick auf verwandte Technik und erzeugte Emissionen im Wesentlich gleichartig sind.[32]
  Der umgekehrte Fall, dass zwei Anlagen derselben Nummer als ungleichartig einzustufen sind, ist zwar grundsätzlich denkbar, dürfte aber erheblichen Begründungsaufwand hinsichtlich der Unterschiedlichkeit der Emissionen und sonstigen Risiken erfordern.[33]
- Weiter ist ein **räumlicher und betrieblicher Zusammenhang** erforderlich, welcher gegeben ist, sofern mehrere gleichartige Anlagen auf demselben Betriebsgelände liegen, mit gemeinsamen Betriebseinrichtungen verbunden sind und einem vergleichbaren technischen Zweck dienen.[34]
  Das Betriebsgelände umfasst dabei nicht nur das einzelne Grundstück. Vielmehr sind nach der Verkehrsanschauung im Wege der Gesamtbeurteilung alle Umstände zu prüfen. Auch Zufahrtswege, Abstellflächen oder andere müssen hiernach zu einer Anlage zugerechnet werden.[35] Räumliche Unterteilungen eines Anlagenkomplexes durch Verkehrswege oder natürliche Begrenzungen (zum Beispiel Gewässer) sprechen nicht zwingend gegen ein Betriebsgelände.[36]

30 BVerwG, Urt. v. 29.12.2010 – 7 B 6.10, Rn 17 – NVwZ 2011, 429 ff.; Bayerisches VGH, Urt. v. 23.11.2006 – 22 BV 06.2223 – NVwZ-RR 2007, 382, 384.
31 Landmann/Rohmer/*Hansmann/Röckinghausen*, Umweltrecht, § 1 der 4. BImSchV Rn 23.
32 *Jarass*, UPR 2011, 202; Landmann/Rohmer/*Hansmann/Röckinghausen*, Umweltrecht, § 1 der 4. BImSchV Rn 23.
33 Bayerisches VGH, Urt. v. 23.11.2006 – 22 BV 06.2223 – NVwZ-RR 2007, 382, 384.
34 Landmann/Rohmer/*Hansmann/Röckinghausen*, Umweltrecht, § 1 der 4. BImSchV Rn 28.
35 Landmann/Rohmer/*Hansmann/Röckinghausen*, Umweltrecht, § 1 der 4. BImSchV Rn 25.
36 OVG Niedersachsen, Beschl. v. 30.11.1999 – 7 M 4274/99 – NVwZ-RR 2000, 353, 354.

Beispiel
Ein Anlagenbetreiber zieht zwischen der Anlage A und der Anlage B einen Zaun und gibt eine Teilungserklärung beim Grundbuchamt ab. Dies allein reicht aber nicht, um zwei Genehmigungen für separate Anlagen zu erhalten. Erst dann, wenn die allgemeine Verkehrsanschauung tatsächlich von zwei Betriebsgrundstücken ausgeht, also etwa zwei Werkstore, unterschiedliche Erscheinungsbilder und – optimal – eine natürlich anmutende Trennung nach Produktgruppen oder ähnliches, erhält das Unternehmen zwei Genehmigungen.

Die Verbindung mit gemeinsamen Betriebseinrichtungen bedeutet keine Verbindung mehrerer Anlagen durch gemeinsame Betriebseinrichtungen wie Anlagenteile, Maschinen, Geräte und sonstige technische Vorkehrungen wie etwa Transportbänder, Rohrleitungen oder Abgaseinrichtungen.[37]
Bei dem vergleichbaren technischen Zweck schließlich geht es nicht um die wirtschaftlichen Ziele des Betreibers, sondern um den in technischer Hinsicht angestrebten Erfolg, wie etwa Energieumwandlung, Produktion bestimmter Stoffe oder ähnliches.[38]

- Zudem ordnet § 1 Abs. 3 der 4. BImSchV die Verklammerung mehrerer an sich selbständiger Anlagen nur an, wenn diese zusammen die maßgebenden **Leistungsgrenzen oder Anlagengrößen erreichen oder überschreiten**. Es wäre hiernach also zu addieren und, nur dann, wenn durch Addition auf der Rechtsfolgenseite unterschiedliche Folgen eintreten, zusammenzufassen.
Die Praxis der Genehmigungsbehörde zu diesem Kriterium ist aber eine andere. Faktisch werden benachbarte gleichartige Anlagen fast immer gemeinsam genehmigt.

Im Widerstreit zwischen Immissionsschutzbehörden und Vorhabenträgern um die Größe der Anlage (de facto also die Genehmigungsbedürftigkeit oder die Einordnung als Großfeuerungsanlage) kommt es so gut wie nie zu Prozessen. Dies beruht schon auf deren für ein Vorhaben unpraktische Dauer und auf dem Umstand, dass die Feststellung des Anlagenumfangs sich kaum für ein Eilverfahren eignet. Anlagenbetreiber, die aus den unterschiedlichsten Gründen gleichwohl die Zusammenfassung ihrer benachbarten Anlagen verhindern wollen, weichen daher zumeist auf andere Klärungen der Zusammengehörigkeiten im Anlagenbestand aus, wie beispielsweise die Zuordnung zu unterschiedlichen und von jeweils anderen Gesellschaftern gehaltenen Betreibergesellschaften. 20

37 Landmann/Rohmer/*Hansmann/Röckinghausen*, Umweltrecht, § 1 der 4. BImSchV Rn 27. Verwaltungsgebäude, Kantinen oder andere Sozialräume gehören gerade nicht dazu, vgl. OVG Niedersachsen, Beschl. v. 30.11.1999 – 7 M 4274/99 – NVwZ-RR 2000, 353, 354.
38 Landmann/Rohmer/*Hansmann/Röckinghausen*, Umweltrecht, § 1 der 4. BImSchV Rn 28.

cc) Schritt 2: Prüfung des § 3 Abs. 1 bis 3 der 13. BImSchV

21 Seit Umsetzung der IED trifft § 3 Abs. 1 bis 3 der 13. BImSchV[39] für einen – allerdings signifikanten – Teil der genehmigungsbedürftigen Anlagen zwei Spezialregelungen für die Bestimmung des Anlagenumfangs:

- **Potentielle Ableitung über gemeinsamen Schornstein:** Schon vor der Neuregelung bestand bei gemeinsamer Nutzung eines Schornsteins durch mehrere an sich selbständige Anlagen zumeist nur eine Genehmigung. Dies ist inzwischen zwingend. Zudem gilt in Zukunft die Fiktion einer einheitlichen Anlage trotz technischer Selbständigkeit gem. § 3 Abs. 2 der 13. BImSchV auch dann, wenn bei einer gemeinsamen Anlage die Abgase von mindestens zwei Feuerungsanlagen über einen gemeinsamen Schornstein unter Berücksichtigung technischer und wirtschaftlicher Faktoren abgeleitet werden *können*.
  Der Betreiber von zwei benachbarten Feuerungsanlagen muss also jeweils prüfen, ob es technisch möglich wäre, beider Anlagen Abgase über nur einen Schornstein abzuleiten. Kommt er zu positivem Ergebnis, so ist es an ihm nachzuweisen, was eine solche Lösung kosten würde und ob diese Kosten noch als wirtschaftlich vernünftig anzusehen wären.
- **De-minimis-Regelung:** Eine echte Neuerung beinhaltet auch § 3 Abs. 3 der 13. BImSchV. Dieser besagt, dass für die Berechnung der Feuerungsleistung einer Kombination nach Abs. 1 oder 2 „einzelne Feuerungsanlagen mit einer Feuerungswärmeleistung von weniger als 15 Megawatt nicht berücksichtigt" werden. Damit fallen ganze Kraftwerksblöcke bei der Berechnung der Gesamt-FWL heraus. 15 MW sind schließlich nicht wenig.

22 In der Praxis wirken sich beide neugeschaffenen Ausnahmen absehbar erheblich auf die Anlagenplanung aus. So wird die Aggregationsregelung entlang der tatsächlich oder potentiell gemeinsam genutzten Schornsteine voraussichtlich dazu führen, dass Anlagenbetreiber im Planungsprozess Lösungen anstreben, in denen eher mehrere, möglichst weit voneinander entfernte Schornsteine errichtet werden. Die De-minimis-Regel wird Anlagenkonfigurationen zur Folge haben, in denen Standorte aus mehreren Komponenten bestehen, die weniger als 15 MW aufweisen.

Beispiel

Ein Unternehmen baut sechs Blöcke von je 13 MW nebeneinander. So weist der Standort insgesamt 78 MW FWL auf. Das ist nicht wenig. Gleichwohl unterschreitet hier sogar jeder der Einzelblöcke die maßgebliche Grenze der 15 MW, sodass insgesamt auf einmal für einen Standort, der stets der 13. BImSchV unterfiel, nun nur noch die TA Luft greift. Die Umsetzung der IED führt hier also nicht zu strengeren, sondern zu weniger strengen Anforderungen.

---

39 BT-Drucks. Nr. 17/12164.

3 Im Ergebnis: Einordnung von Genehmigungsbedürftigkeit und Verfahren anhand der 4. BImSchV

Ist einmal klar, aus welchen unselbständigen wie selbständigen Einrichtungen sich die gemeinsam genehmigungsbedürftige Anlage zusammensetzt, sind die Folgefragen verhältnismäßig schlicht zu beantworten. Denn die 4. BImSchV enthält im Anh. 1 einen abschließenden Katalog der genehmigungsbedürftigen Anlagen. Dies bedeutet im Umkehrschluss, dass somit die nicht in der Verordnung aufgeführten Anlagen auch nicht genehmigungsbedürftig sind, auch wenn sie zu erheblichen Umweltbeeinträchtigungen führen.[40] 23

Insgesamt werden die genannten Anlagen in zehn Kategorien bzw. Branchen unterteilt: 24

- Wärmeerzeugung, Bergbau und Energie (Nr. 1),
- Steine und Erden, Glas, Keramik, Baustoffe (Nr. 2),
- Stahl, Eisen und sonstige Metalle einschließlich Verarbeitung (Nr. 3),
- chemische Erzeugnisse, Arzneimittel, Mineralölraffination und Weiterverarbeitung (Nr. 4),
- Oberflächenbehandlung mit organischen Stoffen und Herstellung von Kunststoffen (Nr. 5),
- Holz, Zellstoff (Nr. 6),
- Nahrungs-, Genuss- und Futtermittel, landwirtschaftliche Erzeugnisse (Nr. 7),
- Abfallbeseitigung und -verwertung (Nr. 8),
- Lagerung, Be- und Entladen von Stoffen und Gemischen (Nr. 9) und schließlich
- sonstige Anlagen (Nr. 10).

Für die meisten Anlagentypen gilt dabei ein Schwellenwert, unterhalb dessen die Anlage nicht der Genehmigungspflicht unterliegt. 25

Beispiel
Steinbrüche mit einer Abbaufläche von 10 ha oder mehr sind genehmigungsbedürftig. Steinbrüche mit weniger als 10 ha nur, soweit Sprengstoffe verwendet werden. Andere Steinbrüche sind also nicht nach BImSchG genehmigungsbedürftig.

In den weiteren Tabellenspalten wird für jeden grundsätzlich genehmigungsbedürftigen Anlagentyp gekennzeichnet, welche Verfahrensart greift und ob es sich um eine IED-Anlage handelt, für die also deren besondere Anforderungen gelten.[41] 26

---

40 *Jarass* BImSchG, § 4 Rn 17.
41 Landmann/Rohmer/*Hansmann/Röckinghausen*, Umweltrecht, § 1 der 4. BImSchV Rn 1 f.; *Jarass*, BImSchG, § 3 Rn 119 f.

II Voraussetzungen der Genehmigungserteilung für genehmigungsbedürftige Anlagen

27 Für die genehmigungsbedürftigen Anlagen formuliert § 6 Abs. 1 BImSchG die Genehmigungsvoraussetzungen.[42] Diese umfassen zwar nominell das gesamte öffentliche Recht. Besondere Bedeutung als **Voraussetzungen** zur Genehmigungserteilung besitzen aber die Grundpflichten des § 5 Abs. 1 BImSchG,[43] die 13. BImSchV,[44] die 17. BImSchV,[45] die TA Luft,[46] die TA Lärm,[47] BVT-Merkblätter[48] und die Hinweise der Bund/Länder-Arbeitsgemeinschaft für Immissionsschutz bezüglich Geruchs-, Strahlen- und Erschütterungsimmissionen.[49] Nicht zu vernachlässigen sind jedoch auch Belange des Baurechts,[50] des Naturschutzrechts[51] und des Störfallrechts.[52]

1 Grundsatz: § 6 Abs. 1 BImSchG

28 Für die gem. 4. BImSchV genehmigungsbedürftigen Anlagen formuliert § 6 Abs. 1 BImSchG:

> „(1) Die Genehmigung ist zu erteilen, wenn
> 1. sichergestellt ist, dass die sich aus § 5 und einer auf Grund des § 7 erlassenen Rechtsverordnung ergebenden Pflichten erfüllt werden, und
> 2. andere öffentlich-rechtliche Vorschriften und Belange des Arbeitsschutzes der Errichtung und dem Betrieb der Anlage nicht entgegenstehen."

29 Der Betreiber muss also nachweisen, dass die in § 5 Abs. 1 BImSchG verankerten **Schutzpflichten** und die jeweils anwendbaren **BImSchV**, aber auch **alle anderen öffentlich-rechtlichen Vorschriften** und die **Arbeitsschutzbelange** eingehalten werden.[53] Hieraus ergibt sich ein überaus anspruchsvolles Prüfungsprogramm, denn der Betreiber muss nicht nur alle auf seine Anlage überhaupt anwendbare BImSchV, sondern auch das Baurecht, das Naturschutzrecht, unter Umständen Materien wie das Denkmalschutzrecht und andere öffentlich-rechtliche Regelwerke beachten, um die Genehmigung zu erhalten. Immerhin ist dann, wenn ihm dies gelungen ist,

---

42 Vgl. Rn 28 f.
43 Vgl. Rn 30 ff.
44 Vgl. Rn 37 ff.
45 Vgl. Rn 47 ff.
46 Vgl. Rn 57 ff.
47 Vgl. Rn 75 ff.
48 Vgl. Rn 97 ff.
49 Vgl. Rn 103 ff.
50 Vgl. Rn 108.
51 Vgl. Rn 112 ff.
52 Vgl. Rn 119 ff.
53 *Jarass*, BImSchG, § 6 Rn 7.

der Erfolg (zumindest rechtlich) sicher: Die Immissionsschutzgenehmigung ist eine gebundene Genehmigung,[54] die Behörden besitzen also kein Ermessen, die Genehmigung eines rechtlich zulässigen, aber politisch unerwünschten Vorhabens doch zu verhindern.[55]

2 Die Schutzpflichten des § 5 BImSchG

Als **Kardinalpflicht** des Anlagenbetreibers nennt § 6 BImSchG die **Schutzpflichteinhaltung** nach § 5 Abs. 1 BImSchG, wo es heißt: 30

> „(1) Genehmigungsbedürftige Anlagen sind so zu errichten und zu betreiben, dass zur Gewährleistung eines hohen Schutzniveaus für die Umwelt insgesamt
> 1. schädliche Umwelteinwirkungen und sonstige Gefahren, erhebliche Nachteile und erhebliche Belästigungen für die Allgemeinheit und die Nachbarschaft nicht hervorgerufen werden können;
> 2. Vorsorge gegen schädliche Umwelteinwirkungen und sonstige Gefahren, erhebliche Nachteile und erhebliche Belästigungen getroffen wird, insbesondere durch die dem Stand der Technik entsprechenden Maßnahmen;
> 3. Abfälle vermieden, nicht zu vermeidende Abfälle verwertet und nicht zu verwertende Abfälle ohne Beeinträchtigung des Wohls der Allgemeinheit beseitigt werden; Abfälle sind nicht zu vermeiden, soweit die Vermeidung technisch nicht möglich oder nicht zumutbar ist; die Vermeidung ist unzulässig, soweit sie zu nachteiligeren Umweltauswirkungen führt als die Verwertung; die Verwertung und Beseitigung von Abfällen erfolgt nach den Vorschriften des Kreislaufwirtschaftsgesetzes und den sonstigen für die Abfälle geltenden Vorschriften;
> 4. Energie sparsam und effizient verwendet wird.“

Die praktische Bedeutung der direkten Anwendung der Schutzpflichten selbst ist weniger zentral, als es nach ihrer Stellung im Normtext des § 6 Abs. 1 BImSchG den Anschein hat.[56] Denn sowohl die auf unmittelbare Gefahren gerichtete Schutz- (Nr. 1) als auch die niedrigschwelligere Vorsorgepflicht (Nr. 2) werden in erster Linie durch untergesetzliche Normen oder andere anerkannte Regelwerke konkretisiert.[57] Mit anderen Worten: Wann ein Anlagenbetreiber die Umwelt – gemessen an § 5 Abs. 1 Nr. 1 und 2 BImSchG – ausreichend und dem Stand der Technik entsprechend schützt, ergibt sich insbesondere aus den anwendbaren BImSchV, der TA Luft und der TA Lärm sowie den BVT-Merkblättern. 31

Ein direkter Durchgriff auf die ersten beiden Grundpflichten ist damit faktisch auf diejenigen Gefahren und Risiken beschränkt, die nicht auf diese Weise konkretisiert wurden. 32

54 BVerwG, Urt. v. 24.11.1994 – 7 C 25.93 – BverwGE 97, 143, 148; *Jarass*, BImSchG, § 6 Rn 42.
55 *Jarass*, BImSchG, § 5 Rn 39 ff, 65 ff.
56 Hierzu Landmann/Rohmer/*Dietlein*, Umweltrecht, § 5 BImSchG Rn 8 ff.
57 Landmann/Rohmer/*Dietlein*, Umweltrecht, § 5 BImSchG Rn 11 ff.

Beispiel
Ein Unternehmen will eine Anlage errichten, die nicht übermäßig intensiv im Sinne der Geruchsimmissions-Richtlinie (GIRL)[58] riecht, deren unschädlichen Produktionsabgase aber nach Verwesung stinken. Damit liegt eine ungeregelte Beeinträchtigung der Nachbarn vor. Dies ermächtigt die Umweltschutzbehörde, direkt auf die Grundpflichten gestützt, tätig zu werden und eine Nebenbestimmung zu erlassen.

33 Zumindest im Einzelfall kann die dritte Betreiberpflicht, die **Pflicht zur Abfallvermeidung** und -verwertung, für die Genehmigungserteilung zentrale Bedeutung erlangen. Dabei geht es im Rahmen dieser Pflicht nicht um die Frage, wie der Anlagenbetreiber mit entstandenen Abfällen umgeht. Dies ist Gegenstand des KrWG.[59] Sondern, ob diese entstehen und verwertet werden müssen und können.[60]

34 Zu den **Abfällen**, die nach § 5 Abs. 1 Nr. 3 BImSchG vermieden und entsorgt werden sollen, gehören nur jene, die durch Errichtung und Betrieb der Anlage entstehen und die nicht zu den Anlagenprodukten gehören.[61] Damit muss eine Anlage, die Verpackungsmaterial produziert, nicht darlegen, dass dieses möglichst wenig erzeugt wird, um Haushaltsmüll zu minimieren. Sie müsste aber zum Beispiel darlegen, durch welche Verfahren oder Einsatzstoffe sichergestellt wird, dass möglichst wenig Verschnitt anfällt.[62]

35 Die **Abfallvermeidungs- und Entsorgungspflicht** gilt nicht absolut bis an die Grenze des technisch Möglichen.[63] Als technisch möglich gilt vielmehr nur ein Verfahren, das ohne längere Erprobungsphase angewandt werden kann.[64] Der Kreis der Verfahren, auf die dies zutrifft, kann aber weiter eingeschränkt werden, wenn die Verhältnismäßigkeit im Einzelfall dies erfordert.[65] Hierbei fließen auch wirtschaftliche Gesichtspunkte in die Bewertung ein. Es lohnt sich also im Rahmen des Genehmigungsverfahrens darzulegen, welche alternativen Verfahren oder Einsatzstoffe abstrakt existieren, aber aus wirtschaftlichen oder technischen Gründen keine echte Alternative zum gewählten – und per Stoffbilanz zu analysierenden – Verfahren darstellen.

58 Geruchsimmissions-Richtlinie (GIRL), Runderlass v. 5.11.2009, V-3-8851.4.4 (MBl. NRW. 2009 S. 529)
59 Kreislaufwirtschaftsgesetz (KrWG) v. 24.2.2012 (BGBl. I S. 212), zuletzt geändert durch Gesetz v. 22.5.2013 (BGBl. I S. 1324).
60 Abgrenzung erfolgt durch § 5 Abs. 1 Nr. 3 4. Hs. BImSchG sowie § 13 KrWG; Landmann/Rohmer/*Dietlein*, Umweltrecht, § 5 BImSchG Rn 177.
61 *Jarass*, BImSchG, § 5 Rn 72.
62 Vgl. dazu Nr. 3.1 Musterverwaltungsvorschrift des LAI zu § 5 Abs. 1 Nr. 3 BImSchG.
63 Landmann/Rohmer/*Dietlein*, Umweltrecht, § 5 BImSchG Rn 188.
64 VGH Baden-Württemberg, Urt. v. 18.3.1992 – 3 S 2223/91 – UPR 1992, 352; *Jarras*, BImSchG, § 5 Rn 81.
65 Landmann/Rohmer/*Dietlein*, Umweltrecht, § 5 BImSchG Rn 188 ff.

Dem gegenüber kommt dem **Energieeffizienzgebot** wenig praktische Bedeutung zu.[66] Dies beruht sicherlich in erster Linie auf dem eingeschränkten Anwendungsbereich. Denn für Anlagen, die am Emissionshandel teilnehmen, gilt diese Grundpflicht von vornherein nicht,[67] ebenso wie die Vorsorgepflicht hier nicht im Hinblick auf Treibhausgase anwendbar ist. 36

3 Die 13. BImSchV

Zentrale Bedeutung für großtechnische Anlagen hat die sogenannte Großfeuerungsanlagenverordnung (13. BImSchV).[68] Diese erfasst große Energieerzeugungsanlagen.[69] Ihr Kernstück besteht in Grenzwerten, die differenziert nach Brennstoff und Anlagengröße strenge Anforderungen an das Kraftwerk und seinen Betrieb stellen.[70] 37

a) Anwendungsbereich

Die 13. BImSchV gilt ausschließlich für Feuerungsanlagen, die eine FWL von 50 MW und mehr aufweisen, unabhängig davon welche Brennstoffe eingesetzt werden. Im Zuge der Prüfung, ob dieser Schwellenwert überschritten wurde, greifen die dargelegten Erwägungen.[71] 38

Die Großfeuerungsanlagenverordnung gilt darüber hinaus generell nur für solche Feuerungsanlagen, deren Hauptzweck die Energieerzeugung ist, und gerade nicht für diejenigen Feuerungsanlagen, die Verbrennungsprodukte unmittelbar im Herstellungsverfahren verwenden (§ 1 Abs. 2 der 13. BImSchV). Dies ist häufig bei Anlagen der chemischen Industrie der Fall.[72] 39

---

66 Skeptisch zur rechtlichen Relevanz der Vorschrift Landmann/Rohmer/*Dietlein*, Umweltrecht, § 5 BImSchG Rn 197. Zu beachten jedoch OVG Niedersachsen, Beschl. v. 29.11.2013 – 12 LA 26/13. Keine Genehmigung bei Nichtvorlage eines Abwärmenutzungskonzepts und damit mangelnde Beurteilungsmöglichkeit, ob das Vorhaben den Betreiberpflichten des § 5 Abs. 1 S. 1 Nr. 4 BImSchG genügt.

67 Eröffnet ist der Anwendungsbereich des TEHG. Dazu auch Landmann/Rohmer/*Dietlein*, Umweltrecht, § 5 BImSchG Rn 204a f.

68 Landmann/Rohmer/*Ohms*, Umweltrecht, 13. BImSchV § 1 Rn 1.

69 Vgl. Rn 38 ff.

70 Vgl. Rn 40 ff.

71 So schon Rn 11 ff. Denn die 13. BImSchV stellt gem. § 1 Abs. 3 Nr. 1 der 13. BImSchV eine Konkretisierung des § 5 Abs. 1 Nr. 2 und Nr. 4 BImSchG dar, wenn auch diese nicht abschließend ist (§ 27 der 13. BImSchV). *Jarass*, BImSchG, § 5 Rn 68, § 7 Rn 32, 34.

72 Explizit aufgeführt in § 1 Abs. 2 Nr. 6 BImSchG.

b) Emissionsgrenzwerte

aa) Kategorien der 13. BImSchV

40 Die relevanten **Emissionsgrenzwerte der 13. BImSchV** richten sich grundsätzlich nach zwei Komponenten:

- Zum einen nach dem Aggregatzustand bzw. der Qualität des eingesetzten Brennstoffes (fest, flüssig, gasförmig, Biobrennstoffe) und
- zum anderen nach der tatsächlichen Leistung der Anlage (50 bis 100 MW, 100 bis 300 MW und über 300 MW).

41 Die **Einhaltung** der Emissionsgrenzwerte soll sicherstellen, dass die Luftqualitätsanforderungen der Europäischen Union eingehalten werden und darüber hinaus schädliche Umwelteinwirkungen für die Zukunft vermieden bzw. verringert werden.[73] Hierfür legt die Verordnung Grenzwerte für die Komponenten Gesamtstaub, Quecksilber, Kohlenmonoxid, Stickstoff- und Schwefeldioxid sowie für krebserregende Stoffe fest.

bb) Umgang mit Mehrstoff- und Mischfeuerungen

42 In der Praxis werden in einer Anlage häufig mehrere Brennstoffe eingesetzt. Je nachdem, ob die Brennstoffe wechselweise oder gleichzeitig eingesetzt werden, gibt es **Regelungen** zu den sogenannten **Mehrstoff- bzw. Mischfeuerungen** (§ 10 der 13. BImSchV). Für die Ermittlung des dann geltenden Grenzwertes bedarf es somit einer Mischkalkulation.[74]

cc) Erteilung von Ausnahmen von den Grenzwerten der 13. BImSchV

43 Die 13. BImSchV enthält eine Reihe von Ausnahmevorschriften. So sieht die 13. BImSchV vor allem bei der Verwendung einheimischer fester Brennstoffe, insbesondere beim Einsatz von Kohle, Erleichterungen für den Grenzwert für Schwefeldioxid vor. Danach muss der Brennstoff allerdings zwingend vor Ort gewonnen und in einer eigens hierfür konzipierten Anlage verfeuert werden.

44 Die Grenzwerte der 13. BImSchV sind generell abschließend geregelt und stets vom Anlagenbetreiber einzuhalten.[75] Allerdings gibt es auch hier die Möglichkeit, unter engen Voraussetzungen einen Ausnahmegrenzwert zu erhalten. Insoweit kann der Anlagenbetreiber bei der zuständigen Behörde eine **Ausnahme** nach § 26 der 13. BImSchV beantragen, wenn **folgende Kriterien** erfüllt werden:

---

73 Landmann/Rohmer/*Ohms*, Umweltrecht, 13. BImSchV § 1 Rn 3.

74 Landmann/Rohmer/*Ohms*, Umweltrecht, 13. BImSchV § 8 Rn 1 ff. (alte Rechtslage, aber identischer Wortlaut der Vorschrift).

75 Ergibt sich einerseits aus der Berichtspflicht gem. § 25 Abs. 1 der 13. BImSchV, andererseits aus einem Umkehrschluss der gesondert geregelten Ausnahmevorschrift gem. § 26 der 13. BImSchV.

1. Einzelne Anforderungen der Verordnung sind nicht oder nur mit unverhältnismäßigem Aufwand erfüllbar,
2. im Übrigen werden die dem Stand der Technik entsprechenden Maßnahmen zur Emissionsbegrenzung angewandt,
3. die Schornsteinhöhe nach der Technischen Anleitung zur Reinhaltung der Luft (TA Luft) in der jeweils geltenden Fassung ist auch für einen als Ausnahme zugelassenen Emissionsgrenzwert ausgelegt, es sei denn, auch insoweit liegen die Voraussetzungen der Nr. 1 vor, und
4. die Ausnahmen stehen den Anforderungen aus der IED nicht entgegen.

Maßgebliches Kriterium für eine solche Ausnahmenerteilung ist zunächst, dass der **technische und ökonomische Aufwand** zur Einhaltung des Grenzwertes in keinem angemessenen Verhältnis zu der dadurch erreichbaren Emissionsminderung steht. Es kommt bei der Beurteilung daher nicht nur auf rein finanzielle Aspekte an, sondern auch auf die technische Machbarkeit einer Änderung. Dieses Kriterium ist anhand konkreter Belege gegenüber der Behörde darzustellen und zu beweisen.[76] 45

Hat der Betreiber diese Hürde genommen, müssen auch die übrigen Voraussetzungen positiv erfüllt werden. Hierbei handelt es sich im Wesentlichen um **weitere technische Voraussetzungen**. Es soll sichergestellt werden, dass die Erteilung von Ausnahmen nicht dazu führt, dass das Emissionsniveau insgesamt erheblich steigt.[77] 46

4 Die 17. BImSchV

Die 17. BImSchV[78] regelt den Anwendungsbereich[79] und die Anforderungen[80] für die Errichtung, die Beschaffenheit und den Betrieb von Abfallverbrennungs- und Abfallmitverbrennungsanlagen und bestimmt zudem für diese Anlagen geltende Grenzwerte.[81] 47

76 Landmann/Rohmer/*Ohms*, Umweltrecht, 13. BImSchV § 3 Rn 11 (alte Rechtslage aber identischer Wortlaut der Vorschrift).

77 Dies würde dem Ziel der Großfeuerungsanlagenrichtlinie (RL 2001/80/EG) v. 23.10.2001 (ABl EU Nr. L 309 S. 1, ber. ABl EU 2002 Nr. L 319 S. 30) widersprechen, das Emissionsniveau nachhaltig zu senken.

78 Verordnung über die Verbrennung und die Mitverbrennung von Abfällen (17. BImSchV) v. 2.5.2013 (BGBl. I S. 1021, 1044, 3754).

79 Rn 48 ff.

80 Rn 51 f.

81 Rn 53 ff.

a) Anwendungsbereich

48 Die 17. BImSchV definiert nicht selbst, was unter dem **Begriff „Abfall"** zu verstehen ist. Sie bedient sich zur Abgrenzung vielmehr der Definition aus dem KrWG.[82] Danach sind Abfälle

> „alle Stoffe oder Gegenstände, derer sich ihr Besitzer entledigt, entledigen will oder entledigen muss"

49 Danach kann grundsätzlich jede bewegliche Sache Abfall sein.[83] Der Anlagenbetreiber hat es damit auch grundsätzlich selbst in der Hand, ob und wann eine Sache als Abfall eingestuft wird.

50 Jedoch sind nicht alle **Abfälle** geeignet, in Verbrennungsanlagen **als Brennstoffe** eingesetzt werden. Die 17. BImSchV lässt hierbei lediglich feste, flüssige oder in Behältern gefasste gasförmige Abfälle zu. Anlagen, die Biobrennstoffe einsetzen oder Tierkörper verbrennen, werden nicht von der Verordnung erfasst (§ 1 Abs. 2 Nr. 1 und 2 der 17. BImSchV).

b) Anforderungen an die Abfallverbrennungs- und Abfallmitverbrennungsanlage

51 Die 17. BImSchV ordnet eine Reihe **besonderer Anforderungen** an die erfassten Anlagen an, vor allem:

- So müssen Anlagenbetreiber bei der Anlieferung, der Annahme und der Zwischenlagerung von Stoffen sicherstellen, dass damit keine Verschmutzung der Luft, des Bodens oder des Wassers oder gar eine direkte Gesundheitsgefahr für die Menschen verbunden ist, soweit die Maßnahmen zur Erreichung dieser Ziele geeignet, technisch möglich und wirtschaftlich zumutbar sind (§ 3 Abs. 1 der 17. BImSchV).
- Die technische Ausrüstung der Anlage muss so konzipiert sein, dass keine Schadstoffe unbeabsichtigt in den Boden, die Luft oder das Wasser freigesetzt werden. Die Verordnung enthält in Konkretisierung dieses Grundsatzes daher Bestimmungen über die bei der Verbrennung einzuhaltenden Mindesttemperaturen oder den Mindestgehalt an rückständigem Gesamtkohlenstoff (§ 4 Abs. 1 der 17. BImSchV).

52 Weitere allgemeine Anforderungen enthalten die §§ 3 bis 7 und §§ 11 bis 13 der 17. BImSchV. Anforderungen an die Messungen sind in Abschnitt 3 formuliert.

82 § 3 Abs. 1 der 17. BImSchV verweist auf das KrWG, da § 3 Abs. 1 KrWG.

83 Nach BeckOK/*Wolf*, UmweltR, § 3 KrWG Rn 7, 10, sind „Stoffe und Gegenstände" mangels ihrer dreidimensionalen Abgrenzbarkeit häufig keine Sachen i.S.d. §§ 90 ff. BGB. Er fragt, ob sich deswegen das deutsche Abfallrecht von einer sachenrechtlichen Dogmatik lösen sollte.

c) Emissionsgrenzwerte für Abfallverbrennungs- und Abfallmitverbrennungsanlagen

Bei der **Ermittlung**, welcher **Grenzwert** gilt, muss zwischen Abfallverbrennungs- und Abfallmitverbrennungsanlagen unterschieden werden: 53

- Die **Abfallverbrennungsanlage** ist eine Verbrennungseinrichtung, deren Hauptzweck darin besteht, die Substanz des Einsatzstoffes durch Verbrennung möglichst vollständig zu zerstören (§ 2 Abs. 4 der 17. BImSchV).
- Die **Abfallmitverbrennungsanlage** dagegen wird primär zur Energiebereitstellung oder zur Produktion von Stoffen und Erzeugnissen eingesetzt (§ 2 Abs. 2 der 17. BImSchV).[84]

Während es bei ersterer also um die vollständige Verwertung des Abfalls geht, geht es bei letzterer lediglich um die Nutzbarmachung des Abfalls.

Für **Abfallverbrennungsanlagen** sind Grenzwerte für die Komponenten Gesamt- 54
staub, organische Stoffe, gasförmige anorganische Chlor- und Fluorverbindungen, Schwefel- und Stickstoffdioxid, Quecksilber, Kohlenmonoxid sowie Ammoniak in § 8 der 17. BImSchV festgesetzt. Für kleinere Anlagen unterhalb von 50 MW FWL sieht die Verordnung gewisse Erleichterungen vor.

§ 9 der 17. BImSchV regelt die Emissionsgrenzwerte für **Abfallmitverbrennungs-** 55
anlagen. Im Gegensatz zu den Abfallverbrennungsanlagen ist dies aber nicht vereinheitlicht festgesetzt, sondern weitaus diffiziler. Festzuhalten ist: Werden in der Anlage mehr als 25 % der jeweils gefahrenen FWL durch den Einsatz von Mitverbrennungsstoffen erzeugt, sind die Grenzwerte einzuhalten, die für Abfallverbrennungsanlagen gelten. Sind es weniger als 25 % sind die geltenden Emissionsgrenzwerte nach Anlage 3 der 17. BImSchV für die einzelne Anlage zu ermitteln. Für Anlagen zur Herstellung von Zementklinkern, Feuerungsanlagen und bestimmten sonstigen Anlagen gibt es wiederum feste Emissionsgrenzwerte, die sich im Wesentlichen nach der Leistung bestimmen. Gibt es für eine Anlage solche festgesetzten Werte, sind diese auch maßgeblich. Nur für den Fall, dass feste Emissionsgrenzwerte fehlen, ist eine sogenannte Mischungsrechnung durchzuführen, die ebenfalls in Anlage 3 der 17. BImSchV dargelegt ist.

Ebenso wie die 13. BImSchV sieht auch die 17. BImSchV die Möglichkeit vor, **aus-** 56
nahmsweise abweichende Grenzwerte festzusetzen, sofern die Einhaltung der einschlägigen Grenzwerte unzumutbar ist und die übrigen technischen Voraussetzungen gegeben sind.[85]

84 *Jarass*, BImSchG, § 17 Rn 36.
85 § 24 Abs. 1 der 17. BImSchV für Ausnahmen von Vorschriften der 17. BImSchG.

5 TA Luft

57 Zentral für die Frage, ob eine Anlage Genehmigungsfähigkeit besitzt, sind die Vorgaben der TA Luft.[86] Diese erfasst sowohl genehmigungsbedürftige wie auch nicht genehmigungsbedürftige Anlagen[87] und enthält eine Fülle von Regelungen, die sowohl allgemeine rechtliche Grundsätze des Immissionsschutzrechts[88] wie auch seine zentrale Definitionen[89] konkretisieren, als auch anlagen- und branchenbezogene konkrete Anforderungen, vor allem Grenzwerte[90] und Bestimmungen, wann diese im Einzelfall überschritten werden dürfen.[91]

a) Anwendungsbereich der TA Luft

58 Der **faktische Anwendungsbereich** der TA Luft ist außerordentlich breit. Diese Breite beruht auf dem Umstand, dass die TA Luft ursprünglich gerade nicht ein Regelwerk darstellte, das das rechtliche Sollen abbildete, sondern als „antizipiertes Sachverständigengutachten"[92] lediglich den Stand der Technik dokumentieren sollte. Diesen quasi dokumentarischen Charakter hat die TA Luft auch durch die Einbeziehung der gemeinschaftsrechtlichen Vorgaben für die Luftreinhaltung 2002 im durchaus positiven Sinne nicht ganz eingebüßt.[93] Noch immer gilt sie als das Dokument, dem nicht nur die deutschen Behörden, sondern auch Behörden in Österreich und deutsche Zivilgerichte bei der Auslegung von § 906 BGB[94] vertrauen.[95] Rechtstechnisch jedoch besteht eine Bindung im engeren Sinne lediglich für die Behörden, denn die TA Luft besitzt bis heute den Status einer Verwaltungsvorschrift, also nicht den eines Außenwirksamkeit besitzenden Gesetzes oder einer Verordnung.[96]

59 Aktuell wird die TA Luft überarbeitet, um BVT-Schlussfolgerungen einzuarbeiten. Diese **besten verfügbaren Techniken** zur Minderung von Emissionen einer Branche entstehen aus Merkblättern des Joint Research Centre der Europäischen Kommission.[97]

---

86 *Jarass*, BImSchG, § 48 Rn 28 f.
87 Rn 58 ff.
88 Rn 62 f.
89 Rn 64 ff.
90 Rn 70 f.
91 Rn 72 ff.
92 Zwar nicht im Wortlaut aber ähnlich *Jarass*, BImSchG, § 48 Rn 42.
93 Vgl. die amtliche Begründung, BR-Drucks. 1058/01.
94 Bürgerliches Gesetzbuch (BGB) v. 2.1.2002 (BGBl. I S. 42), zuletzt geändert durch Gesetz v. 29.6.2015 (BGBl. I S. 1042).
95 Für die Anwendung des § 906 BGB *Jarass*, BImSchG, § 48 Rn 59; Heranziehung der TA Luft im privatrechtlichen Bereich vgl. BGH, Urt. v. 18.9.1984 – VI ZR 223/82 – BGHZ 92, 143.
96 BR-Drucks. 1058/01; *Jarass*, BImSchG, § 48 Rn 41 ff.
97 http://www.umweltbundesamt.de/themen/wirtschaft-konsum/beste-verfuegbare-techniken/nutzung-der-bvt-merkblaetter-in-deutschland.

Gleichwohl besteht Einigkeit, dass die TA Luft sowohl für genehmigungsbedürftige wie auch für nicht genehmigungsbedürftige Anlagen Geltung besitzt.[98] Sie dokumentiert damit den Status, der von allen immissionsschutzrechtlich überhaupt relevanten Anlagen verlangt wird.[99] Schon aus normhierarchischen Gründen gilt sie jedoch nur dann, wenn keine vorrangige Norm etwas anderes bestimmt. Ergeben sich aus den Bundesimmissionsschutzverordnungen also spezielle Anforderungen an einen Anlagentyp, so treten die Regelungen der TA Luft zurück.[100] Dies bedeutet jedoch nicht, dass die gesamte TA Luft damit für diese Anlage ihre Geltung einbüßen würde: Durch den Normvorrang betroffen ist stets nur die jeweils verdrängte Norm. Bestehende Lücken werden dann wiederum durch die Regeln der TA Luft befüllt.[101] 60

Hinzuzufügen bleibt, dass die hiernach stets beachtliche Wirksamkeit der TA Luft durchaus Einschränkungen durch den Grundsatz der Verhältnismäßigkeit (Nr. 1 Abs. 5 S. 2 TA Luft) erfährt. Ist insbesondere bei nicht genehmigungsbedürftigen Anlagen der mit der Emissionsermittlung verbundene Aufwand unverhältnismäßig groß, so tritt diese Anforderung unter Umständen zurück. Bei der Prüfung, ob dem im Einzelfall so ist, sind Umstände wie die Gefährlichkeit der emittierten Stoffe, die voraussichtliche Menge und auch die geografische Lage einer Anlage zu beachten (Nr. 5.2.3.1 TA Luft). 61

b) Allgemeine rechtliche Grundsätze und Definitionen

Die TA Luft geht über ein reines Sammelwerk von Grenzwerten weit hinaus. Sie enthält in Nr. 2 vielmehr umfangreiche Begriffsbestimmungen zu zentralen Begriffen des Immissionsschutzrechts und schafft so erst die Voraussetzungen für den einheitlichen Vollzug der materiellen Anforderungen an den Anlagenbetrieb nach dem Stand der Technik. Dies umfasst genaue Festlegungen, wie beispielsweise Emissionen anzugeben (Nr. 2.4) und welche Begrenzungen im Genehmigungsbescheid festzulegen sind (Nr. 2.6), und Angabebestimmungen für Immissionen (Nr. 2.1). 62

Ebenso zentrale Bedeutung für den praktischen Vollzug haben die rechtlichen **Grundsätze für die Genehmigung, den Vorbescheid und die Zulassung des vorzeitigen Beginns** (Nr. 3). Hier verlässt die TA Luft endgültig den Bereich einer technischen Dokumentation; die Angaben, wie Anträge auf Genehmigungserteilung für neue Anlagen oder auch Teilgenehmigungen, Vorbescheid, vorzeitigen Beginn und Prüfungen der Genehmigungsbedürftigkeit vorzunehmen sind, entsprechen vielmehr Durchführungsvorschriften für den internen Vollzug. Bemerkenswerterweise sind 63

98 *Jarass*, BImSchG, § 48 Rn 29, 40.

99 Ergibt sich aus dem Ziel der TA Luft vor Luftverunreinigungen zu schützen und dagegen Vorsorge zu treffen (Nr. 1 Abs. 1 TA Luft).

100 *Jarass*, BImSchG, § 48 Rn 29, 40.

101 Landmann/Rohmer/*Hansmann*, Umweltrecht, Nr. 1 TA Luft Rn 9.

diese mit den gesetzlichen Bestimmungen nicht ganz kohärent, sondern gehen (wenn auch in rechtlich unbedenklichem Maße) partiell über diese hinaus.[102]

c) Anforderungen an die Anlage nach der TA Luft

64 In Nr. 4 und 5 TA Luft sind die **Anforderungen** an die jeweilige Anlage formuliert. Dabei ist zu unterscheiden:

- Nr. 4 TA Luft enthält Regelungen zum **Schutz vor schädlichen Umwelteinwirkungen**. Hier geht es also um die Schutzpflichten nach § 5 Abs. 1 Satz 1 Nr. 1 BImSchG, der Belange wie beispielsweise den Schutz der menschlichen Gesundheit erfasst.[103]
- Nr. 5 TA Luft enthält dagegen **emissionsbezogene Pflichten**, die insbesondere dem Vorsorgegrundsatz des § 5 Abs. 1 Satz 1 Nr. 2 BImSchG entsprechen. Hier ist also insbesondere (aber nicht nur) der Stand der Technik dokumentiert.[104]

65 Mit anderen Worten: Nr. 4 TA Luft soll gewährleisten, dass aktuell und gegenwärtig den Schutzgütern des BImSchG nichts Negatives zustößt. Nr. 5 TA Luft soll dagegen sicherstellen, dass dies auch in Zukunft nicht eintreten wird. Diese Differenzierung hat dabei nicht nur theoretischen Charakter. Zum einen ist naturgemäß die Meßsystematik bei Immissionen eine gänzlich andere als bei Emissionen. Aber auch in rechtlicher Hinsicht gibt es einen wichtigen Unterschied: Während die Schutzpflicht des § 5 Abs. 1 Satz 1 Nr. 1 BImSchG als drittschützend gilt und damit Klagerechte vermittelt, ist dies im Hinblick auf die Konkretisierungen der Vorsorgepflicht nach herrschender Meinung nicht der Fall. Zwar weist die Differenzierung von Klagerechte vermittelnden Regelungen und solchen, die nicht von Dritten (gerichtlich) eingefordert werden können, zunehmend Durchbrechungen auf. Im Hinblick auf Nachbarklagen ist diese Differenzierung jedoch nach wie vor von Relevanz.

aa) Schutz vor schädlichen Umwelteinwirkungen durch Luftverunreinigungen (Nr. 4 TA Luft)

66 Die **Vereinbarkeit eines Vorhabens** mit Nr. 4 TA Luft durchläuft folgende **Prüfungsstationen:**

- Im ersten Schritt sind die maßgeblichen Emissionen einer Anlage festzustellen.
- Im nächsten Schritt ist zu prüfen, ob die Kenngrößenermittlung ausnahmsweise entbehrlich ist. Dies ist regelmäßig der Fall, wenn die Voraussetzungen von

---

102 Zum Beispiel: Nr. 3.2. Abs. 3 TA Luft gegenüber §§ 8 S. 1 Nr. 3, 9 Abs. 1 BImSchG; vgl. auch Landmann/Rohmer/*Hansmann*, Umweltrecht, Nr. 3 TA Luft Rn 7 ff. zu einer a.F. des BImSchG.
103 Rn 66 ff.
104 Rn 70 f.

Nr. 4.6.1.1 TA Luft (bei genehmigungsbedürftigen Anlagen) vorliegen. Diese Voraussetzungen dienen dazu, „Bagatellfälle" herauszufiltern.

- Sofern die Bewertung von Nr. 4.6.1.1 TA Luft ergeben hat, dass die Kenngrößenermittlung nicht entbehrlich ist, so sind die Nr. 4.2 bis 4.5 TA Luft zu prüfen. Diese enthalten Immissionswerte unter anderem für Schwefeldioxid, Stickstoffdioxid, Benzol, Tetrachlorethen, Schwebstaub, Staubniederschlag, Fluorwasserstoff, Amoniak und Regelungen für Schadstoffdepositionen durch Arsen, Blei, Cadmium und deren jeweilige anorganischen Verbindungen.

Zur Prüfung, ob diese Werte eingehalten werden, ist zunächst die **Zusatzbelastung** 67
gem. Nr. 4.6.4 zu prüfen. Hierfür ist zunächst das Beurteilungsgebiet gem. Nr. 4.6.2.5 TA Luft festzulegen. Dabei sollen keine Beurteilungspunkte gewählt werden, an denen die Zusatzbelastung geringer als 1 % des Langzeitkonzentrationswertes beträgt. Innerhalb dieses Beurteilungsradius hat die Behörde mindestens zwei, unter Umständen und bei sehr inhomogener Vorbelastungsstruktur auch mehr **Beurteilungspunkte** auszuwählen. Bei der Auswahl dieser Beurteilungspunkte ist sie nicht frei. Vielmehr ist festgelegt, dass ein Beurteilungspunkt das vermutlich höchste Risiko der Langfristeinwirkung, der andere Beurteilungspunkt die Maximalexposition gegenüber Spitzenbelastungen abbilden soll. Sonderregeln für Schwefeldioxid und Stickstoffoxide für den Schutz von Ökosystemen und Vegetation flankieren dieses detaillierte Regelwerk. Den Abschluss der Kenngrößenermittlung bildet die Messung der Vorbelastung an den ermittelten Beurteilungspunkten, sofern die Vorbelastung nicht anhand bekannter Messwerte ermittelt werden kann. Ist dies der Fall, so sind an den Beurteilungspunkten kontinuierliche Messungen vorzunehmen, es sei denn, für den jeweiligen Schadstoff ist nur ein Immissionswert für jährliche Einwirkung festgelegt (Nr. 4.6.2.8 Abs. 2 TA Luft).

bb) Sonderfälle nach Nr. 4.8 TA Luft

Auch dann, wenn Immissionswerte nicht ausdrücklich festgelegt sind und auch 68
nicht einer vorrangig zu berücksichtigenden Rechtsverordnung entnommen werden können, bewegt sich der Betreiber nicht im luftleeren Raum. Hier greift Nr. 4.8 TA Luft, der eine **Prüfung**, ob **schädliche Umwelteinwirkungen** hervorgerufen werden können, anordnet, sofern hierfür hinreichende Anhaltspunkte bestehen. Erwähnt werden in der Tabelle 8 hierzu die Positionswerte für Arsen, Blei, Cadmium und Quecksilber in Ackerböden und Grünland. Darüber hinaus gilt Nr. 4.8 TA Luft jedoch stets dann, wenn neue und noch nicht geregelte Einwirkungen auftreten oder sich ihr Gefahrencharakter erstmals offenbart.

Erst im nächsten Schritt kann sodann die **Einhaltung der Immissionswerte** 69
geprüft werden. Dies wird anhand der ermittelten Gesamtbelastung vorgenommen,

welche gem. Nr. 4.7.1 TA Luft sich aus Vorbelastung und Zusatzbelastung des jeweiligen Schadstoffs zusammensetzt.[105]

cc) Grenzwerte zur Einhaltung des Vorsorgegrundsatzes (Nr. 5 TA Luft)

70 Unterhalb der Schwelle tatsächlich schädigender Schadstoffeinwirkungen bestimmt Nr. 5 TA Luft Regelungen, die der **Vorsorge gegen schädliche Umwelteinwirkungen** dienen. Hierbei wird unterschieden zwischen allgemeinen Anforderungen zur Immissionsbegrenzung in Nr. 5.2, Regelungen, die Messungen und Überwachungen der Immissionen vereinheitlichen in Nr. 5.3, und den besonderen Regelungen für bestimmte Anlagenarten in Nr. 5.4. In diesen Kontext gehören auch die Regelungen unter Nr. 5.5, die die Ableitung von Abgasen zum Gegenstand hat.[106]

71 Maßstab für die Frage, ob die **Anforderungen der Immissionswerte eingehalten** werden, ist die Massekonzentration im Abgasstrom. Diese Anforderungen sind teilweise Einzelmessungen, teilweise durch kontinuierliche Messungen einzuhalten.

d) Ausnahme von der Immissionswerteinhaltung

72 Auch bei Überschreitung der Immissionswerte ist eine Genehmigungserteilung unter Umständen nicht ausgeschlossen. Allerdings wird hier nach der **Intensität des Eingriffs und dem Schutzgut** deutlich unterschieden:

73 Beim **Gesundheitsschutz** kommt gem. Nr. 4.2.2 TA Luft eine Genehmigungserteilung trotz Überschreitung nur dann in Betracht, wenn die Kenngröße für die Zusatzbelastung durch die Anlagenimmissionen am Beurteilungspunkt 1 % des Immissionsjahreswertes nicht überschreitet und zudem durch eine Auflage sichergestellt wird, dass weitere Maßnahmen zur Luftreinhaltung durchgeführt werden oder durch Bedingungen sichergestellt ist, dass der Immissionswert sechs Monate nach Inbetriebnahme der Anlage gewährleistet wird oder Maßnahmen im Rahmen eines Luftreinhalteplans durchgeführt sind, die die Immissionswerteinhaltung gewährleisten.

74 Beim **Schutz vor erheblichen Nachteilen oder Belästigungen** ist die TA Luft großzügiger (Nr. 4.3. TA Luft). Diese sind außerdem zulässig, wenn die Immissionsjahreszusatzbelastung die in den jeweiligen Einzelregelungen von Nr. 4 TA Luft nicht überschreitet und auch hier werden sechs Monatszeiträume für den Übergang gewährt. Zudem besteht die Möglichkeit, anhand einer Sonderfallprüfung darzulegen, dass die Immissionswertüberschreitung keine schädlichen Nachteile oder Belästigungen nach sich zieht.

---

105 Durch die Novellierung der TA Luft können sich im gesamten Bereich der Nr. 4 noch Änderungen ergeben.

106 Auch hier können sich durch die Novellierung der TA Luft noch Änderungen ergeben. Der aktuelle Entwurf (Stand Mai 2015), sieht die gleiche Aufteilung vor, trifft jedoch noch keine Aussage zu Nr. 5.5.

6 TA Lärm

Die Technische Anleitung zum Schutz gegen Lärm (TA Lärm)[107] dient dem **Schutz der Allgemeinheit und der Nachbarschaft vor schädlichen Umwelteinwirkungen durch Geräusche**. Sie konkretisiert damit ebenso die Betreiberpflichten aus § 5 BImSchG wie die TA Luft für Luftverunreinigungen. Die TA Lärm stellt für die meisten Anlagen,[108] wie die TA Luft, bestimmte, in festgelegter Weise zu ermittelnde[109] Richtwerte und Regelungen[110] auf, bei deren Einhaltung man davon ausgehen kann, dass schädliche Umwelteinwirkungen durch das Vorhaben nicht zu befürchten sind. Die TA Lärm regelt auch, wann Grenzwerte ausnahmsweise doch überschritten werden dürfen.[111] 75

a) Anwendungsbereich der TA Lärm

Die TA Lärm gilt grundsätzlich für alle Anlagen im Sinne des BImSchG, also sowohl für genehmigungspflichtige als auch für andere Anlagen. Jedoch wird eine Vielzahl von Anlagen in Nr. 1 TA Lärm vom Anwendungsbereich ausgeschlossen. So sind etwa Sportanlagen, nicht genehmigungsbedürftige landwirtschaftliche Anlagen, Baustellen oder Anlagen für soziale Zwecke ausgenommen. 76

Für einige dieser Anlagen sehen spezielle Bundesimmissionsschutzverordnungen besondere Bestimmungen und Richtwerte vor (zum Beispiel 18. BImSchV – Sportanlagenlärmschutzverordnung[112]). Bei anderen ist ein gewisses Störpotential im gesellschaftlichen Kontext und aus sozialem Interesse hinzunehmen (zum Beispiel Kirchenglocken, Feuersirenen). 77

b) Ermittlung der Immissionen

Um beurteilen zu können, ob die Richtwerte auch mit der Errichtung der zusätzlichen Anlage eingehalten werden, müssen die **Immissionen am konkret maßgeblichen Immissionsort**[113] ermittelt werden. Liegen keine speziellen und atypischen Verhältnisse wie eben beschrieben vor, werden die maßgeblichen Immissionen nach der sogenannten Regelfallprüfung ermittelt. 78

Bei der Neugenehmigung einer Anlage, also noch vor deren Errichtung, können naturgemäß konkrete Immissionswerte noch nicht gemessen werden. Daher ist der am Immissionsort maßgebliche Beurteilungspegel durch Prognose in Form eines 79

107 Technische Anleitung zum Schutz gegen Lärm (TA Lärm) v. 26.8.1998 (GMBl Nr. 26/1998 S. 503).
108 Rn 76 f.
109 Rn 78 ff.
110 Rn 83 ff.
111 Rn 91 ff.
112 Sportanlagenlärmschutzverordnung (18. BImSchV) v. 18.7.1991 (BGBl. I S. 1588, 1790), zuletzt geändert durch Verordnung v. 9.2.2006 (BGBl. I S. 324).
113 Rn 80.

Sachverständigengutachtens zur Gesamtbelastung im Ermittlungsgebiet zu ermitteln.[114]

aa) Maßgeblicher Immissionsort

80 Zunächst ist zu bestimmen, wo sich der maßgebliche Immissionsort überhaupt befindet. Also der Ort im Einwirkungsbereich der Anlage, an dem nach Nr. 2.3 TA Lärm eine Überschreitung der Immissionsrichtwerte am ehesten zu erwarten ist.

bb) Gesamtbelastung

81 Die in der TA Lärm angegebenen Richtwerte basieren nicht auf einer anlagenbezogenen Betrachtung. Vielmehr kommt es wie bei der TA Luft auch auf die Gesamtbelastung am maßgeblichen Immissionsort (sogenannte **akzeptorbezogene Regelung**[115]) **an.**

! **Tipp**

Dies bedeutet für Sie bei der Errichtung der Anlage konkret: Erhöht Ihre Anlage (Zusatzbelastung) den bereits vorhandenen Geräuschpegel (Vorbelastung) so stark, dass die genannten Immissionsrichtwerte nicht mehr eingehalten werden können (Gesamtbelastung), wird die Behörde in der Regel die immissionsschutzrechtliche Genehmigung versagen.

---

82 Dabei werden aber nur die Immissionen derjenigen Anlagen einbezogen, die auch in den Anwendungsbereich der TA Lärm fallen. Ausgeschlossen wird hier beispielsweise von vornherein der Verkehrslärm.[116] Dagegen sind anlagenbezogene Verkehrsgeräusche, also insbesondere bei der Ein- und Ausfahrt auf das Betriebsgelände, in die Gesamtbetrachtung einzubeziehen. Sofern die Anlage in einem Wohngebiet errichtet wird, können von dem Anlagenbetreiber auch organisatorische Maßnahmen gefordert werden, um die Verkehrsgeräusche bis zu 500 m von dem Betriebsgrundstück entfernt zu vermindern (Nr. 7.4 TA Lärm).

c) Immissionsrichtwerte

83 In der TA Lärm sind konkrete **Immissionsrichtwerte für Geräusche** genannt, die grundsätzlich nicht überschritten werden dürfen. Diese Richtwerte werden in Dezibel (dB) angegeben, welches die Maßeinheit für Schalldruckpegel ist.

---

114 Rn 81 f.
115 *Pütz/Buchholz/Runte*, Anzeige- und Genehmigungsverfahren nach BImSchG, S. 99.
116 *Ohms*, Praxishandbuch Immissionsschutzrecht, Rn 167.

aa) Konkrete Richtwerte außerhalb von Gebäuden

Auf Basis wissenschaftlicher Erkenntnisse wurden **konkrete Richtwerte für verschiedene Gebietsarten** aufgestellt. So liegen die Richtwerte in Industriegebieten bei 70 dB(A), während der Wert in allgemeinen Wohngebieten und Kleinsiedlungsgebieten bei 55 dB(A) liegt und in Kurgebieten auf 45 dB(A) sinkt. 84

Diese **Werte** gelten jeweils **am Tage**, also in der Zeit von 6 bis 22 Uhr. Da der Mensch aber gerade nachts einen erholsamen Schlaf benötigt, um gesund zu bleiben, sieht die TA Lärm auch **Nachtwerte** vor, die regelmäßig um ca. 10 bis 15 dB(A) unterhalb der Tageswerte liegen. 85

Die genannten Werte können durch sogenannte **Geräuschspitzen** durchaus auch einmal kurzfristig überschritten werden. Die Grenze liegt hierbei aber bei einer Überschreitung von 30 dB(A) am Tage und 20 dB(A) in der Nacht. 86

bb) Maßgeblicher Gebietscharakter

Es wird deutlich, dass die Umgebung für die Errichtung der Anlage auch im Rahmen des Immissionsschutzrechts eine entscheidende Rolle spielt. 87

Der **maßgebliche Gebietscharakter** bestimmt sich in der Regel nach dem geltenden **Bebauungsplan**. Sollte ein solcher für das jeweilige Gebiet nicht bestehen, muss der Gebietscharakter nach den geltenden baurechtlichen Vorschriften ermittelt werden, also anhand der Frage, welchem in der Baunutzungsverordnung (BauNVO)[117] typisierten Gebiet der Ermittlungsbereich entspricht. 88

Kompliziert wird die Beurteilung der einschlägigen Richtwerte, wenn **zwei verschieden geprägte Gebiete auf engem Raum** aufeinander treffen. Dies ist beispielsweise der Fall, wenn ein gewerblich oder industriell genutztes Gebiet und ein Wohngebiet aneinandergrenzen (sogenannte **Gemengelage**). Hier ist dann ein geeigneter Zwischenwert zu bilden, soweit dies nach der gegenseitigen Pflicht zur Rücksichtnahme erforderlich ist. Für die Bildung des Mittelwertes sind unterschiedliche Kriterien ausschlagegebend: 89

- Umfang der Wohnbebauung,
- Ortsüblichkeit der Geräusche,
- historische Prägung des Gebiets usw.

cc) Konkrete Richtwerte innerhalb von Gebäuden

Die TA Lärm sieht ebenfalls Richtwerte für Geräuschimmissionen innerhalb von Gebäuden oder bei Körperschallübertragung vor. Diese liegen bei 35 dB(A) am Tag und bei 25 dB(A) in der Nacht. 90

---

117 Verordnung über die bauliche Nutzung der Grundstücke (Baunutzungsverordnung – BauNVO) v. 23.1.1990 (BGBl. I S. 132), zuletzt geändert durch Gesetz v. 11.6.2013 (BGBl. I S. 1548).

d) Ausnahmen

91 Die TA Lärm sieht eine Reihe von **Ausnahmeregelungen** vor, sodass die Behörde trotz Überschreitung der Immissionsrichtwerte die Genehmigung für die Errichtung und den Betrieb der Anlage erteilen kann.

92 Unterschreitet die von der zu beurteilenden Anlage ausgehende Zusatzbelastung beispielsweise den Immissionsrichtwert um mindestens 6 dB(A), dann gilt dieser zusätzliche Immissionsbeitrag als nicht relevant. In diesem Fall wird zwar rechnerisch der relevante Richtwert insgesamt überschritten. Allerdings ist der Anteil der zusätzlichen Immissionen der (Neu-)Anlage so gering, dass sie weder das Schadenrisiko noch das Belästigungspotential erhöhen.[118] Insoweit stellt dies eine **Ausnahme zu dem akzeptorbezogenen Ansatz** dar.

93 Des Weiteren ist die Genehmigung auch dann zu erteilen, wenn dauerhaft sichergestellt werden kann, dass die **Richtwertüberschreitung nicht mehr als 1 dB(A)** beträgt. Allerdings kann dies aufgrund der Gesamtbetrachtung nur dadurch sichergestellt werden, dass alle auf die Gesamtbelastung einwirkenden Anlagen und Geräuschquellen einbezogen werden. Insofern müssten alle beteiligten Anlagenbetreiber beispielsweise einen öffentlich-rechtlichen Vertrag abschließen, indem sie sich gegenseitig verpflichten, die eigenen Immissionen zukünftig nicht zu erhöhen.

94 Eine weitere Ausnahme ist für die Fälle vorgesehen, in denen von der betreffenden Anlage keine weitergehenden Gefahren, Nachteile oder Belästigungen wegen **ständig einwirkender Fremdgeräusche** auftreten. Wichtig ist, dass die Fremdgeräusche vorherrschen müssen. Dies ist dann der Fall, wenn sie die von der Anlage ausgehenden Geräuschimmissionen an dem maßgeblichen Immissionsort verdecken.[119] Die TA Lärm nennt in Nr. 3.2.1 konkrete Beispielsfälle.

95 In all diesen Fällen fehlt es an einem konkreten Schädigungspotential der zu beurteilenden Anlage. Daher wäre es unverhältnismäßig, die Genehmigung aus diesem Grund zu versagen.

7 BVT-Merkblätter

96 Um zu verstehen, worum es sich bei BVT-Merkblättern handelt, muss zunächst ein Blick auf die Abkürzung „BVT" geworfen werden. Diese steht für **„beste verfügbare Techniken"**, also den nach dem Entwicklungsstand effizientesten und fortschrittlichsten Techniken, um Emissionen in und Auswirkungen auf die gesamte Umwelt zu vermeiden oder wenigstens zu verhindern (Art. 3 Nr. 10 IED).[120] Eine Technik ist dann „verfügbar", wenn sie auch in einem wirtschaftlich und technisch vertretbarem Kosten-Nutzen-Verhältnis für den Betreiber steht (Art. 3 Nr. 10 lit. a IED).

---

118 Landmann/Rohmer/*Hansmann*, Umweltrecht, Nr. 3.2 TA Lärm Rn 18.
119 Landmann/Rohmer/*Hansmann*, Umweltrecht, Nr. 3.2 TA Lärm Rn 23 ff.
120 Eine Legaldefinition findet sich auch in § 3 Abs. 6a BImSchG.

Die IED sieht zur **Bestimmung der besten verfügbaren Techniken** entsprechend der genannten Voraussetzungen einen Informationsaustausch zwischen Interessenvertretern innerhalb der Europäischen Union vor (Erwägungsgrund 13 IED). In dem von der Europäischen Kommission organisiertem Sevilla-Prozess[121] treffen sich Vertreter der Mitgliedstaaten, den betreffenden Industriezweigen, Umweltorganisationen und der Kommission selbst (Art. 13 Abs. 1 IED).[122] Die Teilnehmer sollen in diesem Rahmen die **BVT-Merkblätter als Referenzdokumente für Genehmigungen** schaffen mit dem Zweck, Ungleichgewichte beim Umfang von Industrieemissionen in der Europäischen Union zu begrenzen (Erwägungsgrund 13 IED). Die Dokumente werden dann von der Europäischen Kommission veröffentlicht (Art. 13 Abs. 6 IED).[123] 97

Die BVT-Merkblätter beziehen sich jeweils auf einen **bestimmten Tätigkeitsbereich** und enthalten insbesondere die angewandten Techniken, die derzeitigen Emissions- und Verbrauchswerte, die für die Festlegung der besten verfügbaren Techniken und der BVT-Schlussfolgerungen zu berücksichtigten Techniken sowie alle Zukunftstechniken (Art. 3 Nr. 11 IED). Gemäß § 3 Abs. 6 S. 2 BImSchG i.V.m. Nr. 13 der Anlage zum BlmSchG müssen die Merkblätter ebenso bei der Bestimmung des Standes der Technik im deutschen Recht berücksichtigt werden. 98

In den **BVT-Schlussfolgerungen** werden einzelne Teile eines BVT-Merkblattes aufgegriffen. Sie beschreiben die besten verfügbaren Techniken und schildern die Schlussfolgerungen dazu sowie Informationen zur Bewertung ihrer Anwendbarkeit, den ermittelten Emissionswerten, den dazugehörigen Überwachungsmaßnahmen und Verbrauchswerten und gegebenenfalls einschlägigen Standortsanierungsmaßnahmen (Art. 3 Nr. 12 IED). Die besondere Bedeutung der BVT-Schlussfolgerungen ergibt sich aus ihrer **Verbindlichkeit für die Mitgliedstaaten**.[124] Diese Stellung schlägt sich in § 7 Abs. 1a BImSchG nieder, der verlangt, dass nach jeder Veröffentlichung einer BVT-Schlussfolgerung, die Emissionsgrenzwerte für Industrieemissionsanlagen angepasst werden. 99

Die Formulierung „der mit den besten verfügbaren Techniken assoziierten Emissionswerte" meint den Bereich von Emissionswerten, der unter normalen Umständen unter Verwendung der am besten verfügbaren Technik entsprechend der Beschreibung in den BVT-Schlussfolgerungen erreicht werden kann (Art. 3 Nr. 13 IED, § 3 100

---

121 *Jarass*, BImSchG, § 3 Rn 111. Informationen zum Sevilla-Prozess auch unter http://www.umweltbundesamt.de/themen/wirtschaft-konsum/beste-verfuegbare-techniken/sevilla-prozess/bvt-download-bereich.

122 Vgl. zum Verfahren auch den Durchführungsbeschluss 2012/119/EU der Europäischen Kommission v. 10.2.2012 (C(2012) 613).

123 Die Dokumente sind abrufbar unter http://eippcb.jrc.ec.europa.eu/reference/ oder unter http://www.umweltbundesamt.de/themen/wirtschaft-konsum/beste-verfuegbare-techniken/sevilla-prozess/bvt-download-bereich.

124 *Jarass*, BImSchG, § 3 Rn 112, § 7 Rn 13a.

Abs. 6d BImSchG). Man spricht insofern von Emissionsbandbreiten (§ 3 Abs. 6c BImSchG). Diese werden als Mittelwert für einen vorgegebenen Zeitraum unter spezifischen Referenzbedingungen gebildet (Art. 3 Nr. 13 IED, § 3 Abs. 6e BImSchG).

101 Die sogenannte **Zukunftstechnik** setzt voraus, dass eine neue industrielle Tätigkeit bei gewerblicher Nutzung entweder ein höheres oder zumindest das gleiche allgemeine Umweltschutzniveau erzielen und größere Kostenersparnisse bieten könnte als die bekannten am besten verfügbaren Techniken (Art. 3 Nr. 14 IED).

8 Gerüche, Strahlen und Erschütterungen

102 Weitere Immissionen, die bei der Errichtung von Anlagen berücksichtigt werden müssen, sind Gerüche,[125] Strahlen[126] und Erschütterungen[127] (§ 3 Abs. 2 BImSchG). Zu einer besseren Beurteilung der schädlichen Umwelteinwirkungen, die davon ausgehen, und einer folgerichtigen Behandlung hat die **Bund/Länder-Arbeitsgemeinschaft für Immissionsschutz (LAI)**[128] als Arbeitsgremium der Umweltministerkonferenz jeweils Hinweise veröffentlicht.

a) Gerüche

103 Gerüche zählen gem. § 3 Abs. 4 BImSchG zu den Luftverunreinigungen. Eine **Geruchsbelästigung** kann durch Anlagen erfolgen, die sich zum Beispiel mit der Haltung von Tieren oder der Behandlung von Abfall befassen, der Grad der Belästigung lässt sich aber (noch) nicht objektiv durch physikalisch-chemische Messverfahren nachweisen (Nr. 1 S. 1 ff. GIRL). Auch spielen subjektive Wahrnehmungen dabei eine große Rolle (Nr. 1 S. 7 GIRL). Eine Beurteilung der Geruchsbelästigungen kann deswegen nicht in gleicher Weise wie bei anderen, besser mess- und dokumentierbaren Immissionen vorgenommen werden.

104 Wie zuvor bereits ausgeführt,[129] enthält die TA Luft einige Vorschriften über die **Behandlung von Luftverunreinigungen**. Diese begrenzt aber selbst ausdrücklich ihren Anwendungsbereich auf Regelungen zur **Vorsorge** gegen schädliche Umwelteinwirkungen durch Gerüche, während der **Schutz** vor solchen Immissionen ungeregelt bleibt (Nr. 1 Abs. 3 TA Luft). Dadurch entsteht eine Regelungslücke, die durch die GIRL der LAI geschlossen werden sollte.[130] Die GIRL hat zwar als technisches Regelwerk keine Bindungswirkung für Behörden und Gerichte, sie kann aber im Einzelfall als Orientierungshilfe herangezogen werden.[131] In naher Zukunft soll die GIRL im

125 Rn 103 f.
126 Rn 105.
127 Rn 106. Gerüche sind gem. § 3 Abs. 4 BImSchG Luftverunreinigungen.
128 http://www.lai-immissionsschutz.de/servlet/is/7278/.
129 Rn 64 ff.
130 Landmann/Rohmer/*Hansmann*, Umweltrecht, Nr. 1 TA Luft Rn 8 m.w.N.
131 BVerwG, Beschl. v. 28.7.2010 – 4 B 29.10 m.w.N.

Wege der geplanten Novellierung zur TA Luft in deren Anhang aufgenommen werden, was der Harmonisierung der Landesregelungen und einer verbesserten Rechtssicherheit dienen wird.[132]

b) Strahlen

Welche Art der **Strahlen unter den Immissionsbegriff** im Sinne des § 3 Abs. 2 105
BImSchG fallen, ergibt sich erst aus einer Gesamtschau der Normen. Ionisierende Strahlen werden vom Atomrecht erfasst und sind somit gem. § 2 Abs. 2 BImSchG ausdrücklich vom Anwendungsbereich des BImSchG ausgeschlossen. Gemeint sind damit nur nichtionisierende Strahlen, welche gerade nicht so viel Energie aufweisen, um Atome und Moleküle zu spalten.[133] Es handelt sich um elektromagnetische Wellen, zum Beispiel in Form von Mikrowellen oder Radarstrahlen sowie elektromagnetische Felder.[134] Für die rechtliche Behandlung von schädlichen Umwelteinwirkungen durch elektrische Felder wurde die Verordnung über elektromagnetische Felder (26. BImSchV)[135] erlassen. Für deren Durchführung hat die LAI wiederum ergänzende Hinweise formuliert.

c) Erschütterungen

Unter Erschütterungen versteht man schließlich stoßhafte, niederfrequente, mecha- 106
nische Schwingungen fester Körper.[136] Auch über die Messung, Beurteilung und Verminderung von solchen **Erschütterungsimmissionen** hat die LAI Hinweise erlassen. Diese Erschütterungs-Leitlinie[137] enthält Beurteilungsmaßstäbe zur Konkretisierung der Anforderungen aus § 5 Abs. 1 Nr. 1 und 2 BImSchG sowie § 22 BImSchG. Ausgenommen von der Richtlinie sind besondere Nutzungen, das heißt solche, die gegenüber Erschütterungseinwirkung besonders empfindlich sind (zum Beispiel innerhalb von Arbeitsstätten mit Elektronenmikroskopen).[138]

9 Baurecht

Da die Immissionsschutzbehörde das Genehmigungsverfahren für eine genehmi- 107
gungsbedürftige Anlage nach dem BImSchG bei sich konzentriert und es deshalb

---

132 https://www.karlsruhe.ihk.de/innovation/umwelt/Immissionen/Umsetzung_der_EU_Industrieemissionsrichtlinie_IED_in_deutsches_/Umsetzung_der_EU_Industrieemissionsrichtlinie_IED_in_deutsches/2466444?view=mobile.

133 *Jarass*, BImSchG, § 3 Rn 6; BT-Drucks. 16/12276, S. 8. Licht(-strahlung) wird dagegen von der Immissionsdefinition in § 3 Abs. 2 BImSchG eigenständig erfasst.

134 *Jarass*, BImSchG, § 3 Rn 6; Landmann/Rohmer/*Thiel*, Umweltrecht, § 3 BImSchG Rn 67.

135 Verordnung über elektromagnetische Felder (26. BImSchV) v. 14.8.2013 (BGBl. I S. 3266).

136 *Jarass*, BImSchG, § 3 Rn 6.

137 *LAI*, Erschütterungs-Leitlinie.

138 Geltungsbereich der Erschütterungs-Leitlinie.

keines eigenständigen Baugenehmigungsverfahrens bedarf,[139] muss die Behörde aber bei der Erteilung der Genehmigung auch die gesamten **baurechtlichen Vorschriften prüfen und beachten.**

108 Dies gilt sowohl für bauplanungsrechtliche[140] als auch für bauordnungsrechtliche[141] Aspekte. Während das Bauplanungsrecht die Voraussetzungen dafür schafft, welche Flächen überhaupt bebaut werden dürfen, regelt das Bauordnungsrecht hingegen „nur" noch wie gebaut werden darf.

10 Bauplanungsrecht

109 Das Bauplanungsrecht obliegt den Städten und Gemeinden.[142] Sie sind dafür verantwortlich, wie und in welchem Umfang die Flächen genutzt werden. Dabei gibt es drei Möglichkeiten:

1. **Bebauungsplangebiet**: In einem Bebauungsplangebiet liegt für das entsprechende Gebiet ein qualifizierter Bebauungsplan (im Sinne von § 30 Abs. 1 BauGB)[143] vor. Die baurechtliche Zulassung einer Anlage ist in diesem Fall gegeben, wenn die Anlage den Festsetzungen des Bebauungsplans entspricht.[144]
2. **Unbeplanter Innenbereich**: Die Zulässigkeit einer Anlage im Innenbereich, für den kein Bebauungsplan aufgestellt wurde, richtet sich nach § 34 BauGB.[145] Dort heißt es:

   > „Innerhalb der im Zusammenhang bebauten Ortsteile ist ein Vorhaben zulässig, wenn es sich nach **Art und Maß der baulichen Nutzung**, der Bauweise und der Grundstücksfläche, die überbaut werden soll, in die **Eigenart** der näheren Umgebung einfügt und die Erschließung gesichert ist."
   >
   > [Hervorh. d. d. Verf.]

3. **Außenbereich**: Zum Außenbereich gehören alle Flächen, die nicht im Innenbereich liegen und für die kein qualifizierter Bebauungsplan existiert.[146] Das Bauen im Außenbereich ist äußerst sensibel.[147] Entsprechend hoch sind die Zulassungsvoraussetzungen für bestimmte Vorhaben. Allerdings gibt es eine Reihe von Anlagen, zum Beispiel landwirtschaftliche Betriebe, die hauptsächlich im

139 Rn 121 ff.
140 Rn 109 ff.
141 Rn 120 ff.
142 Stüer/*Stüer*, Bau- und Fachplanungsrecht, Rn 3.
143 Battis/Krautzberger/Löhr/*Mitschang*, BauGB, § 30 Rn 1 ff.
144 Wortlaut des § 30 Abs. 1 BauGB.
145 Battis/Krautzberger/Löhr/*Mitschang/Reidt*, BauGB, § 34 Rn 1.
146 Battis/Krautzberger/Löhr/*Mitschang/Reidt*, BauGB, § 35 Rn 2.
147 Nach dem gesetzgeberischen Willen soll der Außenbereich grundsätzlich „von nicht funktionsgerechter" Bebauung frei gehalten werden, BT-Drucks. 13/6392, S. 58.

Außenbereich betrieben werden können.[148] Für solche sogenannten privilegierten Vorhaben sind die Voraussetzungen gegenüber anderen Nutzungen abgesenkt.[149] Während bei letzteren öffentliche Belange der Zulassung des Vorhabens lediglich nicht entgegenstehen dürfen, dürfen die öffentlichen Belange bei nicht privilegierten Vorhaben nicht beeinträchtigt werden.[150]

Die Städte und Gemeinden können unabhängig von der oben genannten Einordnung 110
der Flächen[151] bestimmte Gebiete, die einen ähnlichen Charakter aufweisen, festlegen. Vorgaben hierzu setzt die BauNVO. Danach gibt es beispielsweise die **klassische Einteilung der Gebiete** in Gewerbe- (§ 8 BauNVO) und Industriegebiete (§ 9 BauNVO) einerseits und reine bzw. allgemeine Wohngebiete (§§ 3, 4 BauNVO) und Dorfgebiete (§ 5 BauNVO) auf der anderen Seite. Diese Festsetzung ist sowohl für die baurechtlichen Zulassungsvoraussetzungen als auch für die immissionsschutzrechtliche oder naturschutzrechtliche Bewertung von Anlagenvorhaben erheblich. Denn der Charakter eines Gebietes entscheidet über die Erheblichkeitsschwelle von Immissionen, Emissionen oder Eingriffen in die Natur.[152] Naturgemäß ist Lärm in einem Industriegebiet weniger störend und gesundheitsgefährdend als in einem Wohngebiet.

Nun können diese Gebiete aber nicht immer trennscharf voneinander getrennt 111
werden, oftmals gehen **verschiedene Gebietsformen** auch ineinander über. In dieser Situation kann nicht jede Gebietsform den ihr zustehenden Schutz beanspruchen, sondern ein möglicher Konflikt muss anhand des Gebots der Rücksichtnahme gelöst werden.[153] Danach muss im Einzelfall sorgfältig geprüft und abgewogen werden, nach welchen Kriterien die Erheblichkeitsschwelle festgelegt wird. Dabei sind beide Parteien verpflichtet, auf die Belange des anderen Gebietes Rücksicht zu nehmen. In der Praxis wird häufig ein Mittelwert gebildet, der dann für diesen Einzelfall maßgeblich ist.[154]

---

148 Ernst/Zinkahn/Bielenberg/Krautzberger/*Söfker*, BauGB, § 35 Rn 3. Vgl. auch den Wortlaut des § 35 Abs. 1 Nr. 4 BauGB.

149 Der Grund für die Privilegierung gem. § 35 Abs. 1 BauGB ist, dass es sich dabei um Vorhaben handelt, die typischerweise nur im Außenbereich errichtet werden können.

150 Vgl. den Wortlaut von § 34 Abs. 1 und Abs. 2 BauGB.

151 Rn 109.

152 Vgl. die Zwecksetzungen der einzelnen Baugebiete im ersten Absatz der §§ 2 bis 12 BauNVO. Ernst/Zinkahn/Bielenberg/Krautzberger/*Söfker*, BauGB, § 1 Rn 2 bzgl. der unterschiedlichen Schutzwürdigkeit im Hinblick auf Immissionen.

153 Zum Begriff Ernst/Zinkahn/Bielenberg/Krautzberger/*Söfker*, BauGB, § 15 Rn 20a.

154 König/Roeser/Stock/*Roeser*, BauNVO, Rn 31.

11 Bauordnungsrecht

112 Neben den bauplanungsrechtlichen Vorgaben müssen im Rahmen des immissionsschutzrechtlichen Genehmigungsverfahrens auch die bauordnungsrechtlichen Vorgaben von der Behörde geprüft werden.[155] Hierzu gehört beispielsweise
- die Prüfung der zulässigen Abstandsflächen,
- die Einhaltung der Vorgaben für den Brandschutz,
- die Verkehrssicherheit der Anlage etc.

Hier gelten die jeweiligen Bauordnungen der Länder.[156]

12 Naturschutzrecht

113 Wie bereits angemerkt,[157] zählt auch das Naturschutzrecht zu den regelmäßig relevanten öffentlich-rechtlichen Vorschriften, die bei der Genehmigungserteilung nach § 6 Abs. 1 Nr. 2 BImSchG beachtet werden müssen.[158]

114 Gemäß § 4 Abs. 2 S. 1 der 9. BImSchV[159] muss der Genehmigungsantrag entsprechende Unterlagen enthalten, wenn Vorschriften über den Naturschutz und die Landschaftspflege zu prüfen sind. Der Anwendungsbereich der Vorschriften ist dann eröffnet, wenn es sich um raumbeanspruchende Vorhaben handelt.[160] In den erforderlichen Unterlagen sollen auch die konkreten Maßnahmen dargelegt werden, die zur Förderung des Naturschutzes beitragen bzw. erläutert werden, warum die naturschutzrechtlichen Schutzgüter im Einzelfall zurücktreten.[161] Zentral für die rechtliche Beurteilung sind das Bundesnaturschutzgesetz (BNatSchG)[162] sowie die entsprechenden landesrechtlichen Bestimmungen.

115 Welche Normen konkret zu prüfen sind, hängt naturgemäß wiederum von dem Charakter des Gebietes ab, indem das Vorhaben erfolgen soll.

116 Sobald sich die **Anlage im Außenbereich** befindet, liegt darin ein Eingriff in Natur und Landschaft im Sinne des § 14 BNatSchG.[163] Deswegen muss die immissionsrechtliche Genehmigung versagt werden, wenn dieser Eingriff zu einer unausweichlichen Beeinträchtigung von Natur und Landschaft führt, die auch nicht in angemessener Zeit ausgeglichen oder ersetzt werden kann und die naturschutzrechtlichen

---

155 *Jarass*, BImSchG, § 6 Rn 38.

156 Landmann/Rohmer/*Dietlein*, Umweltrecht, § 6 Rn 38.

157 Rn 28 ff.

158 *Jarass*, BImSchG, § 6 Rn 29.

159 Verordnung über das Genehmigungsverfahren (9. BImSchV) v. 9.5.1992 (BGBl. I S. 1001), zuletzt geändert durch Verordnung v. 28.4.2015 (BGBl. I S. 670).

160 *Feldhaus*, 9. BImSchV, § 4 Rn 4. Vgl. auch die Definition zu „raumbedeutsamen Planung und Maßnahmen" in § 3 Nr. 6 ROG.

161 Vgl. den Wortlaut in § 4 Abs. 2 S. 2 der 9. BImSchV.

162 Bundesnaturschutzgesetz (BNatSchG) v. 29.7.2009 (BGBl. I S. 2542), zuletzt geändert durch Verordnung v. 31.8.2015 (BGBl. I S. 1474).

163 *Jarass*, BImSchG, § 6 Rn 29.

Belange überwiegen.[164] Ausgeschlossen von der Regelung sind dagegen Anlagen im Innenbereich und solche die im Geltungsbereich eines qualifizierten Bebauungsplans liegen (§ 18 Abs. 2 BNatSchG).[165]

Handelt es sich bei dem von der Anlage betroffenen Gebiet um ein **Natura-2000-Gebiet**[166] und liegt kein qualifizierter Bebauungsplan vor, muss zusätzlich § 34 BNatSchG beachtet werden.[167] Damit gilt die Norm auch für Vorhaben im (unbeplanten) Innenbereich.[168] Eine genehmigungsbedürftige Anlage stellt in diesem Zusammenhang ein „Projekt" im Sinne der Vorschrift dar.[169] Das **Projekt** muss auf seine Verträglichkeit mit den Erhaltungszielen des Natura-2000-Gebietes und auf eine mögliche Beeinträchtigung des Gebietes überprüft werden.[170] Auch wenn ein Vorhaben danach unzulässig wäre, sieht § 34 Abs. 3 BNatSchG unter zwei Voraussetzungen eine Ausnahme vor: Das Projekt darf dann trotzdem *„durchgeführt werden, soweit es* 117

1. aus zwingenden Gründen des überwiegenden öffentlichen Interesses, einschließlich solcher sozialer oder wirtschaftlicher Art, notwendig ist und
2. zumutbare Alternativen, den mit dem Projekt verfolgten Zweck an anderer Stelle ohne oder mit geringeren Beeinträchtigungen zu erreichen, nicht gegeben sind."

Neben einer Abgrenzung nach dem Vorhabensgebiet, kann die Anwendung von Normen des BNatSchG auch von den betroffenen Tier- und Pflanzenarten abhängig sein. Während ein **allgemeiner Artenschutz** durch §§ 13 ff. BNatSchG geregelt wird, genießen die in § 44 BNatSchG aufgelisteten Tier- und Pflanzenarten besonderen Schutz vor Beeinträchtigungen. Privilegiert werden wiederum Vorhaben im Innenbereich oder im Geltungsbereich eines Bebauungsplans (§ 44 Abs. 5 S. 1 BNatSchG i.V.m. § 18 Abs. 2 S. 1 BNatSchG). Von den in der Norm enthaltenen Verboten können die nach Landesrecht zuständigen Behörden oder das Bundesamt für Naturschutz[171] Ausnahmen erlassen (§ 45 Abs. 7 BNatSchG) oder Befreiungen gewähren (§ 67 Abs. 2 BNatSchG). Die Annahme der Behörde, dass die Voraussetzungen für eine Ausnahme erfüllt sind, kann gerichtlich überprüft werden. Kommt das Gericht zu einer gegenteiligen Ansicht und damit zur Rechtswidrigkeit des Vorhabens, kann nur noch die 118

164 Vgl. den Wortlaut zu § 15 Abs. 5 BNatSchG. VGH Baden-Württemberg, Beschl. v. 14.11.1991 – 10 S 1143/90 – NVwZ 1992, 998; *Jarass*, BImSchG, § 6 Rn 30.
165 *Jarass*, BImSchG, § 6 Rn 30.
166 Schutzgebiete i.S.d. Fauna-Flora-Habitat-Richtlinie (RL 92/43/EWG) v. 21.5.1992 (ABl EG Nr. L 206 S. 7) und i.S.d. Vogelschutz-Richtlinie (RL 79/409/EWG) v. 2.4.1979 (ABl EG Nr. L 103 S. 1).
167 *Jarass*, BImSchG, § 6 Rn 29. Vgl. auch den Wortlaut des § 34 Abs. 8 BNatSchG.
168 *Meßerschmidt*, BNatSchG, § 24 Rn 254.
169 Landmann/Rohmer/*Dietlein*, Umweltrecht, § 6 BImSchG Rn 46.
170 Vgl. den Wortlaut des § 34 Abs. 1 S. 1 BNatSchG.
171 https://www.bfn.de/.

Erteilung einer Befreiung das Vorhaben retten.[172] Eine **Befreiung** setzt zunächst gem. § 67 Abs. 1 BNatSchG einen Antrag durch den Vorhabensträger voraus. Sie darf aber nur erteilt werden, wenn die Einhaltung der Vorschriften im Einzelfall unzumutbar ist und kann im Einzelfall auch mit Nebenbestimmungen versehen werden (§ 67 Abs. 2, Abs. 3 S. 1 BNatSchG). Um das gerichtliche Risiko zu umgehen, kann die Behörde neben der Ausnahme hilfsweise eine Befreiung erlassen.[173]

119 Schließlich müssen auch die Vorschriften zu **bestimmten Teilen von Natur und Landschaft**, wie zum Beispiel Schutzgebiete (§§ 23 bis 27 BNatSchG) und Naturdenkmäler (§ 28 BNatSchG), im BNatSchG bei der Planung und Errichtung genehmigungspflichtiger Anlagen besonders berücksichtigt werden, was das Verfahren auf Erteilung von immissionsschutzrechtlichen Genehmigungen teilweise erheblich verzögern kann.[174]

13 Störfallrecht

120 In Umsetzung der sogenannten Seveso-II-Richtlinie 96/82/EG,[175] die 2003 überformt wurde,[176] ordnet die 12. BImSchV[177] **besondere Sicherheitsanforderungen für Anlagen** an, in denen Unfälle besonders gefährliche Auswirkungen nach sich ziehen können. Anders als in ihren Anfangstagen[178] gilt die 12. BImSchV heute nicht mehr nur für genehmigungsbedürftige Anlagen, sondern für alle Betriebsbereiche (§ 3 Abs. 5a BImSchG),[179] in denen die in Anh. 1 und Anh. 7 der 12. BImSchV aufgeführten gefährlichen Stoffe (§ 2 Nr. 1 der 12. BImSchV) vorgehalten oder verwandt werden.

121 Ist die **Störfallverordnung (12. BImSchV)** anwendbar, so sind hiermit bereits vor Inbetriebnahme **Betreiberpflichten** verbunden. Insbesondere hat der Betreiber gem. § 8 Abs. 1 der 12. BImSchV vor Inbetriebnahme ein schriftliches Konzept zur Störfallverhinderung auszuarbeiten.[180] Die hierfür geltenden Grundsätze sind in Anh. III der 12. BImSchV aufgeführt. Sofern ein Betriebsbereich gefährliche Stoffe in Mengen oberhalb der in Anh. 1 Sp. 5 genannten **Mengenschwellen** enthält (§ 1 Abs. 1 S. 2 der

---

172 Hoppenberg/de Witt/*de Witt* Handbuch des öffentlichen Baurechts, Z III Rn 82, detailliert zur beschränkten gerichtlichen Überprüfbarkeit Rn 88 ff.

173 Hoppenberg/de Witt/*de Witt* Handbuch des öffentlichen Baurechts, Z III Rn 82.

174 *Jarass* BImSchG, § 6 Rn 30.

175 Richtlinie des Rates zur Beherrschung der Gefahren bei schweren Unfällen mit gefährlichen Stoffen (Seveso-II-Richtlinie – RL 96/82/EG) v. 9.12.1996 (ABl EG Nr. L 10 S. 13).

176 Durch RL 2003/105/EG v. 16.12.2003 (ABl EG Nr. L 345 S. 97), die auch eine Änderung der 12. BImSchV zur Folge hatte.

177 Störfall-Verordnung (12. BImSchV) v. 8.6.2005 (BGBl. I S. 1598), zuletzt geändert durch Verordnung v. 31.8.2015 (BGBl. I S. 1474).

178 Störfall-Verordnung (12. BImSchV) v. 27.6.1980 (BGBl. I S. 772), aufgehoben durch Verordnung v. 26.4.2000 (BGBl. I S. 603).

179 Landmann/Rohmer/*Hansmann*, Umweltrecht, 12. BImSchV, Vorbemerkung Rn 21.

180 Umsetzung des Art. 7 RL 96/82/EG, vgl. BR- Drucks. 75/00, S. 70.

12. BImSchV), muss er darüber hinaus gem. § 9 der 12. BImSchV einen **Sicherheitsbericht** erstellen, der neben dem genannten Konzept auch die Störfallgefahr ermittelt, inklusive aller erforderlichen Maßnahmen zu deren Verhinderung und zu deren Begrenzung – sollte es doch zum Störfall kommen – Angaben zu den betroffenen Betriebsbereichen, Alarm- und Gefahrenabwehrpläne und alle Informationen, die es der Behörde erlauben sollen, über die Ansiedlung oder andere Entwicklungen in der Nachbarschaft zu entscheiden, enthalten sollen.

Dieser Sicherheitsbericht muss vor Inbetriebnahme innerhalb einer angemesse- 122
nen, behördlichen Frist vom Betreiber vorgelegt werden.[181]

III Genehmigungsvoraussetzungen nicht genehmigungsbedürftiger Anlagen

Doch auch für Anlagen, die selbst immissionsschutzrechtlich nicht genehmigungs- 123
bedürftig sind, wirkt sich das Immissionsschutzrecht im – regelmäßig bauordnungsrechtlichen – Genehmigungsverfahren aus. Denn das Immissionsschutzrecht ist unabhängig von der Genehmigungsbedürftigkeit nach der 4. BImSchV anwendbar und enthält in den §§ 22 ff. BImSchG eigenständige Pflichten für die Betreiber dieser Anlagen, welche insbesondere die Grundpflicht trifft, die Anlage so zu betreiben, dass schädliche Umwelteinwirkungen verhindert werden, die nach dem Stand der Technik vermeidbar sind, und die nicht vermeidbaren Umwelteinwirkungen nach Möglichkeit zu beschränken sowie Abfälle ordnungsgemäß zu beseitigen. Anders als bei genehmigungsbedürftigen Anlagen gilt hier jedoch **keine Vorsorgepflicht**. Dies trägt der geringeren Bedeutung der Umweltauswirkungen dieser Anlagen Rechnung.

Für nicht genehmigungsbedürftige Anlagen gelten **spezifische Anforderun-** 124
gen, welche insbesondere in der 1. BImSchV niedergelegt sind. Zudem muss auch für diese Anlagen nach Maßgabe des § 53 BImSchG ein **Immissionsschutzbeauftragter** bestellt werden. Weiter ist gem. § 58a ff. BImSchG ein **Störfallbeauftragter** vorgesehen.

IV Genehmigungsverfahren

Das Genehmigungsverfahren unterscheidet sich je **nach Größe und Bedeutung der** 125
Anlage. Dabei wird nicht individuell differenziert. Vielmehr ergibt sich die Differenzierung aus dem Anh. 1 zur 4. BImSchV.[182] Grundsätzlich zu unterscheiden sind

181 Was angemessen ist, hängt vom Einzelfall ab, BR-Drucks. 75/00, S. 71.
182 Rn 126 ff.

hiernach das förmliche[183] und das vereinfachte[184] Verfahren. Eine gerade für große Verfahren sinnvolle Abschichtung bieten Teilgenehmigung und Vorbescheid sowie die Zulassung des vorzeitigen Beginns.[185]

1 Differenzierung: Welche Verfahrensarten kennt das Immissionsschutzrecht?

a) Förmliches und vereinfachtes Verfahren

126 Beim immissionsschutzrechtlichen Genehmigungsverfahren ist zu unterscheiden zwischen dem förmlichen Verfahren nach § 10 BImSchG und dem vereinfachten Verfahren nach § 19 BImSchG. Dabei ist das **förmliche Verfahren** insbesondere durch die umfangreiche Beteiligung Dritter gekennzeichnet, während das **vereinfachte Verfahren** in aller Regel lediglich innerhalb der Behörde stattfindet. Für welche Anlagen das förmliche Verfahren vorgeschrieben ist, regelt die 4. BImSchV.[186] Hiernach ist bei der Prüfung, welches Verfahren für ein Vorhaben gilt, folgendermaßen vorzugehen:

- Ist der betroffene Anlagentyp überhaupt genannt?
- Sind – unter Beachtung sämtlicher Aggregationen – die maßgeblichen Schwellenwerte überschritten?

127 Die zutreffende **Verfahrensart** ergibt sich sodann aus der Spalte „Verfahrensart“, in der entweder der Buchstabe G (für Genehmigungsverfahren) oder der Buchstabe V (für vereinfachtes Verfahren) eingetragen ist (Tabelle im Anh. 1 der 4. BImSchV).

128 Besonderheiten ergeben sich bei Gesamtanlagen, die sich aus mehreren Anlagen, von denen eine mit V und eine andere mit G gekennzeichnet ist, zusammensetzen. Hier ist für die gesamte Anlage das förmliche Genehmigungsverfahren anzuwenden (§ 2 Abs. 1 Nr. 1b der 4. BImSchV).

Beispiel
Ein Vorhaben setzt sich aus einem HKW mit 20 MW FWL (Nr. 1.2.2.1) und einer Arzneimittelfabrik (Nr. 4.1.1.9) zusammen. Für das HKW gilt an sich das vereinfachte Verfahren. Für die Arzneimittelfabrik das förmliche Verfahren. Wegen der Verklammerung zu einer Gesamtanlage ist für das Vorhaben insgesamt das förmliche Verfahren anzuwenden, also zum Beispiel auch die Unterlagen für das HKW öffentlich auszulegen.

---

129 Darüber hinaus ist auch bei den (seltenen) mit „V“ gekennzeichneten Anlagen, die einer Umweltverträglichkeitsprüfung (UVP) nach dem Umweltverträglichkeitsprü-

183 Rn 136 ff.
184 Rn 174 f.
185 Rn 176 ff.
186 Vgl. Rn 8.

fungsgesetz (UVPG)[187] unterliegen, ein förmliches Genehmigungsverfahren durchzuführen (§ 2 Abs. 1 Nr. 1c der 4. BImSchV).

b) Neugenehmigung und Änderungsgenehmigung

Zu unterscheiden ist weiter zwischen dem Verfahren auf Erteilung einer neuen 130
Genehmigung und einem Verfahren, das sich auf die **wesentliche Änderung einer bereits bestehenden Genehmigung** bezieht.[188] Die Unterscheidung kann im Einzelfall Schwierigkeiten aufwerfen.[189] Denn immer dann, wenn nicht ein gänzlich neuer Standort erschlossen wird, steht die Erteilung einer Genehmigung als wesentliche Änderung einer bestehenden Anlage nach § 16 BlmSchG im Raum.[190] Dies betrifft auch Vorhaben, die technisch selbständig sind, und mit dem bereits vorhandenen Bestand nur den Betreiber und den Standort teilen. So entspricht es gängiger Praxis, ganze industrielle Standorte, welche beispielsweise aus einer Energieerzeugungsanlage und einer von dieser belieferten industriellen Produktionsanlage zusammengesetzt sind, unter dem Dach einer Genehmigung zusammenzuführen. Gesellen sich nach Erteilung der erstmaligen Genehmigung und deren Ausnutzung durch Errichtung und Betrieb weitere, ebenso selbständige Anlagenteile hinzu, so ist es weitgehend Usus, auch dann Änderungsgenehmigungen zu erlassen, wenn dies nicht zwingend erfolgen muss, beispielsweise wegen der gemeinsamen Überschreitung von Grenzwerten (§ 1 Abs. 3 der 4. BlmSchV).[191]

In der Vergangenheit war dies wegen der an sich identischen **Rechtswirkungen** 131
von Änderungs- wie Neugenehmigung keine Frage, auf der der besondere Augenmerk des Vorhabenträgers lag. Da Gegenstand eines Verfahrens auf Änderung einer Anlage stets nur die Anlagenteile und Verfahrensschritte sind, die entweder geändert werden oder auf die sich die Änderung auswirkt, musste der Vorhabenträger auch nicht befürchten, dass er durch den Antrag auf Genehmigung eines Vorhabens als wesentliche Änderung den bestandskräftig genehmigten, vorhandenen Anlagenbestand noch einmal zum Gegenstand des Verfahrens, dabei auch insbesondere der Möglichkeit von Drittanfechtungen, macht.

Geändert hat sich diese Sicht zumindest teilweise mit Inkrafttreten des Emissi- 132
onshandels im Jahre 2005. Denn bei zeitlich nahe zusammenfallenden Stilllegungen einzelner Anlagenteile und der darauf folgenden Ersetzung durch wesentliche Ände-

---

187 Umweltverträglichkeitsprüfungsgesetz (UVPG) v. 24.2.2010 (BGBl. I S. 94), zuletzt geändert durch Verordnung v. 31.8.2015 (BGBl. I S. 1474).

188 Landmann/Rohmer/*Reidt/Schiller*, Umweltrecht, § 16 BImSchG Rn 32.

189 Vgl. z.B. BVerwG, Beschl. v. 9.4.2008 – 7 B 2.08 – NVwZ 2008, 789 ff.; Bayerisches VGH, Urt. v. 23.11.2006 – 22 BV 06.2223 – NVwZ-RR 2007, 382, 384.

190 Anderenfalls liegt eine Neuerrichtung i.S.v. § 4 BImSchG vor, *Jarass*, BImSchG, § 16 Rn 6a.

191 Vgl. dazu auch Landmann/Rohmer/*Hansmann/Röckinghausen*, Umweltrecht, § 1 der 4. BImSchV Rn 22, 32.

rungen in Form neuer technisch selbständiger Anlagenteile, saldiert die Deutsche Emissionshandelsstelle (DEHSt)[192] die Kapazitäten dieser Anlagen dahingehend, dass eine denkbare Kapazitätserweiterung nicht dem vollen Umfang der neu errichteten Teile umfasst, sondern nur denjenigen Teil, der über die Kapazität der stillgelegten Teile hinausragt.[193] Dies wurde in Form deutlich niedrigerer Zuteilungen als für selbständige Neuanlagen insbesondere dann zum wirtschaftlichen Problem, wenn Anlagenbetreiber wenig genutzte, weil ineffiziente, Altanlagen durch Neuanlagen ausgetauscht haben.

133 Durch die Neuregelungen für die 3. Handelsperiode (§ 7 Abs. 2 Nr. 3 TEHG)[194] hat diese Konstellation deutlich an Brisanz verloren. Denn gegenwärtig werden **Kapazitätsänderungen** ohnehin nicht mehr an ihrer technischen Leistungsfähigkeit, sondern an der tatsächlichen Auskoppelung des Produkts gemessen, wenn es an die Zuteilung geht. Gleichwohl ist es auch heute noch tendenziell günstiger, einen selbständigen neuen Anlagenteil, sofern gem. der 4. BImSchV rechtlich möglich, isoliert gem. § 4 BImSchG genehmigen zu lassen, um in voller Höhe in den Genuss der Zuteilungsregelungen für neue Marktteilnehmer zu kommen.

134 Der Emissionshandel[195] verkehrt zudem ein früher bestehendes Vorrangverhältnis in sein Gegenteil: Bis 2005 war es aus Sicht von Anlagenbetreibern vorzugswürdig, in einem unkomplizierten Anzeigeverfahren gem. § 15 BImSchG Änderungen schlicht anzuzeigen und nicht das ganze, teilweise sehr aufwendige Prüfungsprogramm des § 16 BImSchG zu durchlaufen. Bedingt durch die Regelungen des Emissionshandels schadet dies dem Anlagenbetreiber jedoch heute möglicherweise wirtschaftlich empfindlich. Denn nur angezeigte, nicht genehmigte Änderungen sind bei der Zuteilung von Emissionsberechtigungen benachteiligt. Nur dann, wenn der Anlagenbetreiber auf eine alte Vorratsgenehmigung oder ähnliches verweisen kann, kann der Anlagenbetreiber eine Mehrzuteilung geltend machen, die er für geplante Mehrproduktionen schließlich auch braucht. Hier ist im Einzelfall jeweils zu überlegen, ob der vermeintliche Aufwandsvermeidungsvorteil vor der Bauphase den Nachteil eines möglicherweise eintretenden Anspruchsverlusts wirtschaftlich aufwiegt.

135 Hinzu tritt, dass die **Vorteile einer Legalisierung durch Änderungsanzeige** gem. § 15 BImSchG weithin überschätzt werden. Allein der Umstand, dass die Behörde auf die Anzeige des Vorhabenträgers hin feststellt, dass eine Genehmigung nicht erforderlich ist, bedeutet nämlich nicht, dass sie die Genehmigungsfähigkeit des Vorhabens rechtswirksam bestätigt.[196] Der Anlagenbetreiber hat also weniger Sicherheit

---

192 http://www.dehst.de/.

193 Vgl. Leitfaden der DEHSt über die Zuteilungsregeln für neue Marktteilnehmer, abufbar unter http://www.dehst.de/SharedDocs/Downloads/DE/Zuteilung_2013-2020/Leitfaden-5.pdf?__blob=publicationFile.

194 Vom 1.1.2013 bis 31.12.2020.

195 Vgl. Rn 193 ff.

196 *Jarass*, BImSchG, § 15 Rn 40.

über die Zulässigkeit seines Vorhabens, als bei Erlass einer Genehmigung mit entsprechenden Genehmigungswirkungen. Gerade in technisch komplexen Beständen oder bei lokal umstrittenen Vorhaben empfiehlt es sich daher, die Möglichkeit des § 16 Abs. 4 BImSchG zu nutzen und auch bei einem an sich nur anzeigebedürftigen Vorhaben ein Genehmigungsverfahren durchführen zu lassen. Das Mehr an Aufwand wird vielfach durch ein Mehr an Sicherheit aufgewogen.[197]

2 Förmliches Genehmigungsverfahren

Schon in der Planungsphase eines Vorhabens, für das das förmliche Verfahren gilt, 136
sollte der Kontakt zur Behörde gesucht werden,[198] um die Antragstellung ohne Zeitverzug in die richtigen Bahnen zu lenken.[199] Sensibel wegen der hohen Fehleranfälligkeit ist das eigentliche Genehmigungsverfahren,[200] an deren Ende – im Erfolgsfalle – die Erteilung der Genehmigung steht.[201]

a) Vorbereitung/Planung

„Je besser die Planung, desto erfolgreicher der Abschluss": Dieses Motto gilt im 137
immissionsschutzrechtlichen Genehmigungsverfahren mehr denn je. Denn bereits an dieser Stelle werden die Weichen für das künftige Verfahren gestellt. Je genauer und sorgfältiger man in der **Planungsphase** agiert, desto reibungsloser und schneller wird das Genehmigungsverfahren insgesamt ablaufen.

So sollte man bereits bei der Entscheidung, eine bestimmte Anlage zu errichten 138
oder wesentlich zu ändern, die **Behörde** von dem geplanten Vorhaben informieren und in die Beratungen einbeziehen. Denn der Behörde kommt im Rahmen des gesetzlich vorgeschriebenen Verfahrens nicht nur eine **Prüffunktion**, sondern auch und gerade eine **Beratungsfunktion** zu (§ 2 Abs. 2 der 9. BImSchV).[202] Damit wird sichergestellt, dass etwaige Probleme oder Rechtsunsicherheiten frühzeitig aufgedeckt und einer Lösung zugeführt werden können.

Gemeinsam mit der Behörde sollte daher zunächst erörtert werden, welche 139
Belange für die Beurteilung des Vorhabens von Bedeutung sind. Dabei ist vor allem auf die Belange des Immissionsschutzes, des Brand- und Arbeitsschutzes sowie der Abfallvermeidung ein besonderes Augenmerk zu legen. Auch die bauplanungsrechtliche Zulässigkeit des Vorhabens spielt für die Beurteilung des Vorhabens eine wesentliche Rolle. Standortspezifische Probleme wie die Nachbarschaftsstruktur

197 Landmann/Rohmer/*Reidt/Schiller*, Umweltrecht, § 16 BImSchG Rn 150.
198 Rn 137 ff.
199 Rn 143 ff.
200 Rn 161 ff.
201 Rn 168 ff.
202 BeckOK/*Schack*, UmweltR, § 10 BImSchG Rn 10.

(§ 2 Abs. 2 Nr. 2 der 9. BImSchV), die Verkehrsinfrastruktur und naturschutzrechtliche Belange sind dabei entscheidend. In diesem Zusammenhang ist es auch hilfreich, wenn bereits zu diesem Zeitpunkt Informationen über die zu erwartenden Umweltauswirkungen der Anlage, wie etwa die voraussichtlichen Emissionen, die Schadstoffe oder die Lärmauswirkungen, ausgetauscht werden.[203]

140 Im Einzelfall kann mit der Behörde erörtert werden, inwieweit es erforderlich ist, zur Prüfung bestimmter Genehmigungsvoraussetzungen ein Sachverständigengutachten einzuholen (§ 2 Abs. 2 Nr. 3 der 9. BImSchV, § 13 Abs. 3 der 9. BImSchV). Vorteil der frühzeitigen Abstimmung mit der Behörde ist, dass dieses Gutachten bei der späteren Prüfung ohne weiteres von der Behörde akzeptiert und angewendet wird. Privat und unabhängig von der Behörde in Auftrag gegebene Gutachten misst die Behörde dagegen geringeren Beweiswert zu.

141 Ziel ist es, die tatsächlichen und rechtlichen Aspekte so umfangreich zusammenzutragen, dass eine möglichst verbindliche Beratung der Behörde stattfinden kann.[204] Dabei bezieht sich die Beratung sowohl auf rechtliche Zulassungserfordernisse als auch auf den Umfang der vorzulegenden Antragsunterlagen (§ 2 Abs. 2 Nr. 1 der 9. BImSchV). Der Träger des Vorhabens sollte danach abschätzen können, welche Bedingungen und Auflagen auf ihn zukommen.

142 Bei besonders großen und umfangreichen Vorhaben ist ein **Projektmanager** zur besseren Koordinierung mit der Behörde üblich (§ 2 Abs. 2 Nr. 5 der 9. BImSchV). Unabhängig davon muss auch der Träger des Vorhabens entscheiden, ob er selbst über die fachliche Kompetenz zur Erstellung der umfangreichen Antragsunterlagen verfügt oder hierfür ein **Planungsbüro** einschaltet. Diese Entscheidung wird maßgeblich davon abhängen, welche Größenordnung das entsprechende Projekt besitzt.

b) Antragstellung

143 Die Phase der Vorbereitung wird mit der **notwendigen schriftlichen Antragstellung** beendet. § 10 BImSchG und §§ 2 ff. der 9. BImSchV legen den Mindestumfang der einzureichenden Unterlagen und notwendig anzugebenen Informationen fest.[205] Dabei können aber in den einzelnen Bundesländern aufgrund interner Verwaltungsvorschriften weitere Unterlagen angefordert werden (zum Beispiel Bauvorlagen, topographische Karten etc.).[206] Üblich ist die Verwendung von Formblättern.

203 Landmann/Rohmer/*Dietlein*, Umweltrecht, § 10 BImSchG Rn 36.

204 Tatsächlich verbindlich ist am Ende aber nur ein Vorbescheid gem. § 9 BImSchG. Vgl. auch BeckOK/*Schack*, UmweltR, § 10 BImSchG Rn 10.

205 Insb. § 3 Nr. 1 bis 4 der 9. BImSchV; Landmann/Rohmer/*Kutscheidt/Dietlein*, Umweltrecht, § 3 der 9. BImSchV Rn 3.

206 Zur Anwendung von Verwaltungsvorschriften der Länder *Jarass*, BImSchG, § 10 Rn 10.

aa) Umfang der Antragsunterlagen

In die Antragstellung sind neben den Fragen des Immissionsschutzes alle für das Genehmigungsverfahren erforderlichen Fragen auch hinsichtlich des Arbeitsschutzes und des technischen Gefahrenschutzes einzubeziehen (§ 4b der 9. BImSchV). Zu den **wesentlichen Antragsunterlagen** gehören dabei insbesondere die Beschreibung des Standortes, des Vorhabens selbst sowie bei Produktionsbetrieben die ausführliche Darlegung des Produktionsverfahrens (§ 4a der 9. BImSchV). Einzureichen ist beispielsweise auch ein bereits vorhandenes Sachverständigengutachten über bestimmte Genehmigungsfragen, insbesondere über Fragen der Luftreinhaltung und Lärmbelästigung. Darüber hinaus muss der Antragsteller auch Angaben zur Behandlung von Abfällen, zur Energieeffizienz oder über den Naturschutz und die Landschaftspflege machen (§§ 4c, 4d sowie 4 Abs. 2 der 9. BImSchV). 144

Zur **Vorbereitung der Öffentlichkeitsbeteiligung** ist der Antragsteller auch verpflichtet, eine allgemein verständliche Kurzbeschreibung der Anlage und die voraussichtlichen Auswirkungen der Anlage auf die Allgemeinheit und insbesondere auf die Nachbarschaft vorzulegen (§ 4 Abs. 3 der 9. BImSchV). 145

bb) Insbesondere: Abgabe des Ausgangszustandsberichts bei IED-Anlagen

Will der Antragsteller eine **IED-Anlage** errichten, so muss er nicht nur bei Ermittlung der relevanten Grenzwerte auf besondere Vorschriften (zum Beispiel 13. BImSchV) achten, sondern auch im Rahmen der Antragstellung einen besonderen, zusätzlichen Bericht – den sogenannten **Ausgangszustandsbericht** (AZB) – abgeben, sofern die Voraussetzungen des § 10 Abs. 1a BImSchG vorliegen. § 10 Abs. 1a BImSchG lautet wie folgt: 146

> „Der Antragsteller, der beabsichtigt, eine Anlage nach der Industrieemissions-Richtlinie zu betreiben, in der relevante **gefährliche Stoffe** verwendet, erzeugt oder freigesetzt werden, hat mit den Unterlagen nach Absatz 1 einen Bericht über den Ausgangszustand vorzulegen, **wenn und soweit eine Verschmutzung** des Bodens oder des Grundwassers auf dem Anlagengrundstück durch die relevanten gefährlichen Stoffe **möglich** ist. Die Möglichkeit einer Verschmutzung des Bodens oder des Grundwassers besteht nicht, wenn auf Grund der tatsächlichen Umstände ein Eintrag ausgeschlossen werden kann.“
>
> [Hervorh. d. d. Verf.]

Der AZB ist demnach immer dann abzugeben, wenn durch den Betrieb der Anlage gefährliche Stoffe eingesetzt werden und aus diesem Grund die Möglichkeit einer Verschmutzung des Bodens oder des Grundwassers besteht. 147

Gefährliche Stoffe sind alle Stoffe, die der europäischen CLP-Verordnung[207] über die Einstufung, Kennzeichnung und Verpackung von Stoffen und Gemischen 148

---

207 CLP-Verordnung (CLP-VO – VO (EG) 1272/2008) v. 16.12.2008 (ABl EU Nr. L 353 S. 1).

(CLP-VO) unterfallen.[208] Dies gilt aber nur dann, wenn der Stoff auch tatsächlich mengenmäßig und qualitativ eine Boden- oder Grundwasserverschmutzung verursachen kann.[209] Nach den Leitlinien der Europäischen Kommission zum Ausgangszustandsbericht[210] können auch Abfälle unter Umständen solche gefährlichen Stoffe sein.

149 Die **Aufstellung eines AZB** hat folgenden Hintergrund: Der Anlagenbetreiber ist nach § 5 Abs. 4 BImSchG verpflichtet, auch nach Stilllegung der Anlage sicherzustellen, dass von dieser keine schädlichen Umweltauswirkungen mehr ausgehen und muss die Wiederherstellung des ordnungsgemäßen Zustandes des Grundstücks gewährleisten. Zur Sicherstellung dieser Rückführungspflicht soll zu einem möglichst frühen Zeitpunkt der Ausgangszustand des Grundstücks im Rahmen der immissionsschutzrechtlichen Genehmigung festgesetzt werden.[211] Dies ist auch für den Anlagenbetreiber von Vorteil. Denn im Nachhinein kann die Behörde keinen anderen Zustand fordern als den bei Genehmigungserteilung festgelegten Zustand. Aus diesem Grund ist der AZB auch keine originäre Genehmigungsvoraussetzung, bei deren Fehlen die Genehmigung versagt wird. Allerdings wird die Inbetriebnahme der Anlage erst dann gestattet, wenn der AZB der zuständigen Behörde vorliegt.[212]

150 Der AZB muss dementsprechend alle relevanten Informationen über die derzeitige Nutzung des Grundstücks, gegebenenfalls dessen früherer Nutzung sowie Informationen über Boden- und Grundwassermessungen enthalten (§ 4a Abs. 4 der 9. BImSchV).

! **Tipp**

Da das Gesetz keine genauen Angaben über den quantitativen und qualitativen Untersuchungsumfang enthält, sollte vorab und möglichst frühzeitig mit der zuständigen Behörde der relevante Prüfungsumfang im Einzelfall abgestimmt werden, um spätere Auseinandersetzungen und Zeitverzögerungen zu verhindern.[213]

---

151 Zur Aufstellung des AZB kann sich der Anlagenbetreiber auch der Hilfe einer **fachkundigen externen Stelle** bedienen.[214]

---

208 Vgl. die Legaldefinition in § 3 Abs. 9 BImSchG.

209 Sog. relevante gefährliche Stoffe i.S.d. § 3 Abs. 10 BImSchG.

210 Leitlinien der Europäischen Kommission zu Berichten über den Ausgangszustand gem. Art. 22 Abs. 2 der RL 2010/75/EU über Industrieemissionen (2014/C 136/03).

211 Sinngemäß auch *Jarass*, BImSchG, § 10 Rn 39a.

212 BR-Drucks. 319/12, S. 146.

213 *Krappel*, ZUR 2014, 202, 207.

214 *Krappel*, ZUR 2014, 202, 207.

Faktisch ergeben sich die **Maßstäbe für den AZB** verhältnismäßig detailliert aus der Arbeitshilfe der Bund/Länder-Arbeitsgemeinschaft Bodenschutz (LABO) vom 7.8.2013.[215] 152

cc) Umweltverträglichkeitsprüfung

Bei einer Reihe von Vorhabentypen ist im Rahmen des Genehmigungsverfahrens eine UVP durchzuführen. Diese betroffenen Vorhaben sind in Anlage 1 des UVPG aufgelistet. Hier wird zwischen solchen Vorhaben unterschieden, bei denen zunächst eine Vorprüfung im Einzelfall stattfindet, und Vorhaben, die in jedem Fall einer UVP-Pflicht unterliegen. Bei den erstgenannten Vorhaben wird zunächst überschlägig überprüft, ob das Vorhaben erhebliche nachteilige Umweltauswirkungen haben kann. Erst wenn die zuständige Behörde diese Möglichkeit bejaht, unterfallen auch diese Vorhaben einer UVP-Pflicht (§ 3c S. 1 und 2 UVPG). 153

Die UVP umfasst die **Ermittlung, Beschreibung und Bewertung** aller Umweltauswirkungen auf die Schutzgüter des Immissionsschutz- und Landschaftsrechts. Anlagenbetreiber solcher UVP-pflichtiger Anlagen sind daher verpflichtet, bei der Antragstellung noch weitergehende Unterlagen bei der Behörde einzureichen, beispielsweise eine Beschreibung der zu erwartenden erheblichen nachteiligen Umweltauswirkungen des Vorhabens sowie der Umwelt und ihrer Bestandteile im Einwirkungsbereich des Vorhabens (§ 6 Abs. 3 UVPG). 154

Die eingereichten Unterlagen werden im Anschluss an diejenigen Behörden weitergereicht, deren Aufgabenbereich umweltbezogen ist und durch das Vorhaben berührt sein könnte. Ihnen ist Gelegenheit zur Stellungnahme zu geben (§ 7 UVPG). Darüber hinaus sind die vom Vorhabenträger eingereichten Unterlagen öffentlich auszulegen. Damit soll jedem potentiell vom Vorhaben Betroffenen die Möglichkeit gegeben werden, Einwendungen gegen das Vorhaben vorzubringen (§ 9 Abs. 1 UVPG i.V.m. § 73 Abs. 3 und 4 VwVfG).[216] 155

Auf Basis der Unterlagen des Antragstellers, der eingeholten Stellungnahmen anderer Behörden und der Einwendungen der betroffenen Öffentlichkeit erarbeitet die zuständige Behörde eine **zusammenfassende Darstellung der Umweltauswirkungen**. Diese Darstellung bildet wiederum die Grundlage für die anschließende Bewertung im Rahmen der Genehmigungsentscheidung. So kann sich aus der UVP beispielsweise ergeben, dass die vom Vorhabenträger erstrebte immissionsschutzrechtliche Genehmigung nur unter der Auflage erteilt werden kann, dass zusätzliche Umweltschutzmaßnahmen durch den Vorhabenträger zu ergreifen sind. 156

---

215 LABO/LAWA, Arbeitshilfe zum Ausgangszustandsbericht für Boden und Grundwasser, Fassung v. 7.8.2013, abrufbar unter https://www.labo-deutschland.de/documents/LABO_Arbeitshilfe_AZB_Stand_2015-04-15.pdf.

216 Damit entsprechen die formellen Anforderungen an die UVP den Anforderungen an das Genehmigungsverfahren selbst, vgl. sogleich Rn 161 ff.

157 Unterlässt die Behörde die Durchführung einer UVP trotz bestehender UVP-Pflicht, so liegt hierin ein Grund zur Anfechtung der immissionsschutzrechtlichen Genehmigung durch Dritte. Doch auch die durchgeführte, aber fehlerhafte UVP soll nach dem Willen des EuGH[217] zukünftig zur Aufhebung der Genehmigung führen können.[218]

dd) Betriebs- und Geschäftsgeheimnisse

158 Die **Pflicht zur umfangreichen Offenlegung** der genannten Unterlagen ist für viele Antragsteller sensibel. Denn häufig enthalten die Unterlagen Betriebs- und Geschäftsgeheimnisse, die nicht für die Öffentlichkeit bestimmt sind.

159 Der Antragsteller hat daher nach § 10 Abs. 2 BImSchG i.V.m. § 4 Abs. 3 S. 2 der 9. BImSchV bereits bei der Antragseinreichung ein Verzeichnis zu erstellen, in dem die Unterlagen, die Betriebs- und Geschäftsgeheimnisse beinhalten, besonders gekennzeichnet und getrennt vorgelegt werden. Gleichzeitig muss der Antragsteller den Inhalt dieser Dokumente ohne die Preisgabe von Geheimnissen möglichst so ausführlich darstellen, dass es Dritten möglich ist, zu beurteilen, ob und in welchem Umfang sie von den Auswirkungen der Anlage betroffen sind.[219] Bei der späteren Öffentlichkeitsbeteiligung werden dann diese Ausführungen offen gelegt (§ 10 Abs. 2 S. 2 BImSchG i.V.m. § 10 Abs. 3 S. 1 der 9. BImSchV).

160 Die Phase der Antragsstellung ist mit der Eingangsbestätigung der Behörde abgeschlossen.[220]

c) Verfahren

161 Bevor das eigentliche Genehmigungsverfahren beginnt, prüft die Behörde innerhalb eines Monats die eingereichten Antragsunterlagen, insbesondere auf deren Vollständigkeit (§ 7 Abs. 1 S. 1 der 9. BImSchV). Im Fall der Unvollständigkeit fordert die Behörde den Antragsteller auf, **fehlende oder unvollständige Unterlagen** nachzureichen (§ 7 Abs. 1 S. 3 der 9. BImSchV). Kommt der Antragsteller dieser Nachforderung nicht nach, soll die Behörde die Erteilung der Genehmigung versagen (§ 20 Abs. 2 der 9. BImSchV).

162 In der Zwischenzeit wird die Behörde aber bereits mit der Öffentlichkeitsbeteiligung beginnen. Zu Beginn ist das Vorhaben zunächst öffentlich bekannt zu geben. Dies erfolgt durch Veröffentlichung im Amtsblatt sowie im Internet oder einer örtlichen Tageszeitung (§ 10 Abs. 3 S. 1 der 9. BImSchV, § 8 Abs. 1 S. 1 der 9. BImSchV). Am

---

217 Vgl. EuGH, Urt. v. 7.11.2013 – C-72/12 (Gemeinde Altrip u.a./Land Rheinland-Pfalz – ZNER 2014, 257 ff.), zuletzt EuGH, Urt. v. 15.10.2015 – C-137/14 – NJW 2015, 3495 ff. = EuZW 2016, 66 ff.

218 Vgl. hierzu Rn 198.

219 Vgl. den Wortlaut von § 10 Abs. 2 S. 2 BImSchG.

220 Gem. § 6 der 9. BImSchV muss dies unverzüglich und schriftlich erfolgen.

Verfahren müssen sowohl andere Behörden[221] sowie die allgemeine Öffentlichkeit[222] von der Behörde beteiligt werden.

In grenznahen Bereichen kann es unter Umständen notwendig werden, auch Behörden und die Allgemeinheit aus einem anderen Staat einzubeziehen, soweit sich das Vorhaben auch auf dieses Gebiet auswirkt (§ 11a der 9. BImSchV). 163

aa) Beteiligung der Behörden

Die Behörde leitet den Antrag sowie die Antragsunterlagen an diejenigen Behörden weiter, deren Belange und Aufgabenbereich durch das Vorhaben berührt werden (§ 10 Abs. 5 S. 1 BImSchG, § 11 S. 2 der 9. BImSchV). Regelmäßig wird hierbei die Bauaufsichtsbehörde, die Abfallwirtschaftsbehörde, das Gewerbeaufsichtsamt, die Wasserbehörde, die Gesundheitsbehörde, die Landschafts- und Naturschutzbehörde oder auch die jeweilige Gemeinde angeschrieben.[223] Die so beteiligten Behörden haben innerhalb eines Monats eine Stellungnahme abzugeben (§ 11 S. 1 der 9. BImSchV). Sie müssen hierbei die Antragsunterlagen darauf hin überprüfen, ob die Vorschriften ihres jeweiligen Fachgebietes und die jeweiligen technischen Anforderungen eingehalten werden.[224] 164

Gibt die jeweilige Behörde die Stellungnahme nicht innerhalb eines Monats ab, so ist davon auszugehen, dass die beteiligte Behörde sich nicht äußern will (§ 11 S. 3 der 9. BImSchV). 165

bb) Beteiligung der Allgemeinheit

Die **Antragsunterlagen** werden darüber hinaus für die Dauer eines Monats ab der öffentlichen Bekanntmachung **bei der Behörde ausgelegt** (§ 10 Abs. 3 S. 2 BImSchG). Jeder Bürger kann während der üblichen Geschäftszeiten der Behörde in die Unterlagen Einsicht nehmen und bis zwei Wochen nach Ablauf der Auslegungsfrist schriftliche Einwendungen gegen das Vorhaben erheben (§ 10 Abs. 1 S. 4 der 9. BImSchV, § 10 Abs. 3 S. 4 BImSchG). Beachtenswert ist dabei, dass diese Möglichkeit **jedermann** zusteht, unabhängig davon, ob er auch tatsächlich von dem Vorhaben selbst betroffen ist.[225] Mit diesem Verfahren wird die Beteiligung der Allgemeinheit am Verfahren gewährleistet. 166

Ist die **Einwendungsfrist abgelaufen**, ist es nicht mehr möglich, Einwendungen gegen das Vorhaben im weiteren Genehmigungsverfahren zu erheben (§ 10 Abs. 3 S. 5 BImSchG). Denn die Behörde sammelt die Einwendungen und wertet sie nach 167

---

221 Rn 164 f.

222 Rn 166 ff.

223 Landmann/Rohmer/*Dietlein*, Umweltrecht, § 10 BImSchG Rn 99 ff.

224 Landmann/Rohmer/*Kutscheidt/Dietlein*, Umweltrecht, § 11 der 9. BImSchV Rn 8.

225 Landmann/Rohmer/*Dietlein*, Umweltrecht, § 10 BImSchG Rn 93.

Ablauf der Einwendungsfrist insgesamt aus. Sie werden dem Antragsteller sowie den jeweils betroffenen beteiligten Behörden bekanntgegeben (§ 12 Abs. 2 S. 1 und 2 der 9. BImSchV). Der Umfang der Amtsermittlungspflicht bleibt hiervon aber unberührt, sodass auch verspätete Belange, die die Allgemeinheit betreffen bei der Prüfung der Genehmigungsvoraussetzungen von der Behörde zu berücksichtigen sind.[226]

168 Neben dieser sogenannten **formellen Einwendungspräklusion** ist es Dritten aber auch verwehrt, eine spätere verwaltungsgerichtliche Klage auf verspätete oder unterlassene Einwendungen zu stützen.[227] Insoweit ist der Dritte von der Geltendmachung seiner Rechte ausgeschlossen. Dies ist für den Antragsteller von tragender Bedeutung, da somit langwierige und teure Gerichtsverfahren bereits im Vorhinein vermieden und Gegengründe in Hinblick auf die Genehmigungserteilung frühzeitig ausgeräumt werden können.[228] Dies gilt allerdings nur dann, wenn das Verfahren, insbesondere die Beteiligung der Allgemeinheit fehlerfrei durchgeführt wurde und auch nur für den Umfang, der sich aus den Antragsunterlagen ergeben hat.[229]

169 Nach Auswertung der Einwendungen muss die Behörde entscheiden, ob es notwendig ist, einen sogenannten **Erörterungstermin** durchzuführen (§ 10 Abs. 6 BImSchG, § 12 Abs. 1 S. 2 der 9. BImSchV). Bei dem Erörterungstermin haben die verschiedenen Akteure und diejenigen, die Einwendungen gegen das Vorhaben erhoben haben, die Möglichkeit, ihre Gründe darzulegen und mit den Beteiligten zu besprechen. Grundsätzlich ist der Erörterungstermin öffentlich (§ 18 Abs. 1 der 9. BImSchV).

cc) Entscheidung der Behörde

170 Ist das gesamte Verfahren abgeschlossen und hat die Behörde alle Belange, die das Vorhaben betreffen, gesammelt und bewertet, ist sie verpflichtet, **unverzüglich über die Genehmigung** zu **entscheiden** (§ 20 Abs. 1 S. 1 der 9. BImSchV).

171 Eingeholte Gutachten und Stellungnahmen sind ebenso zu bewerten wie die Ergebnisse einer eventuellen UVP. Die Behörde muss für die Genehmigungserteilung im Ergebnis zu der Überzeugung gelangen, dass bei der Durchführung des Vorhabens alle öffentlich-rechtlichen Vorschriften beachtet und eingehalten werden.[230] Insbesondere darf die Durchführung des Verfahrens nicht zu Gefahren oder erheblichen Nachteilen für die Nachbarschaft oder die Allgemeinheit führen. Die Behörde hat auch die Möglichkeit, in der Genehmigung Nebenbestimmungen zu erlassen, die die Einhaltung bestimmter Vorgaben sicherstellen (§ 21 Abs. 1 Nr. 4 der 9 BImSchV und Umkehrschluss aus § 20 Abs. 2 S. 1 der 9. BImSchV).

---

226 Landmann/Rohmer/*Dietlein*, Umweltrecht, § 10 BImSchG Rn 190.

227 Materielle Präklusion genannt, vgl. *Jarass*, BImSchG, § 10 Rn 91.

228 Zur verfassungsrechtlichen Bewertung der Präklusion vgl. Landmann/Rohmer/*Dietlein*, Umweltrecht, § 10 BImSchG Rn 163.

229 Zu den Voraussetzungen der materiellen Präklusion vgl. *Jarass*, BImSchG, § 10 Rn 93 ff.

230 Landmann/Rohmer/*Dietlein*, Umweltrecht, § 10 BImSchG Rn 245.

Bei der **Genehmigung von Anlagen, die der IED unterfallen**, sind Besonderheiten zu beachten. Denn um die Einhaltung der Vorschriften sicherzustellen, muss die Behörde in der Genehmigung bestimmte Auflagen treffen (§ 21 Abs. 2a der 9. BImSchV). So sind beispielsweise Auflagen zum Schutz des Bodens und des Grundwassers sowie deren regelmäßige Überwachung genauso in den Genehmigungsbescheid aufzunehmen wie Auflagen zur Einhaltung bestimmter Emissionsgrenzwerte und deren Überwachung. Auch die vom Anlagenbetreiber anzuwendende Methodik bei Messung und Überwachung der einzelnen Anforderungen ist unter anderem von der Behörde im Bescheid festzuhalten. 172

Die schriftlich zu erteilende Genehmigung wird dem Antragsteller daraufhin zugestellt (§ 10 Abs. 7 S. 1 BImSchG). Diejenigen Personen, die im Genehmigungsverfahren Einwendungen erhoben haben, sind ebenfalls von der Genehmigungserteilung zu benachrichtigen (§ 10 Abs. 7 S. 1, Abs. 8 BImSchG). Darüber hinaus ist die Genehmigung öffentlich bekannt zu machen und wiederum zur Einsicht auszulegen (§ 10 Abs. 7 S. 2, 3 i.V.m. Abs. 8 BImSchG, § 21 a der 9. BImSchV). 173

3 Vereinfachtes Genehmigungsverfahren

Anlagen mit einem geringeren Gefahrenpotential werden im Rahmen des vereinfachten Genehmigungsverfahrens nach § 19 BImSchG genehmigt. 174

Das vereinfachte Verfahren ist nicht nur in seinem gesamten Ablauf erheblich schlanker als das förmliche Genehmigungsverfahren, sondern auch deutlich kürzer. Im Gegensatz zum umfangreichen förmlichen Genehmigungsverfahren ist mit einer Genehmigung innerhalb von ca. drei Monaten zu rechnen (§ 10 Abs. 6a BImSchG). Das Verfahren zeichnet sich vor allem durch die fehlende Öffentlichkeitsbeteiligung aus.[231] Im vereinfachten Verfahren muss die Behörde weder andere Behörden noch die Allgemeinheit beteiligen. Dies ist zwar sehr viel schlanker, birgt aber für den Antragsteller auch ein gewisses Gefahrenpotential. Denn aufgrund der fehlenden Öffentlichkeitsbeteiligung gibt es auch keinen Einwendungsausschluss, wie bereits dargelegt.[232] Den Betroffenen bleibt daher die Möglichkeit, ihre Einwendungen auch noch nachträglich in einem möglichen verwaltungsrechtlichen Gerichtsverfahren geltend zu machen. 175

4 Abschichtung der Bescheidung

Oft ist es ratsam oder notwendig, das Antragsverfahren abzudichten. Häufig spielen hier zeitliche oder wirtschaftliche Faktoren eine entscheidende Rolle. Das Gesetz 176

231 Ausschluss der Anwendbarkeit der §§ 10 Abs. 2 bis 4, 6 bis 8 und 11 BImSchG gem. § 19 Abs. 2 BImSchG.

232 Rn 166 ff.

sieht insoweit die Teilgenehmigung,[233] den Vorbescheid[234] sowie die Zulassung des vorzeitigen Beginns[235] vor.

a) Teilgenehmigung

177 Bei **klar abtrennbaren Großprojekten** bietet es sich an, für bestimmte Teile des Vorhabens eine Teilgenehmigung im Sinne des § 8 BImSchG zu beantragen, um die Umsetzung des Projekts insgesamt schneller verwirklichen zu können.

178 Dies ist vor allem dann ratsam, wenn die Antragsunterlagen nur für einen bestimmten Teil des Vorhabens bereits vorliegen oder nur hinsichtlich eines Teils der Anlage die Planungen abgeschlossen sind. Die Teilgenehmigung bietet dann die Möglichkeit, diesen Teil bereits genehmigen zu lassen und mit dem Bau zu beginnen. In der Zwischenzeit kann dann für den Rest der Anlage das Genehmigungsverfahren durchlaufen werden. Zudem kann neben der Errichtung eines isolierten Teils der Anlage auch der Betrieb durch die Teilgenehmigung erreicht werden.[236]

179 Damit sie beantragt werden kann, muss der Anlagenbetreiber aber ein **berechtigtes Interesse an der Teilgenehmigung vorweisen** (§ 8 S. 1 Nr. 1 BImSchG). Ein berechtigtes Interesse liegt vor, wenn bei umfangreichen Anlagen Planung und Ausbau sinnvollerweise in Abschnitten vorgenommen werden sollen.[237] Auch Kostenvorteile können unter bestimmten Voraussetzungen ein solches berechtigtes Interesse an einer Teilgenehmigung begründen.

180 Im Rahmen des Genehmigungsverfahrens für die Teilgenehmigung wird auch die Genehmigungsfähigkeit des endgültigen Vorhabens vorläufig auf unüberwindliche Hindernisse beurteilt (§ 8 S. 1 Nr. 3 BImSchG). Diese vorläufige Prüfung fällt intensiver aus, je mehr Unterlagen in dem jeweiligen Verfahrensstadium für das gesamte Projekt vorliegen. Die Entscheidung der Genehmigungsbehörde ist im Hinblick auf nachfolgende Teilgenehmigungen bindend, es sei denn die Sach- oder Rechtslage hat sich später geändert (§ 8 S. 2 BImSchG).

b) Vorbescheid

181 Der Vorbescheid im Sinne von § 9 BImSchG bietet dem Anlagenbetreiber die Möglichkeit, **bestimmte Genehmigungsvoraussetzungen** bereits vor Antrag auf Genehmigung des gesamten Projekts von der Behörde **verbindlich überprüfen** zu lassen. Auch die Standortauswahl kann zunächst von der Behörde rechtlich überprüft

---

233 Rn 177 ff.
234 Rn 183 ff.
235 Rn 185 ff.
236 Denn die Teilgenehmigung hat die Rechtswirkung wie eine Vollgenehmigung, vgl. BT-Drucks. 7/179, S. 33.
237 Vgl. *Jarass*, BImSchG, § 8 Rn 7.

werden. Zu beachten ist aber, dass der Vorbescheid im Unterschied zur Teilgenehmigung weder Errichtung noch Betrieb der Anlage gestattet![238]

Wie bei der Teilgenehmigung muss auch beim Vorbescheid ein vorläufig positi- 182
ves Ergebnis über die Genehmigungsfähigkeit des Gesamtprojekts ergehen und der Anlagenbetreiber ein berechtigtes Interesse an der Erteilung des Vorbescheids haben (§ 9 Abs. 1 BImSchG). Liegen die Voraussetzungen vor, wird die Behörde einen Vorbescheid erlassen.

Die darin getroffenen Feststellungen sind dann für das spätere Genehmigungs- 183
verfahren rechtlich bindend.[239] Die Rechtsbindung ist allerdings nicht zeitlich unbefristet. Vielmehr muss der Anlagenbetreiber innerhalb von zwei Jahren nachdem der Vorbescheid unanfechtbar geworden ist, die Genehmigung für das Vorhaben beantragen. Anderenfalls entfällt die Rechtsbindung des Vorbescheids (§ 9 Abs. 2 BImSchG).

Die **Vorteile eines** solchen **Vorbescheids** liegen damit auf der Hand: Durch 184
die Vorwegentscheidung über einzelne Voraussetzungen hat man bei der weiteren Planung **Rechtssicherheit.** Insbesondere bei großen und kostspieligen Projekten ist es wichtig, frühzeitig zu wissen, ob das geplante Projekt den rechtlichen Voraussetzungen standhält. Oftmals ist gerade die Rechtssicherheit über den gewählten Standort, an dem die Anlage gebaut und betrieben werden soll, wertvoll.

c) Zulassung vorzeitigen Beginns

Ein weiteres **Instrument zur schnellen Verwirklichung** unternehmerischer Inves- 185
titionen ist die Zulassung des vorzeitigen Beginns gem. § 8a BImSchG. Denn mit Gewährung der Zulassung ist der Anlagenbetreiber berechtigt, mit der Errichtung des Vorhabens zu beginnen, obwohl das eigentliche Genehmigungsverfahren noch nicht vollständig abgeschlossen ist.

Auch hier muss der Antragsteller für den vorzeitigen Beginn ein **berechtigtes** 186
Interesse gegenüber der Behörde **nachweisen** können (§ 8a Abs. 1 Nr. 2 BImSchG). In manchen Fällen, beispielsweise bei der Änderung einer alten Anlage, berechtigt auch das öffentliche Interesse am erhöhten Umweltschutz die Erteilung der Zulassung zum vorzeitigen Baubeginn.[240] Insgesamt genügt aber jedes verständige Interesse an einem beschleunigten Bau der Anlage.

Die Zulassung des vorzeitigen Beginns birgt allerdings auch **gewisse Risiken.** 187
Falls die Entscheidung im endgültigen Genehmigungsverfahren von der Entscheidung bei der Zulassung vorzeitigen Beginns abweicht, ist der Antragsteller verpflichtet, alle Schäden, die durch die Errichtung der Anlage bis zur endgültigen Genehmigungsentscheidung entstanden sind, zu ersetzen (§ 8a Abs. 1 Nr. 3 BImSchG). Im

238 *Jarass,* BImSchG, § 9 Rn 1.
239 Landmann/Rohmer/*Dietlein,* Umweltrecht, § 9 BImSchG Rn 1 ff.
240 Landmann/Rohmer/*Sellner,* Umweltrecht, § 8a BImSchG Rn 66 ff.

schlimmsten Fall ist der frühere Zustand wiederherzustellen, sofern das Vorhaben im späteren Genehmigungsverfahren nicht genehmigt wird. Hierfür muss der Antragsteller bereits im Antrag auf Zulassung vorzeitigen Beginns eine entsprechende Verpflichtungserklärung abgeben.[241] Je nach Größe und Umfang des Vorhabens kann die Behörde vom Antragsteller auch die Stellung von Sicherheiten verlangen (§ 8a Abs. 2 S. 3 BImSchG).

188 Die Behörde kann bei der Erteilung der Zulassung gewisse **Einschränkungen oder Auflagen** vornehmen, die bei der Errichtung der Anlage eingehalten werden müssen (§ 8a Abs. 2 S. 1 BImSchG). Die Behörde hat außerdem das Recht, die Zulassung jederzeit zu widerrufen (§ 8a Abs. 2 S. 2 BImSchG).

189 Wie man sieht, ist die Zulassung des vorzeitigen Beginns durchaus eine interessante Möglichkeit, das Vorhaben zeitlich schneller voranzubringen und somit Investitionen schneller zu realisieren. Allerdings sollten im Vorfeld auch die möglichen Risiken sorgfältig gegeneinander abgewogen werden. Nicht bei jeder Anlage empfiehlt sich dieses Vorgehen gleichermaßen.

B Emissionshandel

190 Nicht alle Umwelteinwirkungen durch Einleitungen von Schadstoffen in die Luft werden durch das Immissionsschutzrecht reguliert. Denn der Schutz der Atmosphäre vor Einleitung von klimaschädlichen Treibhausgasen wird durch den Emissionshandel gewährleistet.[242]

191 Doch nicht alle Treibhausgase emittierenden Anlagen sind dem Emissionshandel unterworfen. Er gilt nur für bestimmte Anlagen.[243] Für diese gilt die Pflicht, eine Emissionsgenehmigung einzuholen[244] und einen Überwachungsplan einzureichen.[245] Nicht vor der Errichtung, aber mit der Errichtungsphase eng verbunden besteht für viele Anlagen das Recht, eine kostenlose Zuteilung von Emissionsberechtigungen zu beantragen.[246] Anders als in der Vergangenheit ist diese Zuteilung für Neuanlagen heute kein expliziter Anreiz mehr, zu bauen. Gleichwohl ist die wirtschaftliche Bedeutung der Zuteilung nicht zu unterschätzen. Insbesondere die Pläne der Europäischen Kommission und der Bundesregierung für die Zukunft sprechen in jedem Fall dafür, bei Neubauprojekten auch diese Seite sorgfältig abzuschätzen und bestehende Optimierungsmöglichkeiten auszuschöpfen.[247]

---

241 *Jarass*, BImSchG, § 8a Rn 9.
242 Rn 192 ff.
243 Rn 196 ff.
244 Rn 205 ff.
245 Rn 209 f.
246 Rn 210 ff.
247 Rn 248 ff.

I Grundlagen: Regelungsmodell und Grundpflichten des Emissionshandels

Während das Immissionsschutzrecht unerwünschte, weil potentiell schädliche oder gar gefährliche Emissionen schlicht verbietet, geht der Emissionshandel anders vor: Hier wird im ersten Schritt nur eine Gesamtmenge an – jeweils 1 t CO_2 verkörpernden – Zertifikaten festgelegt, die europaweit nicht überschritten werden darf. Diese betrug zu Beginn der 3. Handelsperiode 2013 2.084.301.856 Zertifikate pro Jahr. Diese Menge wird bis 2020 jährlich – beginnend mit 2014 – um 1,74 % gesenkt. 192

Erst im zweiten Schritt wird dieses Gesamtbudget auf die einzelnen emissionshandelspflichtigen Emittenten verteilt, die insgesamt zwischen 40 % und 50 % der Emissionen in der EU verursachen. Dabei gibt es zwei Verteilungswege: Ein wachsender Anteil von zunächst 40 % der Zertifikate wird versteigert. Der schrumpfende Rest wird nach einem komplizierten System an Regeln kostenlos zugeteilt. Nur ein kleiner Teil dieser Zertifikate ist für Neuanlagen vorgesehen. 193

Die teilnehmenden Anlagen müssen die so vorprogrammierte Deckungslücke also durch Zukäufe der handelbaren Zertifikate schließen. Dieser Handel der Teilnehmer am Emissionshandel untereinander soll nach dem dem Emissionshandel zugrundeliegenden volkswirtschaftlichen Modell zu einem insgesamt günstigeren Klimaschutz führen. Denn im idealtypischen Modell würden diejenigen Anlagenbetreiber Emissionen reduzieren, für die sich der Verkauf der Zertifikate mehr lohnt als der Umbau oder Ersatz der Anlage. Damit würden gesamtgesellschaftlich die günstigsten Einsparungen realisiert, während die Betreiber von nur kostspielig umzurüstenden Anlagen eher Berechtigungen kaufen und so einen Markt schaffen. In der Realität haben sich die Hoffnungen, so Anreize zugunsten von Modernisierungen auszulösen, bisher nicht realisiert. Entsprechend ist der Emissionshandel inzwischen Zielscheibe vielfacher Kritik. 194

Doch auch wenn Kritiker den Emissionshandel inzwischen als annähernd wirkungslos kritisieren, darf der Vorhabenträger die Materie nicht auf die leichte Schulter nehmen. Denn die Einhaltung der emissionshandelsrechtlichen Pflichten ist einerseits Gegenstand empfindlicher Strafen und Bußgeldandrohungen.[248] Andererseits stellt der Emissionshandel auch dann eine unter Umständen erhebliche Kostenbelastung dar, wenn die Zertifikate wie aktuell nur mit 4,00 bis 7,00 € zu Buche schlagen. Zudem muss der Betreiber davon ausgehen, dass er über die gesamte Laufzeit seiner Anlage hinweg mit beständig steigenden Kosten zu kämpfen hat, da die Politik auf nationaler wie europäischer Ebene durch eine Vielzahl von Maßnahmen einen Preis von mindestens 20,00 € pro Berechtigung realisieren will, um den europäischen Klimaschutzbemühungen mehr Dynamik zu verleihen. 195

248 *Vollmer/Telschow*, I+E 2014, 21 ff.

II Emissionshandelspflicht

1 Grundsatz: Welche Anlagentypen sind emissionshandelspflichtig?

196 Nicht alle Anlagen, die Treibhausgase emittieren, sind emissionshandelspflichtig. Vielmehr ergeben sich die 1.627 deutschen Anlagen, die am Emissionshandel teilnehmen müssen, aus dem Stammgesetz des Emissionshandels, dem Treibhausgas-Emissionshandelsgesetz (TEHG).[249]

197 Die einbezogenen stationären[250] Emittenten ergeben sich aus § 2 TEHG i.V.m. Anh. I Teil 2: Hierzu gehören insbesondere alle Anlagen zur Erzeugung von Strom, Dampf, Warmwasser, Prozesswärme oder erhitztem Abgas durch den Einsatz von Brennstoffen in einer Verbrennungseinrichtung (Feuerungsanlagen) mit einer FWL von mehr als 20 MW. Aber auch Anlagen der Papierindustrie, die Stahlindustrie, die Glas-, Keramik- und Zementindustrie sind – entsprechende Größe vorausgesetzt – seit Beginn des Emissionshandels einbezogen. Seit 2013 sind zusätzlich zu diesen CO_2 emittierenden Anlagen auch Anlagen emissionshandelspflichtig, die die Treibhausgase Distickstoffmonoxid (N_2O) und Perflourcarbon (PFC) ausstoßen.

198 Die Emissionshandelspflicht greift jedoch nicht nur dann, wenn die Anlage insgesamt im Anlagenkatalog des TEHG erfasst ist. Auch dann, wenn die an sich emissionshandelspflichtige Anlage nur eine Teilanlage einer an sich nicht emissionshandelspflichtigen Anlage darstellt, ist die Emissionshandelspflicht zu bejahen.

Beispiel
Eine Molkerei ist an sich – weil nicht im Anh. 2 zum TEHG erfasst – nicht emissionshandelspflichtig. Wenn zur Molkerei aber ein Heizkessel mit mehr als 20 MW FWL gehört, so ist die Emissionshandelspflicht unabhängig von der „Überschrift" der Immissionsschutzgenehmigung gegeben.

---

2 Wichtig: Emission ist nicht entscheidend!

199 Maßgeblich für die Emissionshandelspflicht ist allein die **maximale technische und rechtliche Feuerungswärmeleistung bzw. Produktionsleistung** der Anlage. Daher kommt es nicht darauf an, ob und wie viel eine Anlage tatsächlich emittieren wird.

200 Auch Anlagen, die faktisch nur wenige Tonnen CO_2 pro Jahr ausstoßen werden, sind deswegen unter Umständen voll emissionshandelspflichtig. Dies gilt auch für industrielle Anlagen, die nicht einmal eine Feuerung besitzen: Wer zum Beispiel 21 t Papier am Tag mit geliefertem Dampf und Strom produziert, ist emissionshandelspflichtig. Er muss also Jahr für Jahr 0 t CO_2 berichten. Korrespondierend hierzu besitzt

249 Treibhausgas-Emissionshandelsgesetz (TEHG) v. 21.7.2011 (BGBl. I S. 1475), zuletzt geändert durch Verordnung v. 31.8.2015 (BGBl. I S. 1474).

250 Emissionshandelspflichtig sind neben stationären Anlagen auch unter bestimmten Bedingungen Luftfahrtunternehmen.

er unter Umständen – vorausgesetzt sein Dampflieferant ist selbst emissionshandelspflichtig – einen Zuteilungsanspruch.

Dieser Mechanismus ist in der Praxis Anknüpfungspunkt optimierungsbezogener Vorüberlegungen. Wenn schon beim Bau feststeht, dass weniger Leistung benötigt wird, als technisch vorhanden, so bietet es sich unter Umständen an, nur den Betrieb mit weniger als 20 MW FWL genehmigen zu lassen. Oder statt einer großen zwei separate kleinere Anlagen zu errichten. Hier sollte ein Anlagenbetreiber frühzeitig sein Anlagen- und Genehmigungsdesign auch am Emissionshandel ausrichten. Denn gerade bei kleinen Anlagen ist der administrative Aufwand der Teilnahme am Emissionshandel aufwändig, ohne dass diesem Aufwand zumindest ein ökologischer Nutzen gegenübersteht. **201**

3 Anlagenbegriff des TEHG

Wie dargelegt,[251] kommt es für die Frage, ob die geplante Anlage dem Emissionshandel unterfällt, maßgeblich darauf an, wie hoch die FWL bzw. die Produktionsleistung der Anlage insgesamt bemessen ist. In den meisten Fällen ist dies unproblematisch festzustellen. Schwierig kann die Abgrenzung emissionshandelspflichtiger von nicht emissionshandelspflichtigen Anlagen jedoch dann werden, wenn mehrere technisch selbständige Einheiten betrieblich wie räumlich so eng miteinander verbunden sind, dass sie gemeinsam den jeweils maßgeblichen Schwellenwert überschreiten, bei Einzelbetrachtung dies jedoch nicht der Fall ist. **202**

Die Frage, ob und wann technisch selbständige Einrichtungen – wie zum Beispiel einzelne Kraftwerksblöcke – gemeinsam zu betrachten und damit ihre FWL zu addieren ist, beantwortet § 2 TEHG. Hiernach wird folgendermaßen vorgegangen: **203**

- Bei nach dem BImSchG genehmigungsbedürftigen Anlagen gilt nach § 2 Abs. 4 BImSchG grundsätzlich der Umfang der Immissionsschutzgenehmigung. In der Konsequenz sind solche Anlagen damit nicht gemeinsam zu betrachten, wenn die einzelnen Einrichtungen nicht gemeinsam genehmigt werden. Technisch identisch konfigurierte Standorte können also sowohl emissionshandelspflichtig als auch emissionshandelsfrei sein, sodass sich in jedem Anlagenkonglomerat für sich die Notwendigkeit einer zumindest kurzen individuellen Prüfung ergibt.
- Bei den seltenen Anlagen, die nicht genehmigungsbedürftig nach dem BImSchG sind, aber trotzdem die maßgeblichen Schwellenwerte des Anh. I Teil 2 zum TEHG erfüllen, ist nach § 2 Abs. 2 und 3 TEHG genau zu prüfen. Hiernach bestimmt sich der Anlagenumfang im ersten Schritt auf Anlagenteile und Verfahrensschritte, die zum Betrieb notwendig sind, und Nebeneinrichtungen, die mit den Anlagenteilen und Verfahrensschritten nach Nr. 1 in einem räumlichen und betriebstechnischen Zusammenhang stehen und die für das Entstehen von den in Anh. 1

251 Rn 199.

Teil 2 genannten Treibhausgasen von Bedeutung sein können. Mit anderen Worten: Es kommt hiernach auf die technischen Zusammenhänge an. Im zweiten Schritt findet jedoch unabhängig von den technischen Prozessen eine Addition der FWL bzw. Produktionsleistung dann statt, wenn ein enger räumlicher und betrieblicher Zusammenhang gegeben ist.[252] Zwar sind Fälle, in denen es hierauf ankommt, selten. Denn es gibt nur wenige Anlagen, die groß genug sind, um am Emissionshandel teilzunehmen, aber gleichzeitig nicht immissionsschutzrechtlich genehmigungsbedürftig sind. Ist dies jedoch der Fall, so gestaltet sich die Prüfung unter Umständen kompliziert.

Tipp

Um im Verfahren keine unnötigen Unsicherheiten oder Verzögerungen zu riskieren, empfiehlt es sich, frühzeitig einen Antrag auf Feststellung der fehlenden Emissionshandelspflichtigkeit zu stellen. Bei nicht genehmigungsbedürftigen Anlagen ist hierfür die DEHSt zuständig.

4 Ausnahmen von der Emissionshandelspflicht

204 Das TEHG kennt **drei Ausnahmen** von der Emissionshandelspflicht:

- Nach § 2 Abs. 5 Nr. 1 TEHG werden Emissionen von Anlagen nicht erfasst, wenn sie der Forschung, Entwicklung oder Erprobung neuer Einsatzstoffe, Brennstoffe, Erzeugnisse oder Verfahren im Labor- oder Technikumsmaßstab dienen.
- Nach § 2 Abs. 5 Nr. 2 TEHG unterfallen Anlagen, die einer immissionsschutzrechtlichen Genehmigung bedürfen und bei denen nach dieser Genehmigung als Brennstoff außer für Zwecke der Zünd- und Stützfeuerung nur (also in der gesamten Anlage) Klärgas, Deponiegas, Biogas oder Biomasse im Sinne des Art. 2 Abs. 2 S. 2 lit. a und e RL 2009/28/EG[253] eingesetzt werden darf, nicht dem Anwendungsbereich des TEHG.

Damit sind reine und auch als solche genehmigte EE-Anlagen[254] nicht in den Emissionshandel einbezogen. Zu beachten ist allerdings, dass EE-Anlagen dann dem Emissionshandel unterfallen können, wenn die Genehmigung nicht nur die Verbrennung biogener Stoffe erlaubt.

Tipp

Die Abgrenzung von TEHG und EEG[255] gilt generell als wenig gelungen. Denn es ist so durchaus möglich, dass „echte" EE-Anlagen emissionshandelspflichtig werden. Eine EE-Anlage von 1 MW, die ge-

252 Vgl. Rn 13 ff.

253 Erneuerbare-Energien-Richtlinie (EE-RL – RL 2009/28/EG) v. 23.4.2009 (ABl EU Nr. L 140 S. 16).

254 D.h. Anlagen, die sich nach dem Gesetz für den Ausbau erneuerbare Energie (EEG 2014) richten.

255 Erneuerbare-Energien-Gesetz (EEG 2014) v. 21.7.2014 (BGBl. I S. 1066), zuletzt geändert durch Gesetz v. 21.12.2015 (BGBl. I S. 2498).

meinsam mit fossil betriebenen Anlagen von 20 MW genehmigt wird, ist ebenso emissionshandelspflichtig wie eine faktisch nur mit Biogas betriebene Anlage von 20 MW FWL, in deren Genehmigung nicht nur der Betrieb mit Biogas, sondern auch der Betrieb mit Erdgas erlaubt wird. Da bei Inbetriebnahme einer TEHG-Anlage ohne Emissionsgenehmigung, Überwachungsplan und Abgabe empfindliche Strafen greifen, sollte die Rechtslage immer dann frühzeitige abgeklärt werden, wenn eine EE-Anlage entweder allein oder mit gemeinsam genehmigten anderen Anlagen 20 MW FWL überschreitet.

- Anlagen nach Anh. 1 Teil 2 Nr. 1 bis 6 fallen gem. § 2 Abs. 5 Nr. 3 TEHG nicht unter das Gesetz, wenn sie zur Verbrennung von gefährlichen Abfällen oder Siedlungsabfällen eingesetzt werden. Auch hier kommt es auf den Genehmigungsinhalt an. Der Betreiber sollte also bereits bei der Erstellung der Antragsunterlagen sorgfältig prüfen, ob die – fehlende – Emissionshandelspflicht klar und unzweideutig aus der Beschreibung des genehmigten Anlagenbetriebs hervorgeht.

III Emissionsgenehmigung

Für **Neuanlagen**, die nach dem 1.1.2013 genehmigt werden, ist stets eine **Genehmigung zur Emission von Treibhausgasen** erforderlich. Diese ist regelmäßig gem. § 13 BImschG weiterhin in die Genehmigung nach dem BImSchG – sofern erforderlich – einkonzentriert. Genehmigungen enthalten also regelmäßig die Feststellung, dass diese Genehmigung zur Emission von CO_2 berechtigt. Dies entspricht § 4 Abs. 6 TEHG a.F. 205

Der Anlagenbetreiber ist aber anders als früher berechtigt, eine rechtlich verselbständigte Emissionsgenehmigung einzuholen. In jedem Falle muss ein Antrag auf eine Emissionsgenehmigung vorliegen, der die in § 4 Abs. 2 TEHG aufgezählten Angaben zu enthalten hat. Bei Anlagen, die dem Emissionshandel unterfallen, ohne genehmigungsbedürftig nach dem BImSchG zu sein, bedarf es einer solchen Genehmigung durch die DEHSt. In jedem Falle gilt: Die **Emissionsgenehmigung** ist **unbedingt erforderlich**, um rechtmäßig emittieren zu können. Ihre Einholung ist deswegen unbedingt zu beachten, da andernfalls empfindliche Strafen drohen. 206

Doch nicht nur, wenn eine Anlage ganz neu errichtet wird, ist dieser Punkt relevant. Auch dann, wenn eine **Anlage durch einen Zubau** in Summe den bisher unterschrittenen Schwellenwert erreicht, ist zu beachten, dass die Anlage insgesamt nunmehr emissionshandelspflichtig wird und deswegen auch eine Emissionsgenehmigung eingeholt werden muss. 207

IV Überwachungsplan

Zentral für die Wirksamkeit des Emissionshandels ist die **Verlässlichkeit der Berichterstattung über die Emissionen**. Für diese Berichterstattung existiert ein verbindli- 208 cher Standard, verkörpert in der Monitoring-Verordnung[256] der EU. Doch allein dieser Standard gewährleistet nicht, wie der einzelne Anlagenbetreiber seine individuelle Anlage überwacht. Daher ordnet § 6 Abs. 1 TEHG an, dass jeder Anlagenbetreiber für jede neue Handelsperiode einen Überwachungsplan zu erstellen hat. Für Neuanlagen muss dieser vor Inbetriebnahme vorliegen.

209 Es empfiehlt sich jedoch nicht, mit der Vorlage des Überwachungsplans tatsächlich solange zuzuwarten. Denn der **Überwachungsplan bedarf der Genehmigung** durch die DEHSt (§ 6 Abs. 2 TEHG). Wenn nun aber der Betreiber erst kurz vor der Inbetriebnahme seinen Überwachungsplan vorlegt und die Behörde nicht uneingeschränkt stattgibt, sondern Änderungen verlangt, ist es denkbar – und auch schon vorgekommen, dass ein Abgabetermin für den Bericht verstreicht, ohne dass abschließend klar wäre, wie nun zu berichten ist. Da die emissionshandelsrechtliche Strafzahlung für die unzureichende Abgabe nach Ansicht der DEHSt auch schuldlos – also etwa aufgrund anderslautender Rechtsüberzeugung – verwirkt werden kann, lauert hier eine Gefahrenquelle, die mindestens zur Abgabe von zwei Emissionsberichten motiviert. Dieser Mehraufwand ist vermeidbar.

V Zuteilung für eine neue Anlage

210 Die – im Folgenden nur grob skizzierte[257] – **Zuteilung für neue Anlagen** gehört zu den komplexesten Fragestellungen, die der Emissionshandel der 3. Handelsperiode aufwirft. Neben der Frage, ob überhaupt eine neue Anlage vorliegt,[258] führt es vielfach zu Verwirrung, dass nicht mehr das Potential der Anlage Anknüpfungspunkt eines Zuteilungsanspruchs ist, stellt sich die Frage, wie die Anlage in den ersten Monaten gelaufen ist. Dies erschwert die Prognose auch in wirtschaftlicher Hinsicht erheblich, da der Verlauf der Inbetriebnahmephase oft nur ungenau vorherzusehen ist.

211 **Ausgangspunkt des Zuteilungsanspruchs** ist die Unterteilung einer Anlage in sogenannte Zuteilungselemente.[259] Für jedes dieser Zuteilungselemente ist gesondert der Zeitpunkt der Inbetriebnahme festzustellen.[260] Ausgehend hiervon wird die Kapazität des jeweiligen Zuteilungselements ermittelt.[261] Sodann wird diese mit dem jeweiligen Benchmark[262] und der maßgeblichen Aktivitätsrate[263] multipliziert. Es gelten

256 EU-Monitoring-Verordnung (VO (EU) Nr. 601/2012) v. 21.6.2012 (ABl EU Nr. L 181 S. 30 ff.).
257 Ausführlich Danner/Theobald/*Zenke/Vollmer*, Emissionshandel.
258 Kap. 4.
259 Rn 211 ff.
260 Rn 222 ff.
261 Rn 226 ff.
262 Rn 231 ff.
263 Rn 236 ff.

unterschiedliche Kürzungen.[264] Eine Besonderheit der laufenden Handelsperiode: Das Budget für neue Anlagen ist begrenzt.[265]

Praktisch stellen diese Zuteilungsregeln für Neuanlagen hohe Anforderungen an den Anlagenbetreiber, der die Produktion in der Inbetriebnahme ebenso sorgfältig beobachten muss und gleichzeitig dafür Sorge tragen muss, dass er die hohen formellen Anforderungen an den Zuteilungsantrag erfüllt. 212

1 Unterteilung in Zuteilungselemente

Neuanlagen – wie andere Anlagen auch – sind in sogenannte Zuteilungselemente zu untergliedern, bei denen es sich um fiktive Einheiten handelt[266] und bei denen als Besonderheit Ströme zwischen emissionshandelspflichtigen Anlagen regelmäßig dem Empfänger zugeordnet werden.[267] Der Zuteilungsanspruch – und alle seine Parameter – bemessen sich dann jeweils pro Zuteilungselement und nicht auf die gesamte Anlage.[268] 213

a) Unterteilung und Hierarchisierung der Zuteilungselemente

Die Zuteilung erfolgt folglich nicht mehr bezogen auf eine Anlage oder etwa Anlagenteile wie in der Vergangenheit zwischen 2005 und 2012. Vielmehr wird die Anlage seit 2013 fiktiv aufgeteilt. Zwar findet eine Orientierung an den physischen Grenzen der Anlage statt.[269] Maßgeblich sind jedoch die **Zuteilungsmethoden** anhand der Produktion, der Erzeugung messbarer Wärme oder Brennstoffverbrennung. Die Zuteilungselemente umfassen damit die Eingangs- und Ausgangsströme sowie die diesbezüglichen, für die Zuteilung relevanten Emissionen.[270] Eine baulich einheitliche Anlage kann also in diverse Zuteilungselemente zerfallen, die in der Summe die gesamte Anlage abbilden sollen. Die Zuordnung der Zuteilungsmethoden ist damit hoch virtualisiert und entsprechend fehleranfällig. 214

Beispiel

Eine Papierfabrik betreibt ein HKW zur Versorgung der Papiermaschine und einer Verpackungsanlage. Der Verbrauch der Papiermaschine ist über eine Benchmarkzuteilung für Papier abgebildet. Die Wärme, die in die Verpackungsanlage geliefert wird, unterfällt aber nicht diesem Benchmark. Sie wird

---

264 Rn 242 ff.
265 Rn 247.
266 Rn 213.
267 Rn 215 ff.
268 Rn 218 ff.
269 *Ehrmann*, I+E 2011, 244.
270 *Frenz*, Emissionshandelsrecht, § 3 ZuV 2020 Rn 3.

also gesondert behandelt. Der Zuteilungsantrag für das HKW weist also zwei Zuteilungselemente aus, nämlich Benchmarkzuteilung Papier und als weiteres Zuteilungselement messbare Wärme, obwohl eine technisch und baulich einheitliche Anlage vorliegt.

---

b) Umgang mit anlagenübergreifenden Strömen

215 Eine besondere Komplikation bei der Bildung der Zuteilungselemente erwächst aus dem sogenannten **Cross-boundary Heat-flow**: Abweichend von der Vorgehensweise in den ersten beiden Handelsperioden hat die Europäische Kommission mit ihrem Design des Zuteilungssystems seit 2013 den Zuteilungsanspruch abweichend zugeordnet.

216 Nunmehr ist immer dann, wenn eine emissionshandelspflichtige Anlage an eine andere emissionshandelspflichtige Anlage liefert, die Liefermenge nicht dem Zuteilungselement der beliefernden, sondern der belieferten Anlage zuzuordnen.

Beispiel
Ein Unternehmen errichtet eine Glasfabrik, die emissionshandelspflichtig ist, und ein HKW, das ebenfalls emissionshandelspflichtig ist. Die Anlage, die verbrennt und für die abgegeben werden muss, ist das HKW. Der Zuteilungsanspruch erwächst jedoch der Glasfabrik. Es ist also gut möglich, dass das HKW gar keine Zuteilung erhält, und stattdessen der gesamte Wärmestrom in der Zuteilung für das Zuteilungselement Glas eingebettet wird.

---

217 Aus diesem Grundsatz resultiert eine Vielzahl denkbarer Komplikationen. So ist es durchaus denkbar, dass ein Unternehmen für eine neue Anlage Heizkraftwerk keine Zuteilung erhält, weil diese komplett die Belieferung einer bestehenden Anlage übernimmt. Hier ist jeweils bezogen auf die individuelle Situation zu prüfen, wem der Zuteilungsanspruch erwächst, welches Zuteilungselement angesprochen ist, und ob überhaupt die Regelungen für Neuanlagen anwendbar sind.

c) Separate Berechnung für jedes Zuteilungselement und deren Hierarchie

218 Für jedes Zuteilungselement errechnet die zuständige Behörde anschließend die vorläufige jährliche Anzahl der kostenlos zuzuteilenden Berechtigungen seit der Aufnahme des Regelbetriebs für jedes weitere Jahr der 3. Handelsperiode separat.

219 Der Betreiber kann zwischen den unterschiedlichen Zuteilungselementen nicht frei wählen. Vielmehr schreibt die **Zuteilungsverordnung 2020** (ZuV 2020)[271] eine Hierarchie der Zuteilungselemente vor. Entsprechend dieser vorgegebenen Hierarchie erfolgt

271 Zuteilungsverordnung 2020 (ZuV 2020) v. 26.9.2011 (BGBl. I S. 1921).

- erstrangig die Zuordnung zu einem **Zuteilungselement mit Produkt-Emissionswert** nach § 2 Nr. 28 ZuV 2020. Diese sind abschließend im sogenannten Benchmark-Beschluss vom 27.4.2011[272] aufgeführt.
- Vorausgesetzt es gibt keinen passenden Benchmark, wird zweitrangig das **Zuteilungselement mit Wärme-Emissionswert** gebildet. Dies setzt voraus, dass die produzierte Wärme messbar ist, was aber nicht bei allen Prozessen der Fall ist.
- Darauf folgt das **Zuteilungselement mit Brennstoff-Emissionswert,** das also nicht produkt-, sondern eintragsbezogen bemessen wird.
- Und zuletzt folgt das **Zuteilungselement mit Prozess-Emissionen** nach § 2 Nr. 29 ZuV 2020.

Die drei letztgenannten Zuteilungselemente nennt die Europäische Kommission (und 220 damit auch die DEHSt) **Fallback-Szenarien.**

Zu beachten ist zudem, dass für die Produktion von Strom keine Zuteilung 221 gewährt wird, obwohl hier regelmäßig messbare Wärme (wie in einer Dampfkesselanlage) in ein Produkt umgesetzt wird. Bei einem HKW wird also nur die Wärmeseite mit einer Zuteilung bedacht.

2 Inbetriebnahme des Zuteilungselements

Zentraler Anknüpfungspunkt für die Zuteilung für neue Anlagen ist die **Aufnahme** 222 **des Regelbetriebs**. Zum einen wird ausgehend von diesem Datum die Kapazität ermittelt, die der Zuteilungsmenge zugrunde liegt. Zum anderen beginnt an diesem Tage die einjährige Frist für den Zuteilungsantrag zu laufen.

Diese Begrifflichkeit ist nicht zu verwechseln mit der Inbetriebnahme im immissi- 223 onsschutzrechtlichen Sinne. Vielmehr trifft die ZuV 2020 eine vollkommen neue und von herkömmlichen Begrifflichkeiten weit abweichende Festlegung, wenn es in § 2 Nr. 2 ZuV 2020 heißt, die Aufnahme des Regelbetriebs sei

> „**der erste Tag eines durchgängigen 90-Tage-Zeitraums** oder, falls der übliche Produktionszyklus in dem betreffenden Sektor keine durchgängige Produktion vorsieht, der erste Tag eines in sektorspezifische Produktionszyklen unterteilten 90-Tages-Zeitraums, in dem die Anlage mit **durchschnittlich mindestens 40 Prozent der Produktionsleistung** arbeitet, für die sie ausgelegt ist, gegebenenfalls unter Berücksichtigung der anlagenspezifischen Betriebsbedingungen".
> [Hervorh. d. d. Verf.]

Es ist also zu prüfen, wann die Anlage in einem durchgängigen 90-Tage-Zeitraum mit 224 einer durchschnittlichen Auslastung von 40 % der Produktionsleistung betrieben wurde. Was unter der Produktionsleistung zu verstehen ist, definiert § 3 Nr. 11 TEHG,

---

272 Beschluss 2011/278/EU der Europäischen Kommission (Benchmark-Beschluss) v. 27.4.2011 (K(2011) 2772) (ABl EU Nr. L 130 S. 1 ff.).

dessen Begriffsbestimmungen gem. § 2 S. 1 ZuV 2020 auch für die ZuV 2020 gelten. Danach ist die Produktionsleistung

> „die tatsächlich und rechtlich maximal mögliche Produktionsmenge pro Jahr".

Beispiel
Ein HKW hat eine jährliche, genehmigte und technisch abrufbare Produktionsleistung von 200 MW thermisch, also pro Tag rund 0,54 MW thermisch. Die 40-%-Marke, die er über 90 Tage im Durchschnitt erreichen muss, liegt also bei rund 0,22 MW. Der Betreiber überprüft also anhand tagesscharfer Daten jeweils rücklaufend, ob er diese 0,22 MW bezogen auf die letzten 90 Tage bereits erreicht hat. Sobald dies der Fall ist, steht der erste Tag des 90 Tageszeitraums als Tag der Aufnahme des Regelbetriebs fest.

---

225 Zu beachten ist: Es kommt grundsätzlich auf die technisch maximal abrufbare Produktionsmenge an, jedoch müssen genehmigungsrechtliche Beschränkungen des Anlagenbetriebs berücksichtigt werden.

Beispiel
Das eben erwähnte HKW kann zwar 200 MW jährlich produzieren. Aus Gründen des Lärmschutzes ist es aber auf 180 MW Produktionsleistung beschränkt. Damit beträgt die 40-%-Grenze nicht mehr 0,22 MW, sondern nur 0,19 MW. Hieraus ergibt sich naturgemäß ein ganz anderer Zeitraum und ein ganz anderer Tag der Aufnahme des Regelbetriebs. Dies schlägt auf die Kapazitätsbestimmung und auch auf die Antragsfrist durch.

---

3 Ermittlung der Kapazität

226 Zwar handelt es sich beim **Begriff der Kapazität einer Anlage** um einen etablierten Begriff, unter dem sich jeder Praktiker etwas vorstellen kann. Dieser herkömmliche Kapazitätsbegriff, also das technische wie auch rechtliche Potential einer Anlage, ist aber nicht mit dem emissionshandelsrechtlichen Kapazitätsbegriff zu verwechseln. Denn hier hat der Verordnungsgeber – im Gefolge der Europäischen Kommission – eine andere Definition gefunden, die regelmäßig zu Verwirrungen mit teils tragischen Folgen führt. Konkret wird die für die Zuteilung relevante installierte Anfangskapazität der Zuteilungselemente von Neuanlagen in § 16 Abs. 4 ZuV 2020 nämlich wie folgt definiert:

> „Die installierte Anfangskapazität für Neuanlagen entspricht für jedes Zuteilungselement abweichend von § 4 dem Durchschnitt der zwei höchsten Monatsproduktionsmengen innerhalb des durchgängigen 90-Tage-Zeitraums, auf dessen Grundlage die Aufnahme des Regelbetriebs bestimmt wird, hochgerechnet auf ein Kalenderjahr."

227 Die **installierte Anfangskapazität** ist also begrenzt auf den Durchschnitt der beiden höchsten (auf 30 Tage egalisierten) Monatsproduktionsmengen in den – vorstehend

beschriebenen – 90 Tagen ab Aufnahme des Regelbetriebs. Diese können auch über die Grenzen der Kalendermonate hinweg ermittelt werden, solange es zu keinen Überschneidungen zwischen den Monatszeiträumen kommt.

Beispiel

Das erwähnte HKW hat die 0,22 MW als Durchschnittswert über 90 Tage ab dem 13.2.2014 erreicht. Es kommt damit auf den Zeitraum bis 27.4.2014 an. Der Anlagenbetreiber ermittelt nunmehr als höchste Monatsproduktionsmengen die Zeiträume 13.2.2014 bis 13.3.2014 sowie 14.3.2014 bis 14.4.2014 und egalisiert sie. Sodann berechnet er den Durchschnitt, multipliziert diesen mit 12. Der sich so ergebende Wert ist die installierte Anfangskapazität.

Im Ergebnis ist die so ermittelte installierte Anfangskapazität regelmäßig geringer als 228 die herkömmliche Kapazität. Denn es ist kaum anzunehmen, dass in einer Phase, in der die Anlage ja erst angefahren wird, 100 % der technisch wie rechtlich maximal möglichen Produktionsmenge aufgerufen werden. Nur in diesem – praktisch quasi ausgeschlossenen – Fall kommt es aber dazu, dass die installierte Anfangskapazität der technischen entspricht.

Diese Differenz stellt vielfach ein **wirtschaftliches Problem** dar. Denn die instal- 229 lierte Anfangskapazität als Ausgangspunkt der Zuteilung sollte möglichst mindestens dem Normalbetrieb entsprechen, um eine möglichst vorteilhafte Zuteilung zu ermöglichen und so die Zukaufkosten zu minimieren. Vielfach versuchen Anlagenbetreiber, diese Abbildung ihrer künftigen Realproduktion durch eine gezielte Steuerung der Produktionsmengen zu erreichen, wie es beispielsweise im Zusammenspiel mehrerer Anlagen möglich ist. Ist die neue Anlage aber die einzige Anlage, so ist zu überlegen, ob anlagenindividuell eine Steuerungsmöglichkeit zumindest über Phasen der Zurückhaltung (um die 40 % hinauszuzögern) oder eine stufenweise genehmigungsrechtliche Anpassung besteht. Denn es ist nicht möglich, nachträglich noch einmal eine höhere Zuteilung zu beantragen, wenn die Produktion im weiteren Verlauf ein höheres Maß erreicht hat. Eine nachträgliche Zuteilung für eine dann bereits bestehende Anlage setzt stets eine physische Änderung voraus.

Entsprechend sollten Betreiber neuer Anlagen die Inbetriebnahmephase sorgfäl- 230 tig planen. Hier besteht noch am ehesten Raum für Optimierungen, aber auch für teure Abweichungen von der ursprünglichen Finanzplanung.

4 EU-weit einheitliche Benchmarks

Die Zuteilung für neue Anlagen erfolgt stets benchmarkbezogen. Anders als in der 231 Vergangenheit wurden für die 3. Handelsperiode EU-weit einheitliche Benchmarks festgelegt. Diese Benchmarks sind in t CO_2 pro hergestellte Tonne des jeweiligen Produkts angegeben. Sie gelten unabhängig vom eingesetzten Brennstoff, vom Standort oder von anderen anlagenindividuellen Faktoren. Unterschieden wird nur nach Produkt:

232 Für über **50 industrielle Produkte** hat die Europäische Kommission einheitliche Benchmarks festgelegt, die anhand der arithmetischen durchschnittlichen Emissionen der 10 % effizientesten Anlagen der jeweiligen Branchen in den Jahren 2007 und 2008 ermittelt worden sein sollen.

Beispiel

Für das Produkt Pflasterziegel ist der Benchmark von 0,192 t CO_2 pro t Produkt nur für Tonziegel für Bodenbeläge gem. EN 1344 vorgesehen. Das bedeutet, dass Pflasterziegel, die nicht EN 1344 entsprechen, auch nicht diesem Benchmark unterfallen. Entweder passt ein anderer gelisteter Benchmark wie zum Beispiel Dachziegel. Andernfalls wird die für die Produktion verwandte Wärme als „messbare Wärme" zugeteilt.

233 Die Benchmarks umfassen dabei regelmäßig eine ganze Kette von einzelnen Produktionsschritten, die in der Tabelle zum sogenannten Benchmarkbeschluss 2011/278 vom 27.4.2011[273] detailliert beschrieben sind.

Beispiel

Für das Produkt Pflasterziegel ist definiert, dass sämtliche Prozesse, die direkt oder indirekt mit den Produktionsprozessen Aufbereiten und Mischen der Rohstoffe, Formen, Trocknen der Rohlinge, Brennen der Ziegel, Fertigstellung des Produkts und Abgaswäsche in Zusammenhang stehen, vom Benchmark umfasst sind. Da die Verpackung hier nicht erwähnt ist, kann ein Betreiber für einen Wärmestrom, der in der Verpackungsanlage verwandt wird, neben der Benchmarkzuteilung für Pflasterziegel eine weitere Zuteilung für messbare Wärme geltend machen. Wichtig ist nur, dass insgesamt 100 % – und nicht mehr – der insgesamt erzeugten und gelieferten Wärme Zuteilungselementen zugeordnet werden.

234 Für **messbare Wärme** dagegen gilt ein Benchmark von 62,3 t CO_2/TJ. Dieser Wert entspricht ungefähr dem Stand der Technik für die Wärmeerzeugung durch Erdgas. Für Anlagen, die andere Brennstoffe verwenden, ist damit schon auf dieser Ebene die Unterdeckung vorprogrammiert. Dies soll zum Brennstoffwechsel anregen.

235 Für die Zuteilung auf Basis des **Brennstoffeintrags** gilt ein Benchmark von 56,1 t CO_2/TJ. Auch dieser orientiert sich an Erdgas.

5 Maßgebliche Aktivitätsrate

236 Dass Anlagen nicht ihr gesamtes Potential aufrufen, ist im Zuteilungssystem an sich über die Kapazitätsermittlung abgebildet, die ja das Anlagenverhalten der ersten paar Monate abbildet. An sich ist es deswegen systematisch überraschend, dass gem. § 17 ZuV 2020 ein weiterer Multiplikator die maßgebliche Aktivitätsrate abbilden soll. In der Praxis wird der Zuteilungsanspruch des Betreibers so zweifach geschmälert, auch

273 Benchmark-Beschluss 2011/278/EU v. 27.4.2011 (K(2011) 2772) (ABl EU Nr. L 130 S. 1 ff.).

wenn es – leider wohl nur theoretisch – möglich sein müsste, durch eine Aktivitätsrate von > 1 einen unglücklich verlaufenen 90-Tage-Zeitraum auszugleichen.

Insgesamt ist hier zu unterscheiden: Für viele industrielle Produkte hat die Europäische Kommission Festlegungen getroffen.[274] Ansonsten muss der Betreiber begründen.[275] 237

a) Festlegungen durch die Europäische Kommission

Für **Zuteilungselemente mit Produkt-Emissionswert** darf der Betreiber keine individuellen Faktoren einspeisen. Hier wird also kein Auslastungsfaktor ermittelt. Stattdessen hat die Europäische Kommission diese am 5.9.2013 durch Beschluss[276] festgelegt. In dessen Anhang finden sich nach einzelnen Produkten folgende differenzierte **Standardauslastungsfaktoren**: 238

Koks	0,960
Eisenerzsinter	0,886
Flüssiges Roheisen	0,894
Vorgebrannte Anode	0,928
Aluminium	0,964
Grauzementklinker	0,831
Weißzementklinker	0,787
Kalk	0,813
Dolomitkalk	0,748
Sinterdolomit	0,784
Floatglas	0,946
Flaschen und Behälter aus farblosen Glas	0,883
Flaschen und Behälter aus Farbglas	0,912
Produkte aus Endlosglasfasern	0,892
Vormauerziegel	0,809
Pflasterziegel	0,731
Dachziegel	0,836
Sprühgetrocknetes Pulver	0,802
Gips	0,801

274 Rn 238 f.
275 Rn 240 f.
276 Beschluss 2013/447/EU der Europäischen Kommission v. 5.9.2013 (ABl EU Nr. L 240 S. 23 ff.).

Getrockneter Sekundärgips	0,812
Kurzfaser-Sulfatzellstoff	0,808
Langfaser-Sulfatzellstoff	0,823
Sulfitzellstoff, thermo-mechanischer und mechanischer Holzstoff	0,862
Zellstoff aus wiederaufbereitetem Papier	0,887
Zeitungsdruckpapier	0,919
Ungestrichenes Feinpapier	0,872
Gestrichenes Feinpapier	0,883
Tissuepapier	0,900
Testliner und Fluting	0,889
Ungestrichener Karton	0,863
Gestrichener Karton	0,868
Salpetersäure	0,876
Adipinsäure	0,849
Vinylchloridmonomer (VCM)	0,842
Phenol/Aceton	0,870
S-PVC	0,873
E-PVC	0,834
Soda	0,926
Raffinerieprodukte	0,902
Im Elektrolichtbogen gewonnener Kohlenstoffstahl	0,798
Im Elektrobogenverfahren gewonnener hochlegierter Stahl	0,802
Eisenguss	0,772
Mineralwolle	0,851
Gipskarton	0,843
Industrieruß („Carbon Black“)	0,865
Ammoniak	0,888
Steamcracken	0,872
Aromaten	0,902
Styrol	0,879
Wasserstoff	0,902
Synthesegas	0,902
Ethyneloxid/Ethylenglycole	0,840

Zu beachten ist auch an dieser Stelle, dass jedes Zuteilungselement für sich steht. 239
Dies bedeutet: Eine Anlage, die unterschiedliche Zuteilungselemente mit entsprechend unterschiedlichen Kapazitäten für unterschiedliche Produkte aufweist, muss für jedes Produkt separat auch eine Aktivitätsrate ausweisen. Diese können sich auch dann unterscheiden, wenn dies faktisch nicht der Fall ist.

Beispiel
Eine neue Glasfabrik produziert grüne und farblose Flaschen. Die installierte Anfangskapazität der grünen Flaschen beträgt 12.000 t/a. Die der farblosen Flaschen ebenfalls 12.000 t/a. Trotz identischer Produktionszeiten und -mengen gilt einmal ein Standardauslastungsfaktor von 0,912 (grüne Flaschen), einmal aber von 0,883 (farblose Flaschen).

---

b) Darlegung durch den Betreiber

Der **Auslastungsfaktor** gem. § 17 Abs. 2 ZuV 2020 für alle anderen nicht im Beschluss 240
vom 5.9.2013 genannten Produkte wird in den Fällen des § 17 Abs. 1 Nr. 2 bis 4 ZuV 2020 anhand von Informationen über den bisherigen sowie künftigen Betrieb, Wartungszeiträume und Produktionsabschnitte ermittelt. Hinzu kommen Informationen über energieeffiziente Techniken, die das Potential besitzen, auf den maßgeblichen Auslastungsfaktor Einfluss zu nehmen. Diese muss der Betreiber im Rahmen der Antragstellung ins Verfahren einspeisen. Hier lohnt es sich, gründlich darzulegen, wie die Anlage eingesetzt werden soll, insbesondere wenn der **Anlageneinsatz** pro Jahr über das branchenübliche Quantum hinausgeht.

Durch § 17 Abs. 2 Nr. 3 ZuV 2020 wird mit der **sektorspezifischen Auslastung** 241
ein dritter Aspekt ins Spiel gebracht, welcher von der zuständigen Behörde (also der DEHSt) auszufüllen ist. Diese veröffentlicht anhand der vorhandenen gesammelten Daten Leitfäden und bestimmt schließlich mit Hilfe der aufgeführten Aspekte den maßgeblichen Auslastungsfaktor. Auch an dieser Stelle wird auf diese Weise eine typisierende Betrachtung mit einer individuellen verbunden. Dies erhöht faktisch den Druck auf den Betreiber, Sondersituationen sorgfältig darzulegen.

Tipp
Im emissionshandelsrechtlichen Zuteilungsverfahren gilt eine strenge Ausschlussfrist. Es ist demnach nicht möglich, nachträglich noch weitere Fakten und Umstände ins Verfahren einzuführen, die eine höhere Aktivitätsrate rechtfertigen, als die DEHSt es für branchentypisch hält. Hieraus resultiert, dass die immissionsschutzrechtlich mögliche und auch aus Gründen der Verfahrensökonomie nicht unverbreitete Vorgehensweise, erst einmal zurückhaltend zu beantragen und auf Anfrage mehr zu liefern, hier nicht möglich ist. Es ist deswegen unbedingt anzuraten, alle Faktoren, die für mehr Laufzeit als üblich sprechen, direkt im Zuteilungsantrag vorzulegen.

---

6 Kürzungen des Zuteilungsanspruchs

242 Es ergibt sich aus dem Zusammenspiel der Darstellungen von Kapazität, Benchmark und Aktivitätsrate, dass das Ergebnis kaum jemals dem Bedarf der neuen Anlage entspricht. Doch selbst dieser niedrige Zuteilungsanspruch wird mehrfach weiter gekürzt:

243 Die **endgültige Zuteilungsmenge** ergibt sich, indem das Produkt aus der maßgeblichen Aktivitätsrate und dem Wärme-Benchmark mit dem degressiven Kürzungsfaktor (§ 9 Abs. 3 i.V.m. § 18 Abs. 2 Satz 1 ZuV 2020) und dem linearen Kürzungsfaktor (§ 18 Abs. 6 ZuV 2020) multipliziert wird. Diese **Kürzungsfaktoren** betragen für die einzelnen Jahre jeweils:

	2014	2015	2016	2017	2018	2019	2020
Linearer Kürzungsfaktor	0,9826	0,9652	0,9478	0,9304	0,913	0,8956	0,8782
Degressionsfaktor	0,7286	0,6571	0,5857	0,5143	0,4429	0,3714	0,3

244 Zu beachten ist, dass der Degressionsfaktor nur Anlagen betrifft, die als nicht abwanderungsbedroht gelten. Branchen, die dagegen als „Carbon Leakage"-gefährdet angesehen werden, werden von dieser Kürzung verschont.

245 Die Branchen, auf die dies zutrifft, hat die Europäische Kommission zusammengestellt. Die **einzelnen Wirtschaftszweige** sind nach der statistischen Systematik in der Europäischen Gemeinschaft, die sogenannten **NACE-Codes**, aufgeführt.[277] Sie befinden sich in einer Liste, die die Europäische Kommission jährlich erweitern kann. Die derzeit (31.12.2014) aktuelle Liste ist vom 27.10.2014 datiert.[278]

246 Zum Bedauern mancher Unternehmen ist es nicht möglich, unternehmensindividuell darzulegen, dass die qualitativen Kriterien der Emissionshandelsrichtlinie (EHRL)[279] für eine Abwanderungsbedrohung[280] gegeben sind. Wenn also ein faktisch abwanderungsbedrohtes Unternehmen sich nicht in der Carbon-Leakage-Liste wiederfindet, so ist es nur dann möglich, eine nicht dem Degressionsfaktor unterworfene Zuteilung zu erhalten, wenn entweder die statistische Unternehmensklassifizierung sich als ungenau oder unrichtig erweist und korrigiert werden kann oder wenn die Europäische Kommission – gegebenenfalls auf Anregung hin – die Liste erweitert.

277 Anh. I der VO (EG) 1893/2006 v. 20.12.2006 (ABl EU Nr. L 393 S. 1 ff.), zuletzt geändert durch VO (EG) 295/2008 v. 11.3.2008 (ABl EU Nr. L 97 S. 13 ff.).

278 Beschluss 2014/746/EU der Europäischen Kommission (NACE-Codes) v. 27.10.2014 (ABl EU Nr. L 308 S. 114 ff.).

279 Emissionshandelsrichtlinie (EHRL – RL 2009/29/EG) v. 23.4.2009 (ABl EU Nr. L 140 S. 63).

280 Hiernach besteht Abwanderungsbedrohung, wenn zu erwarten ist, dass die Produktionskosten (insbesondere Kohlenstoffkosten) in dem Sektor aufgrund des Emissionshandels um mehr als 5 % pro € Bruttowertschöpfung ansteigen und die Intensität des Handels mit Drittstaaten außerhalb der EU 10 % pro € übersteigt. Beträgt eines der beiden Kriterien mehr als 30 %, ist stets von Carbon Leakage auszugehen.

7 Begrenzung des Zuteilungsanspruchs für Neuanlagen

Die Zuteilung für Neuanlagen steht unter dem Vorbehalt, dass die hierfür bereitgestellte Zuteilungsreserve von 5 % der Zertifikate ausreicht, um die Zuteilungsansprüche zu erfüllen. Gemäß Art. 19 Abs. 6 des Benchmark-Beschlusses[281] prüft die Europäische Kommission, ob die Zertifikate nach einem **Warteschlangensystem** zu vergeben sind, sobald die Reserve zur Hälfte erschöpft ist oder abzusehen ist, dass diese bis 2020 aufgebraucht sein wird. Hierfür gibt es allerdings derzeit noch keine Anhaltspunkte. 247

VI Ausblick: Wachsende Relevanz für Neubauvorhaben

Aus den vorangehenden Darstellungen wird mancher entnehmen, dass der Emissionshandel mehr oder weniger als ein lästiger, weil aufwändiger, insgesamt aber nicht projektentscheidender Aspekt für Neubauten im Anlagenbereich zu betrachten sei. Dies jedoch geht an den Realitäten vorbei. Denn die Kostenbelastung durch den Emissionshandel beträgt zwar in der aktuellen Handelsperiode nur rund 6,00 € pro t/CO_2. Es ist aber absehbar, dass sich dies während der Laufzeit von heute geplanten und errichteten Anlagen ändern wird. Hierfür spricht nicht nur die generelle politische Absicht, die Emission von Treibhausgasen weiter um 40 % gegenüber 1990 zu verringern, um dem Ziel, die Erderwärmung zu stoppen oder zumindest zu verlangsamen, näher zu kommen. Allein dies würde eine Erhöhung des Minderungspfades von jetzt 1,74 % pro Jahr auf 2,2 % ab 2020 auslösen. Die Zertifikatmenge würde also noch schneller noch weiter zurückgeführt. Zwangsläufig steigen dann auch die Preise. 248

Darüber hinaus werden neben den 900 Mio. schon vorübergehend aus dem Markt genommenen Emissionsberechtigungen weitere 500 Mio. Berechtigungen in eine Marktstabilitätsreserve überführt. Während die Bundesrepublik Deutschland eine solche Reserve zu Zwecken der Marktstützung ab 2017 präferiert hatte, wird diese nun erst ab 2019 greifen. Dies soll künftig Preissenkungen bis an die Grenze der Wirksamkeit des Instruments wirksam vorbeugen. 249

Über den mit diesen Maßnahmen bezweckten Preisanstieg hinaus sind steigende Kosten für Anlagenbetreiber aber auch aufgrund des künftig immer weiter steigenden Versteigerungsanteils abzusehen. Denn heute erhalten gerade industrielle Anlagenbetreiber noch eine ansehnliche Zuteilungsmenge. In Zukunft soll sich dies aber ändern: Auch wenn die Pläne der Europäischen Kommission weiter eine Zuteilung vorsehen,[282] so wird die Menge deutlich sinken, selbst für Anlagen, die dem Stand der Technik voll entsprechen. 250

---

281 Benchmark-Beschluss 2011/278/EU v. 27.4.2011 (K(2011) 2772) (ABl EU Nr. L 130 S. 1 ff.).

282 Commission proposal v. 15.7.2015 abrufbar unter http://eur-lex.europa.eu/legal-content/DE/TXT/PDF/?uri=CELEX:52015PC0337R%2801%29&from=EN.

251 Für Vorhabenträger bedeutet das: Schon in der Projektphase muss der Emissionshandel anhand unterschiedlicher Szenarien durchdacht werden. Legt man eine dreißigjährige Anlagenlaufzeit zugrunde, so darf nicht davon ausgegangen werden, dass diese Seite sich nicht oder nur marginal verändert. Die Kostenlast wird absehbar ab 2020 steigen, um ab 2027 eine heute nicht einmal für sehr emissionsintensive Anlagen realistische Größenordnung zu erreichen. Für Neuanlagen bedeutet dies gegenüber alten und oft nicht mehr effizienten Anlagen tendenziell einen Vorteil. Doch die anstehenden Änderungen können sich bei der Wirtschaftlichkeitsplanung auf essentielle Faktoren wie die Brennstoffwahl auswirken. Der Emissionshandel ist für Neuanlagen entsprechend ein Thema mit hoher Priorität.

C Wasserrechtliche Genehmigung

252 Sofern mit der Errichtung und dem Betrieb einer Anlage auch eine Gewässerbenutzung[283] verbunden ist, bedarf der Vorhabenträger auch einer wasserrechtlichen Genehmigung. Deren Voraussetzungen ergeben sich aus dem Wasserhaushaltsgesetz (WHG).[284] Da die wasserrechtliche Genehmigung nicht von der Konzentrationswirkung der Immissionsschutzgenehmigung erfasst wird, ist hier eine gesonderte Genehmigung zu beantragen.[285]

I Relevante Benutzungen

253 Nicht jede **Benutzung von Oberflächengewässern** ist überhaupt genehmigungsbedürftig. Das WHG gibt hier eine zweistufige Prüfung vor:

- Im ersten Schritt ist anhand von § 9 WHG zu bewerten, ob überhaupt eine Benutzung vorliegt. Hier ist festgelegt, dass beispielsweise das Aufstauen und Absenken von Gewässern wie auch das Einbringen und Einleiten von Stoffen eine genehmigungspflichtige Benutzung darstellt. Für den Bereich der Anlagen besonders relevant: Auch die nachträgliche Veränderung der Wasserbeschaffenheit durch Einleiten von Abwärme, also beispielsweise im Kühlprozess, stellt eine Benutzung dar.
- Im zweiten Schritt ist zu prüfen, ob die geplante Benutzung dem Erlaubnis- und Bewilligungserfordernis unterliegt. Dies ist nämlich nicht in jedem Fall gegeben. Die Benutzung eines Oberflächengewässers mit beispielsweise einem Ruderboot

283 Vgl. Rn 253 ff.
284 Wasserhaushaltsgesetz (WHG) v. 31.7.2009 (BGBl. I S. 2585), zuletzt geändert durch Verordnung v. 31.8.2015 (BGBl. I S. 1474).
285 Vgl. Rn 254 ff.

ist als Teil des wasserrechtlichen Gemeingebrauchs gem. § 23 WHG nicht Gegenstand eines Genehmigungsverfahrens. Auch die Entnahme geringer Mengen von Wasser durch Anrainer zum Blumen gießen oder das Angeln bedarf keiner wasserrechtlichen Genehmigung (indes ist Angeln nach den Fischereigesetzen auf den sogenannten Angelschein angewiesen).

II Die wasserrechtlichen Genehmigungsarten

Als wasserrechtliche Besonderheit kennt das WHG nicht nur eine Genehmigung, 254
sondern mit der Erlaubnis gem. § 7 WHG und der Bewilligung gem. § 8 WHG **zwei Genehmigungsarten**, die sich durch die Intensität der vermittelten Rechtsstellung unterscheiden:

- Die **Erlaubnis** nach § 7 Abs. 1 WHG vermittelt „nur" die widerrufliche Befugnis, ein Gewässer in bestimmter Weise zu nutzen.
- Die **Bewilligung** nach § 8 Abs. 1 WHG vermittelt dagegen das deutlich stärkere Recht zu Gewässerbenutzung.

Recht technisch resultieren aus dieser **Differenzierung** unterschiedlich hohe Anfor- 255
derungen an eine Abänderung oder Aufhebung der Genehmigung durch die Wasserbehörden. Doch auch gegenüber privaten Dritten, die durch die Gewässerbenutzung betroffen sein könnten, unterscheiden sich Erlaubnis und Bewilligung durch das **Intensitätsniveau der vermittelten Rechtsstellung**. Denn die Bewilligung hat insofern rechtsgestaltende Wirkung auch gegenüber privaten Dritten, als dass sie diese Rechte möglicherweise ganz einbüßen oder doch in ihnen zumindest drastisch geschränkt werden, wenn sie es nicht bereits im Genehmigungsverfahren vermocht haben, durch rechtzeitige Einbindung und Durchsetzung ihrer Belange auf eine entsprechende Gestaltung der Bewilligung hinzuwirken. Ansonsten gilt gem. § 11 WHG eine verhältnismäßig weitgehende Präklusion.

Entsprechend der starken und für Dritte einschränkenden Rechtsstellung, die mit 256
einer Bewilligung einer Gewässerbenutzung verbunden ist, darf diese nur in Ausnahmefällen erteilt werden. Bei der Frage, ob Bewilligung oder Erlaubnis erteilt werden, ist die Behörde nicht frei. Die Frage, welche Rechtsstellung der Antragsteller erhält, unterliegt der gerichtlichen Kontrolle, auch wenn die Genehmigungswirkung im aufzunehmenden Betrieb zunächst identisch anmutet. Die erforderliche Klagebefugnis vermittelt hier bereits die differenzierte Widerruflichkeit. Dies gilt naturgemäß auch für den drittwidersprechenden Anwohner oder Naturschutzverband.

Erlaubnis und **Bewilligung** unterscheiden sich auch im Hinblick auf das mit 257
ihrer Erteilung verbundene Verfahren. Die Bewilligung wird auf ein Verfahren hin erteilt, welches einem Planfeststellungsverfahren weit angenähert ist.

III Voraussetzungen der Genehmigungserteilung

258 Anders als die immissionsschutzrechtliche Genehmigung ist die wasserrechtliche Genehmigung nicht gebunden. Es besteht damit nur ein Anspruch fehlerfreier Ermessensausübung. Dies bedeutet: Wenn kein zwingender Versagungsgrund besteht, ist nach Verhältnismäßigkeitserwägungen gem. § 6 WHG abzuwägen. Hierbei steht dem Wohl der Allgemeinheit unter Berücksichtigung einer vorsichtigen Prognose und private Belange Dritter das Interesse des Antragstellers gegenüber. Besonderheiten gibt es in diesem Kontext, sofern die Benutzung in einer Einleitung besteht. Zu beachten ist hier auch die Abwasserverordnung (AbwV).[286]

259 Sowohl Erlaubnis als auch Bewilligung können unter Festsetzung von **Benutzungsbedingungen und Auflagen** erteilt werden.

D Carbon Capture and Storage (CCS)

260 Noch vor wenigen Jahren nahm man an, ein Neubauprojekt – gerade im Kraftwerksbereich – sei ohne CCS[287] kaum mehr denkbar. Diese Euphorie war jedoch nur von kurzer Dauer, hat aber zu einer faktisch wenig relevanten Kodifizierung geführt.[288] Heute ist zumindest in der Bundesrepublik Deutschland kein großtechnisches CCS-Projekt in Sicht.[289]

I CCS – was ist das?

261 Unter CCS versteht man eine Technik, die es erlaubt, das im Abgasstrom von Verbrennungsanlagen enthaltene Kohlendioxid nicht in die Atmosphäre zu entlassen, sondern von den sonstigen Bestandteilen des Rauchs abzuscheiden, unter Umständen über erhebliche Strecken zu transportieren und sodann unterirdisch zu lagern. Es existieren mehrere Techniken, die eine solche Abscheidung ermöglichen. Sie wurden bisher aber noch nie großtechnisch eingesetzt.

262 Als bevorzugter Ort für diese **dauerhafte Speicherung** sehen Befürworter dieser Technik die sogenannte Saline Aquifere an, die in tiefliegenden Gesteinsschichten vorwiegend in Norddeutschland heute Salzwasser führt, das durch verflüssigtes Koh-

---

286 Abwasserverordnung (AbwV) v. 17.6.2004 (BGBl. I S. 1108, 2625), zuletzt geändert durch Verordnung v. 2.9.2014 (BGBl. I S. 1474).
287 Vgl. Rn 261 f.
288 Vgl. Rn 263 ff.
289 Vgl. Rn 266 ff.

lendioxid ersetzt werden könnte. In geringem Maße ist es aber auch möglich, das Kohlendioxid in erschöpften Erdgasfeldern abzulagern.

II Regelungsrahmen für CCS

Die schnelle Setzung eines Rechtsrahmens für eine bis jetzt noch nicht großtechnisch etablierte Technik beruhte auf der Hoffnung, mit CCS den Wünschen der Klimapolitik ebenso wie den Belangen der Wirtschaft nachkommen zu können. Entsprechend hoffte zum Beispiel die Europäische Kommission noch 2008, 25 % bis 28 % der Verringerung der CO_2-Emission weltweit bis 2050 durch CCS realisieren zu können. Entsprechend engagiert wurde der Gesetzgebungsprozess angeschoben. 263

Schon 2008 legte die Europäische Kommission im Rahmen ihres Energie- und Klimapakets den **Entwurf der CCS-Richtlinie**[290] vor. Diese Richtlinie trat in wesentlichen Punkten verändert als Richtlinie 2009/31/EG[291] in Kraft. 264

Die **deutsche Umsetzung** verlief schleppend. 2009 scheiterte ein erstes Gesetzgebungsprojekt am Widerstand vorwiegend innerhalb des Unionslagers.[292] Erst im zweiten Anlauf und nach einem mühsamen Vermittlungsverfahren wurde das CCS-Gesetz[293] am 28.6.2012 verabschiedet. Anders als der erste, gescheiterte Entwurf regelt das heute geltende Gesetz nicht mehr, wie 2008 und 2009 noch erhofft, die Großkraftwerke mit Pipelines von Süddeutschland bis Ostfriesland. Stattdessen geht es nur noch um Erforschung, Erprobung und Demonstration.[294] Zudem enthält die aktuelle Regelung eine „Ausstiegsklausel" für die Bundesländer, die keine Speicheranlage auf ihrem Territorium wünschen. Von dieser Option haben die hauptsächlich betroffenen norddeutschen Bundesländer Gebrauch gemacht, sodass es derzeit faktisch zu keiner für den großtechnischen Einsatz verwendungsfähigen Speicheranlage auf deutschem Boden kommen könnte. 265

III Sachstand zum CCS

Das Verfahren und die qualitativen Anforderungen an die Abscheidung im Kraftwerk oder der Industrieanlage selbst sind nicht gesondert geregelt. Es gilt hier das 266

290 Zum Verfahren der CCS-Richtlinie vgl. http://eur-lex.europa.eu/legal-content/de/HIS/?uri=CELEX:32009L0031.

291 Richtlinie über die geologische Speicherung von Kohlendioxid (CCS-Richtlinie – RL 2009/31/EG) v. 23.4.2009 (ABl EU Nr. L 140 S. 114).

292 BT-Drucks. 16/12782; detailliert bei *Diekmann*, NVwZ 2012, 989, 990.

293 Kohlendioxid-Speicherungsgesetz (KSpG/CCS-Gesetz) v. 17.8.2012 (BGBl. I S. 1726), zuletzt geändert durch Verordnung v. 31.8.2015 (BGBl. I S. 1474).

294 *Dieckmann*, NVwZ 2012, 989 ff.

BImSchG. Entsprechend müsste ein Betreiber einer Neuanlage, der auch eine **CCS-Anlage** errichten will, für diese einen **Genehmigungsantrag nach dem BImSchG** stellen. Da es sich um eine untergeordnete Nebeneinrichtung zur Haupteinrichtung handelt, wäre aber nur ein Antrag auf einheitliche Genehmigung erforderlich.[295]

267 Im Hinblick auf die **Zulässigkeit der Abscheidung** kommt es im Einzelfall naturgemäß auf die Umweltauswirkungen der jeweiligen Abscheidungstechnik an. Diskutiert wird die Relevanz von Monoethanolamin. Das Abfallrecht spielt dagegen keine Rolle, da es sich qua gesetzlicher Definition nicht um Abfall handelt. Und auch das in § 5 Abs. 1 Nr. 4 BImSchG verankerte Energieeffizienzgebot spielt hier keine Rolle. Denn Anlagen mit einer CCS-Abscheidung sind zwar heute noch rund 10 % weniger effizient als Anlagen, die nicht diese Ausstattung aufweisen. Jedoch ist das Energieeffizienzgebot für Anlagen, die emissionshandelspflichtig sind (und nur für diese würde sich eine Abscheidungsvorrichtung anbieten) gesetzlich suspendiert.

268 Unabhängig von der Frage der Genehmigungsfähigkeit einer Abscheidungsvorrichtung für eine Neuanlage besteht aber bei Kraftwerksanlagen der Größenklasse 300 MW und mehr eine generelle Prüfpflicht, ob die Anlage für eine Nachrüstung geeignet ist (§ 9a der 13. BImSchV). Ist dies der Fall, so hat der Betreiber geeignete Flächen vorzuhalten. Da die Anlagen nach heutigem Erkenntnisstand ungefähr ebenso groß wie die Kraftwerksanlage selbst sind, löst dies erheblichen Raumbedarf und damit unter Umständen auch Kosten aus.

269 Doch selbst wenn die Prüfung auf die sogenannte **CCS-Readiness** negativ ausfällt, muss der Vorhabenträger nicht um die Genehmigungsfähigkeit seiner Anlage fürchten. Denn es handelt sich nicht um eine Genehmigungsvoraussetzung. Interessant ist diese Frage deswegen allein im Hinblick auf die möglichen Förderungen, da es für **CCS-ready-Kraftwerke** unter Umständen bis zu 15 % Beihilfen geben kann.[296]

E Anfechtung und Drittanfechtung von Immissionsschutzgenehmigungen

270 Kaum ein großes Bauprojekt, gerade im Kraftwerksbereich, ist in den letzten Jahren nicht Gegenstand teilweise langwieriger Gerichtsprozesse vor den Verwaltungsgerichten geworden. Teilweise werden diese Verfahren bereits um die Wirksamkeit der zugrunde liegenden Bebauungspläne geführt.[297] Zum Teil sind aber auch die Immis-

295 *Dieckmann*, NVwZ 2012, 989, 991.

296 Leitlinien für bestimmte Beihilfemaßnahmen im Zusammenhang mit dem System für den Handel mit Treibhausgasemissionszertifikaten nach 2012 (SWD(2012) 130 final, SWD(2012) 131 final) (ABl EU Nr. C 158 S. 4 ff.).

297 OVG Nordrhein-Westfalen, Urt. v. 3.9.2009 – 10 D 121/07.NE – ZNER 2009, 284 ff. = ZUR 2009, 597 ff.

sionsschutzgenehmigungen selbst Gegenstand der Klage von Nachbarn und Umweltverbänden.[298]

Natürlich klagen jedoch nicht nur die Gegner der Erteilung von Genehmigungen. 271
Auch Vorhabenträger selbst wenden sich gegen ihrer Ansicht nach unzureichende Genehmigungen und versuchen, auf gerichtlichem Wege weitergehende Genehmigungen zu erstreiten. Diese Konstellation entspricht der klassischen Situation verwaltungsgerichtlicher Klagen.[299] Im Hinblick auf die sogenannten Drittanfechtungen hat sich jedoch in den letzten Jahren viel getan. Sie sind deswegen für die Vorhabenträger besonders interessant.[300] Von wachsender Bedeutung ist eine weitere Verfahrensart, die allerdings nur in besonderen Konstellationen überhaupt von Bedeutung sein kann: Nämlich internationale Schiedsgerichtsverfahren gegen die Bundesrepublik Deutschland.[301]

I Klagen von Vorhabenträgern auf Erteilung weitergehender Genehmigungen

Nicht immer verläuft der Prozess der Genehmigungserteilung so, wie der Vorhaben- 272
träger es sich wünscht. Dabei sind zwei grundsätzliche Konstellationen zu unterscheiden:

Zum einen ist es möglich, dass die Behörde den **Bescheid in nicht antragsge-** 273
mäßer Form erlässt. So ist es etwa möglich, dass Bescheide ganz abgelehnt werden, auch wenn dies als eher selten anzusehen ist. Oder die **Genehmigung** ergeht **nicht im beantragten Umfange**, beispielsweise wird statt einer Genehmigung für drei Kessel nur eine Genehmigung für eine Anlage mit zwei Kesseln und entsprechend gedrosselter Leistung erteilt. Oder aber die **Genehmigung** wird **mit Nebenbestimmungen** versehen, die die Nutzungsmöglichkeiten des Vorhabenträgers empfindlich einschränken, beispielsweise der Auflage, die Anlage nur über eine bestimmte Anzahl von Vollbenutzungsstunden zu fahren.

In dieser Konstellation erhebt der Vorhabenträger zur Durchsetzung seines 274
Antragsbegehrens zunächst **Widerspruch gegen die behördliche Entscheidung** mit dem Antrag, die Genehmigung so, wie beantragt, zu erlassen. Grundlage des Widerspruchsverfahrens sind §§ 68 ff. VwGO.[302] Hier ist geregelt, dass vor Erhebung von Anfechtungsklagen (also Klagen, die sich auf die Aufhebung einer behördlichen Entscheidung richten) und Verpflichtungsklagen (also Klagen, die darauf gerichtet

298 VGH Baden-Württemberg, Urt. v. 20.7.2011 – 10 S 2102/09 – u.v.
299 Rn 272 ff.
300 Rn 281 ff.
301 Rn 292 ff.
302 Verwaltungsgerichtsordnung (VwGO) v. 19.3.1991 (BGBl. I S. 686), zuletzt geändert durch Verordnung v. 31.8.2015 (BGBl. I S. 1474).

sind, dass eine Behörde einen bestimmten Bescheid erlassen soll) stets erst ein Vorverfahren durchlaufen werden muss. Dieses behördliche Verfahren muss **innerhalb eines Monats schriftlich bei der Widerspruchsbehörde** eingelegt werden. Es ist entsprechend zu begründen.

275 Hilft die Widerspruchsbehörde nicht ab, so kann sodann gerichtliche Hilfe ersucht werden. Da es sich bei **Immissionsschutzgenehmigungen** um öffentlich-rechtliche Maßnahmen handelt, sind die **Verwaltungsgerichte** zuständig (§ 40 Abs. 1 VwGO). Diese prüfen sodann, ob die Entscheidung der Behörde dem öffentlichen Recht entspricht. Sofern sich herausstellt, dass der ursprünglich vom Vorhabenträger eingebrachte Antrag allen Ansprüchen von § 6 Abs. 1 BImSchG entspricht, spricht das Gericht dann aus, dass die Behörde eine entsprechende Bescheidung vorzunehmen hat, die Immissionsschutzgenehmigung also so erlassen werden muss, wie beantragt.

276 In aller Regel und gerade angesichts der hohen wirtschaftlichen Bedeutung von bereits weit gediehenen Vorhaben ist nach der ersten Instanz der Rechtsstreit nicht beendet. Kaum jemals lässt sich eine Behörde nach einer Niederlage vor der Verwaltungsgerichtsbarkeit davon überzeugen, die Genehmigung doch zu erlassen und die dahinter stehenden Rechtsfragen auf sich beruhen zu lassen. Doch nicht in jedem Fall sind Berufung (vor den OVG) und Revision (vor das BVerwG) ohne weiteres eröffnet. Denn entweder lassen die jeweils erkennenden Instanzen diese gesondert zu oder aber der Vorhabenträger ist auf ein eigenes Eröffnungsverfahren angewiesen.[303]

277 Anders, als viele meinen, sind Bundesverfassungsgericht (BVerfG) und Europäischer Gerichtshof (EuGH) keineswegs schlicht weitere Stationen auf dem Instanzenweg, den ein Anlagenbetreiber beschreiten kann. Diese sind jeweils vielmehr nur dann anzurufen, wenn es darum geht, die Vereinbarkeit konkreter Normen des einfachen Rechts (beispielsweise des BImSchG) mit dem Grundgesetz bzw. dem Europäischen Recht verbindlich festzustellen. Es ist der rasanten Weiterentwicklung des Umweltrechts in den letzten Jahren gerade auch auf europarechtlicher Grundlage zuzuschreiben, dass trotz dieses an sich sehr speziellen Anwendungsbereichs viele große Verfahren der letzten Jahre am Ende die Richter in Luxemburg entscheiden mussten. Es bleibt abzuwarten, ob sich dies im Zuge einer weiter fortschreitenden Interpretation des nunmehr vergemeinschafteten Normbestandes in Zukunft wieder ändern wird.

278 Doch ist die unzureichende und aus Sicht des Vorhabenträgers unbefriedigende Bescheidung seiner Anträge nicht der einzige Punkt, der Vorhabenträger regelmäßig vor Gericht bringt. Auch die Untätigkeit der Behörde, die also gar keine Entscheidung in seiner Sache trifft, ermöglicht den Gang zu Gericht. Denn es darf auch derjenige, dessen Widerspruch oder Antrag schlicht von der Verwaltung nicht bearbeitet wird, nach angemessener Frist gerichtliche Hilfe suchen. Eine **Sonderregelung für**

303 Die Zulassung der Berufung kann gem. § 124a Abs. 4 VwGO beantragt werden, gegen die Nichtzulassung der Revision kann gem. § 133 VwGO Beschwerde eingelegt werden.

das Widerspruchsverfahren in immissionsschutzrechtlichen Angelegenheiten enthält hierzu § 14a BImSchG, der dem Antragsteller eine verwaltungsgerichtliche Klage schon dann ermöglicht, wenn über seinen Widerspruch nach Ablauf von drei Monaten nicht entschieden worden ist.

Diese **Untätigkeitsklage** richtet sich regelmäßig nicht darauf, dass die Verwal- 279
tung den Widerspruch nun endlich bearbeitet, sondern auf den Erlass der inhaltlichen Entscheidung, die die Verwaltung verzögert. Die Bezeichnung Untätigkeitsklage ist damit im Grunde nicht ganz zutreffend.

Praktisch ist die Untätigkeitsklage gegenüber der säumigen Verwaltung jedoch 280
ein wenig scharfes Schwert. Denn im verwaltungsgerichtlichen Verfahren herrscht der sogenannte **Amtsermittlungsgrundsatz**. Dies bedeutet, dass es nicht an den Parteien ist, Tatsachen beizubringen, sondern das Gericht selbst den Sachverhalt auszuforschen hat.[304] Dies ist ohne die bearbeitende Behörde natürlich regelmäßig kaum möglich. Ein verwaltungsgerichtliches Verfahren kann also auch noch im Verlaufe durch eine unwillige oder untätige Behörde drastisch verzögert werden. Dem kommen auch Richter durch Fristsetzungen kaum bei. Denn anders als vor dem Zivilgericht bekommt nicht automatisch derjenige Recht, der fristgemäß seine Rechtsposition begründet hat. Wegen des Amtsermittlungsgrundsatzes muss der Richter vielmehr so lange ermitteln, bis er eine in seinen Augen objektiv richtige Erkenntnis des Sachverhalts seiner Entscheidung zugrunde legen kann. Dies bedeutet, dass Säumigkeit der Verwaltung faktisch doch nicht dieser, sondern dem Vorhabenträger zur Last fällt. Gleichwohl ist es durchaus möglich, durch Untätigkeitsklagen, gegebenenfalls auch Gegenvorstellungen etc., eine Verfahrensbeschleunigung zu erreichen. Dem Anlagenbetreiber sollte jedoch stets bewusst sein, dass er auf die Kooperation der Verwaltung auch und gerade im Gerichtsverfahren angewiesen bleibt, und auch nach Erteilung der Genehmigung im stetigen Zusammenspiel mit der Behörde bleiben wird.

II Klagen von Nachbarn und Umweltverbänden

Komplizierter stellt sich die Lage dar, wenn nicht der Vorhabenträger selbst als 281
Beteiligter des vorgelagerten Genehmigungsverfahrens sich an die Gerichte wendet, sondern wenn Dritte das Projekt angreifen. Dies war in den letzten Jahren nicht selten der Fall. Denn gerade größere Kraftwerksprojekte sind politisch stark in die Schusslinie geraten. Insbesondere Umweltverbände wenden sich gegen den Neubau von fossil betriebenen Anlagen (insbesondere mit Steinkohle) insgesamt. Sie fürchten, dass Neubauten die Strukturen der Stromerzeugung noch auf Jahrzehnte zementieren könnten. Aber auch die **Akzeptanz** vieler Bürger **für Großprojekte** in ihrer Umge-

304 Vgl. hierzu *Jacob*, JuS 2011, 510 ff.

bung ist so gering, dass es vielfach zu engagierten Klagen von Nachbarn kommt, die mindestens einen Wertverlust ihrer Grundstücke fürchten.

282 Im Hinblick auf die Klagerechte von Nachbarn gilt Ähnliches, wie schon bei Gerichtsverfahren durch Vorhabenträger selbst. Sie dürfen sich an die Gerichte wenden, wenn sie betroffen sind. Dies ist regelmäßig der Fall, wenn sie sich auf Normen berufen, die auch ihrem Schutz dienen.[305]

Beispiel

Wenn eine Anlage Schadstoffe emittiert, die auch die Zusammensetzung der Luft über ihrem Grundstück betreffen, so sind sie in diesem Punkt auch klagebefugt. Auch sind sie betroffen, wenn es zum Beispiel um Lärm geht, der von einer Industrieanlage ausgeht und auch durch sie wahrgenommen wird.

---

283 Doch nicht alle Klagen gegen industrielle Bauvorhaben gehen auf Betroffene zurück, die eigene Anliegen vertreten. Vielmehr ist in den letzten Jahren die sogenannte **Verbandsklage im Umweltrecht** noch einmal deutlich gestärkt worden.

284 Dass es überhaupt die Möglichkeit gibt, dass in eigenen Angelegenheiten nicht betroffene Verbände gegen Vorhaben, die ihnen aus politischen Gründen missfallen, vorgehen, beruht auf der Umsetzung der Richtlinie 2003/35/EG.[306] Diese wiederum dient der Umsetzung der völkerrechtlichen Aarhus-Konvention,[307] über den Zugang zu Informationen, die Öffentlichkeitsbeteiligung an Entscheidungen und dem Zugang zu Gerichten in Umweltangelegenheiten. Denn hier ist vorgesehen, dass über die klassische Klage des Betroffenen hinaus eine gerichtliche Überprüfung auch durch Verbände als Sachwalter der selbst nicht klagebefugten Natur möglich sein soll. Mit Umsetzung im Umwelt-Rechtsbehelfsgesetz (UmwRG)[308] im Jahre 2006 wollte die Politik jedoch eine Klagemöglichkeit der Umweltverbände nur insoweit zulassen, als das grundsätzlich drittschützende Normen[309] vor Gericht gezogen werden konnten. Hierzu gehören beispielsweise Abstandflächengebote oder die Einhaltung des Schutzprinzips in § 5 Abs. 1 S. 1 Nr. 1 BImSchG. Nicht zur gerichtlichen Überprüfung auf Initiative der Verbände standen dagegen Normen, die nicht drittschützend waren, beispielsweise das Vorsorgegebot. Oder auch alle Normen, die dem Klimaschutz dienen, der ja künftigen Generationen und nicht konkreten, heute lebenden Personen zugutekommen soll.

285 Diese Situation wurde jedoch von den Verbänden als unzureichend angesehen. Sie sahen hier den Ansatzpunkt vielfältiger Umsetzungsdefizite wichtiger umwelt-

---

305 Ausführlich zum sog. subjektiv-öffentliches Recht *Ramsauer*, JuS 2012, 769 ff.

306 Richtlinie zur Beteiligung der Öffentlichkeit bei der Ausarbeitung bestimmter umweltbezogener Pläne und Programme (RL 2003/35/EG) v. 26.5.2003 (ABl EU Nr. L 156 S. 17).

307 Vgl. http://www.aarhus-konvention.de/.

308 Umwelt-Rechtsbehelfsgesetz (UmwRG) v. 8.4.2013 (BGBl. I S. 753), zuletzt geändert durch Gesetz v. 7.8.2013 (BGBl. I S. 3154).

309 Also Normen, die subjektiv-öffentliche Rechte beinhalten.

schützender Normen, deren Einhaltung so faktisch nur in unzureichendem Maße durch die Gerichte gesichert werden könnte. Entsprechend wurde es schnell zum Anknüpfungspunkt eigener gerichtlicher Verfahren, ob und wann Umweltverbände in solchen Angelegenheiten vor Gericht ziehen dürfen. Da die Messlatte die bereits erwähnte Richtlinie[310] darstellt, entschied letztlich der EuGH am 12.5.2011,[311] dass die Beschränkung auf drittschützende Normen so nicht ausreicht, um die europäischen Verpflichtungen der Bundesrepublik hinreichend umzusetzen. Umweltverbände können also auch gegen abstrakt umweltschützende Normen Klageverfahren stützen.[312] Der Gesetzgeber musste das UmwRG also ändern.

Eine weitere Öffnung der gerichtlichen Kontrolle für ein Verfahren an sich unbe- 286
teiligter Dritter ergibt sich nun aus dem Urteil des EuGH vom 10.1.2012,[313] in dem (anders als im erst genannten Verfahren) kein Umweltverband, sondern vielmehr öffentlich-rechtliche und private Dritte ohne Verbandsstatus vor Gericht gezogen sind. Der EuGH entschied, auch dies muss nach europäischem Recht zulässig sein. Auch in einem weiteren Punkt weitete der Gerichtshof die gerichtliche Überprüfung noch einmal aus: Während nach damals geltendem deutschen Recht nur die Frage, ob überhaupt eine UVP stattgefunden hat, Gegenstand gerichtlicher Drittklagen sein konnte. Nun ist auch die Frage, ob diese richtig verlaufen sei, ein zulässiger Gegenstand von Drittklagen. Und da es für Außenstehende regelmäßig sehr schwer ist, die Unrichtigkeit einer UVP darzulegen, kehrte der EuGH die Beweislast hierfür um.[314]

Diesen Pfad beschreitet der EuGH konsequent weiter. Mit der Entscheidung vom 287
15.10.2015[315] hat er insbesondere das Institut der **Präklusion**, also des Ausschlusses von erst nach der Öffentlichkeitsbeteiligung vorgebrachten Sachargumenten, deutlich geschwächt. Zudem ist nun klar, dass auch reine Verfahrensfehler bei der UVP zur Aufhebung führen, selbst wenn eine ordnungsgemäße UVP zum selben Ergebnis geführt hätte wie die tatsächlich Ergangene.

In Ansehung dieser Urteile ist die Marschrichtung im Hinblick auf Drittklagen 288
klar: Nach geltendem (im Zweifelsfall direkt anwendbaren) Europarecht steht so gut wie die gesamte Genehmigung in allen relevanten Teilen auf Initiative Dritter auf dem Prüfstand. Dem müssen sich Vorhabenträger stellen.

Für den einzelnen Vorhabenträger kann dies nur bedeuten, frühzeitig für abso- 289
lute Transparenz und eine dialogische Kommunikation zu sorgen. Denn der einzelne Vorhabenträger kann nicht darauf bauen, durch ein möglichst einvernehmliches Genehmigungsverfahren mit der Behörde Fakten zu schaffen, die schlussendlich vom

---

310 Vgl. Rn 284.

311 EuGH, Urt. v. 12.5.2011 – C-115/09 – EuZW 2011, 15 ff. = ZNER 2011, 286 ff.

312 Vgl. EuGH, Urt. v. 12.5.2011 – C-115/09 – EuZW 2011, 15 ff. = ZNER 2011, 286 ff.

313 EuGH, Urt. v. 14.2.2012 – C-204/09 – NVwZ 2012, 491 ff.

314 Vgl. EuGH, Urt. v. 7.11.2013 – C-72/12 (Gemeinde Altrip u.a./Land Rheinland-Pfalz) – ZNER 2014, 257 ff.

315 EuGH, Urt. v. 15.10.2015 – C-137/14 – NJW 2015, 3495 ff. = EuZW 2016, 66 ff.

Bürger akzeptiert werden müssten. Schließlich droht im schlimmsten Fall, dass ein Gericht auf Klage eines Dritten die Immissionsschutzgenehmigung für rechtswidrig erklärt und aufhebt. In diesem Fall muss die Anlage, sofern mit Teilgenehmigung für die Errichtung bereits gebaut, rückgebaut werden. Ansprüche aus Staatshaftung gegen die öffentliche Hand kommen dabei nur in den seltensten Fällen tatsächlich zum Tragen. Denn die Erteilung einer später aufgehobenen Genehmigung ist nur in seltenen Ausnahmefällen und bei Hinzutreten zusätzlicher, den Vertrauensschutz stärkender Umstände als eine Art Garantie für einen ungestörten Bau anzusehen. Die Transparenz im Verfahren, optimalerweise deutlich über das gesetzlich vorgeschriebene Maß hinaus, dient nicht nur einer atmosphärischen Beruhigung zwecks Stärkung der Akzeptanz von Vorhaben in der Region. Der Betreiber erhält auch nur so Sicherheit über die möglicherweise angreifbaren Punkte. Denn es ergibt sich aus § 10 Abs. 3 S. 5 BlmSchG, dass nur solche Einwendungen im späteren Verfahren vorgebracht und gehört werden, die binnen zwei Wochen nach Ablauf der Einwendungsfrist der Öffentlichkeitsbeteiligung nach § 10, Abs. 3 S. 4 BlmSchG auf den Tisch gebracht werden. Ausgenommen sind hiervon nur privatrechtliche Titel, wie etwa Dienstbarkeiten.

290 Es soll jedoch nicht verschwiegen werden, dass auch diese nach herrschender Meinung materiell rechtliche Präklusion derzeit Gegenstand gerichtlicher Kontroversen ist. Denn die Europäische Kommission sieht die Klagerechte von Umweltverbänden durch eine solche Ausschlusswirkung nach Ablauf der doch relativ kurzen Einwendungsfrist nicht hinreichend gewahrt. Auch neue Einwände sollen nach Ansicht der Brüsseler Behörde eingebracht werden können.

291 Die auf Klärung dieser Frage gerichtete gerichtliche Auseinandersetzung vor dem EuGH ist noch nicht beendet.[316] Es ist anzunehmen, dass gerade vor dem Hintergrund der weiteren Klagemöglichkeiten in anderen Mitgliedstaaten auch in Deutschland von den strengen Regelungen der Präklusion abgerückt wird. Dies ist ein Grund mehr, in den Verfahren auf Genehmigung eines neuen Vorhabens früh, optimal schon in der Planungsphase, auf Umweltverbände und andere potentielle Kläger zuzugehen und gegebenenfalls frühzeitige Verabredungen zu treffen, die die wirtschaftlichen Risiken des Vorhabenträgers dauerhaft begrenzen.

III Schiedsverfahren

292 Neben die etablierten Instrumente gerichtlicher Interessendurchsetzung ist in den letzten Jahren ein weiterer Klageweg in die öffentliche Diskussion geraten: **Internationale Schiedsgerichte**. Diese ermöglichen es Investoren aus dem Ausland, bei

316 Die Europäische Kommission hat gegen die Bundesrepublik Deutschland ein Vertragsverletzungsverfahren Nr. 2007/4267 eingeleitet.

Behinderung ihrer Investitionen etwa durch Umweltauflagen Klage vor einem internationalen Schiedsgericht einzulegen und so Schadenersatz zu erwirken.

Grundlage dieser Klagen sind bilaterale (oder auch regionale multilaterale) 293
Investitionsschutzabkommen. Diese schützen Investitionen von Unternehmen aus den Vertragsparteien auf dem Staatsgebiet anderer Vertragsparteien gegen eigentumsbeeinträchtigende Maßnahmen.

Zuständig für Verfahren wegen Investitionsbehinderung ist das Internatio- 294
nal Centre for Settlement of Investment Disputes (ICSID). Diese in Washington D.C. ansässige Institution der Weltbank bietet einen organisatorischen und mit der ICSID-Konvention auch einen verfahrensrechtlichen Rahmen für Schiedsverfahren, ist also nicht selbst als Gericht anzusehen.

Mit zunehmender Inanspruchnahme der Internationalen Schiedsgerichtsbarkeit 295
ist auch die Kritik an dieser Institution gestiegen. Die deutschen Fälle Moorburg[317] und Atomausstieg[318] haben die skeptische Haltung der deutschen Öffentlichkeit weiter gesteigert. Jedoch ist trotz dieser Skepsis ein weiterer Bedeutungszuwachs dieser Verfahren zu erwarten, da die zunehmende Verflechtung der Weltwirtschaft und die intensiven politischen Regulierungsbemühungen im Hinblick auf die Industrie Konfliktpotential bieten, dem auf dieser Ebene begegnet werden kann.

317 Vattenfall hatte die Bundesrepublik Deutschland wegen Umweltauflagen in Bezug auf das Kraftwerk Moorburg auf Schadenersatz verklagt.

318 Im Mai 2012 hat Vattenfall die Bundesrepublik Deutschland auf Entschädigung i.H.v. 4,7 Mrd. € verklagt.

Kapitel 4
Die Anlage im laufenden Betrieb

Nachdem die Anlage erfolgreich geplant[1] und errichtet[2] wurde, muss sie nur noch ordnungsgemäß und umsichtig betrieben werden. 1

Was einfach klingt, bringt aber dann doch ein nennenswertes Maß an Aufwand und stetiger Aufmerksamkeit mit sich. Denn die einzuhaltenden Anforderungen sind nicht zum Stand der Genehmigungserteilung „in Stein gemeißelt". Vielmehr ist eine Erweiterung der Betreiberpflichten durch geänderte Rechtsnormen und nachträgliche behördliche Anordnungen jederzeit möglich.[3] 2

In diesem Kapitel sollen wichtige Aspekte des Betriebs von Anlagen beschrieben werden. Zentral ist hierbei das Immissionsschutzrecht, das jüngst durch die neue **Industrieemissionsrichtlinie** (Industrial Emissions Directive – IED)[4] fortentwickelt wurde. Aber auch der neue Rechtsrahmen für die mittelgroßen Anlagen soll beleuchtet werden. Die Richtlinie zur Begrenzung der Emissionen bestimmter Schadstoffe aus mittelgroßen Feuerungsanlagen in die Luft (**Medium Combustion Plant Directive** – MCPD)[5] vom 25.11.2015 für Anlagen der Größenklasse von 1 bis unter 50 MW Feuerungswärmeleistung (FWL) – national umzusetzen bis zum 19.12.2017 – wird skizziert.[6] 3

Weiter relevant sind das Abfall- und Wasserrecht sowie der Bodenschutz.[7] Anlagen mit einer FWL ab 20 MW und solche, die wegen ihres Outputs und ihrer bestimmten Branchenzugehörigkeit in der europäischen Emissionshandelsrichtlinie (EHRL)[8] oder dem deutschen Treibhausgas-Emissionshandelsgesetz (TEHG)[9] positiv genannt sind, haben verschiedene Verpflichtungen aus dem Emissionshandelssystem zu beachten.[10] Und auch die Regulierung des Energiemarktes hat die Anlagenbetreiber nicht ausgespart. Hier ergeben sich insbesondere mit der Versorgungssicherheit und Trans- 4

1 Vgl. Kap. 2.

2 Vgl. Kap. 3.

3 Der im Grundgesetz verbürgte sog. Bestandsschutz für in der Vergangenheit getätigte Investitionen vermittelt nur ein begrenztes Vertrauen darauf, lediglich diejenigen Anforderungen einhalten zu müssen, die sich dem ursprünglichen Genehmigungsbescheid und den zum Zeitpunkt der Genehmigung geltenden Rechtsvorschriften entnehmen lassen.

4 Industrieemissionsrichtlinie (IED – RL 2010/75/EU) v. 24.11.2010 (ABl EU Nr. L 334 S. 17); Umsetzung in BGBl. 2013 I S. 973.

5 Medium Combustion Plant Directive (MCPD – RL 2015/2193/EU) v. 25.11.2015 (ABl EU Nr. L 313 S. 1).

6 Vgl. Rn 5 ff.

7 Vgl. Rn 126 ff.

8 Emissionshandelsrichtlinie (EHRL – RL 2003/87/EG) v. 13.10.2003 (ABl EU Nr. L 275 S. 32).

9 Treibhausgas-Emissionshandelsgesetz (TEHG) v. 21.7.2011 (BGBl. I S. 1475), zuletzt geändert durch Verordnung v. 31.8.2015 (BGBl. I S. 1474).

10 Vgl. Rn 157 ff.

parenz gerechtfertigte weitere Vorgaben und Eingriffsmöglichkeiten, die jeder Betreiber kennen sollte. Genauso wie die vollzogenen und geplanten Eingriffe in den Markt für Kraftwerke.[11] Dieses Kapitel schließt mit einem Fazit.[12]

A Immissionsschutzrecht und Fortentwicklung aus Europa

I Dynamik und Vereinheitlichung – das Wesen des Immissionsschutzrechts

5 Für den Betreiber einer Anlage ist das Immissionsschutzrecht ein zentraler Aspekt seiner Tätigkeit. An ihm zeigt sich, wie stark sich das umweltrechtliche Pflichtenprogramm weiter entwickelt (hat) und die europäische Vereinheitlichung des Umweltrechts immer weiter voranschreitet.

6 Seit dem 1.1.2016 hat nun die IED dem **Immissionsschutzrecht** eine neue Prägung gegeben. Dieses gilt in seiner Neufassung nicht nur für künftige Anlagen sondern ist – vorbehaltlich spezieller Ausnahme- bzw. Übergangsvorschriften – auch für solche Anlagen relevant, die zum Jahresanfang 2016 bereits betrieben wurden. Allein dies sind europaweit etwa 52.000 Bestandsanlagen. Etwa 9.000 dieser Bestandsanlagen befinden sich in Deutschland.[13]

7 Die IED vereinheitlicht europaweit die **immissionsschutzrechtlichen Standards** nicht nur; sie hebt das Schutzniveau im Hinblick auf schädliche Umwelteinwirkungen aus stationären Anlagen insgesamt deutlich an. Zuvor hatte die Europäische Kommission im Zuge einer Evaluierung der Vorgängerrichtlinien der IED[14] verschiedene Defizite bei der Umsetzung der europäischen Vorgaben identifiziert. Selbst dort, wo die Regeln formell in Kraft gesetzt wurden, wurden sie vor Ort oft nicht beachtet bzw. durchgesetzt. Dies benachteiligte im Wettbewerb auch die deutschen Unternehmen, die deutlich höhere Standards einhalten mussten als ein nicht unwesentlicher Teil ihrer europäischen Konkurrenz. Insofern ist die europarechtliche Vergleichmäßigung trotz aller Unbequemlichkeiten beim Wechsel vom Vertrauten zu Neuem für die Industrie in Deutschland auch von Vorteil.

8 Die Systematik der IED ist nicht statisch, sondern bewusst auf eine andauernde Fortentwicklung angelegt.[15] Nicht zu unterschätzen ist auch der Umstand, dass der

11 Vgl. Rn 263 ff.

12 Vgl. Rn 287 f.

13 Das Umsetzungsgesetz, mit dem die IED in das deutsche Umweltrecht inkorporiert wurde, ist bereits seit dem 2.5.2013 in Kraft (BGBl. 2013 I S. 973). Vgl. bereits Kap. 3 Rn 15.

14 Vor allem IVU-Richtlinie (IVU-RL – RL 2008/1/EG) v. 15.1.2008 (ABl EU Nr. L 24 S. 8).

15 Dies gilt insb. im Hinblick auf die BVT-Merkblätter, die in einem Verfahren mit der programmatischen Bezeichnung „Sevilla-Prozess" fortentwickelt werden. Informationen zum Sevilla-Prozess auch unter http://www.umweltbundesamt.de/themen/wirtschaft-konsum/beste-verfuegbare-techniken/sevilla-prozess/bvt-download-bereich.

geänderte Rechtsrahmen auch neue Fragen aufwirft, zu denen sich eine neue Verwaltungspraxis und Rechtsprechung erst noch herausbilden muss. Auch und gerade dort, wo es zu einer Rechtsfrage noch keine veröffentlichte Position der zuständigen Immissionsschutzbehörde gibt, ist der Anlagenbetreiber gut beraten, von mehreren vertretbaren Lesarten der Vorschriften nicht schlichtweg von der ihm günstigsten auszugehen. Denn hat sich eine strengere Lesart erst in einer Anordnung der Immissionsschutzbehörde manifestiert, wird es in der Regel erheblich schwieriger – und teurer – sein, den Anlagenbetrieb an die gestellten Anforderungen anzupassen.

Tipp !

Das Immissionsschutzrecht ist dynamisch und europäisch geprägt. Einen Bestandsschutz auf Regeln „wie bei der Inbetriebnahme der Anlage" gibt es nicht. Es empfiehlt sich, die Rechtsentwicklung zu beobachten (Compliance). Aktuell gilt dies insbesondere auch für die neue, zum 19.12.2017 umzusetzende Medium Combustion Plant Directive (MCPD).

II Neue Pflichten für alte Anlagen – Vollzug in der Praxis

1 Die nachträgliche Anordnung im Immissionsschutzrecht

Die besondere Dynamik des Immissionsschutzrechts wurde bereits angesprochen:[16] 9
Der Anlagenbetreiber muss nicht nur die Festsetzungen des Genehmigungsbescheides und die zum Zeitpunkt der Inbetriebnahme geltenden Rechtsvorschriften beachten. Die Anforderungen können sich auch ändern. Denn dass eine Anlage beispielsweise die geltenden **Emissionsgrenzwerte** einhalten kann, ist zwar zunächst Voraussetzung für die Erteilung der Genehmigung. Die Bedeutung der Emissionsgrenzwerte erschöpft sich nicht in ihrer Funktion als Genehmigungsvoraussetzung; diese sind während der gesamten Dauer des Anlagenbetriebs zu beachten. So weit, so nachvollziehbar.

Nicht ganz so selbstverständlich erscheint es dagegen, dass die **Immissions-** 10
schutzbehörden dem Anlagenbetreiber auch **im Nachhinein neue Pflichten auferlegen** können. Als Instrument hierfür steht diesen das Instrument der nachträglichen Anordnung zur Verfügung (§ 17 Abs. 1 S. 1 BImSchG[17]), wo es heißt:

> „Zur Erfüllung der sich aus diesem Gesetz und der auf Grund dieses Gesetzes erlassenen Rechtsverordnungen ergebenden Pflichten können nach Erteilung der Genehmigung sowie nach einer nach § 15 Absatz 1 angezeigten Änderung Anordnungen getroffen werden."

16 Vgl. Rn 5 ff.

17 Bundes-Immissionsschutzgesetz (BImSchG) v. 17.5.2013 (BGBl. I S. 1274), zuletzt geändert durch Verordnung v. 31.8.2015 (BGBl. I S. 1474).

11 Die Genehmigungsbehörde kann danach also nicht nur im Genehmigungsverfahren selbst rechtlich bindende Vorgaben für den Anlagenbetrieb machen. Sie kann auch nach Erteilung der Genehmigung **durch nachträgliche Anordnungen** unterbinden, dass die Anlage entgegen geltenden immissionsschutzrechtlichen Bestimmungen betrieben wird. Eine wichtige Funktion der nachträglichen Anordnung besteht hier zunächst in der näheren Konkretisierung der bereits bestehenden und im Genehmigungsbescheid vorausgesetzten Pflichten. Eine mindestens ebenso wichtige Rolle kommt der nachträglichen Anordnung aber für den Fall von Änderungen im Rechtsrahmen zu, die auch von den Betreibern von Bestandsanlagen zu beachten sind.

12 Für den Anlagenbetreiber bedeutet dies ganz praktisch, dass er sich nicht für alle Zeiten auf die bestehende Genehmigungslage berufen kann. Treten neue Anforderungen in Kraft, muss er nach Ablauf der jeweils vorgesehenen Übergangsfristen damit rechnen, auch ganz konkret durch Bescheid auf die Einhaltung der neuen Vorgaben verpflichtet zu werden. Dabei empfiehlt es sich nicht, dass Tätigwerden der Behörde abzuwarten. Denn verlangt die Anpassung an die neuen Vorgaben eine Umrüstung der Anlagentechnik, ist dies regelmäßig mit Zeit- und Planungsaufwand verbunden.

! **Tipp**

Von der Devise „Abwarten und Tee trinken“ ist im Immissionsschutzrecht abzuraten. Zwar muss die Behörde bei der nachträglichen Anordnung die bestehenden Sachzwänge berücksichtigen und dem Anlagenbetreiber angemessene Umsetzungsfristen einräumen. Einen Streit darum, was hier als angemessen anzusehen ist, vermeidet derjenige, der sich möglichst frühzeitig damit auseinandersetzt, welche Anforderungen künftig auf ihn zukommen könnten.

---

13 Der vorausschauende **Umgang mit geänderten Anforderungen** ist besonders im Hinblick auf solche Vorgaben angezeigt, die sich so eindeutig aus einer unmittelbar geltenden Rechtsvorschrift ergeben, dass eine weitere Konkretisierung durch Bescheid eigentlich gar nicht erforderlich wäre.

2 Praktische Bedeutung für den Anlagenbetrieb

14 Die nachträgliche vollziehbare Anordnung nach § 17 Abs. 1 S. 1 BImSchG ist ernst zu nehmen. Ihre **Nichtbeachtung** berechtigt die Behörde gem. § 20 Abs. 1 BImSchG dazu, den Betrieb der Anlage bis zur Erfüllung der Anordnung zu untersagen.

15 Zwar ist die **Betriebsuntersagung** als letztes Mittel (ultima ratio) anzusehen und darf nur dann verhängt werden, wenn dies nach Abwägung mit den Interessen des Anlagenbetreibers zur Durchsetzung der immissionsschutzrechtlichen Vorgaben geboten erscheint. Dies aber liegt im pflichtgemäßen Ermessen der Behörde, welche gem. § 17 Abs. 1 S. 2 BImSchG eine nachträgliche Anordnung gerade dann verhängen „soll“,[18] wenn ohne eine solche zu befürchten ist, dass die Allgemeinheit oder

---

18 D.h. von der Anordnung darf nur in ganz atypischen Fällen abgesehen werden.

die Nachbarschaft nicht ausreichend vor schädlichen Umwelteinwirkungen oder sonstigen Gefahren bzw. erheblichen Nachteilen oder Belästigungen geschützt wäre. Besteht sogar eine unmittelbare Gefährdung der menschlichen Gesundheit oder eine unmittelbare erhebliche Gefährdung der Umwelt, ist die Behörde sogar zu einer **Untersagungsverfügung** verpflichtet (§ 20 Abs. 1 S. 2 BImSchG).

Soweit dürfte es im Zusammenhang mit der **Anpassung an neue Umweltstandards** in aller Regel nicht kommen. 16 Denn aus deren Verschärfung folgt ja in der Regel nicht, dass das bisherige Schutzniveau ungeeignet war, unmittelbare Gefahren für Mensch und Umwelt abzuwenden. Umgekehrt bedeutet dies aber nicht, dass nachträgliche Anordnung und Untersagungsverfügung in Fällen ohne eine unmittelbare Gefährdung der immissionsschutzrechtlichen Schutzgüter ein schlechthin unrealistisches Szenario darstellen. Die Behörden sind grundsätzlich befugt, mit den genannten Instrumenten auch die Anforderungen durchzusetzen, die „nur" dem Vorsorgegrundsatz dienen. Der Anlagenbetreiber sollte sich dessen bewusst sein und nicht allein darauf vertrauen, im Ernstfall eine Betriebseinstellungsverfügung mit dem Argument der Unverhältnismäßigkeit (weil man weiterproduzieren müsse) abwenden zu können.

3 Vorsorgegrundsatz und nachträgliche Anordnungen

Damit die Möglichkeit nachträglicher Anordnungen nicht zu einem permanent über 17 dem Haupt des Anlagenbetreibers schwebenden Damoklesschwert wird, muss dieser sicherstellen, dass er von für ihn maßgeblichen Änderungen der umweltrechtlichen Vorgaben rechtzeitig Kenntnis erlangt. Dies ist angesichts der allgemein und insbesondere im Umweltrecht wachsenden Regelungsdichte ein anspruchsvolles Unterfangen, obwohl die neuen Pflichten meist in unmittelbar verbindlichen Gesetzen oder Verordnungen festgesetzt werden, die damit vergleichsweise transparent sind. Bereits hier können aber Zweifelsfälle hinsichtlich der richtigen Auslegung der Vorschriften auftreten. Daneben können sich neue Anforderungen – dies gilt vor allem für kleinere Anlagen, die nicht in den Anwendungsbereich der IED bzw. der 13. BImSchV[19] fallen – auch aus Regelungen unterhalb der Gesetzes- und Verordnungsebene ergeben, die man kennen muss.

Dreh- und Angelpunkt ist hier vor allem der **in § 5 Abs. 1 Nr. 2 BImSchG geregelte Vorsorgegrundsatz**. 18 Danach gehört es zu den Grundpflichten des Anlagenbetreibers, seine Anlage so zu betreiben, dass zur Gewährleistung eines hohen Schutzniveaus für die Umwelt insgesamt *„Vorsorge gegen schädliche Umwelteinwirkungen und sonstige Gefahren, erhebliche Nachteile und erhebliche Belästigungen getroffen wird, insbesondere durch die dem Stand der Technik entsprechenden Maßnahmen."*

19 Verordnung über Großfeuerungs-, Gasturbinen- und Verbrennungsmotoranlagen (13. BImSchV) v. 2.5.2013 (BGBl. I S. 1021, 1023, 3754), zuletzt geändert durch Verordnung v. 31.8.2015 (BGBl. I S. 1474).

19 Dies legt die **Grundlage** für ein anspruchsvolles **Pflichtenprogramm**:

- Der Anlagenbetreiber hat nicht nur Umwelteinwirkungen zu vermeiden, die konkret die Schwelle zu einer unmittelbaren Gefährdung von Schutzgütern überschreiten.
- Vielmehr sollen schädliche Umwelteinwirkungen grundsätzlich so weitgehend vermieden werden, wie es die hierfür verfügbare Technik zulässt.

20 Welche Techniken er konkret anzuwenden hat, weiß der Anlagenbetreiber damit noch nicht. Zwar enthält § 3 Abs. 6 BImSchG eine Definition und die Anlage zum BImSchG Kriterien für die Bestimmung des Standes der Technik. Dennoch sind unmittelbar auf den Vorsorgegrundsatz gestützte nachträgliche Anordnungen praktisch nicht anzutreffen. Denn das rechtsstaatliche Bestimmtheitsgebot erfordert regelmäßig eine weitere Konkretisierung dessen, was konkret unter dem **Stand der Technik** zu verstehen ist.[20] Eine behördliche Konkretisierung durch nachträgliche Anordnung im Einzelfall genügt dem in der Regel nicht. Vielmehr wird richtigerweise verlangt, dass die aus dem Vorsorgegrundsatz folgenden Pflichten im Rahmen eines langfristigen, auf eine einheitliche und gleichmäßige Durchsetzung angelegten Konzeptes ausgeformt werden.[21]

21 Soweit die Konkretisierung des Vorsorgegrundsatzes also nicht direkt im BImSchG und in den auf seiner Grundlage erlassenen Verordnungen erfolgt, muss diese zumindest in den die Immissionsschutzbehörden bindenden Verwaltungsvorschriften geschehen. Eine zentrale Bedeutung kommt in diesem Zusammenhang der **TA Luft**[22] zu, die nach ihrer Konzeption fortlaufend an den jeweiligen Stand der Technik angepasst wird und – so der Ansatz – somit den aktuellen Standard des Vorsorgegrundsatzes abbildet.

22 Daneben weist die IED den **BVT-Schlussfolgerungen** hinsichtlich der Konkretisierung des Vorsorgegrundsatzes einen größeren Stellenwert zu, als ihnen vor Inkrafttreten dieser Richtlinie zukam.[23] Für **IED-Anlagen** ist den Immissionsschutzbehörden in § 17 Abs. 2a i.V.m. § 12 Abs. 1a BImSchG aufgegeben, einer BVT-Schlussfolgerung gegebenenfalls auch dann durch eine nachträgliche Anordnung in Bezug auf die konkrete Anlage Geltung zu verschaffen, wenn die den Vorsorgegrundsatz konkretisierenden Verwaltungsvorschriften nicht mehr den Stand der Technik abbilden. Mit anderen Worten: Die Behörde soll nicht abwarten, bis neue BVT-Schlussfolgerungen ihren Niederschlag in den deutschen Regelwerken gefunden haben. Sondern sie

20 *Jarass*, BImSchG, § 5 Rn 66.
21 BVerwG, Urt. v. 17.2.1984 – 7 C 8.82 – BVerwGE 69, 37, 45.
22 Technische Anleitung zur Reinhaltung der Luft (TA Luft) v. 24.7.2002 (GMBl. 2002 S. 511).
23 Hierzu noch unten Rn 76 ff.

muss grundsätzlich sogar schon früher tätig werden, wenn dies erforderlich ist, um eine fristgerechte Umsetzung der BVT-Schlussfolgerungen sicherzustellen.[24]

4 Verhältnismäßigkeit nachträglicher Anordnungen

Auch wenn der Schwerpunkt der Prüfung, ob eine Anlage den immissionsschutz- 23
rechtlichen Anforderungen genügt, im Genehmigungsverfahren vor der Errichtung verortet bleibt: Wie gesehen,[25] vermittelt die daraufhin erteilte Genehmigung nur einen eingeschränkten Bestandsschutz. Dem Erlass nachträglicher Anordnungen sind aber weiter auch durch den Verhältnismäßigkeitsgrundsatz Grenzen gesetzt, der in § 17 Abs. 2 BImSchG zum Tragen kommt. Danach darf eine nachträgliche Anordnung dann nicht getroffen werden, „wenn der mit der Erfüllung der Anordnung verbundene Aufwand außer Verhältnis zu dem mit der Anordnung angestrebten Erfolg steht."

Wann wiederum davon auszugehen ist, dass der **Erfüllungsaufwand** den mit 24
der Anordnung **erreichbaren Nutzen** übersteigt, hängt von verschiedenen, insbesondere den folgenden Überlegungen ab:

- Zu berücksichtigen ist zum einen, ob die Anordnung der Umsetzung des Vorsorgegrundsatzes oder der Gefahrenabwehr dient. Nachträgliche Anordnungen zur Abwehr konkreter Gefahren für die menschliche Gesundheit werden als generell verhältnismäßig bewertet.[26]
- Von Bedeutung sind zum anderen das Alter der Anlage und der Zeitraum, der seit ihrer Genehmigung vergangen ist. Je kürzer dieser Zeitraum „Erteilung bis heute" ist, desto eher wird es als unzumutbar anzusehen sein, dass die Anlage schon wieder umgebaut werden soll. Umgekehrt kann eine nachträgliche Anordnung wiederum unverhältnismäßig sein, wenn die Anlage bald das Ende ihrer Laufzeit erreicht hat und sich vor diesem Hintergrund eine Modernisierung schlicht nicht mehr lohnt.
- Unter dem Gesichtspunkt des sogenannten Gleichbehandlungsgrundsatzes ist weiter zu prüfen, ob die bisherige Verwaltungspraxis der Behörde in anderen, gleich gelagerten Fällen möglicherweise ein (Nicht-)Einschreiten gebietet.
- Schließlich ist zu bewerten, ob die mit der Umsetzung der nachträglichen Anordnung verbundenen wirtschaftlichen Belastungen denn in einem angemessenen Verhältnis zu deren Nutzen steht.

Kommt die Behörde zu dem Schluss, dass die für eine nachträgliche Anordnung spre- 25
chenden Gründe überwiegen, stellt sich die Folgefrage nach dem **„Wie" der Umset-**

---

24 *Jarass*, NVwZ 2013, 169, 172.
25 Vgl. Rn 9 ff.
26 *Jarass*, BImSchG, § 17 Rn 48.

zung. Für den Adressaten der Anordnung ist dabei natürlich die für die Umsetzung eingeräumte Frist von besonderem Interesse. Die Behörde darf dabei nichts Unmögliches verlangen. Erfordert die Erfüllung der Anordnung bauliche Maßnahmen, muss sich der hierfür zu veranschlagende Zeitaufwand in der gesetzten Frist adäquat widerspiegeln. Für die in der **TA Luft konkretisierten Anforderungen** enthält diese unter Nr. 6.2 konkrete und nach Art und Aufwand der geforderten Maßnahmen gestaffelte Sanierungsfristen, die damit ein höheres Maß an Planungssicherheit bieten.

5 Kompensationsplan

26 Eine nachträgliche Anordnung, mit der die Anpassung der Anlage an die geltenden immissionsschutzrechtlichen Anforderungen durchgesetzt wird, kann unter den **Voraussetzungen des § 17 Abs. 3a BImSchG** durch die Vorlage eines sogenannten **Kompensationsplans** substituiert werden. Darin hat sich der Anlagenbetreiber zu verpflichten, anstelle der Maßnahmen, die Gegenstand der nachträglichen Anordnung wären, anderweitige Maßnahmen an seiner Anlage oder an Anlagen Dritter durchzuführen.

27 Die alternativ vorgeschlagenen Maßnahmen müssen allerdings zu einer weitergehenden **Verringerung der Emissionsfrachten** führen als die Summe der Minderungen, die durch den Erlass der nachträglichen Anordnung erreichbar wäre. Dies wiederum setzt voraus, dass es sich bei den Kompensationsmaßnahmen um solche **Verbesserungen der Emissionsstandards** handelt, zu denen der Anlagenbetreiber nicht sowieso schon aufgrund immissionsschutzrechtlicher Vorgaben verpflichtet ist. Der Anlagenbetreiber kann sich auf diese Weise durch eine Übererfüllung seiner Pflichten an der einen Stelle gewissermaßen einen Nachlass auf seine Pflichten an anderer Stelle „erkaufen". Dass die Kompensationsmaßnahme auch tatsächlich durchgeführt wird, stellt § 17 Abs. 3a S. 5 BImSchG sicher: Die Immissionsschutzbehörde muss den Anlagenbetreiber mittels einer entsprechenden behördlichen Anordnung zur Umsetzung verpflichten.

28 Der Kompensationsplan erinnert an das **Grundprinzip des Emissionshandels**, dem ja die Überlegung zugrunde liegt, dass der gleiche oder ein höherer Umweltnutzen zu geringeren Kosten erzielt werden kann, wenn dem Anlagenbetreiber die Entscheidung überlassen bleibt, an welcher Anlage er Modernisierungsmaßnahmen durchführt.[27] Ebenso wie in der Abgrenzung zum Emissionshandel[28] nimmt das BImSchG seinen Geltungsanspruch aber auch hier nur soweit

---

27 Zenke/Schäfer/*Schafhausen/Zenke/Telschow*, Energiehandel in Europa, § 8 Rn. 2. Die Europäische Kommission schätzte den Vorteil der alternativ administrierten Klimaschutzpolitik im Jahr 2003 auf 250 bis 550 Mio. €. Zur entsprechenden Studie vgl. *Matthes/Cames/Deuber/Koch/Harnisch/Kohlhaas/Schumacher/Ziesing*, Analyse und Bewertung eines europäischen Emissionshandelssystems für Deutschland, S. 127.

28 Vgl. hierzu § 5 Abs. 2 BImSchG.

zurück, wie eine nachträgliche Anordnung nicht zur Abwehr konkreter Gefahren erforderlich ist. Der Anwendungsbereich des Kompensationsplans beschränkt sich demnach auf die Pflichten im Zusammenhang mit dem Vorsorgegrundsatz.

6 Rechtsschutz gegen nachträgliche Anordnungen

Gegen eine nachträgliche Anordnung kann – wie grundsätzlich gegen jeden anderen Verwaltungsakt – **Widerspruch** eingelegt werden. Hilft die Behörde diesem nicht ab und belässt es bei ihrer ursprünglichen Entscheidung, kann **Klage** zu den Verwaltungsgerichten erhoben werden. Für den Anlagenbetreiber ist in diesem Zusammenhang die sogenannte **aufschiebende Wirkung** dieser Rechtsbehelfe von großer praktischer Bedeutung. Sie bewirkt, dass eine angefochtene behördliche Anordnung bis zu einer rechtskräftigen Entscheidung über den Rechtsbehelf grundsätzlich nicht vollzogen werden darf. Etwas anderes gilt dann, wenn die Behörde wegen besonderer Dringlichkeit der angeordneten Maßnahme die sofortige Vollziehbarkeit anordnet. Der Anlagenbetreiber kann sich hiergegen wiederum im **Eilrechtsschutz** mit einem Antrag auf Wiederherstellung der aufschiebenden Wirkung zur Wehr setzen. In diesem Eilverfahren kann der Anlagenbetreiber einwenden, dass ihm der Sofortvollzug einer womöglich nicht gerechtfertigten Anordnung Nachteile bringen würde, die schwerer wiegen als die eines Aufschubs einer Maßnahme, die sich im Ergebnis doch als notwendig erweist. 29

Ein Selbstläufer sind diese Rechtsbehelfe in der Regel nicht. Dies liegt zunächst daran, dass inzwischen die meisten der umweltrechtlichen Pflichten auf zwingende europarechtliche Vorgaben zurückgehen. Denn der Europäische Gerichtshof (EuGH) leitet aus dem **Gebot der effektiven Umsetzung** des europäischen Gemeinschaftsrechts ab, dass die Behörden der Mitgliedstaaten bei der Umsetzung europäischer Vorgaben grundsätzlich den **Sofortvollzug** anordnen müssen.[29] Dieses Gebot wirkt dann auch noch im Eilverfahren vor den Verwaltungsgerichten fort. Denn auch diese müssen den Grundsatz der effektiven Umsetzung des Gemeinschaftsrechts beachten. Dies schließt die Wiederherstellung der aufschiebenden Wirkung zwar nicht grundsätzlich aus. Schließlich kann diese ja schon deswegen geboten sein, weil die Behörde den Sachverhalt falsch gewürdigt hat und die in Rede stehende Vorgabe gar nicht einschlägig ist. Kommen die Verwaltungsrichter jedoch zu der Einschätzung, dass die Wiederherstellung der aufschiebenden Wirkung den Geltungsanspruch der europäischen Norm tangiert, könnten diese gehalten sein, die Sache dem EuGH zur Vorabentscheidung vorzulegen. Eine schnelle Klärung dürfte in diesem Szenario kaum möglich sein. Dies spricht umso mehr dafür, sich als Anlagenbetreiber möglichst frühzeitig um eine Klärung der Reichweite der neuen Pflichten zu bemühen. 30

29 EuGH, Urt. v. 10.7.1990 – C-217/88, Rn 27–28 – Slg. 1990, I-2879, S. 99, 102.

III Emissionsgrenzwerte für Großfeuerungsanlagen

1 Konkretisieren, prüfen, umsetzen

31 Das Immissionsschutzrecht bezweckt einen möglichst umfassenden Schutz vor und die Vermeidung der Entstehung von schädlichen Umwelteinwirkungen und erlegt dem Anlagenbetreiber entsprechend grundlegend formulierte Pflichten[30] auf. In der Praxis wären diese **Grundpflichten** ohne eine Konkretisierung auf überprüfbare, das heißt messbare, objektive Kriterien nur schwer zu überwachen – und zwar nicht nur für die Immissionsschutzbehörden, sondern auch für den Anlagenbetreiber. Dieser muss schließlich zuallererst wissen, ob seine Anlage dem eben erwähnten immissionsschutzrechtlichen Schutz- und Vorsorgegebot[31] gerecht wird. Deshalb haben konkrete Emissionsgrenzwerte eine zentrale Funktion nicht nur für die effektive Vermeidung schädlicher Umwelteinwirkungen, sondern auch für die Rechtsklarheit beim Betrieb von Anlagen, namentlich im Hinblick auf das jeweils (gerade noch) zulässige Maß an Luftverunreinigungen, die von der Anlage ausgehen dürfen. Hier gilt wiederum, dass der Anlagenbetreiber nicht darauf bauen kann, dass es auf Dauer bei den einmal bei der Genehmigung der Anlage zugrunde gelegten Grenzwerten bleibt und sich aus dem Fortschritt der Anlagentechnik – und auch aus gestiegenen Ansprüchen an den Umweltschutz – nur für den strengere Anforderungen ergeben, der eine neue Anlage in Betrieb nimmt.

32 Diese abstrakte Möglichkeit hat sich für die Betreiber von Anlagen mit einer FWL ab 50 MW zuletzt zum 1.1.2016 bewahrheitet. Seit diesem Datum sind im Regelfall die in Umsetzung der IED **geänderten Emissionsgrenzwerte der 13. BImSchV** zu beachten. Allerdings enthält diese sehr differenzierte Übergangs- und Ausnahmevorschriften, die dem Anlagenbetreiber sowohl zeitlich als auch inhaltlich einigen Spielraum verschaffen. Darüber hinaus kennt die 13. BImSchV – wie bereits ihre vor der Umsetzung der IED geltende Vorgängerfassung – grundsätzlich die Möglichkeit einer Abweichung von den geltenden Anforderungen im Einzelfall. Besondere Anforderungen gelten für Abfallverbrennungs- bzw. Mitverbrennungsanlagen im Sinne der 17. BImSchV.[32]

2 Anwendungsbereich der 13. BImSchV

a) Neue Definition der Großfeuerungsanlage

33 Die Frage nach der **Anwendbarkeit der 13. BImSchV** in der Fassung vom 2.5.2013 ist gerade bei ausgedehnten, historisch gewachsenen Standorten mit einer Vielzahl von **Feuerungseinrichtungen** nicht immer einfach zu beantworten. Jedenfalls

---

30 Hierzu bereits Kap. 3 Rn 30 ff.

31 Rn 17 ff.

32 Verordnung über die Verbrennung und die Mitverbrennung von Abfällen (17. BImSchV) v. 2.5.2013 (BGBl. I S. 1021, 1044, 3754).

beschränkt sich die Prüfung aufgrund der besonderen Aggregationsregeln auch hier nicht auf eine schlichte Addition der Leistungsdaten aller Feuerungseinrichtungen. Hier ist vielmehr der bereits beschriebene **Dreischritt**[33] zu vollziehen, also:

- Was gehört nach den Maßgaben von § 1 Abs. 2 und 3 der 4. BImSchV[34] zum obligatorischen Anlagenumfang?
- Über wie viele Schornsteine verfügt die Anlage?
  Hier unterscheidet sich die Prüfung allerdings in einem wesentlichen Punkt von der bei einer Neuanlage: Bei der Neuanlage kommt es allein darauf an, ob die Errichtung eines gemeinsamen Schornsteins möglich und wirtschaftlich zumutbar wäre. Dagegen findet bei Bestandsanlagen eine Aggregation nur dann statt, wenn tatsächlich ein gemeinsamer Schornstein vorhanden ist. Auf die Möglichkeit einer Ableitung der Abgase über einen gemeinsamen Schornstein kommt es bei diesen Anlagen erst wieder im Fall einer Kapazitätserweiterung an.
- Schließlich ist wieder zu fragen, welche der Feuerungseinrichtungen über eine FWL von mindestens 15 MW verfügen. Alle unter diesem Schwellenwert liegenden Einheiten werden bei der Prüfung der 50-MW-Schwelle nicht berücksichtigt. Darauf kommt es freilich nur dann noch an, wenn die beiden erstgenannten Voraussetzungen erfüllt sind. Denn handelt es sich nicht um eine gemeinsame Anlage im Sinne der 4. BImSchV oder werden die Abgase nicht über einen gemeinsamen Schornstein abgeleitet, findet gem. § 3 Abs. 1 der 13. BImSchV von vornherein keine Aggregation statt.

Das zweite und das dritte Kriterium können also dazu führen, dass auch Standorte 34
aus dem Anwendungsbereich der 13. BImSchV herausfallen, die der Betreiber selbst ob ihrer Größe als Anlage nach der 13. BImSchV eingeschätzt hätte – und die dies nach Maßgabe der bis zum 1.5.2013 geltenden Fassung der 13. BImSchV auch waren. Standorte, an denen mehrere Schornsteine bestehen und die jeweils gemeinsam über einen Schornstein ableitenden Feuerungsanlagen keine 50 MW erreichen, kommen von vornherein nicht als Großfeuerungsanlage im Sinne der 13. BImSchV in Betracht. Und auch dann, wenn die Abgase über einen gemeinsamen Schornstein abgeleitet werden, kann die Anlage noch aus dem Anwendungsbereich der 13. BImSchV herausfallen, wenn nicht eine ausreichende Anzahl der Feuerungsanlagen die 15-MW-Schwelle erreicht.

33 Hierzu bereits Kap. 3 Rn 13 ff.

34 Verordnung über genehmigungsbedürftige Anlagen (4. BImSchV) v. 2.5.2013 (BGBl. I S. 973, 3756), zuletzt geändert durch Verordnung v. 28.4.2015 (BGBl. I S. 670).

b) Anwendbarkeit der 13. BImSchV infolge von Erweiterungsmaßnahmen

aa) Grundsatz: Differenzierte Behandlung von Erweiterung und unverändertem Bestand

35 Eine bislang nicht als Großfeuerungsanlage einzuordnende Anlage kann infolge einer Erweiterungsmaßnahme nachträglich den Schwellenwert von 50 MW FWL erreichen. In einem solchen Fall stellt sich die Frage, für welche Anlagenteile die Anforderungen der 13. BImSchV dann gelten, und wenn ja, in welcher Fassung eigentlich. **§ 13 der 13. BImSchV** bestimmt hierzu Folgendes:

> „Wird eine Feuerungsanlage wesentlich geändert, sind die Anforderungen der §§ 4 bis 12 auf die Anlagenteile und Verfahrensschritte, die geändert werden sollen, sowie auf die Anlagenteile und Verfahrensschritte, auf die sich die Änderung auswirken wird, sofort anzuwenden. Für die Bestimmung der Anforderungen ist die Gesamtleistung der Anlage nach erfolgter wesentlicher Änderung maßgeblich."

36 Die Verordnungsbegründung zu § 13 der 13. BImSchV[35] ergänzt:

> „Da wesentliche Änderungen keinen Einfluss auf das Datum der ersten Betriebsgenehmigung haben, bleibt der Status als bestehende Anlage respektive Altanlage unverändert. Die Anforderungen bestimmen sich insoweit auch nach einer wesentlichen Änderung nach den für bestehende Anlagen respektive Altanlagen einschlägigen Regelungen."

37 Das bedeutet: Mit Blick auf die geänderten Anlagenteile sollen die neuen, strengeren **Grenzwertanforderungen** sofort eingreifen. Da diese wiederum nach Leistungsklassen gestaffelt sind, schließt sich die Frage an, wonach sich diese bei der geänderten Anlage bestimmt. Diese Frage beantwortet § 13 S. 2 der 13. BImSchV:

> „Für die Bestimmung der Anforderungen ist die Gesamtleistung der Anlage nach erfolgter wesentlicher Änderung maßgeblich."

bb) Anforderungen an den Altbestand der Anlage

38 Was nach der **Erweiterung der Anlage** für die nicht von der Änderung betroffenen Anlagenteile gilt, ist nach dem Wortlaut von § 13 der 13. BImSchV nicht völlig eindeutig. Feststeht zunächst im Umkehrschluss von Satz 1, dass die Anforderungen der 13. BImSchV für diese Anlagenteile nicht sofort anzuwenden sind. Sie behalten damit den Status als bestehende Anlage bzw. Altanlage. Für diese greifen dann also jedenfalls weiterhin die für Bestandsanlagen vorgesehenen Grenzwertausnahmen.[36]

39 Der Bestandsschutz reicht hier aber wohl noch weiter. Danach gilt für die von der Änderung nicht betroffenen Anlagenteile die bisherige Leistungsklasse fort, auch

---

35 BT-Drs. 17/10605, S. 83.

36 Hierzu noch Rn 41 ff.

wenn die geänderte Anlage in der Gesamtbetrachtung nunmehr in eine höhere Leistungsklasse fällt. Damit wird vermieden, dass eine Änderung an der Anlage dazu führt, dass die gesamte Anlage auf das Niveau von Neuanlagen nachgerüstet werden muss.[37]

Beispiel
Angenommen, ein Heizwerk verfügte vor seiner Erweiterung über zwei Heißwasserkessel mit einer FWL von je 24 MW. Wird dieses um einen weiteren Kessel der gleichen Leistungsklasse erweitert, finden auf diesen die Grenzwerte der 13. BImSchV für Anlagen der Leistungsklasse von 50 bis 100 MW Anwendung, da die Anlage insgesamt über eine FWL von 72 MW verfügt. Für die alten Kessel würden die Grenzwerte der 13. BImSchV dagegen nicht oder jedenfalls erst nach Ablauf der Übergangsfrist gelten.

Für die Lesart, dass der Altbestand in der bisherigen Leistungsklasse verbleibt, sprechen gute Gründe. Denn der Anreiz zur Anlagenmodernisierung – den zu fördern nicht zuletzt ein Anliegen der IED ist – könnte darunter leiden, wenn diese zur Folge haben kann, dass auch die bestehenden Anlagenteile künftig strengeren Anforderungen unterliegen und somit ebenfalls nachgerüstet werden müssen. 40

3 Übergangsfristen und Ausnahmen

Die in der neuen 13. BImSchV enthaltenen **Anforderungen** sind grundsätzlich seit dem 1.1.2016 zu beachten. Lediglich die Anforderung an die Einhaltung der Emissionsgrenzwerte für Quecksilber im Jahresmittel treten erst am 1.1.2019 in Kraft. 41

Die IED enthält aber zahlreiche anlagenspezifische **Übergangsvorschriften** und Ausnahmen von den strengeren Emissionsgrenzwerten, die in der 13. BImSchV auch umgesetzt sind. 42

a) Ausnahme für bestehende Fernwärmeanlagen

Gem. § 30 Abs. 2 der 13. BImSchV kann die **Übergangsfrist** für die Einhaltung der Grenzwerte für Anlagen der Leistungsklassen zwischen 50 bis 200 MW, die mindestens 50 % der erzeugten Nutzwärme an ein öffentliches Fernwärmenetz abgeben, **bis zum 1.1.2023 verlängert** werden. 43

Um von der Ausnahmeregelung Gebrauch machen zu können, muss der Anlagenbetreiber lediglich ab dem 1.1.2016 für jedes Kalenderjahr eine Aufstellung über den **Anteil der erzeugten Nutzwärme der Anlage** erstellen, der als Dampf oder Warmwasser in ein öffentliches Fernwärmenetz abgegeben wurde, und zwar berechnet als Durchschnitt über den Zeitraum der vorangegangenen fünf Jahre. Diese Aufstellung ist der Immissionsschutzbehörde bis zum 31.3. des Folgejahres vorzulegen. 44

---

37 Vgl. Landmann/Rohmer/*Ohms*, Umweltrecht, § 9 der 13. BImSchV Rn 9 (zur Vorgängerfassung).

45 Die Beschränkung der Ausnahmevorschrift auf Anlagen bis maximal 200 MW FWL wirft die Frage auf, ob auf diese Obergrenze die in § 3 der 13. BImSchV enthaltenen Aggregationsregeln anzuwenden sind.

Beispiel
Ein als gemeinsame Anlage genehmigtes Heizkraftwerk verfügt über Feuerungseinrichtungen mit einer FWL von zusammen mehr als 200 MW. Die Abgase dieser Feuerungseinrichtungen werden über zwei verschiedene Schonsteine abgeleitet, und zwar in der Weise, dass jedem Schornstein jeweils Feuerungseinrichtungen von zusammen weniger als 200 MW zugeordnet sind.

---

46 Kämen in diesem Kontext die Aggregationsregeln in § 3 der 13. BImSchV zur Anwendung, so könnten im Ergebnis von der Übergangsvorschrift für Fernwärmeanlagen auch solche Anlagen profitieren, die insgesamt die 200-MW-Grenze überschreiten. Dies folgt daraus, dass die **„Schornsteinregel"** auch dann noch einmal zu einer kleinteiligeren Anlagenbetrachtung führt, wo § 1 Abs. 3 der 4. BImSchV bereits die zwingende Betrachtung als gemeinsame Anlage vorschreibt.

47 Tatsächlich wird die **Aggregationsregel in § 3 der 13. BImSchV** von den Immissionsschutzbehörden zum Teil – restriktiv – als Spezialvorschrift verstanden, die allein die Frage nach der grundsätzlichen Anwendbarkeit der 13. BImSchV auf die Anlage regelt. Tatsächlich bestimmt § 3 der 13. BImSchV, welche Einheiten als eine **Feuerungsanlage** gelten, während § 30 der 13. BImSchV den Begriff der **Anlage** verwendet, was gegen eine Anwendung der Aggregationsregel in diesem Kontext angeführt werden könnte. Europarechtlich zwingend ist dies freilich nicht: In der **IED** ist in beiden Fällen von **Feuerungsanlagen** die Rede. Bei der begrifflichen Differenzierung zwischen Feuerungsanlagen und (gemeinsamen) Anlagen handelt es sich eher um eine Besonderheit des deutschen Immissionsschutzrechts.

b) Ausnahme für Anlagen, die stillgelegt werden

48 § 30 Abs. 4 der 13. BImSchV stellt Anlagen von der Einhaltung der neuen Grenzwerte frei, deren Betreiber bis zum 1.1.2014 erklärt haben, dass sie diese unter Verzicht auf die Betriebsgenehmigung bis zum 31.12.2023 stilllegen werden. Diese Anlagen dürfen dann nur noch insgesamt 17.500 Stunden betrieben werden, gerechnet ab dem 1.1.2016. Wie diese Restlaufzeit auf den Zeitraum bis zum zugesicherten Stilllegungsdatum verteilt wird, bleibt dem Anlagenbetreiber überlassen.

49 Während der **Restlaufzeit** gelten für diese Anlagen die Vorgaben der durch die IED ersetzten Großfeuerungsrichtlinie fort. Gleichzeitig gelten aber auch die Vorschriften der 13. BImSchV in der bis zum 2.5.2013 geltenden Fassung weiter, soweit diese über diese Vorgaben hinausgehen. § 30 Abs. 4 S. 3 der 13. BImSchV stellt zudem klar, dass diejenigen Anforderungen unberührt bleiben, die die Immissionsschutzbehörde im Einzelfall zur Vorsorge gegen schädliche Umwelteinwirkungen durch Luftverunreinigungen aufstellt.

c) Ausnahme für heimische Brennstoffe

Die von der IED geforderten **Emissionsgrenzwerte für** die Stoffe **Schwefeldioxid und Schwefeltrioxid** (SO_x) stellen vor allem für solche Anlagen eine anspruchsvolle Hürde dar, die Brennstoffe verwenden, die – dies betrifft namentlich die Braunkohle – von Natur aus einen hohen Schwefelgehalt aufweisen. Da diese Brennstoffe in Europa noch vielerorts eine große Bedeutung für die Energieversorgung haben, sieht die IED Erleichterungen bei dem Einsatz sogenannter einheimischer Brennstoffe vor. Unter einem **einheimischen Brennstoff** ist gem. Art. 3 Nr. 29 IED ein „natürlich vorkommender fester Brennstoff, der in einer eigens für diesen Brennstoff konzipierten Feuerungsanlage verfeuert wird und der vor Ort gewonnen wird", zu verstehen. Im Erwägungsgrund (31) der IED heißt es hierzu weiter: 50

> „Aufgrund der Merkmale bestimmter einheimischer fester Brennstoffe ist es angezeigt, auf Feuerungsanlagen, die mit den genannten Brennstoffen betrieben werden, Schwefel-Mindestabscheidegrade anstelle von Emissionsgrenzwerten für Schwefeldioxid anzuwenden."

Diese Mindest-Schwefelabscheidegrade sind in Anh. V Teil 5 der IED festgelegt.

In § 4 Abs. 4 der 13. BImSchV sind diese Erleichterungen nur zum Teil umgesetzt. 51
Hier müssen nur Anlagen der Leistungsklasse 50 bis 100 MW keine Emissionsgrenzwerte für SO_x, sondern lediglich einen **Schwefelabscheidegrad** von mindestens 93 % einhalten. In den Leistungsklassen oberhalb 100 MW verlangt die 13. BImSchV – zusätzlich zu den geforderten Mindestabscheidegraden – auch die Beachtung von **Emissionsgrenzwerten** für SO_x, die allerdings deutlich weniger streng sind als die Standardwerte. Auch bei den Schwefelabscheidegraden stellt die 13. BImSchV höhere Anforderungen auf als die IED, wie sich aus der folgenden Tabelle ergibt:

Emissionsgrenzwerte und Abscheidegrade für SO_x nach der 13. BImSchV und IED				
	Emissionsgrenzwerte gem. § 4 Abs. 1 der 13. BImSchV	bei einheimischen Brennstoffen § 4 Abs. 4 der 13. BImSchV	IED Werte gem. Anh. V Teil 5	
			Anlagen nach Art. 30 Abs. 2 a) vollständiger Antrag, bzw. Genehmigung bis zum 27.11.2002 und Inbetriebnahme bis zum 27.11.2003 b) sonstige Anlagen nach Abs. 2	Anlagen nach Art. 30 Abs. 3
50–100 MW	a) bei Wirbelschichtfeuerung 350 mg/m³ Tagesmittelwert und ein Abscheidegrad von 75 % b) sonstige Anlagen 400 mg/m³ Tagesmittelwert	alternativ keine Unterschreitung eines Abscheidegrads von 93 %	a) Abscheidegrad 80 % b) Abscheidegrad 92 %	Abscheidegrad 93 %
100–300 MW	200 mg/m³ Tagesmittelwert und keine Unterschreitung eines Abscheidegrads von 85 %	300 mg/m³ Tagesmittelwert und 600 mg/m³ Halbstundenmittelwert und keine Unterschreitung eines Abscheidegrads von 93 %	a) Abscheidegrad von 90 % b) Abscheidegrad von 92 %	Abscheidegrad 93 %
> 300 MW	a) in Feuerungen mit zirkulierender oder druckaufgeladener Wirbelschicht 200 mg/m³ Tagesmittelwert und ein Abscheidegrad von 85 % b) sonstige Feuerungen 150 mg/m³ Tagesmittelwert	400 mg/m³ Tagesmittelwert und 800 mg/m³ Halbstundenmittelwert und keine Unterschreitung eines Abscheidegrads von 97 %	a) Abscheidegrad von 96 %* b) Abscheidegrad von 96 % *bei Ölschiefer 95 %	Abscheidegrad 97 %

52 Für die **Betreiber von Anlagen in Deutschland** sind natürlich grundsätzlich die Anforderungen der 13. BImSchV verbindlich, also auch dort, wo diese über die Anforderungen der IED hinausgeht. Denn der deutsche Gesetzgeber darf das Schutzniveau der europäischen Richtlinie zwar nicht unterschreiten, wohl aber höhere Anforderungen stellen.

53 Von diesen **höheren Anforderungen** – und nur von diesen – kann der deutsche Gesetzgeber aber wiederum Rückausnahmen zulassen. Hier ist zu beachten, dass die Immissionsschutzbehörde von den über die IED hinausgehenden Anforderungen

Befreiungen erteilen kann, wenn deren Einhaltung mit einem unverhältnismäßigen Aufwand verbunden wäre.[38]

Beispiel
Ein Kraftwerk mit einer FWL von 200 MW, das Braunkohle aus dem am Standort belegenen Tagebau verbrennt, könnte zwar den in der IED vorgeschriebenen Schwefelabscheidegrad von 90 % einhalten, nicht aber die Anforderungen von § 4 Abs. 4 Nr. 2 der 13. BImSchV. Kann der Anlagenbetreiber nachweisen, dass eine technische Nachrüstung mit einem unverhältnismäßigen Aufwand verbunden wäre, kommt grundsätzlich eine Befreiung nach § 26 der 13. BImSchV in Betracht.

---

d) Ausnahme für bestimmte Anlagen- und Betriebsarten

Die Ausnahmen von den regulär zu beachtenden Emissionsgrenzwerten sind in der 54
13. BImSchV – ebenso wie in der IED – nicht zentral geregelt, sondern jeweils im Zusammenhang mit der Festlegung der Emissionsgrenzwerte. Entsprechend verteilen sich diese **Privilegierungstatbestände** über den zweiten Abschnitt der 13. BImSchV.

In der 13. BImSchV folgen die **Festlegungen der Emissionsgrenzwerte** einer Sys- 55
tematik, die entlang der verschiedenen Anlagentypen und verschiedenen Brennstoffen aufgebaut ist. Dementsprechend tauchen Ausnahmevorschriften für bestimmte Betriebsarten mehrfach auf, namentlich die Regelungen betreffend der

- Anforderungen an Altanlagen, die im gleitenden Durchschnitt über einen Zeitraum von fünf Jahren **höchstens 1.500 Betriebsstunden** jährlich in Betrieb sind, und
- Anforderungen an bestimmte Anlagen, die der Abdeckung der **Spitzenlast** bzw. dem **Notbetrieb** dienen und nur bis zu **300 Betriebsstunden** jährlich in Betrieb sind.

Weitere, in der Praxis wichtige Ausnahmetatbestände betreffen die 56

- Emissionsgrenzwerte für Stickoxide von **Gasturbinenanlagen** zum Antrieb von **Arbeitsmaschinen** oder solchen mit **Kraft-Wärme-Kopplung**, wenn ein Gesamtwirkungsgrad im Jahresdurchschnitt von mindestens 75 % oder im Kombibetrieb ein elektrischer Gesamtwirkungsgrad im Jahresdurchschnitt von mindestens 55 % erreicht wird (§ 8 Abs. 8 der 13. BImSchV),
- Emissionsgrenzwerte für Stickoxide für **Einzelgasturbinen** mit einer FWL von weniger als 50 MW, die Bestandteil einer Anlage mit einer FWL von 50 MW oder mehr sind, bei einem Einsatz von anderen gasförmigen Brennstoffen als Erdgas oder von flüssigen Brennstoffen (§ 8 Abs. 7 der 13. BImSchV).

---

38 Vgl. hierzu noch Rn 61 ff.

Beispiel
Die Privilegierung der Gasturbinen mit Kraft-Wärme-Kopplung besteht beispielsweise darin, dass anstelle eines Emissionsgrenzwertes für Stickstoffdioxid von 50 mg/m³ im Tagesmittelwert und 100 mg/m³ im Halbstundenmittelwert lediglich 75 mg/m³ im Tagesmittelwert und 150 mg/m³ im Halbstundenmittelwert erreicht werden müssen.

4 Sonderkonstellation: Verbrennung von Konversionsrückständen

57 Spezielle Regelungen für **Mischfeuerungen** sieht § 10 der 13. BImSchV vor. So gilt nach § 10 Abs. 3 S. 1 Nr. 1 der 13. BImSchV für Feuerungsanlagen, in denen Destillations- und Konversionsrückstände zum Eigenverbrauch in Raffinerien eingesetzt werden, der Emissionsgrenzwert für den Brennstoff mit dem höchsten Emissionsgrenzwert, sofern die mit diesem Brennstoff zugeführte FWL mindestens 50 % der insgesamt zugeführten FWL ausmacht.

58 Weiter ist in Satz 2 vorgesehen, dass die zuständige Behörde auf Antrag abweichend von Satz 1 innerhalb einer Raffinerie bei bestehenden Großfeuerungsanlagen, die Destillations- und Konversionsrückstände aus der Rohölraffinierung allein oder zusammen mit anderen Brennstoffen für den Eigenverbrauch verfeuern, für Schwefeldioxid und Schwefeltrioxid weniger strenge Grenzwerte zulassen kann (§ 10 Abs. 3 S. 2 der 13. BImSchV). Die Gewährung dieser Ausnahme steht im pflichtgemäßen Ermessen der Behörde.

5 Ausnahme nach der IED: Kleine isolierte Netze

59 Eine in der 13. BImSchV **nicht umgesetzte Sonderregelung** sieht Art. 34 IED vor. Danach dürften Feuerungsanlagen, die am 6.1.2011 Teil kleiner isolierter Netze sind, von der Einhaltung der neuen Grenzwerte bis zum 31.12.2019 freigestellt werden.

60 Ein **„kleines, isoliertes Netz“** ist dabei gem. Art. 3 Nr. 36 IED i.V.m. Art. 2 Nr. 26 EltRL 2003[39] ein Netz mit einem Verbrauch von weniger als 3.000 GWh im Jahr 1996, das bis zu einem Wert von weniger als 5 % seines Jahresverbrauchs mit anderen Netzen in Verbund geschaltet werden kann. Wie gesagt hat der deutsche Gesetzgeber von dieser Ausnahmeermächtigung keinen Gebrauch gemacht. Bedeutung kann die Regelung aber auch für den Betreiber einer solchen Anlage erlangen, wenn er für diese für das Zeitfenster bis zum 31.12.2019 die Zulassung einer Ausnahme im Einzelfall beantragt. Denn diese setzt ja voraus, dass keine zwingenden Grenzwerte der IED überschritten werden.

39 Elektrizitätsbinnenmarktrichtlinie 2003 (EltRL 2003 – RL 2003/54/EG) v. 26.6.2003 (ABl EU Nr. L 176 S. 37).

6 Zulassung von Ausnahmen im Einzelfall

a) Voraussetzungen

Bestandsschutzerwägungen und das Gebot der Verhältnismäßigkeit können im Einzelfall zu der Bewertung führen, dass eine Verpflichtung auf die Umsetzung der Anforderungen der 13. BImSchV, insbesondere auf die Einhaltung der Emissionsgrenzwerte unzumutbar wäre. Für diese Fälle ermächtigt § 26 Abs. 1 der 13. BImSchV die Immissionsschutzbehörde, Ausnahmen von den ansonsten verbindlichen Vorgaben zuzulassen. Dies setzt voraus, dass unter Berücksichtigung der besonderen Umstände des Einzelfalls 61

> „1. einzelne Anforderungen der Verordnung nicht oder nur mit unverhältnismäßigem Aufwand erfüllbar sind,
> 2. im Übrigen die dem Stand der Technik entsprechenden Maßnahmen zur Emissionsbegrenzung angewandt werden,
> 3. die Schornsteinhöhe nach der Technischen Anleitung zur Reinhaltung der Luft in der jeweils geltenden Fassung auch für einen als Ausnahme zugelassenen Emissionsgrenzwert ausgelegt ist, es sei denn, auch insoweit liegen die Voraussetzungen der Nummer 1 vor, und
> 4. die Ausnahmen den Anforderungen aus der Richtlinie 2010/75/EU nicht entgegenstehen."

Sind alle diese Voraussetzungen erfüllt – zu den Einzelheiten sogleich[40] –, kann die Behörde eine Ausnahme bewilligen, muss dies grundsätzlich aber nicht. Die Gewährung der Ausnahme ist in ihr pflichtgemäßes Ermessen gestellt. Dies bedeutet zunächst immerhin, dass sie bei ihrer Entscheidung die besonderen Umstände des Einzelfalls zu würdigen hat. Aus der Abwägung dieser Umstände ergibt sich aber nicht stets eine „einzig richtige" Entscheidung. Nur in Ausnahmefällen kann es auch einmal sein, dass sich nur die Gewährung – oder die Versagung – der Ausnahme als rechtmäßig darstellt. Verwaltungsverfahrensrechtlich wird diese Konstellation als **Ermessensreduzierung auf null** bezeichnet. 62

b) Unverhältnismäßiger Aufwand bei Erfüllung der Anforderungen

Auch wenn die 13. BImSchV – wie dargestellt[41] – für Bestandsanlagen eine Reihe von Nachlässen auf ihr aktuelles Anforderungsniveau gewährt, kann diese den Anlagenbetreibern im Einzelfall immer noch mehr abverlangen, als in Abwägung mit dem damit zu erreichenden Schutzniveau wirtschaftlich zumutbar ist. **§ 26 der 13. BImSchV** dient somit der Wahrung des verfassungsrechtlich verbürgten Verhältnismäßigkeitsgrundsatzes. Gleichzeitig begrenzt der Verhältnismäßigkeitsgrundsatz die Möglichkeit der Bewilligung von Ausnahmen: Bedeutet die Einhaltung der Anforderungen der 13. BImSchV keinen unverhältnismäßigen Aufwand, so ist auch keine Ausnahme zulässig. 63

40 Rn 63 ff.
41 Rn 41 ff.

64 Die Prüfung der Verhältnismäßigkeit bedeutet eine Abwägung zwischen den Belangen des Anlagenbetreibers auf der einen Seite und auf der anderen Seite dem Nutzen, den die Einhaltung der Anforderungen der 13. BImSchV für die Schutzgüter des BImSchG im konkreten Einzelfall bewirken würde. Von einem unverhältnismäßigen Aufwand ist also auszugehen, wenn einem hohen technischen und wirtschaftlichen Aufwand eine nur geringfügige Verminderung der Emissionen und Umweltbelastungen gegenüberstünde.

65 Dabei beschränkt sich die Betrachtung des wirtschaftlichen Aufwandes nicht nur auf die Kosten, die mit einer sonst erforderlichen Umrüstung der Anlage verbunden wären. Sie kann und muss auch die Frage mit einbeziehen, wie sich der mit der Umrüstung verbundene Aufwand auf die Überlebensfähigkeit und die internationale Konkurrenzfähigkeit des die Anlage betreibenden Unternehmens auswirken würde.[42]

Beispiel
Eine Unverhältnismäßigkeit liegt nahe, wenn die voraussichtlichen Kosten einer Modernisierung den wirtschaftlichen Wert einer typischen Jahresproduktion der Einrichtungen um ein Vielfaches übersteigen würden.

---

66 In technischer Hinsicht ist unter anderem zu berücksichtigen, wie tiefgreifend in den Anlagenbestand eingegriffen werden müsste, in welchem Umfang die Modernisierung Anlagenstillstände bewirken würde und welche betrieblichen Konsequenzen diese hätten. Bei der **Prüfung der technischen Voraussetzungen** sind auch Überlegungen dazu anzustellen, welche Emissionsminderungen auch ohne oder mit nur moderaten baulichen Veränderungen erzielt werden können.

Beispiel
Angenommen, eine Anlage, für die in Bezug auf die Emission von Schwefeldioxid ein Emissionsgrenzwert von 350 mg/m³ im Tagesmittelwert und ein Schwefelabscheidegrad von mindestens 75 % gelten, erreicht derzeit lediglich rund 450 mg/m³. Der Grenzwert könnte erst nach einem grundlegenden Umbau der Feuerungseinrichtungen und der Rauchgasreinigung eingehalten werden, die mindestens den Gegenwert einer Jahresproduktion kosten würde. Gleichzeitig könnte durch vergleichsweise kostengünstige Optimierungsmaßnahmen eine Verminderung der Schwefeldioxidemissionen auf 400 mg/m³ im Tagesmittelwert erzielt werden. In diesem Fall dürfte bei der Abwägung von Aufwand und Umweltnutzen nicht ohne weiteres darauf abgestellt werden, dass die Modernisierung eine Absenkung der Schwefeldioxidemissionen um 100 mg/m³ ermöglichen wird. Sondern es wäre auch zu prüfen, ob bereits eine Absenkung um 50 mg/m³ den Mehraufwand eines Anlagenumbaus im Vergleich zu den Optimierungsmaßnahmen rechtfertigt.

---

67 In Bezug auf den Schutzzweck der Vorgaben der 13. BImSchV ist auch die bereits bestehende Immissionssituation am Standort der Anlage zu bewerten. Die Abwägung

42 Landmann/Rohmer/*Ohms*, Umweltrecht, § 21 der 13. BImSchV Rn 5.

kann sich insbesondere dann schwierig gestalten, wenn es im engeren räumlichen Umkreis mehrere Anlagen gibt, die die maßgeblichen Emissionsgrenzwerte nicht mehr einhalten können. In einem solchen Fall dürfte eine Gesamtbetrachtung erforderlich sein, damit bei der Entscheidung nicht zufällige Umstände den Ausschlag geben, wie etwa der Zeitpunkt, an dem der einzelne Anlagenbetreiber seinen Ausnahmeantrag gestellt hat.

Nicht zuletzt wird die Behörde auch zu berücksichtigen haben, dass vor dem Hin- 68
tergrund des immissionsschutzrechtlichen Vorsorgegebots auch die aktuell geltenden Grenzwerte zwar den Stand der Technik abbilden sollen, diese aber ihrerseits schon vor dem Ende der Laufzeit der Anlage wieder durch strengere Anforderungen ersetzt werden können.

c) Stand der Technik und Schornsteinhöhe

Wie erwähnt,[43] muss vor der Bewilligung einer Ausnahme das Emissionsminde- 69
rungspotential der Anlage ermittelt werden, das unter noch zumutbarem Aufwand gehoben werden kann. Dies ist nicht nur für die Frage nach der Zumutbarkeit von Bedeutung. § 26 Nr. 2 der 13. BImSchV verlangt ausdrücklich, dass auch im Fall der Bewilligung einer Ausnahme im Übrigen die dem **Stand der Technik im Sinne von § 3 Abs. 6 BImSchG** entsprechenden Maßnahmen zur Emissionsbegrenzung angewandt werden müssen.

Würde also die strikte Einhaltung der Anforderungen der 13. BImSchV einen 70
unverhältnismäßigen Aufwand bedeuten, so heißt dies nicht, dass der Anlagenbetreiber von allen Bemühungen um eine Emissionsminderung befreit wäre. Er muss vielmehr grundsätzlich das tun, was als (gerade noch) zumutbar anzusehen ist.

Mit dem zusätzlichen Erfordernis der **Einhaltung der** jeweils maßgeblichen 71
Schornsteinhöhe wird vermieden, dass die Bewilligung einer Ausnahme eine Gefahrenlage im Nahbereich der Anlage zur Folge hat.

d) Kein Unterschreiten der Anforderungen der IED

Die in § 26 Abs. 1 Nr. 4 der 13. BImSchV an die Erteilung einer Ausnahme geknüpfte 72
Bedingung dürfte infolge des durch die IED bereits auf europäischer Ebene deutlich angehobene Anforderungsprofil die Befreiungsmöglichkeiten künftig merklich einschränken. Denn hier wird klargestellt, dass ein **Unterschreiten der von der IED gesetzten Standards** in keinem Fall in Betracht kommt. Damit ist die Erteilung einer Ausnahme nur entweder in Bezug auf diejenigen Anforderungen der 13. BImSchV zulässig, die über die der IED hinausgehen, oder in den Fällen, in denen die IED selbst Ausnahmen vorsieht.

---

43 Rn 63 ff.

73 Die gleiche Forderung stellte zwar bereits die Vorgängerregelung im Hinblick auf die bis vor der IED geltenden IVU-RL[44] auf. Mit der IED haben sich die Anforderungsniveaus von Richtlinie und 13. BImSchV einander – aber wie gesagt weitestgehend – angenähert. Zu den verbleibenden Fallkonstellationen, in denen die Bewilligung einer Ausnahme nach § 26 der 13. BImSchV noch möglich ist, gehören die folgenden:

- Eine Anlage setzt einheimische Brennstoffe im Sinne der IED ein und kann die in der IED verlangten Schwefelabscheidegrade, nicht aber die in der 13. BImSchV zusätzlich geforderten Emissionsgrenzwerte für Schwefeldioxid einhalten.
- Die betreffende Feuerungsanlage ist Teil eines kleinen isolierten Netzes im Sinne von Art. 24 IED.
- Ist § 13 der 13. BImSchV dahingehend auszulegen, dass im Fall der Erweiterung einer bislang nicht in den Anwendungsbereich der 13. BImSchV fallenden Anlage deren Anforderungen grundsätzlich für die gesamte Anlage gelten[45] – nur eben für die von der Änderung nicht unmittelbar betroffenen Anlagenteile nicht sofort –, so dürfte jedenfalls eine Befreiung dieser Anlagenteile nach § 26 der 13. BImSchV möglich sein. Denn Art. 27 Abs. 3 S. 2 IED geht davon aus, dass deren Anforderungen für die von der Erweiterung nicht betroffenen Anlagenteile nicht gelten.

74 Gilt es bei der Bewilligung einer Ausnahme einen von der IED **verbindlich vorgegebenen Emissionsgrenzwert** zu beachten, so kann sich die Frage stellen, ob dieser von jedem Einzelaggregat einzuhalten ist. Hiergegen spricht, dass die Aggregationsregeln der IED für Bestandsanlagen nicht ohne Grund auf den gemeinsamen Schornstein abstellen dürften. Bereits zu der Vorgängerfassung des § 26 der 13. BImSchV hatte der Länderausschuss Immissionsschutz in seinen Auslegungshinweisen die Auffassung vertreten, dass die Befreiungsmöglichkeit insbesondere dann zur Anwendung kommen kann, wenn die Emissionsgrenzwerte, die der Leistungsklasse der Anlage nach Addition der einzelnen Feuerungseinrichtungen entsprechen, von einzelnen Anlagenteilen nur unter unzumutbarem Aufwand eingehalten werden könnten.[46] Dies wurde als mit der damaligen Großfeuerungsanlagenrichtlinie[47] für vereinbar angesehen, weil diese keine Regelung für Einzelaggregate mit einer FWL von weniger als 50 MW kennt.[48] Dies gilt – mutatis mutandis – weiterhin auch in Bezug auf die

---

44 IVU-Richtlinie (IVU-RL – RL 2008/1/EG) v. 15.1.2015 (ABl EU Nr. L 24 S. 8).

45 Vgl. bereits Rn 38 ff.

46 Dies impliziert zugleich, dass die 13. BImSchV verlangt, dass die dort geregelten Emissionsgrenzwerte grundsätzlich von allen Feuerungseinheiten der Anlage einzuhalten sind. Auch hier lässt sich aber gut vertreten, dass es nur auf die am gemeinsamen Schornstein gemessenen Werte ankommt (vgl. Landmann/Rohmer/*Ohms*, Umweltrecht, § 1 der 13. BImSchV Rn 22). Wird dieser Auffassung gefolgt, ist das Bedürfnis nach einer Ausnahmebewilligung natürlich obsolet.

47 Großfeuerungsanlagenrichtlinie (RL 2001/80/EG) v. 23.10.2001 (ABl EU Nr. L 309 S. 1, ber. ABl EU 2002 Nr. L 319 S. 30).

48 Landmann/Rohmer/*Ohms*, Umweltrecht, § 21 der 13. BImSchV a.F. Rn 8.

IED. Diese enthält zwar in Art. 29 eine **Aggregationsregel**. Diese ist aber allein für die Frage maßgeblich, *ob* die aggregierten Feuerungseinrichtungen sich die Anlage insgesamt als Großfeuerungsanlage qualifizieren. Eine Vorgabe, dass *jede einzelne* Feuerungseinrichtung für sich die Emissionsgrenzwerte einhalten muss, enthält die IED weiterhin nicht.

Andererseits muss der über den gemeinsamen Schornstein abgeleitete akkumu- 75
lierte Abgasstrom die Grenzwerte der IED wieder einhalten. Denn gem. Art. 15 Abs. 1 IED gelten die Emissionsgrenzwerte an dem Punkt, an dem die Emissionen die Anlage verlassen. Damit wäre es nicht zulässig, die Anlage nur mit den Feuerungseinrichtungen zu betreiben, die die Grenzwerte nicht einhalten. Dies gilt selbst dann, wenn diese Einheiten zusammen über weniger als 50 MW FWL verfügen. Denn der Schwellenwert für Großfeuerungsanlagen bezieht sich ja nicht auf die tatsächlich genutzte, sondern auf die verfügbare Leistung.

IV Künftige Anforderungen für mittelgroße Feuerungsanlagen – die MCPD

Nachdem der europäische Richtliniengeber mit der IED für die Begrenzung der Emis- 76
sionen aus großen Feuerungsanlagen einen neuen Rechtsrahmen geschaffen hatte,[49] hat er sogleich auch die **mittelgroßen Anlagen** ins Visier genommen. Mit der Richtlinie zur Begrenzung der Emissionen bestimmter Schadstoffe aus mittelgroßen Feuerungsanlagen in die Luft (MCPD)[50] vom 25.11.2015 gelten nunmehr auch für Anlagen der Größenklasse von 1 bis unter 50 MW FWL europäische Regeln, die von den europäischen Mitgliedstaaten in ihrem Land bis zum 19.12.2017 umzusetzen sind.

Der niedrige Schwellenwert bringt es mit sich, dass voraussichtlich eine unüber- 77
sehbar große Zahl von Anlagen von der Umsetzung dieser Richtlinie betroffen sein wird, darunter auch zahlreiche Anlagen, die nach dem BImSchG und der 4. BImSchV gar nicht genehmigungsbedürftig und demzufolge der Immissionsschutzbehörde gar nicht bekannt sind, sondern nur der Baubehörde.[51] Dies betrifft zum Beispiel Öl- und Gaskesselanlagen im Bereich der Wärmeversorgung mit einer FWL von weniger als 20 MW.

Wann bei einer aus mehreren Feuerungseinrichtungen bestehenden Anlage 78
die **Schwellenwerte** von 1 bzw. 5 MW FWL **überschritten** sind – wann also Leistungswerte zu addieren sind –, regelt Art. 4 MCPD, der der Aggregationsregel der IED nachgebildet ist. Es werden also die Leistungswerte von Feuerungsanlagen addiert, deren Abgase über einen gemeinsamen Schornstein abgeleitet werden oder dies nach Ansicht der zuständigen Behörde unter Berücksichtigung technischer und wirtschaft-

49 Vgl. Rn 31 ff.
50 Vgl. schon Rn 3.
51 Vgl. *Vollmer*, NuR 2015, 442, 444.

licher Faktoren könnten. Im Gegensatz zu Art. 29 IED unterscheidet die MCPD hier aber nicht zwischen Bestandsanlagen und neu zu errichtenden Anlagen. Naturgemäß entfällt hier auch die Klausel, wonach kleinere Einheiten bei der Berechnung nicht berücksichtigt werden.

79 Die **MCPD** verfolgt im Wesentlichen zwei Anliegen:

- Zum einen geht es darum, auch die Emissionen aus mittelgroßen Anlagen zu begrenzen. Hierzu sind in Anh. II zur MCPD **Emissionsgrenzwerte** für Schwefeldioxid (SO_2), Stickoxide (NO_x) und Staub festgesetzt. Dort wird zwischen Grenzwerten unterschieden, die für bestehende, und solchen, die für neue mittelgroße Anlagen gelten. Als bestehende Anlage gelten Feuerungsanlagen, die vor dem 20.12.2018 in Betrieb genommen sein werden oder vor dem 19.12.2017 eine Genehmigung erhalten haben und spätestens am 20.12.2018 in Betrieb genommen wurden. Innerhalb dieser Gruppen wird nochmals nach Größe unterschieden. Für die Anlagen bis 5 MW FWL gelten weniger strenge Grenzwerte. Für Kohlenmonoxid (CO) bestimmt die MCPD keine Grenzwerte, macht hierfür aber Vorgaben zur Emissionsüberwachung.
- Zum anderen werden eine möglichst umfassende **Registrierung** und eine Verbesserung der Überwachung dieser Anlagen angestrebt. Die europäischen Mitgliedstaaten sollen hierzu sicherstellen, dass ab dem 1.1.2024 keine bestehende Feuerungsanlage mit einer FWL von mehr als 5 MW ohne Genehmigung oder Registrierung betrieben werden. Für die bestehenden mittelgroßen Anlagen der Leistungsklasse 1 bis 5 MW gilt dies ab dem 1.1.2029. Mit Blick auf die unüberschaubare Zahl an nicht nach dem BImSchG genehmigungsbedürftigen Anlagen würde eine umfassende Neuregistrierung dieser Anlagen einen erheblichen Aufwand bedeuten. Allerdings liegt es nahe, dass als Genehmigung im Sinne von Art. 5 Abs. 1 MCPD auch die baurechtliche Genehmigung ausreicht, da das baurechtliche Genehmigungsverfahren auch die Prüfung der immissionsschutzrechtlichen Anforderungen mit umfasst.[52]

80 Auch hinsichtlich der Emissionsgrenzwerte sieht die MCPD **Übergangsfristen für bestehende Anlagen** vor: Für die größeren Anlagen (mehr als 5 bis weniger als 50 MW) sollen die neuen Grenzwerte ab dem 1.1.2015 vorgeschrieben sein. Für die kleineren Anlagen zwischen 1 und 5 MW ist der Stichtag der 1.1.2030. Gesonderte Übergangsvorschriften gelten wiederum für einzelne Anlagentypen, beispielsweise für Anlagen, die Teil kleiner isolierter Netze und isolierter Kleinstnetze sind, oder – in Anlehnung an Art. 35 IED – für Anlagen der öffentlichen Fernwärmeversorgung. Art. 6 MCPD regelt schließlich in Abs. 11 und 12 Fallgestaltungen, in denen die zuständige Behörde vorübergehende Abweichungen von den Emissionsgrenzwerten erlauben darf.

52 Vgl. *Vollmer*, NuR 2015, 442, 448.

V BVT-Merkblätter – Umsetzung neuer technischer Vorgaben bei Bestandsanlagen

1 Einführung

Zu den Regelwerken, deren Entwicklung auch der Betreiber einer Bestandsanlage 81
im Blick haben muss, zählen seit der Umsetzung der IED verstärkt die im Rahmen des sogenannten **Sevilla-Prozesses erarbeiteten BVT-Merkblätter**[53] und die daraus abgeleiteten BVT-Schlussfolgerungen. Diese sind nicht nur im Rahmen der Genehmigungsanforderungen für eine Neuanlage zu berücksichtigen, bei denen § 12 Abs. 1a BImSchG gegebenenfalls entsprechende Bestimmungen in der Genehmigung verlangt. In Art. 21 Abs. 3 IED wird in Bezug auf die in ihren Anwendungsbereich fallenden Anlagen verlangt, dass die zuständigen Behörden binnen vier Jahren nach der Veröffentlichung einer Entscheidung einer BVT-Schlussfolgerung sicherstellen, dass diese Anlagen die sich daraus ergebenden Anforderungen auch einhalten. Dies ist in § 17 Abs. 2a BImSchG umgesetzt, der auf den eben erwähnten § 12 Abs. 1a BImSchG verweist. Die Vorschrift erlaubt es der Immissionsschutzbehörde damit grundsätzlich, noch vor der Umsetzung einer BVT-Schlussfolgerung in das nationale Recht auf diese eine nachträgliche Anordnung[54] zu stützen.

Die Verbindlichkeit der BVT-Schlussfolgerungen bedeutet insbesondere, dass die 82
dort mit den besten verfügbaren Techniken assoziierten Emissionswerte nicht überschritten werden dürfen. Hier ist aber zu beachten, dass es sich dabei um keine Emissionsgrenzwerte im engeren Sinne handelt, sondern dass es um Betriebswerte unter spezifischen Referenzbedingungen geht.

Für die nicht in den Anwendungsbereich der IED fallenden Anlagen ändert sich 83
insofern vorerst nichts, als die BVT-Schlussfolgerungen für diese – wie bislang – keine Rechtsverbindlichkeit entfalten. Vielmehr sind bei diesen weiterhin die BVT-Merkblätter lediglich bei der Bestimmung des Standes der Technik zu berücksichtigen.

2 Durchsetzung von BVT-Schlussfolgerungen bei bestehenden IED-Anlagen

a) Instrumentarium zur Umsetzung neuer BVT-Schlussfolgerungen

Die in Art. 21 Abs. 3 IED **festgelegten Regelungspflichten** auf der Ebene der Mitglied- 84
staaten sind im BImSchG an mehreren Stellen umgesetzt. § 7 Abs. 1a S. 2 BImSchG enthält zunächst die Vorgabe, dass im Hinblick auf bestehende Anlagen

- innerhalb eines Jahres nach der Veröffentlichung von BVT-Schlussfolgerungen zur Haupttätigkeit eine Überprüfung und gegebenenfalls Anpassung der Rechtsverordnung vorzunehmen ist und

53 Vgl. bereits Kap. 3 Rn 96 ff.
54 Vgl. Rn 22.

- innerhalb von vier Jahren nach Veröffentlichung dieser BVT-Schlussfolgerungen sichergestellt werden muss, dass die betreffenden Anlagen die Emissionsgrenzwerte der Rechtsverordnung einhalten.

85 Beide Vorgaben verpflichten den Anlagenbetreiber nicht unmittelbar, sondern sind zunächst als Auftrag an den Verordnungsgeber und die zuständigen Behörden zu verstehen, den neuen BVT-Schlussfolgerungen durch eine Anpassung der von diesen betroffenen Rechtsverordnungen und (sofern erforderlich) durch aktualisierte Genehmigungsanforderungen bzw. nachträgliche Anordnungen Geltung zu verschaffen.

86 Daneben sieht § 48 Abs. 1a BImSchG auch die Möglichkeit vor, dass die sich aus neuen BVT-Schlussfolgerungen ergebenden neuen Anforderungen in Verwaltungsvorschriften wie der TA Luft umgesetzt werden, die die Immissionsschutzbehörden darauf verpflichten, diesen Anforderungen im konkreten Einzelfall Geltung zu verschaffen. Ausdrücklich wird dies dann auch noch einmal in § 52 Abs. 1 S. 4 BImSchG klargestellt, wonach die zuständigen Behörden eine Überprüfung und gegebenenfalls Aktualisierung der Genehmigung durchzuführen und deren Einhaltung sicherzustellen haben.

b) Konkretisierung neuer Anforderungen im Einzelfall

87 Wie werden nun die neuen Vorgaben in Bezug auf die konkrete Anlage individuell verbindlich? Hier geht es um folgende Konstellationen:

- Ist die Umsetzung der BVT-Schlussfolgerungen in einer einschlägigen Rechtsverordnung erfolgt und sind die sich daraus ergebenden neuen Anforderungen hinreichend bestimmt, kann ein Tätigwerden der Immissionsschutzbehörde entbehrlich sein. In diesem Fall sind die neuen Rechtspflichten unmittelbar einzuhalten, ohne dass die Behörde eine nachträgliche Anordnung erlassen muss. Dies gilt jedenfalls dann, wenn die neuen Anforderungen ohne wesentliche technische Anpassungen an der Anlage eingehalten werden können.[55]
- Erfordern die neuen Anforderungen dagegen Änderungen an der Anlage, so kann die Immissionsschutzbehörde unter den weiteren Voraussetzungen des § 17 BImSchG eine nachträgliche Anordnung erlassen.
- Das Gleiche gilt, wenn die Umsetzung der BVT-Schlussfolgerungen – dies sieht § 48 Abs. 1a BImSchG nun einmal auch als Möglichkeit im Bereich der IED-Anlagen vor – im Rahmen von Verwaltungsvorschriften erfolgt ist. Gerade hier dürfte eine Konkretisierung der individuellen Betreiberpflichten durch die nachträgliche Anordnung geboten sein.[56]

55 Dieser Fall wird in der Praxis vergleichsweise selten vorkommen, vgl. *Wasielewski,* I+E 2013, 17, 25.
56 Vgl. hierzu noch Rn 88 ff.

- Im Einzelfall kann die Anpassung der Anlage an das geänderte Anforderungsprofil auch eine Änderungsgenehmigung erforderlich machen, in der diesen in Form von zusätzlichen Inhaltsbestimmungen Rechnung getragen wird. In der Regel wird aber eine Anzeige gem. § 15 BImSchG ausreichend sein. Denn eine Änderungsgenehmigung nach § 16 BImSchG ist ja grundsätzlich nur dann erforderlich, wenn die Änderung der Anlage nachteilige Auswirkungen für die Schutzgüter des BImSchG haben kann. Der auf die Einhaltung neuer BVT-Schlussfolgerungen gerichtete Umbau bezweckt aber gerade geringere Umweltbelastungen. Denkbar ist ein Genehmigungserfordernis jedoch dann, wenn die neue Technik in Bezug auf ein Schutzgut zu einem deutlich verbesserten Schutzniveau führt, andererseits aber in Bezug auf ein anderes Schutzgut auch – wenngleich die Vorteile nicht überwiegende – Nachteile mit sich bringt.[57]

c) Notwendigkeit einer behördlichen Anordnung

Die Struktur der BVT-Schlussfolgerungen mit ihren konkret bezifferten Emissionsbandbreiten sowie die kurze Umsetzungsfrist von lediglich einem Jahr legen es nahe, zur Umsetzung im Regelfall den Weg der Änderung der 13. BImSchV zu wählen. Der Gesetzgeber wollte aber nicht darauf verzichten, auch in Bezug auf die in den Anwendungsbereich der IED fallenden Anlagen den Weg einer Umsetzung über Verwaltungsvorschriften zu eröffnen.[58] In den Fällen, in denen hiervon Gebrauch gemacht wird, stellt sich für den Anlagenbetreiber die Frage, wann er zu der Einhaltung der neuen Anforderungen verpflichtet ist oder – genauer – wann die Immissionsschutzbehörde ihn durch eine nachträgliche Anordnung hierauf verpflichten kann. 88

Eine unmittelbare Umsetzung der BVT-Schlussfolgerungen durch behördliche Anordnung dürfte zunächst solange ausscheiden, wie die von der IED gesetzten **Umsetzungsfristen noch nicht abgelaufen** sind. Diese finden sich auch in § 48 Abs. 1a S. 2 BImSchG wieder. Darin wird der Bundesregierung aufgegeben, innerhalb der von der IED vorgegebenen Jahresfrist nach der Veröffentlichung einer neuen BVT-Schlussfolgerung zu überprüfen, ob vor diesem Hintergrund die bestehenden Verwaltungsvorschriften den Stand der Technik noch zutreffend abbilden. 89

Nr. 5.1.1 TA Luft sah hier bislang folgendes Verfahren vor: Der beim Bundesministerium für Umwelt, Bau, Naturschutz und Reaktorsicherheit (BMUB) eingesetzte beratende Ausschuss zur TA Luft (TALA) nimmt die in § 48 Abs. 1a S. 2 BImSchG geforderte Prüfung vor und gibt gegenüber dem BMUB seine Stellungnahme hierzu ab. Das BMUB hat dann – sofern erforderlich – im Bundesanzeiger bekannt zu machen, dass eine durch die BVT-Schlussfolgerungen überholte Maßgabe der TA Luft nicht mehr dem Stand der Technik entspricht. Grundsätzlich entfällt erst zu diesem Zeitpunkt 90

57 *Zimmermann*, I+E 2012, 110, 116.
58 Kritisch hierzu *Jarass*, NVwZ 2013, 169, 172.

die Verbindlichkeit der bisherigen Verwaltungsvorschriften. Dies wird für mit der IED vereinbar angesehen, weil diese es ausdrücklich erlaube, die BVT-Schlussfolgerungen zunächst in abstrakt-generelle Vorschriften zu übersetzen.[59] Die zeitliche Verzögerung, die dadurch bis zur behördlichen Durchsetzung der neuen Anforderungen eintritt, sei deshalb hinzunehmen.[60]

91 Die BVT-Schlussfolgerungen sollen aber nunmehr durch sektorale Verwaltungsvorschriften umgesetzt werden, die damit parallel zur TA Luft bestehen und dieser im Zweifel vorgehen. Mit diesem **nach Sektoren differenzierten Ansatz** wird die Hoffnung auf ein transparenteres Verfahren verbunden, mit dem zugleich der nunmehr höheren Verbindlichkeit der BVT-Schlussfolgerungen Rechnung getragen werde.[61] Es wird hierbei angestrebt, im Rahmen der laufenden Novellierung der TA Luft, die 2017 in Kraft treten soll, die bis dahin bestehenden sektoralen Verwaltungsvorschriften wieder in die TA Luft zu integrieren.

92 In der Variante der Umsetzung der BVT-Schlussfolgerung durch Verwaltungsvorschriften gibt § 17 Abs. 2a BImSchG den Immissionsschutzbehörden – durch den Verweis auf § 12 Abs. 1a BImSchG – allerdings ausdrücklich die Befugnis, die BVT-Schlussfolgerungen mit der nachträglichen Anordnung durchzusetzen, wenn die in den Verwaltungsvorschriften festgesetzten Emissionswerte nicht mehr dem Stand der Technik entsprechen. Hinzu kommt, dass nach der Rechtsprechung des EuGH[62] der Erlass von Verwaltungsvorschriften im Grundsatz nicht ausreicht, wenn das Gemeinschaftsrecht darauf abzielt, konkret auch Pflichten für die Bürger zu begründen. Verwaltungsvorschriften verpflichten aber zunächst nur die Verwaltung. Deshalb müssen die Behörden durch Einzelfallentscheidungen – namentlich durch nachträgliche Anordnungen gem. § 17 Abs. 2a BImSchG – die geänderten Vorgaben in konkrete Pflichten der Anlagenbetreiber übersetzen.[63] Außerdem ergibt sich ein Konkretisierungsbedarf auch aus der abstrakt-generellen Konzeption der Verwaltungsvorschriften. Gleichzeitig verlangt § 48 Abs. 1a BImSchG von den zuständigen Behörden, binnen vier Jahren nach der Veröffentlichung einer BVT-Schlussfolgerung zu gewährleisten, dass bei IED-Anlagen die Emissionen unter normalen Betriebsbedingungen die in den BVT-Schlussfolgerungen genannten Emissionsbandbreiten nicht überschritten werden. Dies ist ersichtlich auf den Vollzug im Einzelfall ausgerichtet.[64] Zudem enthalten die BVT-Schlussfolgerungen in der Regel einen nicht zu vernachlässigenden Umsetzungsspielraum. Dieser ergibt sich bereits aus dem in den

59 Hierfür sprechen Art. 6 sowie Art. 17 Abs. 2 und 3 IED.
60 *Röckinghausen*, I+E 2013, 99, 101.
61 *Koch/Weiss*, NVwZ 2015, 1100, 1102.
62 EuGH, Urt. v. 30.5.1991 – C-361/88, Rn. 20 – Slg. 1991, I-2567.
63 Vgl. *Jarass*, BImSchG, § 48 Rn 10.
64 Vgl. *Röckinghausen*, I+E 2013, 99, 101, der darauf hinweist, dass diese Diskrepanz darauf beruhen dürfte, dass die IED – anders als das deutsche Immissionsschutzrecht – von vornherein auf die Umsetzung im Einzelfall angelegt ist.

BVT-Schlussfolgerungen angelegten Konzept der Emissionsbandbreiten. Verbindlich sind diese eben nur insoweit, als dass die Emissionswerte der Anlage unter normalen Betriebsbedingungen innerhalb der Emissionsbandbreiten liegen.

Sollte es nun aber im Einzelfall nicht gelingen, das untergesetzliche Regelwerk rechtzeitig innerhalb der vorgesehenen Fristen anzupassen, ist wegen des Vorrangs der europäischen Vorgaben davon auszugehen, dass die Immissionsschutzbehörden gehalten sind, diesen im Zweifel auch unmittelbar durch nachträgliche Anordnungen Geltung zu verschaffen. 93

Tipp !

Dem Anlagenbetreiber wird diese Fragestellung eher akademisch erscheinen. Dieser dürfte in jedem Fall gut beraten sein, neue BVT-Schlussfolgerungen so früh wie möglich zur Kenntnis zu nehmen und zu prüfen, ob und welchen Umsetzungsaufwand diese im Fall seiner Anlage bedeuten. Denn spätestens nach Ablauf der vier Jahre nach Veröffentlichung der BVT-Schlussfolgerungen muss er damit rechnen, dass die dort bestimmten Emissionsbandbreiten auch für seine Anlage gelten oder er jedenfalls bald darauf verpflichtet werden wird. Hier schlichtweg den Erlass einer nachträglichen Anordnung abzuwarten, empfiehlt sich schon vor dem Hintergrund des mit einer Modernisierung verbundenen Zeitaufwands nicht.

Andererseits ist nicht anzunehmen, dass die IED es den Behörden und den Anlagenbetreibern abverlangt, innerhalb unrealistischer Fristen umfangreiche technische Maßnahmen durchzuführen. Immerhin heißt es dort im Erwägungsgrund (22): 94

> „Wenn in speziellen Fällen bei der Überprüfung und Aktualisierung der Genehmigungsauflagen festgestellt wird, dass möglicherweise mehr als vier Jahre ab der Veröffentlichung einer Entscheidung zu BVT-Schlussfolgerungen benötigt werden, um neue beste verfügbare Techniken einzuführen, können die zuständigen Behörden in den Genehmigungsauflagen einen längeren Zeitraum festlegen, wenn dies auf der Grundlage der in dieser Richtlinie festgelegten Kriterien gerechtfertigt ist."

Der Fall einer **nicht rechtzeitigen Umsetzung** der BVT-Schlussfolgerungen im nationalen Recht ist damit zwar noch nicht angesprochen. Es zeigt sich aber hier, dass die IED durchaus Durchbrechungen der 4-Jahres-Frist kennt.[65] 95

3 Möglichkeiten der Abweichung von BVT-Schlussfolgerungen

Von der Verpflichtung, binnen vier Jahren nach der Veröffentlichung neuer BVT-Schlussfolgerungen die sich daraus ergebenden Anforderungen einzuhalten, kennt das **BImSchG zwei Ausnahmen:** 96

1. Weniger strenge als die in den BVT-Schlussfolgerungen gestellten Anforderungen dürfen festgelegt werden, wenn wegen technischer Merkmale der betroffenen

---

65 Zu den konkreten Ausnahmeregelungen sogleich Rn 96 ff.

Anlagenart die Anwendung der in den BVT-Schlussfolgerungen genannten Emissionsbandbreiten unverhältnismäßig wäre und dies begründet wird (§ 7 Abs. 1b Nr. 1 lit. a und Nr. 2 lit. a, § 48 Abs. 1b Nr. 1 lit. a und Nr. 2 lit. a BImSchG). Dabei können entweder die betreffenden Verordnungen bzw. Verwaltungsvorschriften jeweils selbst solche Ausnahmen vorsehen oder diese ermächtigen die zuständigen Behörden zur Erteilung einer solchen Ausnahme im Einzelfall. Es dürfen aber die in der IED festgelegten Emissionsgrenzwerte in keinem Fall überschritten werden. Eine solche Ermächtigung zur Bewilligung von Ausnahmen ist für IED-Anlagen der bereits oben dargestellte § 26 der 13. BImSchV.[66]

2. Ausnahmen können daneben für Anlagen zugelassen werden, in denen Zukunftstechniken eingesetzt werden. Diese Ausnahmen sind aber zwingend auf höchstens neun Monate zu befristen (§ 7 Abs. 1b Nr. 1 lit. b und Nr. 2 lit. b, § 48 Abs. 1b Nr. 1 lit. b und Nr. 2 lit. b BImSchG).

97 Art. 15 Abs. 4 **IED** sieht noch **zwei weitere Ausnahmetatbestände** vor. Danach können neben den beiden vorgenannten Gründen außerdem der geografische Standort und die lokalen Umweltbedingungen als Rechtfertigung für Abweichungen von den BVT-Schlussfolgerungen herangezogen werden. Dabei handelt es sich gewissermaßen um eine Übergangsregelung für die Industrieregionen in Europa, bei denen ein besonderes technisches Aufholpotential angenommen wurde. Der deutsche Gesetzgeber hat sich hiervon offenbar nicht angesprochen gefühlt. Derartige Ausnahmefälle seien in Deutschland nicht ersichtlich;[67] im BImSchG wurden diese Ausnahmen daher nicht umgesetzt.

4 Durchsetzung von BVT-Schlussfolgerungen bei sonstigen bestehenden Anlagen

98 In Bezug auf die Anlagen, die in den Anwendungsbereich des BImSchG, aber nicht in den der IED fallen, bleibt es dabei, dass den BVT-Schlussfolgerungen keine unmittelbare Rechtsverbindlichkeit zukommt. Hier gilt weiterhin, dass die in den BVT-Merkblättern enthaltenen Informationen bei der Prüfung der Frage zu berücksichtigen sind, ob die Anlage noch so betrieben wird, dass der Forderung in § 5 Abs. 1 Nr. 2 BImSchG hinreichend entsprochen wird, durch die dem Stand der Technik entsprechenden Maßnahmen Vorsorge gegen schädliche Umwelteinwirkungen zu treffen. Für die Bestimmung des Standes der Technik verweist § 3 Abs. 6 BImSchG auf die in der Anlage zum BImSchG aufgeführten Kriterien, in dem unter Nr. 13 auch die BVT-Merkblätter genannt werden. Auf die BVT-Schlussfolgerungen als dem verbindlichen Teil der BVT-Merkblätter wird dort wohlgemerkt nicht Bezug genommen. Dies verdeutlicht, dass diese nur für IED-Anlagen verbindlich sind.

66 Vgl. Rn 61 ff.
67 Vgl. BR-Drucks. 314/12, S. 98.

VI Energieeinsparung und Energieeffizienz

Zu den **Grundpflichten** des Betreibers einer Anlage nach dem BImSchG gehört es, **Energie sparsam und effizient** zu **verwenden** (§ 5 Abs. 1 Nr. 4 BImSchG). Wie die übrigen Grundpflichten – Gefahrenabwehr, Vorsorgepflicht und die Abfallpflichten – gilt auch diese für den Anlagenbetreiber eigentlich unmittelbar. Da die Verpflichtung auf Sparsamkeit und Effizienz als solche aber in der Praxis zu unbestimmt ist, bedarf sie einer weiteren Konkretisierung. Auch hierfür sind die BVT-Merkblätter und BVT-Schlussfolgerungen ein Instrument, da diese sich auch mit der Frage der Energieeffizienz beschäftigen. Damit ist allerdings zugleich der in § 5 Abs. 1 Nr. 2 BImSchG geregelte Vorsorgegrundsatz angesprochen, wodurch sich in Bezug auf diese Grundpflichten Überschneidungen ergeben. 99

Bei der **Bewertung** der Bedeutung der Pflicht zur **Energieeinsparung und Energieeffizienz** ist in der Praxis für die verschiedenen Anlagenarten zu differenzieren: 100

- Bei **Anlagen**, die dem **Anwendungsbereich des TEHG** unterfallen, gehen die emissionshandelsrechtlichen Pflichten der Pflicht zur sparsamen und effizienten Energieverwendung vor (§ 5 Abs. 2 BImSchG). Denn der Emissionshandel zielt gerade darauf ab, dass Effizienzmaßnahmen dort durchgeführt werden, wo dies zu den geringsten Kosten möglich ist.[68] Dies setzt aber voraus, dass der einzelne Anlagenbetreiber auch die Freiheit hat, seine Anlage nicht zu modernisieren – und stattdessen am Markt zusätzliche Emissionsberechtigungen zu erwerben, die die Betreiber effizienterer Anlagen nicht benötigen. Die absolute Forderung nach einem sparsamen und effizienten Energieverbrauch stünde dem entgegen. Deshalb dürfen dem Betreiber einer emissionshandelspflichtigen Anlage in Bezug auf die Emission von Treibhausgasen nur solche Anforderungen auferlegt werden, die zum Schutz vor schädlichen Umwelteinwirkungen im Nahbereich der Anlage erforderlich sind.
- Für **Anlagen**, die **nicht** dem **Anwendungsbereich des TEHG** unterfallen, folgt aus § 5 Abs. 1 Nr. 4 BImSchG zunächst die Pflicht, Energie nicht zu unnötigen Zwecken zu verwenden. Das Energieeffizienzgebot zielt spezifisch darauf ab, beim Primärenergieeinsatz möglichst hohe Wirkungsgrade zu erzielen, also einerseits die Energieverluste so weit als möglich zu begrenzen und andererseits beim Anlagenbetrieb anfallende Abwärme zu nutzen.[69] Sofern der Anlagenbetreiber keine Möglichkeit sieht, selbst die Abwärme innerhalb seiner Anlage zu verwenden, folgt aus der Abwärmenutzungspflicht zumindest die Verpflichtung, sich im Rahmen des Zumutbaren um eine Nutzung dieser Wärme durch externe Abnehmer zu bemühen.[70]

---

68 Vgl. schon Kap. 3 Rn 192 ff.
69 Landmann/Rohmer/*Dietlein*, Umweltrecht, § 5 BImSchG Rn 198, 200.
70 *Jarass*, BImSchG, § 5 Rn 100.

VII Anlagenüberwachung und Berichtspflichten

1 Einführung

101 Eines der zentralen Anliegen der IED besteht darin, eine bessere und insbesondere **regelmäßigere Anlagenüberwachung** zu gewährleisten. Bislang standen in der Praxis der zuständigen Behörden oftmals die anlassbezogenen Prüfungen im Vordergrund. Routinemäßige Vor-Ort-Besichtigungen in gleichbleibenden Intervallen waren keine Selbstverständlichkeit. Für IED-Anlagen – gem. der Definition in § 3 Abs. 8 BImSchG also die Anlagen, die im Anh. 1 zur 4. BImSchV mit einem „E" gekennzeichnet sind – sind solche regelmäßigen Kontrollen verpflichtend. Die Immissionsschutzbehörden haben nunmehr für ihren räumlichen Zuständigkeitsbereich Überwachungspläne sowie für die dort belegenen IED-Anlagen Überwachungsprogramme zu erstellen.

102 Erweitert wurden in diesem Zusammenhang auch die Informationsrechte der Öffentlichkeit. Neu eingeführt wurden zudem **Berichts- und Meldepflichten** für die Anlagenbetreiber selbst, die nunmehr in bestimmten Fällen darauf verpflichtet werden, es der Immissionsschutzbehörde unaufgefordert und unverzüglich anzuzeigen, wenn die maßgeblichen immissionsschutzrechtlichen Anforderungen nicht eingehalten werden.

2 Anlagenüberwachung

103 Die Idee, dass die nach dem Immissionsschutzrecht zuständigen Behörden nicht nur im Rahmen von Genehmigungsverfahren zu prüfen haben, ob eine Anlage den umweltrechtlichen Vorgaben entspricht, sondern auch im laufenden Betrieb eine Überwachung erfolgt, ist im deutschen Immissionsschutzrecht nicht neu. Bereits vor der Umsetzung der IED regelte § 52 Abs. 1 BImSchG die Verpflichtung der zuständigen Behörden, die Durchführung des Immissionsschutzrechts zu überwachen und die Anlagengenehmigung regelmäßig zu überprüfen.

104 In welchen Abständen diese Überprüfung erfolgt, war allerdings bislang weitgehend in das Ermessen der Behörde gestellt. Eine Verpflichtung zur Prüfung war nur dann gegeben, wenn Anhaltspunkte dafür bestanden, dass der Schutz für Nachbarschaft und Allgemeinheit nicht ausreicht, technische Anpassungen geboten erscheinen oder neue umweltrechtliche Vorschriften eine Überprüfung erfordern. Diese **Pflicht zur anlassbezogenen Prüfung** besteht auch weiterhin. Mit der Umsetzung der IED verdichtet sich aber das Prüfraster. Insbesondere die **Frequenz der** von einem konkreten Anlass unabhängigen **Überprüfungen** wird erhöht:

- Eine besondere Prüfpflicht ergibt sich, wenn eine für die Anlage anwendbare BVT-Schlussfolgerung im Sinne von § 3 Abs. 6b BImSchG veröffentlicht wurde. Denn auf die Einhaltung der BVT-Schlussfolgerungen innerhalb der Vier-Jahres-Frist soll die Behörde auch bei Bestandsanlangen nicht blind vertrauen. Deshalb ist diese gem. § 52 Abs. 1 S. 5 BImSchG gehalten, **innerhalb von vier Jahren** nach der Veröffentlichung neuer BVT-Schlussfolgerungen eine Überprüfung und gegebenenfalls eine Aktualisierung der Genehmigung vorzunehmen.

- Eine **jährliche Überprüfung** hat gem. § 52 Abs. 1a BImSchG in den Fällen stattzufinden, in denen gem. § 31 Abs. 1 S. 3 BImSchG Emissionsgrenzwerte festgesetzt wurden, die oberhalb der in den BVT-Schlussfolgerungen festgesetzten Bandbreiten liegen. Mit der jährlichen Überprüfung soll in diesen Fällen sichergestellt werden, dass von der Ausnahme nur solange Gebrauch gemacht wird, wie dies gerechtfertigt erscheint.
- Im Rahmen der in § 52 Abs. 1b BImSchG vorgeschriebenen Überwachungsprogramme sind für die Vor-Ort-Besichtigungen von IED-Anlagen **Intervalle von einem bis zu drei Jahren** vorgesehen.
- Eine außerplanmäßige Überprüfung hat ferner gem. § 52a Abs. 4 BImSchG dann zu erfolgen, wenn der Behörde ernst zu nehmende Beschwerden über Umweltbeeinträchtigungen zugetragen wurden oder diese selbst Kenntnis von einem Ereignis mit von der Anlage ausgehenden erheblichen Umweltauswirkungen oder Verstößen gegen immissionsschutzrechtliche Vorschriften erhält.

Tipp !

Erleichterungen im Zusammenhang mit der Anlagenüberwachung sind gem. § 58e BImSchG für Anlagen vorgesehen, deren Betreiber eine Eigenüberwachung in Form eines Umwelt-Audit-Systems durchführt. Hierzu muss der Anlagenstandort nach Maßgabe der europäischen Verordnung 1221/2009[71] als sogenannter **EMAS-Standort** zertifiziert sein. Die Einzelheiten der Privilegierung sind in der EMAS-Privilegierungs-Verordnung (EMASPrivilegV)[72] geregelt. Diese ermächtigt die Behörden beispielsweise, dem Anlagenbetreiber zu gestatten, nach § 28 Abs. 1 Nr. 2 BImSchG gebotene Emissionsmessungen in längeren Intervallen und durch geeignete Angehörige des eigenen Betriebs durchführen zu lassen. Zudem verlängert sich der Turnus der durchzuführenden Vor-Ort-Prüfung um mindestens ein Jahr.

---

3 Überwachungspläne und Überwachungsprogramme

a) Überwachungspläne

Die IED hat zu der Aufgabe der verstärkten und regelmäßigen Anlagenüberwachung 105
– in der Begrifflichkeit der IED „Umweltinspektionen“ – den verfahrenstechnischen Rahmen gleich mitgeliefert. Sie gibt vor, dass die Überwachung auf der Grundlage **standortübergreifender Umweltinspektionspläne** (Art. 23 Abs. 2 und 3 IED) und darauf **aufbauender, anlagenbezogener Programme** (Art. 23 Abs. 4 IED) zu erfolgen hat.

---

71 Verordnung über die freiwillige Teilnahme von Organisationen an einem Gemeinschaftssystem für Umweltmanagement und Umweltbetriebsprüfung (VO (EG) 1221/2009) v. 25.11.2009 (ABl EU Nr. L 342 S. 1).

72 EMAS-Privilegierungs-Verordnung (EMASPrivilegV) v. 24.6.2002 (BGBl. I S. 2247), zuletzt geändert durch Verordnung v. 28.4.2015 (BGBl. I S. 670).

106 Die Pflicht, einen Überwachungsplan aufzustellen, richtet sich an die für die Überwachung der IED-Anlagen zuständigen Immissionsschutzbehörden. Der **Überwachungsplan** bildet die Grundlage für die Überwachungsprogramme aller IED-Anlagen, die sich im räumlichen Geltungsbereich des Überwachungsplans befinden. Dieser kann deckungsgleich sein mit dem nach dem Landesrecht bestimmten räumlichen Zuständigkeitsbereich der Überwachungsbehörde. In den meisten Bundesländern jedoch haben die Landesumweltministerien einen Überwachungsplan für das gesamte Gebiet des Bundeslandes erstellt. Diese können in der Regel über die Internetseite der Umweltministerien der Länder abgerufen werden[73] und enthalten meist eine **vollständige Auflistung der erfassten IED-Anlagen** mit Angabe des festgesetzten Überwachungsturnus.

107 Wesentlicher Inhalt des Überwachungsplans ist zunächst eine **grundsätzliche Bestandsaufnahme** in Bezug auf die Umweltsituation und den Anlagenbestand in seinem Geltungsbereich (§ 52a Abs. 1 Nr. 2 und Nr. 3 BImSchG). Ferner soll er das Verfahren der Überwachungsmaßnahmen darstellen und gegebenenfalls Bestimmungen für die Zusammenarbeit zwischen verschiedenen Überwachungsbehörden treffen. Die Behörden sollen den Überwachungsplan regelmäßig überprüfen und bei Bedarf überarbeiten.

b) Überwachungsprogramme

108 In den auf der Grundlage der Überwachungspläne erstellten Überwachungsprogrammen wird für jede IED-Anlage in ihrem Geltungsbereich ein **Turnus für die regelmäßige Vor-Ort-Überprüfung** festgelegt. Dies muss anhand der in § 52a Abs. 2 S. 2 BImSchG geregelten Kriterien geschehen. Insbesondere muss umso häufiger kontrolliert werden, je größer die mit der Anlage verbundenen Umweltrisiken sind. Eine **mindestens jährliche** Besichtigung muss bei Anlagen erfolgen, die der höchsten Risikostufe unterfallen. Mindestens **alle drei Jahre** muss eine Überprüfung auch derjenigen IED-Anlagen erfolgen, die der niedrigsten Risikostufe unterfallen.

109 Wird bei einer Überwachung festgestellt, dass **schwerwiegende Verstöße** gegen die Genehmigungsauflagen vorliegen, muss schon innerhalb von sechs Monaten die nächste Vor-Ort-Besichtigung durchgeführt werden (§ 52a Abs. 3 S. 2 BImSchG).

110 Neben den regelmäßigen Überwachungen bleibt die **Überwachungspflicht im** Falle eines **Störfall**s selbstverständlich bestehen. Daneben kann es künftig auch aufgrund von Beschwerden Dritter zu zusätzlichen Überwachungsmaßnahmen kommen. Dies ergibt sich aus § 52a Abs. 4 BImSchG.

---

73 Bspw. für Hessen https://umweltministerium.hessen.de/umwelt-natur/anlagensicherheit-und-ueberwachung/ueberwachung-von-anlagen-nach-der-industrieemissions oder für Baden-Württemberg https://www.lubw.baden-wuerttemberg.de/servlet/is/225638/ (dort getrennt nach Regierungsbezirken).

Tipp

Eine Vor-Ort-Besichtigung und Überprüfung kann und wird oftmals ohne vorherige Ankündigung durchgeführt werden. Denn anderenfalls könnte sonst im Einzelfall der Zweck der Überprüfung vereitelt werden. Auch bei einer unangekündigten Überprüfung haben der Anlagenbetreiber und seine Betriebsangehörigen diese grundsätzlich zu gestatten und die erforderlichen Auskünfte zu erteilen. Diese Pflichten haben aber Grenzen.

Beispielsweise ist niemand zu einer Auskunft verpflichtet, die ihn in die Gefahr eines Straf- oder Bußgeldverfahrens bringen würde. In der konkreten Situation dürfte es für den einzelnen Mitarbeiter schwierig sein zu beurteilen, welche Informationen zu erteilen sind und welche verweigert werden dürfen oder sogar müssen. Hier ist es wichtig, dass die Mitarbeiter des Anlagenbetreibers auf die Situation der Prüfung der Behörde hin geschult sind (als Teil der Unternehmens-Compliance[74]).

4 Berichtspflichten der Überwachungsbehörde

Die Überwachungsprogramme dienen nicht nur der Kontrolle der Anlagen. Sie sollen 111 die Behörde zugleich in die Lage versetzen, die Öffentlichkeit darüber zu informieren, wie es im Geltungsbereich des Überwachungsplans um die Beachtung des immissionsschutzrechtlichen Regelwerks bestellt ist. Hierzu hat die Behörde zunächst über jede Vor-Ort-Besichtigung einen **Bericht** zu erstellen (§ 52a Abs. 5 S. 1 BImSchG).

Der Bericht soll Aufschluss darüber geben, inwieweit sich bei der Prüfung bestä- 112 tigt hat, dass die für den Betrieb der überwachten Anlage maßgeblichen Genehmigungsanforderungen und Nebenbestimmungen eingehalten werden. Die Behörde soll ihre wesentlichen Schlussfolgerungen aus der Inspektion offen legen, namentlich, ob weitere Maßnahmen notwendig sind. Ein allgemein verbindliches Berichtsformat ist nicht vorgeschrieben. Die von den Überwachungsbehörden jeweils für ihren Zuständigkeitsbereich entwickelten Formulare bilden die geforderten Informationen aber nach einem im Grunde vergleichbaren Muster ab.

Die Überwachungsbehörde hat den **Bericht innerhalb von zwei Monaten** dem 113 Betreiber und dann – vor Ablauf von vier Monaten nach der Vor-Ort-Besichtigung – der Öffentlichkeit zugänglich zu machen (§ 52a Abs. 5 S. 3 BImSchG). Die Vorschrift verweist dabei auf die Vorschriften über den Zugang zu Umweltinformationen. Gemeint ist damit im Wesentlichen das Umweltinformationsgesetz (UIG).[75] Dieses unterscheidet zwischen Informationen, die auf Antrag zugänglich gemacht werden müssen, und solchen, über die die Behörden die Öffentlichkeit unaufgefordert zu unterrichten haben. Aus der Formulierung in § 52a Abs. 5 BImSchG („zugänglich zu machen") wird teilweise gefolgert, dass es sich bei den Überwachungsberichten um Informationen handelt, die nur auf Antrag übermittelt werden müssen.[76] Überwiegend wird jedoch

74 Zur effektiven Compliance detailliert: *Zenke/Schäfer/Brocke* (Hrsg.), Compliance für Unternehmer. Zum Verhalten bei behördlichen Durchsuchungen vgl. Zenke/Schäfer/Brocke/*Schäfer/Paetzel*, Compliance für Unternehmer, Kap. 6 Rn 11 ff.

75 Umweltinformationsgesetz (UIG) v. 27.10.2014 (BGBl. I S. 1643).

76 *Hennecken/Rosenbeck*, I+E 2014, 2, 6.

davon ausgegangen, dass die Behörden zur aktiven Veröffentlichung berechtigt,[77] wenn nicht gar verpflichtet sind. Diese Auffassung stützt sich darauf, dass § 52a Abs. 5 BImSchG nicht den einzelnen Bürger, sondern die „Öffentlichkeit" als solche adressiert. Jedenfalls hat sich unter den Überwachungsbehörden die Praxis durchgesetzt, ihre Berichte proaktiv auf den Internetseiten der Behörden einzustellen.

! **Tipp**

Die Praxis der Offenlegung wirft die Frage nach dem **Umgang mit Betriebs- und Geschäftsgeheimnissen** auf.[78] Diese sind auch im Rahmen des UIG geschützt; sie berechtigen und verpflichten die Behörden dazu, den Zugang zu den Informationen zu versagen, wenn berechtigte Geheimhaltungsinteressen das Auskunftsinteresse überwiegen. Der Anlagenbetreiber sollte die Zeitspanne zwischen der Übermittlung des Überwachungsberichts an ihn und der Veröffentlichung zu der Prüfung nutzen, ob der Bericht solche geschützten Informationen enthält und gegebenenfalls auf die Behörde zugehen.

---

5 Mess- und Emissionsüberwachungspflichten des Anlagenbetreibers

114 Mit der Pflicht zur **Einhaltung bestimmter Emissionsgrenzwerte** geht naturgemäß die Pflicht einher, die Emissionen der Anlage regelmäßig zu überwachen. Wie diese Überwachung in der Praxis ganz konkret auszusehen hat, ist für Großfeuerungsanlagen in den §§ 18 bis 25 der 13. BImSchV geregelt. Für die Anlagen unterhalb einer aggregierten FWL von 50 MW enthält die TA Luft unter Nr. 5.3 entsprechende Vorschriften. Für Abfallverbrennungs- und Mitverbrennungsanlagen gelten die Vorgaben in §§ 14 bis 22 der 17. BImSchV.

115 Technisch ist in Bezug auf die **Ermittlung der Emissionswerte** der Anlage zu unterscheiden zwischen

- kontinuierlichen Messungen durch automatische Mess- und Auswerteeinrichtungen (§§ 20 ff. der 13. BImSchV) und
- Einzelmessungen (§ 23 der 13. BImSchV).

116 In § 20 Abs. 1 der 13. BImSchV wird für die bedeutsamsten Luftschadstoffe, für den Volumengehalt an Sauerstoff im Abgas[79] sowie für die übrigen zur Beurteilung des ordnungsgemäßen Betriebs erforderlichen Betriebsgrößen eine **kontinuierliche Messung** vorgeschrieben. Hierbei muss der Anlagenbetreiber sicherstellen, dass bei den Messungen die dem Stand der Messtechnik entsprechenden Messverfahren angewandt werden (§ 19 Abs. 1 der 13. BImSchV). Diese Anforderung wird in den folgenden

---

77 OVG Nordrhein-Westfalen, Beschl. v. 30.10.2014 – 8 B 721/14.

78 Vgl. hierzu *Kment/Pleiner*, ZUR 2015, 330.

79 Die Kenntnis dieser Größe ist erforderlich, um den Abgleich der im Abgasstrom gemessenen Konzentration des betreffenden Luftschadstoffs mit den in den Regelwerken festgesetzten Grenzwerten zu ermöglichen, die jeweils unter der Annahme eines bestimmten Bezugssauerstoffgehalts angegeben sind.

Absätzen dieser Vorschrift näher konkretisiert. Insbesondere muss sich der Anlagenbetreiber an vorhandene CEN-Normen (Europäisches Komitee für Normung/Comité Européen de Normalisation) halten.

An die Pflichten zur Messung und Emissionsüberwachung schließen sich entsprechende Berichtspflichten an. Für die Betreiber von Großfeuerungsanlagen ergeben sich diese aus §§ 24 und 25 der 13. BImSchV. 117

6 Auskunfts- und Berichtspflichten des Anlagenbetreibers

a) Pflicht zur Abgabe einer Emissionserklärung

Der Betreiber einer nach dem Immissionsschutzrecht genehmigungsbedürftigen Anlage – unabhängig davon, ob diese in den Anwendungsbereich der IED fällt oder nicht – ist nach § 27 BImSchG dazu verpflichtet, zu **bestimmten festgesetzten Zeitpunkten** eine **Emissionserklärung** abzugeben. Diese beinhaltet Angaben über 118

- Art,
- Menge,
- räumliche und zeitliche Verteilung der Luftverunreinigungen, die von der Anlage in dem betreffenden Zeitraum ausgegangen sind, sowie
- über die Austrittsbedingungen.

Wann, wie oft und mit welchen Angaben eine Emissionserklärung zu erstellen ist, ist im Einzelnen in der **11. BImSchV** geregelt. Diese nimmt allerdings in ihrem § 1 eine ganze Reihe der im Anh. 1 zur 4. BImSchV genannten genehmigungsbedürftigen Anlagen von ihrem Anwendungsbereich aus. Diese Anlagen werden damit als Anlagen im Sinne von § 27 Abs. 1 S. 2 BImSchG eingeordnet, also als Anlagen, von denen angenommen wird, dass von ihnen nur in geringem Umfang Luftverunreinigungen ausgehen können. Gemäß § 6 der 11. BImSchV können im Einzelfall auch nicht ausdrücklich ausgenommene Anlagen von der Pflicht zur Abgabe der Emissionserklärung befreit werden. 119

b) Berichtspflichten der Betreiber von IED-Anlagen

aa) Jahresbericht

Während die Emissionserklärung nach § 27 BImSchG für jede genehmigungspflichtige Anlage abzugeben ist, von der nicht nur in geringem Umfang Luftverunreinigungen ausgehen können,[80] wird von den Betreibern von IED-Anlagen mehr verlangt: 120

Diese müssen nach § 31 Abs. 1 BImSchG **jährlich einen Bericht** über die Ergebnisse der Emissionsüberwachung **sowie sonstige Daten übermitteln**, die erforderlich sind, um die Einhaltung der Genehmigungsanforderungen zu überprüfen. Dabei handelt es sich um eine zusätzliche Pflicht, die neben den Pflichten im Zusammen- 121

---

80 Vgl. Rn 118 ff.

hang mit der Emissionserklärung und der Anlagenüberwachung nach §§ 52 und 52a BImSchG besteht. Dies bedeutet andererseits nicht, dass Daten doppelt übermittelt werden müssen. Der Bericht nach § 31 Abs. 1 BImSchG kann sich auf die Daten beschränken, die noch nicht im Zusammenhang mit den anderen Berichtspflichten übermittelt wurden (§ 31 Abs. 1 S. 2 BImSchG).

122 Die Berichtspflichten hinsichtlich der Ergebnisse der Emissionsüberwachung bestehen nur insoweit, wie der Anlagenbetreiber durch Rechtsverordnung oder aufgrund von Genehmigungsauflagen zu einer Emissionsermittlung verpflichtet ist. Eine eigenständige Pflicht zur Emissionsermittlung begründet die Vorschrift nicht.[81]

bb) Besondere Meldepflichten

123 Ein Novum im deutschen Immissionsschutzrecht bildet die auf der Grundlage der IED in § 31 Abs. 3 BImSchG eingeführte **Verpflichtung des Betreibers** einer IED-Anlage, es der zuständigen Behörde unaufgefordert und unverzüglich **mitzuteilen, wenn gegen Genehmigungsanforderungen verstoßen** wird. Nach der Vorstellung des Gesetzgebers beschränkt sich diese Mitteilungspflicht aber aus Erwägungen der Verhältnismäßigkeit auf Fälle, in denen wesentliche Anforderungen des Immissionsschutzrechts verletzt sind.[82] Dennoch ist eine solche **Pflicht zur Selbstanzeige** mit Blick auf das verfassungsrechtliche Verbot eines Zwangs zu Selbstbezichtigung nicht unproblematisch, da der Verstoß gegen Genehmigungsanforderungen stets auch die Möglichkeit impliziert, dass damit zugleich eine Umweltstraftat oder zumindest eine Ordnungswidrigkeit verwirklicht wurde. Dem dürfte aber dadurch ausreichend Rechnung getragen sein, dass die Verletzung der Mitteilungspflicht nach § 31 Abs. 3 BImSchG nicht ihrerseits mit einem Bußgeld bedroht ist.[83]

124 Eine **zusätzliche Mitteilungspflicht** im Fall von Betriebsstörungen statuiert § 31 Abs. 4 BImSchG. Diese bezieht sich allerdings nicht auf Ereignisse, die bereits nach Maßgabe von § 4 USchadG[84] oder nach § 19 der 12. BImSchV[85] meldepflichtig sind. Es geht hier also um alle Störungen des bestimmungsgemäßen Betriebs einer Anlage, die unterhalb der Schwelle zum Störfall liegen, insbesondere solche, die nicht unmittelbar zu einer ernsten Gefahr oder zu Sachschäden führen oder bei denen gefährliche Stoffe beteiligt sind.[86]

---

81 BT-Drucks. 17/10486, S. 42.
82 BT-Drucks. 17/10486, S. 43; kritisch hierzu *Theuer/Kenyeressy*, I+E 2012, 140, 148.
83 *Theuer/Kenyeressy*, I+E 2012, 140, 148.
84 Umweltschadensgesetz (USchadG) v. 10.5.2007 (BGBl. I S. 666), zuletzt geändert durch Gesetz v. 23.7.2013 (BGBl. I S. 2565).
85 Störfall-Verordnung (12. BImSchV) v. 8.6.2005 (BGBl. I S. 1598), zuletzt geändert durch Verordnung v. 31.8.2015 (BGBl. I S. 1474).
86 BT-Drucks. 17/10486, S. 43.

In Anbetracht des höheren Schadenpotentials entsprechend weiter als die Mitteilungspflicht nach § 31 Abs. 4 BImSchG sind die Betreiberpflichten im Fall eines **Störfalls im Sinne der 12. BImSchV**. Diese gilt zunächst – übrigens unabhängig von der Einordnung als IED-Anlage – für alle Betriebsbereiche, in denen gefährliche Stoffe in Mengen vorhanden sind, die die in Spalte 4 von Anh. I zur 12. BImSchV genannten Mengenschwellen erreichen oder überschreiten. Ein Störfall begründet nicht nur eine Pflicht zur unverzüglichen Mitteilung an die Behörde (§ 19 Abs. 1 der 12. BImSchV). Der Betreiber muss der Behörde zusätzlich unverzüglich einen Bericht über den Störfall erstatten, der mindestens die Angaben enthält, die in Teil 2 von Anh. VI zur 12. BImSchV aufgeführt sind. 125

B Abfallrecht/Wasserrecht/Bodenschutz

I Abfallrecht

1 BImSchG und KrWG ergänzen sich faktisch

Beim Betrieb einer Anlage – dies gilt für Standorte des produzierenden Gewerbes und solche der Energiewirtschaft gleichermaßen – fallen auch Abfälle an. Hier muss sich der Anlagenbetreiber fragen, nach welchen Bestimmungen sich seine Pflichten im Zusammenhang mit der Vermeidung, Verwertung und Beseitigung dieser Abfälle ergeben. 126

Das Stammgesetz des Abfallrechts ist an sich das Kreislaufwirtschaftsgesetz (KrWG).[87] Für Anlagen im Sinne des BImSchG scheint dies auf den ersten Blick nicht zu gelten, denn in § 13 KrWG heißt es: 127

> „Die Pflichten der Betreiber von genehmigungsbedürftigen und nicht genehmigungsbedürftigen Anlagen nach dem Bundes-Immissionsschutzgesetz, diese so zu errichten und zu betreiben, dass Abfälle vermieden, verwertet oder beseitigt werden, richten sich nach den Vorschriften des Bundes-Immissionsschutzgesetzes."

Inhaltlich bedeutet dies aber keine Freistellung von den Pflichten des Abfall- bzw. des Kreislaufwirtschaftsrechts. Denn das BImSchG verweist in seinen abfallrechtlichen Bestimmungen sehr weitgehend auf die Vorschriften des KrWG zurück. Trotzdem hat die Vorrangregelung zugunsten des BImSchG natürlich ihren Sinn. In verfahrensrechtlicher Hinsicht bedeutet diese zunächst, dass die abfallrechtlichen Pflichten im Zusammenhang mit dem Betrieb einer Anlage nach dem BImSchG auch mit dem Ins- 128

87 Kreislaufwirtschaftsgesetz (KrWG) v. 24.2.2012 (BGBl. I S. 212), zuletzt geändert durch Gesetz v. 20.11.2015 (BGBl. I S. 2071).

trumentarium des Immissionsschutzrechts – und zwar durch die Immissionsschutzbehörden – durchzusetzen sind.

Beispiel
In Bezug auf genehmigungsbedürftige Anlagen und Anlagenänderungen bedeutet dies ganz praktisch, dass die Genehmigungsbehörde schon im Genehmigungsverfahren darauf hinwirken kann, dass bereits im Vorfeld der Realisierung des Anlagenprojekts die im Zusammenhang mit dem späteren Anlagenbetrieb zu beachtenden abfallrechtlichen Pflichten Berücksichtigung finden.

---

129 Wichtig ist, dass der Anwendungsvorrang des BImSchG nicht für Abfälle gilt, die der Anlage zugeführt werden, etwa als Ersatzbrennstoff in Kraftwerken. Allerdings geht § 12 Abs. 2c S. 2 BImSchG davon aus, dass in einer Abfallbehandlungsanlage aufbereitete Abfälle als in dieser Anlage erzeugt anzusehen sind.

130 Für den Umgang mit denjenigen Abfällen, die bei der Errichtung oder dem Betrieb der Anlage erzeugt werden, regelt § 5 Abs. 1 Nr. 3 BImSchG im Wesentlichen die gleichen Pflichten wie das KrWG. So gehört es zu den immissionsschutzrechtlichen Grundpflichten, Abfälle zu vermeiden, nicht zu vermeidende Abfälle zu verwerten und nicht zu vermeidende Abfälle ohne Beeinträchtigung des Wohls der Allgemeinheit zu beseitigen. Abfallbezogene Pflichten lassen sich darüber hinaus auch aus der in § 5 Abs. 1 Nr. 2 BImSchG geregelten Vorsorgepflicht ableiten.[88]

131 Für die Pflicht zur Verwertung und die zur Beseitigung verweist § 5 Abs. 1 Nr. 3 BImSchG ausdrücklich auf das KrWG und die sonstigen für Abfälle geltenden Vorschriften. Letztgenannter Verweis auf die „sonstigen für Abfälle geltenden Vorschriften" ist deshalb von Bedeutung, weil das KrWG bestimmte Abfälle von seinem Anwendungsbereich ausschließt, für die die abfallrechtlichen Pflichten des BImSchG aber gelten.[89]

2 Welche Abfälle sind erfasst?

a) Ausgangspunkt: Der Abfallbegriff des Kreislaufwirtschaftsgesetzes

132 Als Ausgangspunkt für die Frage, für welche Stoffe und Gegenstände die abfallrechtlichen Bestimmungen gelten, ist zunächst der **Abfallbegriff des KrWG** maßgeblich. Für IED-Anlagen folgt dies bereits aus der Definition in Art. 3 Nr. 27 IED, wonach der Abfallbegriff der IED identisch ist mit dem der europäischen Abfallrahmenrichtlinie.[90]

---

88 *Krahnefeld/Conzelmann*, I+E 2014, 7. In den für IED-Anlagen verbindlichen BVT-Schlussfolgerungen werden sich regelmäßig detailliertere Maßgaben dazu entnehmen lassen, der Einsatz welcher Technologien zur Abfallvermeidung verlangt werden.

89 Vgl. sogleich Rn 132 ff.

90 Abfallrahmenrichtlinie (RL 2008/98/EG) v. 19.11.2008 (ABl EU Nr. L 312 S. 3).

Abfälle sind danach alle Stoffe oder Gegenstände, derer sich ihr Besitzer entle- 133
digt, entledigen will oder entledigen muss. Gem. § 3 Abs. 3 Nr. 1 KrWG wird der Wille zur Entledigung – und damit die Abfalleigenschaft – bei Stoffen und Gegenständen angenommen,

> „die bei der Energieumwandlung, Herstellung, Behandlung oder Nutzung von Stoffen oder Erzeugnissen oder bei Dienstleistungen anfallen, ohne dass der Zweck der Handlung hierauf gerichtet ist."

In Anbetracht dieser Regelung treten die typischen Zweifelsfälle bei der Anwendung 134
des Abfallbegriffs im Hinblick auf in Produktions- und Energieerzeugungsanlagen anfallende Stoffe in aller Regel nicht auf.

b) Abfälle oder Nebenprodukte?

Wichtig ist allerdings die **Abgrenzung zu Nebenprodukten** im Sinne von § 4 KrWG. 135
Dies sind Stoffe und Gegenstände, die bei einem Herstellungsverfahren anfallen, dessen hauptsächlicher Zweck nicht auf die Herstellung dieses Stoffes oder Gegenstandes gerichtet ist. Der Ausgangspunkt ist also zunächst ähnlich wie beim oben zitierten § 3 Abs. 3 Nr. 1 KrWG.[91]

Beispiel
Bei dem Betrieb eines Kohlekraftwerks etwa ergibt sich die Frage nach der Abgrenzung von Nebenprodukten zum Abfall mit Blick auf den beim Betrieb einer Rauchgasentschwefelungsanlage anfallenden Gips.

Die Abfalleigenschaft entfällt bei Nebenprodukten allerdings nur unter den folgen- 136
den Bedingungen:

- Es ist sichergestellt, dass der Stoff oder Gegenstand weiter verwendet wird.
- Es ist hierfür eine weitere, über ein normales industrielles Verfahren hinausgehende Vorbehandlung hierfür nicht erforderlich.
- Der Stoff oder Gegenstand wird als integraler Bestandteil eines Herstellungsprozesses erzeugt. Dies schließt nicht aus, dass auch in den anderen in § 3 Abs. 3 Nr. 1 BImSchG genannten Verfahren Nebenprodukte anfallen, die die Anforderungen in § 4 KrWG erfüllen. Diese müssen aber in einem funktionalen Zusammenhang mit dem Herstellungsverfahren stehen, das im Übrigen auch in der Energieversorgung bestehen kann.[92]
- Die weitere Verwendung ist rechtmäßig. Dies ist dann nicht nach den abfallrechtlichen Vorschriften zu beurteilen, sondern nach den für Produkte geltenden Rege-

---

91 Rn 133 ff.
92 Jarass/Petersen/*Petersen*, KrWG, § 4 Rn 20.

lungen. Da diese in der Regel auf die Hauptprodukte zugeschnitten sind und für die Nebenprodukte nicht immer passen, verlangt § 4 Abs. 1 Nr. 4 KrWG zusätzlich allgemein, dass die weitere Verwendung des Nebenproduktes insgesamt nicht zu schädlichen Auswirkungen auf Mensch und Umwelt führt.

137 Aus dem letztgenannten Punkt folgt, dass der Anlagenbetreiber in Bezug auf die Nebenprodukte seiner Anlage zwar nicht die abfallrechtlichen Pflichten zu erfüllen hat. Eine Erleichterung bedeutet das aber nicht unbedingt. Es gelten dafür andere, teils sogar strengere Anforderungen. Insbesondere gilt das Stoff- und Chemikalienrecht, namentlich die REACH-Verordnung.[93]

c) Ausnahmen vom Anwendungsbereich der abfallrechtlichen Pflichten

138 Sowohl das KrWG als auch das Immissionsschutzrecht nehmen bestimmte Abfälle vom Anwendungsbereich der abfallrechtlichen Pflichten aus (§ 2 Abs. 2 KrWG bzw. § 2 Abs. 3 BImSchG). Ebenso wie das KrWG sind die abfallrechtlichen Vorschriften des BImSchG nicht anwendbar auf

- Luftverunreinigungen (Dies leuchtet ein, denn schließlich ist die Vermeidung von Luftverunreinigungen das Kernanliegen des Immissionsschutzrechts und nicht lediglich dessen abfallrechtlicher Annex.),
- Böden am Ursprungsort (Böden in situ), einschließlich nicht ausgehobener, kontaminierter Böden und Bauwerke, die dauerhaft mit dem Grund und Boden verbunden sind (Hier kommt insoweit das speziellere Bodenschutzrecht zum Zuge.) und
- nicht kontaminiertes Bodenmaterial, das vor Ort zu Bauzwecken verwendet wird.

139 Alle weiteren für das Abfallrecht in § 2 Abs. 2 KrWG aufgezählten Ausnahmen gelten hingegen für die Abfallpflichten nach dem BImSchG **nicht**.

Beispiel

So beziehen sich die abfallrechtlichen Pflichten des Betreibers einer BImSchG-Anlage auch auf flüssige Abfälle und Abwässer. Hier gelten grundsätzlich die Vorschriften des Wasserrechts, das aber durch das Immissionsschutzrecht bei Anlagen nach dem BImSchG eine Erweiterung erfährt. Denn den im § 5 Abs. 1 Nr. 2 BImSchG geregelten Vorrang der Verwertung vor der Beseitigung kennt das Wasserrecht nicht. Fallen also beim Anlagenbetrieb Abwässer an, muss vor einer Beseitigung zunächst über zumutbare und technisch mögliche Alternativen zur Verwertung nachgedacht werden. Bei Produktionsprozessen mit hohem Wasserverbrauch bedeutet dies, dass das (vorgereinigte) Abwasser wieder in den Produktionsprozess zurückgeführt wird.

---

93 REACH-Verordnung (VO (EG) Nr. 1907/06) v. 18.12.2006 (ABl EU Nr. L 136 S. 3).

3 Abfallrechtliche Pflichten

a) Vermeidung von Abfällen

Analog zur Abfallhierarchie des KrWG hat ein Anlagenbetreiber vorrangig die Pflicht, 140
Abfälle nach Möglichkeit von vornherein zu vermeiden. Da § 5 Abs. 1 Nr. 3 BImSchG in Bezug auf die Abfallvermeidung – im Gegensatz zur Verwertung und Beseitigung – nicht auf das KrWG verweist, ist die Rechtsgrundlage der **Abfallvermeidungspflicht für Anlagen nach dem BImSchG** allein das Immissionsschutzrecht. Da allerdings wiederum Art. 11 lit. d IED in Bezug auf die Vermeidungspflicht auf die dem KrWG zugrunde liegende Abfallrahmenrichtlinie verweist, wird – wie beim Abfallbegriff – davon ausgegangen, dass sich keine Abweichungen der Vermeidungspflichten nach dem BImSchG von denen nach dem KrWG ergeben.[94]

In der Sache definiert § 3 Abs. 20 KrWG die Vermeidung als 141

> „jede Maßnahme, die ergriffen wird, bevor ein Stoff, Material oder Erzeugnis zu Abfall geworden ist, und dazu dient, die Abfallmenge, die schädlichen Auswirkungen des Abfalls auf Mensch und Umwelt oder den Gehalt an schädlichen Stoffen in Materialien und Erzeugnissen zu verringern. Hierzu zählen insbesondere die anlageninterne Kreislaufführung von Stoffen, die abfallarme Produktgestaltung, die Wiederverwendung von Erzeugnissen oder die Verlängerung ihrer Lebensdauer sowie ein Konsumverhalten, das auf den Erwerb von abfall- und schadstoffarmen Produkten sowie die Nutzung von Mehrwegverpackungen gerichtet ist."

Von den in Satz 2 aufgezählten Vermeidungsformen ist für Anlagen nach dem BImSchG 142
namentlich die anlageninterne Kreislaufführung von Stoffen relevant. Hiervon wird gesprochen, wenn Stoffe wieder in den industriellen Prozess eingespeist werden, in dem sie entstanden sind, noch bevor diese zu Abfällen werden.[95] Um keine Vermeidung handelt es sich hingegen, wenn Stoffe innerhalb der Anlagen einem anderen Zweck als der Herstellung des Hauptproduktes zugeführt werden. Ist dieser Stoff dadurch aber als Nebenprodukt im Sinne von § 4 KrWG anzusehen, gilt die Vermeidungspflicht wiederum nicht.

Eine eigene Bestimmung trifft § 5 Abs. 1 Nr. 3 BImSchG zu der Frage, wann Abfälle 143
als unvermeidbar anzusehen sind. Dies trifft danach in folgenden Fällen zu:

- Die Vermeidung ist **technisch nicht möglich**. Dabei kommt es nicht darauf an, dass kein Anlagenbetreiber hierzu in der Lage wäre, sondern allein darauf, dass sich dies bei der konkreten Anlage nicht realisieren lässt.
- Die Vermeidung ist **unzumutbar**. Hier ist eine Abwägung vorzunehmen zwischen dem mit der Vermeidung verbundenen Aufwand und dem hieraus folgenden Nutzen.[96]

---

94 *Jarass*, BImSchG § 5 Rn 79.

95 Vgl. *Beckmann*, I+E 2014, 192, 193.

96 Dies bedeutet eine Verhältnismäßigkeitsprüfung wie im Zusammenhang mit einer nachträglichen Anordnung nach § 17 BImSchG, vgl. oben Rn 23 ff.

- Die Vermeidung darf außerdem **nicht zu nachteiligeren Umweltauswirkungen** führen als die Verwertung. In diesem Fall wäre die Vermeidung nicht nur nicht geboten, sondern sogar unzulässig.

Beispiel
Die Vermeidung gilt dann als technisch unmöglich, wenn diese zu einer Einschränkung des Produktionsumfangs oder zu einer Änderung der Produktqualität führen würde.[97] Eine unzulässige Form der Abfallvermeidung wäre es, wenn beispielsweise von einer Rauchgasreinigung mit der Begründung abgesehen würde, dass hierbei ja auch wieder Abfälle entstehen. Denn die immissionsschutzrechtlichen Pflichten zur Luftreinhaltung sollen durch die Abfallvermeidungspflicht natürlich nicht in Frage gestellt werden.[98]

---

b) Verwertung und Beseitigung von Abfällen

aa) Vorrang der Verwertung vor der Beseitigung und Formen der Verwertung

144 Soweit beim Anlagenbetrieb Abfälle nicht vermieden werden können, müssen diese vorrangig verwertet oder – wenn eine Verwertung nicht möglich ist – schadlos beseitigt werden. Diese **Rangfolge** ergibt sich bereits unmittelbar aus § 5 Abs. 1 Nr. 3 BImSchG, aber auch durch den Verweis auf die Maßgaben des KrWG. Ob und wie eine Verwertung zu erfolgen hat, bestimmt sich also im Einzelnen nach dem KrWG. Von den detaillierten Vorgaben im KrWG sind für den Betreiber einer BImSchG-Anlage vor allem die folgenden von Bedeutung:

- § 7 Abs. 2 bis 4 KrWG enthält die generellen **Anforderungen an die Verwertung von Abfällen**. Danach hat die Verwertung zunächst nur dann Vorrang, wenn nicht die Beseitigung den Schutz von Mensch und Umwelt am besten gewährleistet. Dies ist beispielsweise bei gefährlichen Abfällen der Fall. § 7 Abs. 3 S. 3 KrWG bestimmt hierzu außerdem, dass die Verwertung nicht zu einer Anreicherung von Schadstoffen im Wertstoffkreislauf führen soll. Allerdings wird vertreten, dass der Anlagenbetreiber hier ein Wahlrecht hat, ob er beseitigt oder nicht doch verwertet. Denn der Gesetzgeber habe hier nur den Vorrang der Verwertung aufgehoben, nicht aber die Verwertung verboten.[99] Für diese Lesart spricht, dass in der Praxis zumeist ein unverhältnismäßiger Aufwand schon mit der Prüfung einherginge, ob die Verwertung oder die Beseitigung umweltverträglicher ist. Andererseits verlangt § 7 Abs. 3 KrWG eine ordnungsgemäße und schadlose, das heißt eine das Wohl der Allgemeinheit nicht beeinträchtigende Verwertung. Ganz unbesehen kann der Weg der Verwertung also nicht gewählt werden. Es ist insbesondere davon auszugehen, dass der Anlagenbetreiber jedenfalls im Rahmen

---

97 Landmann/Rohmer/*Dietlein*, Umweltrecht, § 5 BImSchG Rn 189.
98 *Beckmann*, I+E 2014, 192, 194.
99 Jarass/Petersen/*Reese*, KrWG, § 7 Rn 34 ff. m.w.N.

des Genehmigungsverfahrens die Darlegungslast für die Zulässigkeit des von ihm gewählten Verwertungswegs trägt.[100]

- Umgekehrt muss gem. § 7 Abs. 4 KrWG eine Verwertung – wie auch die Vermeidung – nur dann erfolgen, wenn sie sowohl technisch möglich als auch wirtschaftlich zumutbar ist.[101]
- Erfolgt eine Verwertung der Abfälle, müssen dabei die Vorgaben des § 8 KrWG beachtet werden. Dieser verweist zunächst auf die sogenannte **Abfallhierarchie**, die in § 6 KrWG geregelt ist. Dies bedeutet, dass eine möglichst hochwertige Verwertung zu bevorzugen ist. Danach geht die stoffliche Verwertung (Vorbereitung zur Wiederverwendung, Recycling) grundsätzlich einer energetischen Verwertung als Brennstoff bei der Energieerzeugung vor. Dieser Vorrang wird in § 8 Abs. 3 KrWG allerdings für hochkalorische Abfälle mit einem Heizwert von mindestens 11.000 kJ/kg aufgehoben, sofern nicht in einer gesonderten Rechtsverordnung etwas anderes bestimmt wird oder die Behörde nachweist, dass die stoffliche Verwertung doch als höherrangig zu bewerten ist.

Beispiel

Für den Betreiber einer Anlage der chemischen Industrie, bei der neben den eigentlichen Produkten etliche nicht erwünschte, wiewohl brennbare und damit als Brennstoffe geeignete chemische Verbindungen anfallen, bedeutet diese Regelung eine deutliche Erleichterung. Er muss nicht selbst – und für jeden dieser Stoffe – jeweils den Nachweis führen, dass eine stoffliche Verwertung möglich und zumutbar ist. Auch die Betreiber von Müllverbrennungsanlagen wären ohne diese Regelung mit einem erheblichen Begründungsaufwand konfrontiert.

---

bb) Erfüllung der Verwertungspflicht

Die **Verwertungspflicht ist** dann **erfüllt**, sobald der zu verwertende Stoff oder Gegen- 145
stand seine Abfalleigenschaft verloren hat. Dies ist dann der Fall, wenn die in § 5 Abs. 1 KrWG geregelten Anforderungen erfüllt sind, also – vereinfacht gesagt – nach der Verwertung (wieder) ein marktgängiger Stoff oder Gegenstand mit Produktqualität vorliegt, der ohne schädliche Auswirkungen auf Mensch und Umwelt verwendet werden kann.

---

100 *Krahnefeld/Conzelmann*, I+E 2014, 7, 13.
101 Vgl. bereits Rn 140 ff.

Beispiel
Übrigens wird davon ausgegangen, dass die Abfalleigenschaft bereits dadurch enden kann, dass der Abfall zu einem Ersatzbrennstoff aufbereitet wird, der die Voraussetzungen des § 5 Abs. 1 KrWG erfüllt.[102] Dies ist dann von Bedeutung, wenn der Anlagenbetreiber Abfälle zu Ersatzbrennstoffen aufbereitet und diese nicht selbst verwendet, sondern an Dritte veräußert. Schließlich muss er wissen, ob er dabei weiterhin die abfallrechtlichen Pflichten zu beachten hat. Bevor die Verarbeitung zu Ersatzbrennstoffen erfolgt, muss aber in jedem Fall geklärt sein, dass sich die Stoffe nicht für eine höherrangige Verwertung eignen. Nutzt er die Ersatzbrennstoffe am Ende selbst zur Energieerzeugung, ist zu beachten, dass für die Rückstände bei der Verbrennung natürlich wiederum die abfallrechtlichen Pflichten gelten.

cc) Erfüllung der Beseitigungspflichten

146 Ist geklärt, dass keine Verwertung zu erfolgen hat, stellt sich für den Anlagenbetreiber nur noch die Frage, wann er die dann verbleibende **Pflicht zur Abfallbeseitigung erfüllt** hat. § 5 Abs. 1 Nr. 3 BImSchG verlangt eine Beseitigung ohne Beeinträchtigung des Wohls der Allgemeinheit. Dies bedeutet aber nicht, dass der Anlagenbetreiber auch für den gesamten Entsorgungsweg verantwortlich ist. Da die abfallrechtlichen Pflichten des BImSchG wie dieses selbst anlagenbezogen sind, dauern diese grundsätzlich nur solange an, wie sich die Abfälle im Bereich der Anlage befinden. Entscheidet sich der Anlagenbetreiber für eine **anlagenexterne Entsorgung durch einen Dritten**, so hat er seinen eigenen abfallrechtlichen Pflichten in der Regel dann ausreichend Genüge getan, wenn er alle notwendigen Vorbereitungen getroffen hat, damit die Abfälle verwertet und beseitigt werden können.[103]

147 Dies ist freilich nicht unumstritten.[104] Den Betreiber einer Anlage nach dem BImSchG müsse die gleiche Verantwortlichkeit treffen wie jeden anderen Abfallerzeuger.[105] Jedenfalls aber werden aus der Vorbereitungspflicht in gewissem Umfang Folgepflichten abzuleiten sein, die etwa beinhalten, dass auf den mit der Entsorgung beauftragten Dritten zumindest dahingehend eingewirkt wird, dass er seinen vertraglichen Pflichten nachkommt.[106]

c) Nachsorgepflichten bei Anlagenstilllegung

148 Eine Besonderheit ergibt sich in Bezug auf die Abfälle, die sich nach der Betriebseinstellung der Anlage noch auf dem Anlagengrundstück befinden. Aus § 5 Abs. 3 Nr. 2 BImSchG könnte abzuleiten sein, dass für solche Abfälle der Vorrang der Verwertung vor der Beseitigung nicht gilt und insoweit ein Wahlrecht besteht. Dies trifft

102 Schink/Versteyl/*Schink*, KrWG, § 5 Rn 18.
103 BT-Drucks. 14/4599, S. 127.
104 Für eine Verantwortlichkeit bis zum Abschluss der Beseitigung *Frenz*, I+E 2012, 202, 203 f.
105 Jarass/Petersen/*Petersen*, KrWG, § 40 Rn 59–63.
106 *Jarass*, BImSchG, § 5 Rn 89; *Krahnefeld/Conzelmann*, I+E 2014, 7, 13.

für die Abfallpflichten nach dem BImSchG auch zu. Zu beachten ist aber, dass sich der in § 13 KrWG geregelte Anwendungsvorrang des BImSchG gegenüber dem KrWG nicht auch auf die Nachsorgepflichten bezieht. Dies bedeutet, dass sich eine Pflicht zur vorrangigen Verwertung unmittelbar aus dem KrWG ergeben kann.

II Wasserrecht – Neue Anforderungen nach der Umsetzung der IED

1 Sorgfaltspflichten, mit IED

Beim Betrieb von Anlagen, in denen wassergefährdende Stoffe zum Einsatz kommen 149
oder Abwässer anfallen,[107] gehören zu den zu beachtenden umweltrechtlichen Bestimmungen auch die des Wasserrechts. Ausgangspunkt sind hier die in § 5 Abs. 1 WHG[108] geregelten Sorgfaltspflichten, die insbesondere beinhalten, dass die nach den Umständen erforderliche Sorgfalt angewandt wird, um eine nachteilige Veränderung der Gewässereigenschaften zu vermeiden. Für die Betreiber von Anlagen im Anwendungsbereich der IED haben sich mit deren Umsetzung auch im Hinblick auf das Wasserrecht neue Anforderungen ergeben.

2 Verbindlichkeit von BVT-Schlussfolgerungen bei der Abwasserbeseitigung

Für die Umsetzung neuer BVT-Schlussfolgerungen enthält das WHG im Prinzip das 150
gleiche Vollzugsprogramm wie das BImSchG: Zunächst gibt es dem Verordnungsgeber in § 57 Abs. 3 S. 1 WHG auf, nach der Veröffentlichung neuer BVT-Schlussfolgerungen unverzüglich zu gewährleisten, dass bei Anlagen nach § 3 der 4. BImSchV und nach § 60 Abs. 3 S. 1 Nr. 2 WHG die Einleitungen unter normalen Betriebsbedingungen die in den BVT-Schlussfolgerungen genannten **Emissionsbandbreiten nicht überschreiten**. Die Verpflichtung, die Einhaltung der neuen Anforderungen zu gewährleisten, ist wohlgemerkt auch hier wieder nicht nur bei der Erteilung neuer Erlaubnisse zu beachten, sondern erstreckt sich auch auf bestehende Erlaubnisse.[109] Dies ergibt sich aus § 57 Abs. 4 S. 1 Nr. 2 WHG, wonach die Emissionsgrenzwerte nach Ablauf von vier Jahren nach Veröffentlichung der BVT-Schlussfolgerungen als im Einleitungsbescheid festgesetzt gelten, soweit der Bescheid nicht weitergehende Anforderungen im Einzelfall festlegt. Dies bedeutet wiederum zunächst den Auftrag an die zuständige Behörde, die Einhaltung der neuen Anforderungen sicher zu stellen. Dies wird durch **nachträgliche Anordnungen** auf Grundlage von § 13 Abs. 1 WHG geschehen. Dabei kann die Behörde für die Anpassung an die neuen Anforderungen eine

107 Hierfür ist dann auch eine eigenständige wasserrechtliche Genehmigung erforderlich, vgl. bereits Kap. 3 Rn 252 ff.

108 Wasserhaushaltsgesetz (WHG) v. 31.7.2009 (BGBl. I S. 2585), zuletzt geändert durch Verordnung v. 31.8.2015 (BGBl. I S. 1474).

109 *Krahnefeld/Ehrmann*, I+E 2013, 171, 174; BT-Drucks. 17/10486, S. 45 f.

längere Frist einräumen, wenn die sonst obligatorischen vier Jahre wegen technischer Merkmale der betroffenen Anlage unverhältnismäßig wären (§ 57 Abs. 4 S. 2 WHG).

151 Ist die Umsetzung durch den Verordnungsgeber erfolgt, binden die dort getroffenen Bestimmungen den Inhaber der Benutzungserlaubnis unmittelbar, ohne dass es zusätzlich einer behördlichen Anordnung bedarf. Gem. § 1 Abs. 2 AbwV[110] gelten die Anforderungen dieser Verordnung und ihrer Anhänge ausnahmslos für alle, die von einer Erlaubnis zur Direkteinleitung Gebrauch machen, es sei denn, in der im konkreten Einzelfall erteilten Erlaubnis werden strengere Anforderungen gestellt.

152 In Bezug auf die Anforderungen der BVT-Schlussfolgerungen, die sich nicht auf die Einhaltung konkreter Emissionsbandbreiten beziehen, ergibt sich aus § 57 Abs. 4 Nr. 1 WHG die Verpflichtung des Verordnungsgebers zu der Prüfung binnen eines Jahres, ob diese Anforderungen einer Umsetzung durch Verordnung bedürfen.

3 Überwachung von IED-Anlagen im Hinblick auf die wasserrechtlichen Pflichten

153 Ähnlich den neuen Vorgaben zur Anlagenüberwachung in §§ 52, 52a BImSchG wurden auch im Wasserrecht im Zuge der Umsetzung der IED die Grundlagen für eine **regelmäßige Überprüfung** der betreffenden Anlagen geschaffen. Die entsprechenden Bestimmungen finden sich in der neuen Verordnung zur Regelung des Verfahrens bei Zulassung und Überwachung industrieller Abwasserbehandlungsanlagen und Gewässerbenutzungen (IZÜV):[111]

- Wie im Immissionsschutzrecht haben die zuständigen Behörden gem. § 9 IZÜV **Überwachungspläne** zu erstellen, die für den Bereich des Gewässerschutzes den entsprechenden Inhalt haben wie die Überwachungspläne nach § 52a BImSchG.
- In **Überwachungsprogrammen** wird – wiederum nach der gleichen Systematik wie im Immissionsschutzrecht – festgelegt, wie die Überwachung der einzelnen Anlagen zu erfolgen hat. Wie dort gilt auch im Wasserrecht, dass Anlagen der höchsten Risikostufe mindestens jährlich zu überprüfen sind. Aber auch bei Gewässerbenutzungen im Zusammenhang mit Industrieanlagen der niedrigsten Risikostufe ist wenigstens alle drei Jahre eine Vor-Ort-Besichtigung durchzuführen (§ 9 Abs. 3 S. 2 IZÜV).

---

110 Abwasserverordnung (AbwV) v. 17.6.2004 (BGBl. I S. 1108, 2625), zuletzt geändert durch Verordnung v. 2.9.2014 (BGBl. I S. 1474).

111 Industriekläranlagen-Zulassungs- und Überwachungsverordnung (IZÜV) v. 2.5.2013 (BGBl. I S. 973, 1011, 3756), zuletzt geändert durch Verordnung v. 31.8.2015 (BGBl. I S. 1474).

- Wurde bei einer Überwachung festgestellt, dass eine Gewässerbenutzung oder eine Anlage nach § 60 Abs. 3 S. 1 Nr. 2 WHG in schwerwiegender Weise gegen die Erlaubnis oder Genehmigung verstößt, ist eine zusätzliche **Vor-Ort-Besichtigung** innerhalb von sechs Monaten nach der Feststellung des Verstoßes obligatorisch (§ 9 Abs. 3 S. 2 IZÜV).

III Bodenschutz

Der Betrieb von Anlagen im Sinne des BImSchG birgt häufig auch das Risiko einer **schädlichen Veränderung des Bodens.** Diese kann zum einen daraus resultieren, dass in der Anlage mit Stoffen umgegangen wird, die den Boden – namentlich: die obere Schicht der Erdkruste in ihren in § 1 Abs. 2 BBodSchG[112] genannten Funktionen – belasten können. Ursache für schädliche Veränderungen des Bodens können zum anderen aber auch die von der Anlage freigesetzten Luftschadstoffe sein. Typischerweise, und bei IED-Anlagen sogar zwingend (§ 21 Abs. 2a der 9. BImSchV),[113] wird bereits die Anlagengenehmigung Auflagen zum Schutz des Bodens enthalten. Zusätzlich muss vor der Inbetriebnahme einer neuen IED-Anlage ein **Ausgangszustandsbericht**[114] vorliegen, der die Voraussetzungen dafür schaffen soll, um im Nachhinein die durch den Anlagenbetrieb verursachten Bodenbelastungen beurteilen zu können. 154

Die bodenschutzrechtliche Prüfung im Genehmigungsverfahren – die im Übrigen ja ohnehin nur bei genehmigungsbedürftigen Anlagen stattfindet – enthebt den Anlagenbetreiber aber wiederum nicht der Pflicht, auch während des Anlagenbetriebs schädliche Bodenveränderungen möglichst zu vermeiden. Der Abwehr von schädlichen Bodenveränderungen dient das BBodSchG allerdings nur insoweit, wie nicht bereits in Spezialgesetzen Bestimmungen zum Schutz des Bodens getroffen wurden.[115] Dies ist für die durch das Immissionsschutzrecht regulierten Anlagen insofern der Fall, als schädliche Bodenveränderungen, die durch Immissionen verursacht werden, zugleich als schädliche Umwelteinwirkungen im Sinne von § 3 Abs. 1 BImSchG anzusehen sind (§ 3 Abs. 3 S. 1 BBodSchG). Der **Schutz des Bodens** wird damit Bestandteil der vom Anlagenbetreiber **zu beachtenden Grundpflichten.** Gleichzeitig bedeutet dieser Verweis, dass für Belastungen des Bodens, die nicht auf den Immissionen durch die Anlage beruhen, das BBodSchG unmittelbar Anwendung 155

112 Bundes-Bodenschutzgesetz (BBodSchG) v. 17.3.1998 (BGBl. I S. 502), zuletzt geändert durch Verordnung v. 31.8.2015 (BGBl. I S. 1474).

113 Vgl. bereits Kap. 3 Rn 136 ff.

114 Hierzu Kap. 3 Rn 146 ff.

115 Für das Immissionsschutzrecht enthält § 3 Abs. 1 Nr. 11 BBodSchG eine entsprechende Klarstellung.

findet. In der Praxis ergibt sich allerdings aus dieser Unterscheidung kein abweichendes Pflichtenprogramm. Denn durch die Verknüpfung von BBodSchG und BImSchG sind die tatbestandlichen Voraussetzungen für das Eingreifen einer Gefahrenvermeidungs- oder Vorsorgepflicht nach dem BImSchG maßgeblich durch das BBodSchG geformt. Das Bodenschutzrecht regelt hier, welche Bodenbelastungen eine Gefahr darstellen und welche nicht.[116] Maßgeblich sind hier gem. § 3 Abs. 3 BBodSchG namentlich die in Anh. 2 BBodSchV[117] festgelegten Maßnahmen-, Prüf- und Vorsorgewerte, jeweils in Verbindung mit Nr. 4.5 TA Luft.

156 Das BBodSchG beinhaltet allerdings auch Pflichten, die das BImSchG nicht kennt. So enthält das BBodSchG beispielsweise in seinem § 4 Abs. 3 eine Pflicht zur Sanierung und zur Beseitigung von Umweltschäden, die dann auch den Betreiber einer BImSchG-Anlage treffen kann,[118] die nicht in den Anwendungsbereich der IED fällt und damit nicht der in § 5 Abs. 4 BImSchG geregelten Rückführungspflicht unterfallen. Diese tritt selbständig neben die in § 5 Abs. 3 BImSchG geregelten Nachsorgepflichten. In zeitlicher Hinsicht betrifft die Sanierungspflicht allerdings den Zeitraum nach der Stilllegung der Anlage,[119] während die in § 5 Abs. 3 BImSchG nicht zuletzt darauf abzielt, dass bereits bei der Errichtung und dem Betrieb der Anlage dafür Sorge getragen wird, dass von der Anlage auch nach ihrer Stilllegung keine Umweltbeeinträchtigungen ausgehen.

C Emissionshandelsrecht

I Jährliches Pflichtenprogramm für Anlagenbetreiber

157 Die Betreiber von Anlagen, die in den Anwendungsbereich des TEHG fallen,[120] haben ein jährlich wiederkehrendes Pflichtenprogramm zu absolvieren, das nicht nur dann zu beachten ist, wenn sich in tatsächlicher oder rechtlicher Hinsicht etwas am Anlagenbetrieb ändert. Mindestens drei feste Termine pro Kalenderjahr sind zu beachten, weiter kommen anlassbezogene Pflichten hinzu. Im Überblick sieht das Emissionshandelsjahr wie folgt aus:

---

116 BeckOK/*Erbguth*, UmweltR, § 3 BBodSchG Rn 19, 22.

117 Bundes-Bodenschutz- und Altlastenverordnung (BBodSchV) v. 12.7.1999 (BGBl. I S. 1554), zuletzt geändert durch Verordnung v. 31.8.2015 (BGBl. I S. 1474).

118 Die in § 5 Abs. 4 BImSchG geregelte Rückführungspflicht gilt nur für IED-Anlagen und in zeitlicher Hinsicht nur für Bodenverschmutzungen, die nach dem 7.1.2013 erfolgt sind.

119 Vgl. hierzu noch Kap. 5.

120 Vgl. hierzu Kap. 3 Rn 196 ff.

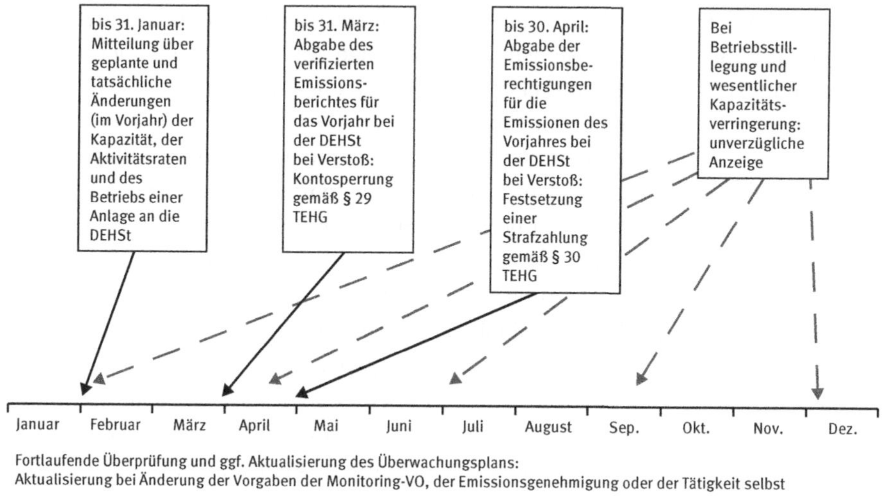

Abb. 1: Emissionshandelsjahr

Im Detail geht es um die folgenden Pflichten: 158

§ 5 Abs. 1 TEHG	Pflicht zur jährlichen Erstellung eines Emissionsberichts über die Treibhausgasemissionen der Anlage
§ 7 Abs. 1 TEHG	Pflicht zur Abgabe einer Anzahl von Emissionsberechtigungen, die den Treibhausgasemissionen der Anlage im Vorjahr entspricht
§ 4 Abs. 5 TEHG	Pflicht zur Anzeige geplanter Änderungen der Tätigkeit
§ 6 Abs. 3 TEHG	Pflicht zur Anpassung des Überwachungsplans im Fall der Änderung der Rechtsvorgaben für die Emissionsberichterstattung, der Emissionsgenehmigung oder der Tätigkeit
§ 20 Abs. 2 TEHG	Pflicht, der zuständigen Behörde den Zutritt zur Anlage zu gestatten, diese Prüfungen vornehmen zu lassen und gegebenenfalls Auskünfte zu erteilen und Unterlagen vorzulegen
§ 22 Abs. 1 ZuV 2020	Pflicht zur Mitteilung aller relevanter Informationen über geplante oder tatsächliche Änderungen der Kapazität, der Aktivitätsraten und des Betriebs der Anlage bis zum 31.1. des Folgejahres
§ 22 Abs. 2 ZuV 2020	Pflicht zur unverzüglichen Mitteilung einer wesentlichen Kapazitätsverringerung oder Betriebseinstellung

Zusätzlich zu diesem **Pflichtenkatalog** – in dem die Pflicht zur Emissionsberichterstattung und die zur Abgabe von Emissionsberechtigungen die zentrale Rolle spielen[121] – hat sich der Betreiber einer großen ortfesten Anlage zu vergewissern, ob 159

121 Hierzu Rn 174 ff.

sich im Betrieb der Anlage deren emissionshandelsrechtlicher Status geändert hat. Denn eine anfangs nicht emissionshandelspflichtige Anlage kann es auch später noch werden, sei es durch nachträgliche Änderungen des Anwendungsbereichs des TEHG, sei es durch Änderungen der Tätigkeit oder des Zuschnitts der Anlage.[122]

160 Aber auch der Betreiber einer bereits emissionshandelspflichtigen Anlage muss wissen, welche emissionshandelsrechtlichen Auswirkungen Änderungen an der Anlage haben können, die er bei der Betriebsplanung berücksichtigen muss. So muss er wissen, dass eine Anlagenerweiterung zwar grundsätzlich einen Anspruch auf Zuteilung von Emissionsberechtigungen auslösen kann, hier aber viel von der konkreten Ausgestaltung des Projekts abhängt.[123] Aber auch aus einem Rückgang der Anlagenauslastung kann sich Handlungsbedarf ergeben.[124]

161 Schließlich muss dem Anlagenbetreiber bewusst sein, dass die emissionshandelsrechtlichen Pflichten mit erheblichen Haftungs- und Bußgeldrisiken verknüpft sind[125] und auch bei den regulären Kosten des Emissionshandels künftig mit Steigerungen gerechnet werden muss.[126]

II Überprüfung der Anwendbarkeit des TEHG im laufenden Betrieb

1 Problemstellung: Später eintretende Emissionshandelspflicht

162 Ist eine Anlage erst einmal in Betrieb, sollte die Frage nach der **Emissionshandelspflicht** geklärt sein. Schließlich birgt die Nichtbeachtung der damit verbundenen Pflichten ein erhebliches **Haftungsrisiko.** War die Frage nach der Emissionshandelspflicht zu verneinen, bedeutet dies aber nicht, dass dies auf Dauer so bleiben muss. Denn eine Anlage kann auch noch später in den Anwendungsbereich des TEHG hineinwachsen.

163 Ursache hierfür kann zum einen – in rechtlicher Hinsicht – die Aufnahme neuer Tätigkeit in den Emissionshandel sein. Zum anderen kann eine Anlage durch tatsächliche Änderungen im Nachhinein emissionshandelspflichtig werden. Umgekehrt ist natürlich auch ein Ausscheiden einer Anlage aus der Emissionshandelspflicht denkbar.

164 In beiden Fällen ergibt sich Handlungsbedarf. Haftungsträchtig ist aber vor Allem die erstgenannte Variante. Denn fällt erst im Nachhinein auf, dass eine Anlage bereits seit Längerem emissionshandelspflichtig war, kann der Anlagenbetreiber in der Zwischenzeit bereits emissionshandelsrechtliche Pflichten versäumt haben.

---

122 Vgl. hierzu Rn 162 ff.
123 Hierzu Rn 194 ff.
124 Hierzu Rn 228 ff.
125 Hierzu Rn 244 ff.
126 Hierzu Rn 261 ff.

2 Erreichen der 20-MW-Schwelle durch Zubau neuer Feuerungseinrichtungen

Wenn eine Anlage nachträglich emissionshandelspflichtig wird, dann kann dies auf 165
der Aufnahme einer neuen bzw. zusätzlichen Tätigkeit beruhen, die im Anh. 1 zum TEHG[127] genannt ist.

Meist ist der Auslöser aber die **Erweiterung der Anlagentätigkeit**. Die Definiti- 166
onen der emissionshandelspflichtigen Tätigkeiten im Anh. 1 zum TEHG knüpfen oft an einen bestimmten Schwellenwert hinsichtlich der Produktionsleistung der Anlage an. Die Definitionen, die ohne Schwellenwert auskommen, beziehen sich in der Regel auf industrielle Tätigkeiten, bei denen sich eine relevante Anlagengröße aus der Natur der Sache ergibt.

Beispiel

Beispielsweise ist Nr. 12 von Anh. 1 zum TEHG zu entnehmen, dass die Herstellung von Primäraluminium unabhängig von der Produktionsleistung emissionshandelspflichtig ist. Dies leuchtet ein, denn eine Schmelzflusselektrolyse dürfte anders als im großtechnischen Maßstab kaum vorstellbar sein.

Diese Systematik soll gewährleisten, dass nicht Kleinstanlagen in den Emissionshan- 167
del einbezogen werden, bei denen dies mit einem hohen administrativen wie finanziellen Aufwand verbunden wäre, die gleichzeitig aufgrund ihrer geringen Größe keinen nennenswerten Beitrag zum Klimaschutz leisten können. Dieses Argument entfällt natürlich, wenn eine Anlage beispielsweise durch den Zubau neuer Feuerungseinheiten nunmehr insgesamt über eine FWL verfügt, die den unter Anh. 1 Teil 2 Nr. 1 bis 6 TEHG festgelegten Schwellenwert von 20 MW erreicht.

3 20-MW-Schwelle: Grundsätzlich jede Verbrennung von Brennstoffen maßgeblich

Der Wert von 20 MW FWL gilt – vorbehaltlich der Ausnahmen vom Anwendungs- 168
bereich des TEHG in § 2 Abs. 5 TEHG[128] – unabhängig von der eingesetzten Technik grundsätzlich für alle Verbrennungseinrichtungen, in denen Brennstoffe verbrannt werden. Dies ergibt sich aus Anh. 1 Teil 2 Nr. 1 TEHG, der folgenden Auffangtatbestand definiert:

---

127 Vgl. hierzu bereits Kap. 3 Rn 196 ff. Die Aufzählung beruht im Wesentlichen auf der Liste emissionshandelspflichtiger Tätigkeiten im Anh. I EHRL. Die Mitgliedstaaten können weitere Tätigkeiten freiwillig in den Emissionshandel einbeziehen, sind aber verpflichtet, jedenfalls die in der EHRL benannten Anlagen als emissionshandelspflichtig zu behandeln. Dies birgt Potential für Meinungsverschiedenheiten zwischen Brüssel und den Mitgliedstaaten. Die in Bezug auf die Umsetzung der EHRL in Deutschland anfangs umstrittene Frage nach der Einbeziehung bestimmter Prozessfeuerungsanlagen ist inzwischen geklärt. Bei bestimmten Tätigkeiten – namentlich bei der Herstellung von Kunststoffen in Primärformen – bestehen aber nach wie vor Divergenzen, die im Laufe der Handelsperiode noch ausgeräumt werden müssen.

128 Vgl. oben Kap. 3 Rn 204 ff.

„Verbrennungseinheiten zur Verbrennung von Brennstoffen mit einer Gesamtfeuerungswärmeleistung von insgesamt 20 MW oder mehr in einer Anlage, soweit nicht von einer der nachfolgenden Nummern erfasst".

169 Dabei spielt es keine Rolle, ob die Energieerzeugung die immissionsschutzrechtlich genehmigte Haupttätigkeit der Anlage ausmacht oder diese lediglich in einer Nebeneinrichtung einer Anlage mit einer selbst nicht emissionshandelspflichtigen Tätigkeit stattfindet. Dies ergibt sich aus § 2 Abs. 1 S. 2 TEHG.

Beispiel
Mit der Frage nach der Emissionshandelspflicht muss sich also auch beispielsweise derjenige befassen, der bislang ausschließlich Lebensmittel verarbeitet und die hierfür erforderliche Prozesswärme extern bezogen hat, nunmehr aber seine Anlage um einen Dampfkessel zur Eigenversorgung erweitert.

170 Was genau unter der **Verbrennung eines Brennstoffes** zu verstehen ist, wird im TEHG nicht definiert. Da das TEHG aber in seinem Anwendungsbereich nicht hinter dem der EHRL zurückbleiben darf, ist diese Frage im Lichte der weiten **Definition** der „Verbrennung" in Art. 3 lit. t EHRL zu beantworten. Diese versteht unter der Verbrennung jede Oxidierung von Brennstoffen, ungeachtet der Art und Weise, auf welche Weise die Wärme, der Strom oder die mechanische Arbeit, die in diesem Verfahren erzeugt werden, genutzt wird. Dies wird so verstanden, dass es nicht einmal auf das „Ob" der Nutzung der bei der Verbrennung freigesetzten Wärme ankommt.

Beispiel
Dies hat zur Folge, dass eine Anlage allein deswegen in den Anwendungsbereich des TEHG fallen kann, weil zum genehmigten Anlagenbestand eine Fackel gehört, wie sie in der chemischen Industrie häufig anzutreffen sind. Eine klassische Energieerzeugung findet dort nicht statt. Vielmehr dienen diese Fackeln vorwiegend der Anlagensicherheit. Kommt es infolge einer Betriebsstörung zu einem gefährlichen Druckanstieg, können die in der Anlage befindlichen brennbaren Stoffe zur Entlastung der Anlage auf die Fackel gegeben und dort verbrannt werden. Eine Nutzung der dabei freigesetzten Energie findet typischerweise nicht statt, da diese Einrichtung ja nur in Ausnahmefällen zum Einsatz kommt und sich schon deshalb für eine konstante Energieversorgung nicht eignet.

171 Dabei kann es sich durchaus um eine Erweiterung handeln, die nicht die Relevanzschwellen des Immissionsschutzrechts überschreitet und deshalb keiner Änderungsgenehmigung bedarf. Oder der Anlagenbetreiber macht bei dem Zubau von einer bestehenden Vorratsgenehmigung Gebrauch, die die zusätzlich errichtete Feuerungswärmeleistung bereits mit abdeckt. Dass ein Erweiterungsvorhaben lediglich anzeigebedürftig ist, bedeutet also nicht zwangsläufig, dass sich auch am emissionshandelsrechtlichen Status der Anlage nichts ändert.

4 Ausnahme: Einheiten mit weniger als 3 MW Feuerungswärmeleistung

Eine **De-minimis-Schwelle** gilt es aber auch im Emissionshandelsrecht zu beachten. 172
Denn in Anh. I Teil 1 TEHG ist seit der Neufassung dieses Gesetzes zum Beginn der 3. Handelsperiode bestimmt, dass bei der **Berechnung der FWL einer Anlage** technische Einheiten mit einer FWL von weniger als 3 MW nicht berücksichtigt werden. Bei den technischen Einheiten in diesem Sinne handelt es sich – so die Definition im TEHG –

> „insbesondere um alle Arten von Heizkesseln, Turbinen, Erhitzern, Industrieöfen, Verbrennungsöfen, Kalzinierungsöfen, Brennöfen, sonstigen Öfen, Trocknern, Motoren, Brennstoffzellen, Fackeln und thermischen oder katalytischen Nachbrennern."

Trotz dieser recht detaillierten – aber wohlgemerkt nicht abschließenden – Auf- 173
zählung kann im Einzelfall zweifelhaft sein, auf welche Teile der Anlage das **3-MW-Kriterium** zu beziehen ist. Der Begriff der technischen Einheit impliziert jedenfalls, dass sich die betreffende Feuerungseinrichtung von den anderen Anlagenteilen hinreichend abgrenzen lässt. Nach Auffassung der DEHSt ist dies der Fall, wenn die Einheit innerhalb des Produktionsprozesses eine gesonderte Funktion hat und von den anderen Einrichtungen innerhalb der Anlage räumlich getrennt ist.

Tipp !

Eine Prüfung, ob die Emissionshandelspflicht der Anlage nicht nunmehr aufgrund der 3-MW-Regelung insgesamt entfällt, empfiehlt sich auch bei Bestandsanlagen, die schon seit Beginn des Emissionshandels an diesem teilnehmen. Denn zwar hat die DEHSt von Amts wegen zu prüfen, ob die Voraussetzungen für die Emissionshandelspflicht noch gegeben sind. Sie muss aber nicht darauf hinweisen, wenn die 20-MW-Schwelle nur noch knapp überschritten wird, seitdem die Einheiten unter 3 MW bei der Addition der Leistungswerte nicht mehr zu berücksichtigen sind. Dieser Fall tritt häufig bei modular aufgebauten Blockheizkraftwerken auf, die neben einer Vielzahl kleinerer Gasmotoren zusätzlich über ein oder zwei Reservekessel verfügen. Bewirken in dieser Konstellation allein die Reservekessel das Erreichen der 20-MW-Schwelle, sollte geprüft werden, ob eine Reduzierung der Leistung dieser Einheiten und damit ein Ausscheiden der ganzen Anlage aus dem Emissionshandel möglich ist.

III Emissionsberichterstattung und Abgabepflicht

1 Grundpflichten des Emissionshandels

Die Hauptpflicht des Betreibers einer emissionshandelspflichtigen Anlage beschreibt 174
§ 7 TEHG wie folgt:

> „Der Betreiber hat jährlich bis zum 30. April an die zuständige Behörde eine Anzahl von Berechtigungen abzugeben, die den durch seine Tätigkeit im vorangegangenen Kalenderjahr verursachten Emissionen entspricht."

175 Die zuständige Behörde ist in diesem Zusammenhang die Deutsche Emissionshandelsstelle beim Umweltbundesamt (DEHSt). An diese muss der Anlagenbetreiber für jede Tonne CO_2 bzw. CO_{2e},[129] die seine Anlage im vorangegangenen Kalenderjahr an die Atmosphäre abgegeben hat, eine Emissionsberechtigung übertragen.

176 Mit der Einhaltung dieser Verpflichtung steht und fällt der europäische Emissionshandel. Denn die allgemeine Systematik der EHRL beruhe – so der EuGH – auf einer genauen Verbuchung von Vergabe, Besitz, Übertragung und Löschung der Zertifikate.[130] Entsprechend streng sind auch die Sanktionen, die an ein Versäumnis dieser Pflicht geknüpft sind.

2 Emissionserfassung und Emissionsberichterstattung

a) Emissionserfassung

177 Die Erfüllung der Abgabepflicht setzt zunächst voraus, dass der Anlagenbetreiber weiß, welche Menge an Treibhausgasen seine Anlage emittiert hat. Der Abgabepflicht vorgeschaltet ist dementsprechend die Verpflichtung, die Emissionen der Anlage genauestens zu erfassen und hierüber Bericht zu erstatten. Diese Pflicht ist in Deutschland in § 5 TEHG geregelt. Einzelheiten zur **Methodik der Emissionsberichterstattung** enthält diese Vorschrift jedoch nicht. § 5 Abs. 1 TEHG verweist insoweit nur auf Anh. 2 Teil 2 TEHG, der wiederum im Wesentlichen auf die europäische Monitoring-Verordnung (MVO)[131] verweist. Von der Ermächtigung, selbst durch Rechtsverordnung Regelungen für die Ermittlung der zu berichtenden Emissionen zu treffen, hat die Bundesregierung keinen Gebrauch gemacht.

178 Mit der **MVO** war 2012 erstmalig ein **Regelwerk** für die Berichtserstattung in der Form einer unmittelbar verbindlichen europäischen Verordnung geschaffen worden. In den ersten beiden Handelsperioden gab es lediglich Leitlinien der Europäischen Kommission. Die MVO regelt beispielsweise,

- welche Messgenauigkeiten – je nachdem, in welche Größenklasse die Anlage fällt[132] – bei der Erfassung der Eingangsströme einzuhalten sind,
- wann die Emissionsermittlung durch Berechnung aus dem Brennstoffeinsatz bzw. der Massenbilanz der Stoffströme in der Anlage zu erfolgen hat und wann eine kontinuierliche Emissionsmessung (KEMS) zulässig ist,

129 Bei anderen in den Emissionshandel einbezogenen Treibhausgasen, namentlich Distickstoffoxid (N_2O) und perflourierte Kohlenwasserstoffe (PFC), sind entsprechend dem höheren Erderwärmungspotential (Global Warming Potential – GWP) die Emissionsmengen in eine Menge CO_2 mit dem gleichem GWP umzurechnen.

130 EuGH, Urt. v. 17.10.2013 – C-203/12, Rn 27 – Billerud.

131 Monitoring-Verordnung (MVO – VO (EU) Nr. 601/2012) v. 21.6.2012 (ABl EU Nr. L 181 S. 30).

132 Kategorie A: Anlagen mit durchschnittlichen Jahresemissionen von bis zu 50.000 t CO_{2e}; Kategorie B: mehr als 50.000, aber weniger als 500.000 t CO_{2e}; Kategorie C: mehr als 500.000 t CO_{2e} (Art. 19 Abs. 2 MVO).

- welchen wesentlichen Inhalt das Monitoringkonzept (in der Begrifflichkeit des TEHG: der Überwachungsplan) haben muss und
- wann und unter welchen Bedingungen Laboranalysen der verwandten Brennstoffe und Einsatzstoffe zu erfolgen haben.

So detailliert die Regelungen der MVO auch sind, sind sie doch immer noch zu 179 abstrakt, um als alleiniger Maßstab für die Emissionsermittlung in jedem Einzelfall dienen zu können. Diese Lücke soll das **Monitoringkonzept**, respektive der **Überwachungsplan,**[133] schließen. Im Überwachungsplan wird die Methodik dargestellt, nach der die Emissionsermittlung und Berichterstattung erfolgt. Er muss den Vorgaben der MVO entsprechen und ist von der DEHSt vorab zu genehmigen. Das Genehmigungsverfahren kann dazu genutzt werden, Zweifelsfragen im Zusammenhang mit der richtigen Auslegung der MVO bereits im Vorfeld mit der Behörde abzuklären. Die **Genehmigung des Überwachungsplans** vermittelt dem Anlagenbetreiber dann ein erhöhtes Maß an Rechtssicherheit. Zwar fehlt es an einer ausdrücklichen gesetzlichen oder behördlichen Festlegung, wonach eine Verletzung der Berichtspflichten nicht in Betracht kommt, wenn kein Verstoß gegen den genehmigten Überwachungsplan festgestellt werden kann. Hält sich aber ein Anlagenbetreiber strikt an die Maßgaben in dem genehmigten Überwachungsplan, dürfte jedenfalls der Vorwurf eines vorwerfbar ordnungswidrigen Berichtsfehlers[134] nicht in Betracht kommen.

Änderungen in Bezug auf die Tätigkeit ziehen in der Regel auch die Verpflich- 180 tung einer Anpassung des Überwachungsplans nach sich, die dann wiederum von der DEHSt **zur Genehmigung vorgelegt** werden muss. Oftmals stellt sich für den Anlagenbetreiber dann die Frage, nach welcher Version des Überwachungsplans er bis zur Genehmigung der Neufassung seine Emissionsermittlung und -berichterstattung auszurichten hat. Hierzu bestimmt die MVO, dass bereits die neue Version vor ihrer Genehmigung verwendet werden darf, wenn der Anlagenbetreiber vernünftigerweise davon ausgehen kann, dass die vorgeschlagenen Änderungen nicht erheblich sind, oder wenn die Überwachung nach der bisherigen Version unvollständige Emissionsdaten ergeben würde (Art. 16 Abs. 1 MVO). Gemäß Art. 69 MVO muss die Überwachungsmethodik regelmäßig auf Verbesserungsmöglichkeiten hin überprüft werden. Der Anlagenbetreiber muss – je nach Anlagenkategorie – alle 1 bis 4 Jahre einen Verbesserungsbericht erstellen.

---

133 Vgl. hierzu bereits oben Kap. 3 Rn 208 ff.

134 Zu den Bußgeldtatbeständen im Zusammenhang mit der Emissionsberichterstattung vgl. noch unten Rn 244 ff.

b) Emissionsbericht

181 Das Ergebnis der Emissionsermittlung muss vom Anlagenbetreiber in Form des jährlichen Emissionsberichts **bis zum 31.3.** des auf das Berichtsjahr folgenden Jahres in elektronischer Form eingereicht werden (§ 5 Abs. 1 TEHG).

182 Der Emissionsbericht muss gem. § 5 Abs. 2 TEHG von einer hierfür **zugelassenen sachverständigen Stelle**[135] verifiziert sein. Diese bestätigt als vom Anlagenbetreiber unabhängige Instanz, dass der Emissionsbericht keine wesentlichen Falschangaben enthält. Nach der Rechtsprechung des Bundesgerichtshofes (BGH) stellt sich die dem Verifizierer obliegende Überprüfung der Angaben des Anlagenbetreibers als eine Tätigkeit dar, die dem Pflichtenkreis der Behörde – hier also der DEHSt – zuzurechnen ist.[136] Die **Verifizierung des Emissionsberichts** hat damit eine doppelte Funktion: Zum einen dient sie der Überprüfung, ob der Anlagenbetreiber die rechtlichen Vorgaben für die Emissionsermittlung eingehalten hat. Zugleich wird durch den verifizierten Emissionsbericht der Umfang der Anlagenemissionen festgestellt und damit die Abgabepflicht des Anlagenbetreibers konkretisiert.[137]

3 Durchsetzung der Abgabepflicht

a) Sanktionssystem der Emissionshandelsrichtlinie

183 Weil der genauen Verbuchung der Emissionen im europäischen Emissionshandelssystem eine so große Bedeutung beigemessen wird,[138] sind bereits in der EHRL selbst strenge und zum Teil verschuldensunabhängige Sanktionen für den Fall vorgeschrieben, dass ein Anlagenbetreiber seinen Berichts- und Abgabepflichten nicht vollständig und rechtzeitig nachkommt.

184 Das Gemeinschaftsrecht bestimmt zunächst generell, dass die Mitgliedstaaten Vorschriften über Sanktionen festzusetzen haben, die bei einem Verstoß gegen die Vorschriften greifen, die zur Umsetzung der EHRL erlassen werden. Diese Sanktionen sollen wirksam, verhältnismäßig und abschreckend sein. Drei **Sanktionsmechanismen** gibt die EHRL aber konkret vor, womit diese der Disposition des nationalen Gesetzgebers entzogen sind. Diese sind:

- die Sperrung des Zertifikatekontos im Fall der Verletzung der Pflicht zur Emissionsberichterstattung (Art. 15 UAbs. 2 EHRL),

135 Die Zulassungsvoraussetzungen ergeben sich aus § 21 TEHG und der europäischen Verifizierungs- und Akkreditierungsverordnung (VO (EU) Nr. 600/2012) v. 21.6.2012 (ABl EU Nr. L 181 S. 1).

136 Der Verifizierer ist danach als Beamter im haftungsrechtlichen Sinne anzusehen, BGH, Urt. v. 15.9.2011 – III ZR 240/10.

137 So das OVG Berlin-Brandenburg, Urt. v. 20.10.2011 – OVG 12 B 20.10 (nicht rechtskräftig). Dies schließe zwar nicht aus, dass im Fall nachträglich entdeckter Berichtsfehler sich die Abgabepflicht noch einmal nachträglich erhöht. Eine ex post festgestellte Strafzahlungsverpflichtung könne daraus jedoch nicht erwachsen.

138 Vgl. die Rechtsprechung des EuGH, Urt. v. 17.10.2013 – C-203/12 – Billerud.

- die öffentliche Bekanntgabe der Betreiber, die ihre Abgabepflichten nicht erfüllt haben (Art. 16 Abs. 2 EHRL), sowie
- die Verhängung einer Strafzahlung, wenn ein Betreiber nicht zum 30.4. eines Jahres eine ausreichende Anzahl an Zertifikaten zur Abdeckung ihrer Emissionen im Vorjahr abgegeben hat (Art. 16 Abs. 3 EHRL).

b) Strafzahlungspflicht im TEHG

Die Strafzahlung für die **Verletzung der Abgabepflicht** ist für die Betreiber – allein 185
schon unter dem Blickwinkel des wirtschaftlichen Schadenrisikos – am bedeutendsten.

§ 30 Abs. 1 S. 1 TEHG bestimmt hierzu, dass die zuständige Behörde in dem Fall, 186
dass der Betreiber seiner in § 7 Abs. 1 TEHG normierten Abgabepflicht nicht nachkommt, für jede emittierte Tonne CO_{2e} eine Strafzahlung von 100 € festsetzt, für die dieser keine Berechtigungen abgegeben hat. Seit Beginn der 3. Handelsperiode gilt dies mit der Maßgabe, dass sich der **Strafzahlungsbetrag** entsprechend dem Anstieg des europäischen Verbraucherpreisindex für das Berichtsjahr gegenüber dem Basisjahr 2012 erhöht (§ 30 Abs. 1 S. 2 TEHG).

Die **Haftung** für die rechtzeitige Erfüllung der Abgabepflicht ist **verschuldensunabhängig** ausgestaltet. Lediglich dann, wenn die Pflicht aufgrund höherer Gewalt 187
nicht erfüllt werden konnte, darf die Behörde von der Festsetzung der Strafzahlung absehen. Sie dürfte es wohlgemerkt auch in diesen Fällen tun. **Höhere Gewalt** wird aber nur unter ganz außergewöhnlichen Umständen angenommen, die von vornherein in keiner Weise dem Einfluss des Anlagenbetreibers unterliegen. Dies bedeutet: Es sind daneben zahlreiche Konstellationen denkbar, in denen die Abgabe ohne Verschulden erfolgte und dennoch eine hohe Strafzahlung fällig wird.

Beispiel

Bei großen Anlagen sind Emissionsfrachten im zweistelligen Millionenbereich nicht ungewöhnlich. Hieraus wird deutlich, dass sich eine Strafzahlung von mindestens 100 €/t CO_2 zu ruinösen Beträgen aufsummieren kann, die in keinem Verhältnis zu dem Verschulden steht, das beispielsweise einem Anlagenbetreiber vorzuwerfen ist, der etwa mit einer Minute Verspätung die fälligen Emissionsberechtigungen überwiesen hat.

Fälle, wie diese, werfen die Frage auf, ob eine solche verschuldensunabhängige 188
Haftung mit dem **im Grundgesetz verbürgten Schuldprinzip** vereinbar ist. Dieses verlangt, dass aus einer Strafnorm nur in Anspruch genommen werden darf, wer die geahndete Normverletzung auch verschuldet hat. Zwar ist die Strafzahlung der Form nach nicht als Strafnorm ausgestaltet, sondern eher wie eine Beugenorm des Verwaltungsvollstreckungsrechts. Ob das Schuldprinzip gilt, entscheidet sich aber anhand materieller Kriterien, namentlich danach, ob eine Normverletzung im Nachhinein geahndet wird. Dies ist hier aber der Fall.

189 Einer Anpassung der Höhe der Strafzahlung an den Grad des Verschuldens stehen jedoch – so die Rechtsprechung des EuGH – die verbindlichen Vorgaben in Art. 16 Abs. 3 EHRL entgegen. Der EuGH betont, dass der Vorteil des Gemeinschaftssystems für den Handel mit Treibhausgasemissionszertifikaten für die Umwelt davon abhänge, wie streng die Gesamtmenge der zugeteilten Zertifikate festgesetzt wird. Entsprechend streng – so die Schlussfolgerung in seinem Urteil vom 17.10.2013[139] – müssten dann auch die Sanktionen sein.

190 Für den Anlagenbetreiber bedeutet dies: Er muss die größtmögliche Sorgfalt auf eine Betriebsorganisation verwenden, die das Risiko einer verspäteten Abgabe auf ein absolutes Minimum reduziert.

c) Aber: Keine Strafzahlung bei unerkannten Berichtsfehlern

191 Dass es ein Anlagenbetreiber versäumt, die in seinem ordnungsgemäß verifizierten Emissionsbericht ausgewiesenen Emissionen rechtzeitig mit einer entsprechenden Anzahl an Emissionsberechtigungen abzugelten, ist in der Praxis wohlgemerkt selten. Sehr viel problematischer war in der Vergangenheit der recht häufige Fall, dass sich nach Ablauf der Abgabefrist herausstellt, dass der **verifizierte Emissionsbericht** doch noch einen **Fehler enthielt**, der bis dahin weder dem Anlagenbetreiber noch dem Verifizierer noch der DEHSt aufgefallen ist. Die DEHSt hat bis 2015 auch in diesen Fällen eine **Strafzahlung** verhängt, wenn sich aus dem Berichtsfehler ein Fehlbetrag bei der Abgabemenge ergab.

192 Die wirtschaftlichen Folgen waren in solchen Fällen oft dramatisch. Denn bei größeren Anlagen kann so schon ein Zahlendreher in der vierten Nachkommastelle beim Emissionsfaktor zu einer negativen Abweichung von einigen Hundert t CO_2 führen. Somit könnten auch schwer erkennbare Berichtsfehler eine erhebliche Strafzahlung nach sich ziehen. Solche Fehler sind aber – auch für den gewissenhaften Betreiber – natürlich weit schwieriger zu vermeiden als das bloße Versäumnis der Abgabefrist.

193 Inzwischen ist jedoch höchstrichterlich geklärt, dass eine mit der Strafzahlungspflicht bewehrte Pflichtverletzung nur bei einer Abweichung der Abgabe vom verifizierten Emissionsbericht vorliegt.[140] Auch die EHRL verlange in einem solchen Fall keine Strafzahlung. Im Gegenteil: Auch diese erkenne an, dass die Verhängung einer verschuldensunabhängigen Sanktion nur dann gerechtfertigt ist, wenn der Adressat seine Pflicht – hier: die exakt geschuldete Abgabemenge – auch tatsächlich kennt.[141] Hat der Anlagenbetreiber allerdings schuldhaft einen fehlerhaften Emissionsbericht abgegeben, so kann dies aber immer noch bedeuten, dass gegen ihn ein Bußgeld verhängt werden kann.

139 Vgl. EuGH, Urt. v. 17.10.2013 – C-203/12 – Billerud.
140 BVerwG, Urt. v. 4.8.2015 – 7 C 8.15. Zu verschiedenen Vorfragen *Zenke*, ZNER 2010, 545 ff.
141 EuGH, Urt. v. 29.4.2015 – C-148/14.

IV Kapazitätserweiterungen

1 Anpassung an geänderte Bedürfnisse

Unter den Bedingungen sich **rasch wandelnder Märkte** ist es vielfach erforderlich, 194
auch den Betrieb einer bestehenden Anlage an die geänderten Bedürfnisse anzupassen.

Dies gilt für Anlagen des produzierenden Gewerbes und solche der Energiewirt- 195
schaft gleichermaßen. Im industriellen Bereich wandelt sich die Nachfrage und mit ihr die Produktpalette. Aber auch in der Energiewirtschaft kann sich die Absatzstruktur – etwa im Bereich der kommunalen Fernwärmeversorgung durch die Erschließung neuer Versorgungsgebiete – so grundlegend ändern, dass ein neues Erzeugungskonzept nötig wird. Nicht immer ist es dann erforderlich und sinnvoll, eine zusätzliche Anlage zu errichten. Meist ist es sinnvoller, den vorhandenen Anlagenbestand weiterzuentwickeln. Dabei muss möglichst bereits in der Planungsphase bedacht werden, welche emissionshandelsrechtlichen Implikationen die Neuausrichtung des Anlagenbetriebs mit sich bringt. Denn ein **erweiterter Anlagenbetrieb** bringt typischerweise zusätzliche Anlagenemissionen und damit einen **erhöhten Bedarf an Emissionsberechtigungen** mit sich. Dass und in welchem Umfang hierfür aber auch eine zusätzliche Zuteilung kostenloser Emissionsberechtigungen realisiert werden kann, ist keine Selbstverständlichkeit und hängt maßgeblich davon ab, wie das Projekt umgesetzt wird. Der Emissionshandel wird damit zu einem bedeutenden Faktor bei der Wirtschaftlichkeitsbetrachtung verschiedener denkbarer Projektvarianten.

Zwar gewährt die **Zuteilungsverordnung 2020** (ZuV 2020)[142] für Kapazitäts- 196
erweiterungen ebenso wie für Neuanlagen grundsätzlich einen Anspruch auf eine übergangsweise kostenlose Zuteilung von Emissionsberechtigungen. Dabei ist aber zunächst zu beachten, dass das emissionshandelsrechtliche Regularium in Bezug auf Konjunkturschwankungen lediglich ein Korrektiv „nach unten" vorsieht. Namentlich kann ab einem Rückgang der Aktivitätsrate eines Zuteilungselements[143] von 50 % die Zuteilung nachträglich reduziert werden, und zwar – je nach Ausmaß des Produktionsrückgangs – um 50 % bis hin zu 100 %. Dagegen findet eine reine Auslastungserhöhung trotz des damit verbundenen erhöhten Bedarfs an Emissionsberechtigungen grundsätzlich keine Berücksichtigung. Umso wichtiger ist darum die Abgrenzung zur – zuteilungsberechtigten – Kapazitätserweiterung, die dafür jedoch eine physische Änderung im Anlagenbestand voraussetzt. Aber auch ein erheblicher Zubau an Produktionskapazitäten wird nicht automatisch mit einer zusätzlichen Zuteilung honoriert. Vielmehr verlangen die Zuteilungsregeln hierfür ein kumulatives Zusammentreffen von zusätzlicher Produktionsleistung mit einem tatsächlichen Anstieg der Produktionsmengen. Die für die Gewährleistung dieser Maßgabe geschaffenen

---

142 Zuteilungsverordnung 2020 (ZuV 2020) v. 26.9.2011 (BGBl. I S. 1921).
143 Zum Konzept der Zuteilungselemente vgl. bereits Kap. 3 Rn 213 ff.

Regelungen werfen allerdings insbesondere in komplexen Anlagenkonstellationen schwierige Detailfragen auf, die im Folgenden behandelt werden.

2 Abgrenzung Neuanlage – Kapazitätserweiterung

a) Eine neue BImSchG-Genehmigung – eine neue Anlage

197 Plant ein Anlagenbetreiber eine Erweiterung seiner emissionshandelspflichtigen Tätigkeit, muss er für sich zunächst die Frage beantworten, ob er sein Projekt in Form einer Änderung der bestehenden Anlage realisiert oder ob er eine eigenständige Neuanlage in Betrieb nimmt. Denn die **Abgrenzung** der **Neuanlage** von der **Kapazitätserweiterung** einer Bestandsanlage ist im Emissionshandelsrecht von großer praktischer Bedeutung.

198 Zwar gelten für Kapazitätserweiterungen grundsätzlich die gleichen Zuteilungsregeln wie für eigenständige Neuanlagen „auf der grünen Wiese". In beiden Fällen ist namentlich eine **belastbare Auslastungsprognose** zu erstellen.[144] Die Zuteilungsregeln sind hier darauf ausgelegt, dass keine Zuteilung über den Bedarf hinaus erfolgt. Faktisch sind die Spielräume aber bei der Kapazitätserweiterung noch etwas enger als bei der eigenständigen Neuanlage.

Beispiel
Werden im Zuge einer erweiternden Anlagenmodernisierung gleichzeitig ältere Anlagenteile künftig weniger ausgelastet, ergibt sich ein zusätzlicher Zuteilungsanspruch grundsätzlich nur in dem Umfang, in dem die Anlage insgesamt nach dem Umbau mehr produziert. Dagegen ist eine eigenständige Neuanlage grundsätzlich auch bei der Erstellung der Auslastungsprognose separat zu betrachten. Wird eine andere Anlage des gleichen Betreibers im Zusammenhang mit der Inbetriebnahme der neuen Anlage weniger ausgelastet, ergibt sich eine Reduzierung der Zuteilung grundsätzlich erst dann, wenn die Auslastung um 50 % oder mehr zurückgeht – vorausgesetzt, an dieser Anlage wurden keine Rückbaumaßnahmen vorgenommen.

---

199 Ob das Neubauprojekt als Neuanlage oder als Kapazitätserweiterung einzuordnen ist, hängt davon ab, ob die Genehmigungsbehörde hierfür eine **eigenständige Grundgenehmigung** (§ 4 BImSchG) oder eine **Genehmigung zur wesentlichen Änderung** einer bestehenden Anlage (§ 16 BImSchG) erteilt. Denn § 2 Abs. 4 TEHG erklärt die Festlegungen der Genehmigung nach dem BImSchG hinsichtlich der Anlagengrenzen auch für das Emissionshandelsrecht für maßgeblich.

200 Ob die Genehmigungsbehörde im Wege der Neu- oder der Änderungsgenehmigung genehmigen kann bzw. muss, hängt wiederum von der Konzeption des Anlagenprojekts ab. Ist dieses so ausgestaltet, dass der Neubau mit der Bestandsanlage in einem engen räumlichen und betrieblichen Zusammenhang steht und diese zusammen einen der im Anh. 1 der 4. BImSchV aufgeführten Leistungsgrenzen oder Anla-

---

144 Vgl. hierzu bereits Kap. 3 Rn 240 ff.

gengrößen überschreitet, verlangt § 1 Abs. 3 der 4. BImSchV zwingend eine gemeinsame Genehmigung.[145] In allen anderen Fällen wird eine gemeinsame Genehmigung in der Regel möglich sein, ist aber nicht obligatorisch.

b) Abgrenzung Neuanlage – Bestandsanlage

Hat sich der Anlagenbetreiber für die **Erweiterungsvariante** entschieden – wofür 201
entgegen den bereits erwähnten[146] emissionshandelsrechtlichen Überlegungen meist die überwiegenden genehmigungsrechtlichen und praktischen Erwägungen sprechen –, ist noch die Frage zu klären, ob es sich bei der zu erweiternden Anlage um eine **Bestands- oder** um eine **Neuanlage** handelt.

Diese Frage beantwortet sich nicht so selbstverständlich, wie es auf den ersten 202
Blick scheint. Eindeutig ist zunächst einmal, dass gem. § 2 Nr. 3 ZuV 2020 als Bestandsanlage eine Anlage gilt,

- der vor dem 1.7.2011 eine Genehmigung zur Emission von Treibhausgasen erteilt wurde und
- die vor diesem Datum mindestens eine emissionshandelspflichtige Tätigkeit ausgeführt hat.

Während aber das Vorliegen des ersten dieser beiden Kriterien noch leicht festzu- 203
stellen ist, erfordert das zweite Kriterium bisweilen eine umfangreiche Prüfung. Denn dieses knüpft an die Aufnahme des Regelbetriebs an. Die **Feststellung der Aufnahme des Regelbetriebs** ist aber – wie bereits dargestellt[147] – an sehr kleinteilige Voraussetzungen geknüpft. Es gilt auch hier: Die Anlage muss grundsätzlich in der Vergangenheit einmal in einem durchgängigen 90-Tage-Zeitraum mit einer durchschnittlichen Auslastung von mindestens 40 % gelaufen sein. Dies erscheint zwar auf den ersten Blick nicht übermäßig ambitioniert. Immerhin bezieht sich die **40 %-Schwelle** aber auf die Produktionsleistung, also – § 3 Nr. 11 TEHG – auf die tatsächlich und rechtlich maximal mögliche Produktionsmenge. Bei Anlagen mit umfangreichen Reservekapazitäten ist das Erreichen des Schwellenwertes vor diesem Hintergrund keine Selbstverständlichkeit.

Beispiel
Kopfzerbrechen bereitete die 40 %-Regelung insbesondere für die Betreiber von Reserveheizwerken. Diese laufen nicht selten nur eine begrenzte Anzahl an Tagen im Jahr – nämlich entsprechend ihrer Auslegung nur an den besonders kalten Wintertagen, an denen die Kapazitäten der für die Grundlast ausgelegten Anlagen nicht ausreichen. Ein zusammenhängender 90-Tage-Zeitraum kommt so auch über viele Jahre nicht zustande. Es besteht kein Zweifel daran, dass diese Anlagen dennoch Bestands-

---

145 Zu den Voraussetzungen des § 1 Abs. 3 der 4. BImSchV näher Kap. 3 Rn 11 ff.
146 Vgl. Rn 197 ff.
147 Vgl. Kap. 3 Rn 222 ff.

anlagen sind. Besonders gewissenhafte Betreiber solcher Anlagen nötigte der Wortlaut des § 2 Nr. 2 ZuV 2020 aber dazu, aus einer Vielzahl einzelner Betriebstage einen in sektorspezifische Produktionszyklen unterteilten 90-Tage-Zeitraum zu konstruieren.

---

3 Kapazitätserweiterung bestehender Zuteilungselemente

a) Abgrenzung Auslastungserhöhung – Kapazitätserweiterung

204 Bei allen Unterschieden zwischen den Zuteilungsregeln der 3. Handelsperiode und denen der ersten beiden Handelsperioden[148] haben diese gemeinsam, dass die Zuteilung für Bestandsanlagen wesentlich durch die **Aktivitätsrate der Anlage** in einem in der Vergangenheit liegenden Referenzzeitraum bestimmt wird. Steigt die Auslastung der Anlage im Vergleich zur historischen Referenzperiode, ändert dies zunächst einmal nichts an der Zuteilung – ungeachtet des so geänderten Bedarfs an Emissionsberechtigungen.[149] Die mit einer technischen Änderung unterlegte Kapazitätserweiterung erfährt im Vergleich dazu eine privilegierte Behandlung und wird grundsätzlich mit einer Zuteilung nach den Regeln für neue Marktteilnehmer honoriert (§§ 16 ff. ZuV 2020). Von entsprechender Bedeutung ist deshalb die Abgrenzung zwischen der Auslastungserhöhung und der Kapazitätserweiterung.

205 Die Zuteilung für eine Kapazitätserweiterung setzt voraus, dass sich die Erhöhung der Auslastung auf eine **physische Änderung** der Anlagentechnik zurückführen lässt (**qualitatives Element**, § 2 Nr. 24 lit. a ZuV 2020). Diese ist allerdings zwar notwendige, aber noch nicht hinreichende Bedingung für die Zuteilung. Denn zusätzlich muss die Änderung eine wesentliche Erhöhung der installierten Anfangskapazität nach sich ziehen (**quantitatives Element**, § 2 Nr. 24 lit. b ZuV 2020). Dieser Nachweis der Wesentlichkeit ist wiederum – hierzu sogleich[150] – nur dann möglich, wenn nach der Änderung ein signifikanter Anstieg der Anlagenauslastung zu verzeichnen ist.

b) Physische Änderung?

206 Bis zur 3. Handelsperiode war die Frage vergleichsweise einfach zu beantworten, ob und in welchem Umfang sich die Kapazität einer Anlage erhöht hatte. Denn nach herkömmlichem Verständnis war die Kapazität definiert als die tatsächlich und rechtlich

---

148 Zur 1. Handelsperiode *Zenke/Fuhr*, Handel mit CO_2-Zertifikaten; zur 2. Handelsperiode Zenke/Fuhr/Bornkamm/*Zenke/Telschow*, CO_2-Handel aktuell, S. 80 ff. Insgesamt zu den Handelsperioden 1–3: Danner/Theobald/*Zenke/Vollmer*, Energierecht, Emissionshandel, Rn 128 ff.

149 In der Handelsperiode 2005 bis 2007 gab es zwar im Zuteilungsgesetz 2007 (ZuG 2007) auch – als Regelzuteilungsmethode für Neuanlagen und als Option für Bestandsanlagen – die Möglichkeit der Zuteilung auf Basis von Produktionsprognosen. Eine nachträgliche Anpassung dieser Prognose an einen unerwarteten Anstieg der Auslastung war aber auch dort nicht vorgesehen. Umgekehrt war die Zuteilung von der DEHSt nach unten zu korrigieren, wenn sich die Prognose im Nachhinein als zu optimistisch erwiesen hatte (sog. Ex-Post-Korrektur).

150 Vgl. Rn 206 ff.

maximal mögliche Produktionsmenge – mithin das, was eine Anlage theoretisch in Volllast in 8.760 h/Jahr produzieren könnte, soweit dies nicht nur technisch möglich, sondern auch genehmigungsrechtlich zulässig ist.

Beispiel
Ein Heißwasserkessel mit einer thermischen Nettoleistung von 200 MW wäre technisch in der Lage, 1.752 GWh an Warmwasser pro Jahr zu produzieren (abzüglich technisch unvermeidlicher Revisionszeiten). Handelt es sich beispielsweise um einen Reservekessel, der genehmigungsrechtlich nur für 300 h im Jahr betrieben werden darf, beträgt die mögliche Produktionsmenge und damit die Produktionsleistung im Sinne von § 3 Nr. 11 TEHG lediglich 60 GWh/Jahr.

Als **Maßstab für die Kapazitätserweiterung** hat das nunmehr unter dem Begriff der „Produktionsleistung" (§ 3 Nr. 11 TEHG) firmierende theoretische Potential der Anlage inzwischen ausgedient und für die Zuteilung nur noch eine mittelbare Bedeutung.[151] Das größere Gewicht liegt nunmehr auf dem Zuwachs der tatsächlichen Produktion, der aber eben allein nicht genügt, um einen zusätzlichen Zuteilungsanspruch zu begründen – es muss zusätzlich eine physische Änderung stattgefunden haben. Wenn es aber auf die technischen Auslegungsdaten nicht mehr entscheidend ankommt, stellt sich die Frage, worin diese physische Änderung dann bestehen muss. 207

Erforderlich ist hier jedenfalls eine **technisch-bauliche Maßnahme** an der Anlage, die über eine bloße Optimierung im Betriebsablauf hinausgeht. Außerdem darf es sich nicht um eine bloße Ersetzung einer bestehenden Produktionslinie handeln. 208

Darüber hinaus stellt sich die Frage, ob die vorgenommene Änderung den Schluss zulassen muss, dass die darauf folgende Erhöhung der Aktivitätsrate kausal auf dieser Änderung beruhen kann. Diese Frage stellt sich namentlich dann, wenn die Steigerung der Aktivitätsrate ganz außer Verhältnis zu der physischen Änderung steht. Auf einen solchen **Kausalitätszusammenhang** stellt die ZuV 2020 aber wohl nicht ab. Denn dann wäre hier nicht lediglich eine nicht näher bestimmte physische Änderung, sondern die zusätzliche Produktionsleistung als Anknüpfungspunkt gewählt worden. Die neuen Zuteilungsregeln haben die Kapazität nun einmal weitgehend vom technischen Potential entkoppelt. 209

In der Verwaltungspraxis gilt aber eine Einschränkung. Die physische Änderung muss danach jedenfalls „in die gleiche Richtung" weisen wie die geltend gemachte Kapazitätsänderung.[152] 210

151 Namentlich als Bezugsgröße für das 40 %-Kriterium bei der Bestimmung des Datums der Aufnahme des Regelbetriebs bzw. des geänderten Betriebs in § 2 Nr. 1 und Nr. 2 ZuV 2020.
152 Vgl. DEHSt, Leitfaden: Teil 5, Zuteilungsregeln für neue Marktteilnehmer – Hinweise zur Erstellung des Zuteilungsantrags für Neuanlagen und Kapazitätserweiterungen (Zuteilungsleitfaden), Dezember 2014, S. 78.

Beispiel
Die Demontage eines Dampfkessels kann auch dann nicht als auf eine Kapazitätserweiterung gerichtete physische Maßnahme gewertet werden, wenn nach dieser Maßnahme (zufällig) aufgrund einer stärkeren Auslastung der verbliebenen Dampferzeuger die Gesamtauslastung der Anlage – genauer gesagt des Zuteilungselements – steigt. Umgekehrt droht aber auch keine Kapazitätsverringerung – mit der Folge einer Kürzung der Zuteilung – wenn nach einer technischen Erweiterung wegen eines unerwarteten Absatzrückgangs die Auslastung zunächst nicht steigt, sondern sinkt.

c) Wann ist die Kapazitätserweiterung wesentlich?

aa) Zwei Varianten: 10 % Kapazitätserhöhung oder mehr als 50.000 zusätzliche Emissionsberechtigungen

211 Eine zusätzliche Zuteilung erhalten nur solche Kapazitätserweiterungen, die als wesentlich eingestuft werden. Dies setzt wie erwähnt[153] voraus, dass nach der physischen Änderung auch ein signifikanter Anstieg der Produktion zu verzeichnen ist. Die Zuteilungsregeln der 3. Handelsperiode sehen zwei alternative Möglichkeiten vor, um den Nachweis der Wesentlichkeit zu führen:

- Entweder erhöht sich die Kapazität um mindestens 10 % im Vergleich zur installierten Anfangskapazität des Zuteilungselements (§ 2 Nr. 24 lit. b lit. aa ZuV 2020). Für Bestandsanlagen war die installierte Anfangskapazität bestehender Zuteilungselemente gem. § 4 Abs. 1 ZuV 2020 grundsätzlich anhand des auf das Kalenderjahr hochgerechneten Durchschnitts der zwei höchsten Monatsproduktionsmengen im Zeitraum vom 1.1.2005 bis 31.12.2008 zu bestimmen. Etwas anderes galt dann, wenn entweder keine hinreichenden Daten vorhanden waren – dann durfte die installierte Anfangskapazität ausnahmsweise experimentell bestimmt werden (§ 4 Abs. 2 ZuV 2020). Oder die Kapazität des Zuteilungselements hatte sich im Zeitraum zwischen dem 1.1.2005 und dem 30.6.2011 wesentlich verändert – dann bestimmte sich die installierte Anfangskapazität anhand des Zeitraums vom 1.1.2005 bis zur Aufnahme des geänderten Betriebs (§ 4 Abs. 3 ZuV 2020). Bei Zuteilungselementen, die nach dem 30.6.2011 bereits wesentlich erweitert wurden, bildet die zuletzt erreichte Kapazität den Vergleichsmaßstab. Betrifft die Erweiterung eine Anlage, die selbst bereits zu den Neuanlagen zählt, ist grundsätzlich die im 90-Tage-Zeitraum ab Aufnahme des Regelbetriebs ermittelte installierte Anfangskapazität maßgeblich.[154]
- Oder die Aktivitätsrate des Zuteilungselements erhöht sich in einem Maße, dass sich bei einer entsprechenden Anwendung der Zuteilungsregeln für neue Marktteilnehmer eine zusätzliche Zuteilung von mehr als 50.000 Emissionsberechtigungen pro Jahr ergeben würde, sofern diese Anzahl an Emissionsberech-

153 Vgl. Rn 209 f.

154 Besonderheiten bestehen bei Zuteilungselementen, die nicht gleichzeitig mit der Anlage den Regelbetrieb aufgenommen haben, vgl. hierzu noch Rn 218 ff.

tigungen mindestens 5 % der vorläufigen jährlichen Anzahl zuzuteilender Emissionsberechtigungen für dieses Zuteilungselement vor der Änderung entspricht. Diese Variante führt bei größeren Anlagen mit hohen Zuteilungsmengen dazu, dass eine wesentliche Kapazitätsweiterung auch dann nachgewiesen werden kann, wenn diese 10 % der installierten Anfangskapazität nicht überschreitet.

bb) Maßgeblicher Zeitraum für den Nachweis der Wesentlichkeit der Kapazitätserweiterung

Um die geänderte Kapazität eines bestehenden Zuteilungselements nach einer Erweiterung – und ihrer Wesentlichkeit – zu bestimmen, müssen an sich nur die beiden höchsten Monatsproduktionsmengen in den ersten sechs Monaten ab Aufnahme des geänderten Betriebs ermittelt werden. Der auf das Kalenderjahr hochgerechnete Durchschnitt dieser beiden Monatsproduktionsmengen bildet die neue installierte Kapazität des Zuteilungselements (§ 2 Nr. 5 ZuV 2020). 212

Wie im Fall der Inbetriebnahme einer neuen Anlage müssen die **Produktionsmengen tagesscharf** erfasst und jeweils der Durchschnitt der zurückliegenden 90 Tage gebildet werden. Wie dort ist zu beachten, dass der Zeitpunkt der Aufnahme des geänderten Betriebs nicht der Tag ist, an dem erstmals der durchgängige 90-Tage-Zeitraum mit einer durchschnittlichen Auslastung von mindestens 40 % nachgewiesen werden kann, sondern – wie aus Abbildung 2 ersichtlich – der erste Tag dieses Zeitraums. Dieser kann also erst rückblickend am letzten Tag dieses Zeitraums identifiziert werden. Dies bedeutet zugleich, dass der Anlagenbetreiber in den ersten drei Monaten des für die Ermittlung der neuen Kapazität maßgeblichen 6-Monats-Zeitraum im Ungewissen darüber ist, ab wann genau es darauf ankommt, dass die Anlage repräsentative Produktionsdaten liefert. 213

Tipp !

Für den Anlagenbetreiber folgt hieraus, dass er bezüglich der Anlagenfahrweise nach der physischen Änderung möglichst nicht „auf Sicht" fahren sollte. Vielmehr sollte er bedenken, dass jeder Tag nach Abschluss des physischen Umbaus potentiell als Datum der Aufnahme des geänderten Betriebs in Betracht kommt, mit dem zugleich der Zeitraum für die Bemessung der neuen Kapazität zu laufen beginnt. Ein zu frühes Überschreiten der 40 %-Schwelle kann es daher erschweren, rechtzeitig die avisierte neue Kapazität tatsächlich auch abzubilden.

---

cc) Bestimmung des Datums der Aufnahme des geänderten Betriebs

Das Datum der Aufnahme des geänderten Betriebs zu bestimmen ist nicht nur wegen der in § 2 Nr. 1 ZuV 2020 angelegten Ex-Post-Betrachtung schwierig. Es ist schon nicht einfach zu bestimmen, wann im Einzelnen die Tatbestandsvoraussetzungen der Vorschrift erfüllt sind. Dabei ist zunächst festzuhalten, dass der Tag der Aufnahme des 214

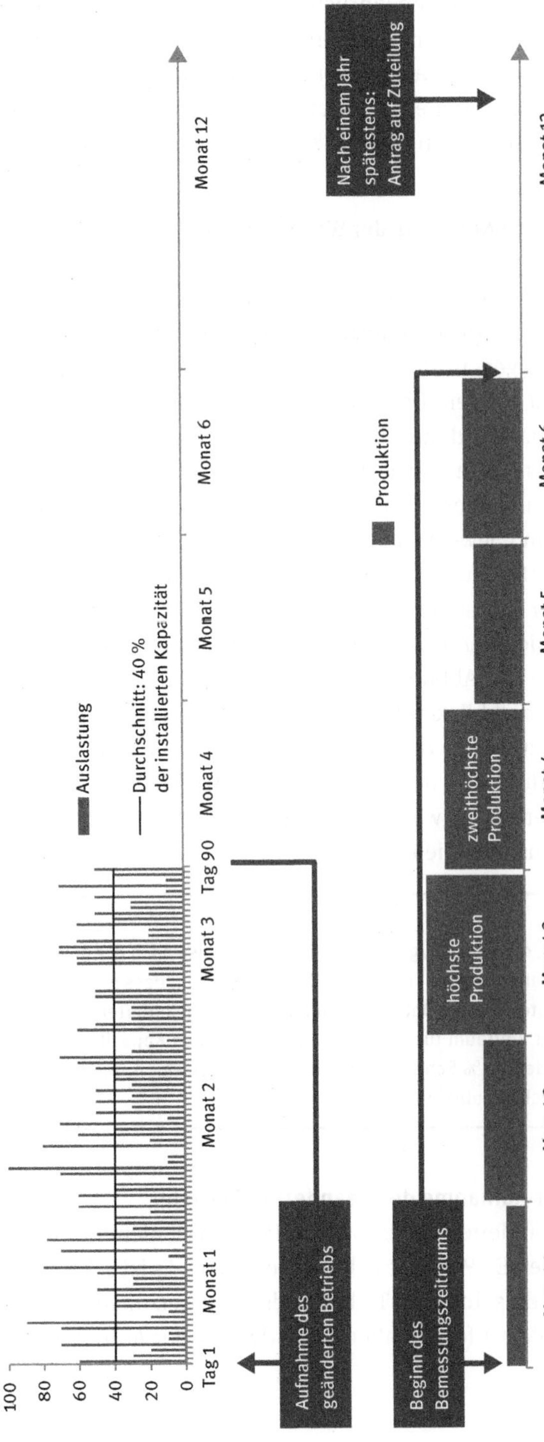

Abb. 2: Wesentliche Kapatzitätserweiterungen

geänderten Betriebs in § 2 Nr. 1 ZuV 2020 im Wesentlichen genauso definiert ist wie der Tag der Aufnahme des Regelbetriebs,[155] nämlich als

> „der erste Tag eines durchgängigen 90-Tage-Zeitraums oder, falls der übliche Produktionszyklus in dem betreffenden Sektor keine durchgängige Produktion vorsieht, der erste Tag eines in sektorspezifische Produktionszyklen unterteilten 90-Tage-Zeitraums, in dem im Fall einer Kapazitätserweiterung die zusätzliche Produktionsleistung oder im Fall einer Kapazitätsverringerung die verbleibende verringerte Produktionsleistung des geänderten Zuteilungselements mit durchschnittlich mindestens 40 % arbeitet, gegebenenfalls unter Berücksichtigung der für das geänderte Zuteilungselement spezifischen Betriebsbedingungen."

Der wesentliche Unterschied zur Aufnahme des Regelbetriebs besteht darin, dass sich das Kriterium der 40 %-Auslastung im 90-Tage-Zeitraum hier naturgemäß auf die **zusätzliche Produktionsleistung** beziehen muss. Schwierigkeiten ergeben sich daraus, dass dabei die Auslastung der zusätzlichen Kapazität von der der Bestandskapazität abgegrenzt werden muss. Denn die Erweiterung besteht häufig nicht in der Errichtung einer eigenständigen neuen technischen Einheit, sondern in dem Umbau bestehender Einheiten. 215

Beispiel
Ein Kraftwerk wird nicht um einen zusätzlichen Block erweitert, sondern es wird eine Gasturbineneinheit zu einer komplexen Gas- und Dampfturbinenanlage (GuD) erweitert.

Der Anlagenbetreiber steht dann vor einer Vielzahl von Schwierigkeiten: 216

- Dies beginnt schon bei der Bestimmung der **zusätzlichen Produktionsleistung**, auf die sich das 40 %-Kriterium bezieht. Die Definition der Produktionsleistung würde es nun nahe legen, die zusätzliche Produktionsleistung zu ermitteln als Differenz aus der neuen und der bisherigen tatsächlich und rechtlich maximal möglichen Produktionsmenge. Die DEHSt ermittelt die zusätzliche Produktionsleistung hingegen als die Differenz aus der neuen Produktionsleistung und der bisherigen installierten Anfangskapazität. Dies führt faktisch zu erhöhten Anforderungen an den Nachweis der Aufnahme des geänderten Betriebs, da dieser Ansatz praktisch immer eine größere Differenz ergibt und eine entsprechend höhere Auslastung erreicht werden muss.
- Unsicherheiten ergeben sich auch aus dem **Begriff der spezifischen Betriebsbedingungen**, die bei der Bestimmung der zusätzlichen Produktionsleistung zu berücksichtigen sind. In der ZuV 2020 ist an keiner Stelle erläutert, wie bestimmte Einflussfaktoren – wie beispielsweise ein witterungsbedingter Anlagenbetrieb – konkret rechnerisch auf die Produktionsleistung herunter zu

155 Hierzu Kap. 3 Rn 222 ff.

brechen sind. Hier kommt es aber auf eine konkrete Zahl an, ohne die eine genaue Ermittlung des Datums der Aufnahme des geänderten Betriebs nicht möglich ist.

- Die ZuV 2020 enthält keine explizite Regelung zu dem Fall, dass im Zusammenhang mit dem Umbau auch Einheiten stillgelegt werden, beispielsweise ein alter Kessel durch einen größeren neuen ersetzt wird. Erfolgt die Inbetriebnahme der neuen nicht in einem engen zeitlichen Zusammenhang mit der **Stilllegung der alten Einheiten**, ist zu prüfen, ob die Einzelmaßnahmen separat betrachtet werden müssen (zunächst eine Kapazitätsverringerung mit einer darauf folgenden Kapazitätserweiterung anstelle nur einer einheitlichen Kapazitätserweiterung).
- Komplex ist die Bestimmung der Kapazitätserweiterung ferner dann, wenn diese auf einer **Vielzahl von technischen Einzelmaßnahmen** beruht, die sich über einen längeren Zeitraum erstrecken. Die ZuV 2020 erkennt zwar grundsätzlich an, dass eine Kapazitätserweiterung auch auf mehreren physischen Änderungen beruhen kann. Viele bei der Bestimmung der neuen Kapazität praktisch relevante Fragen – etwa: Kann jede einzelne von mehreren Maßnahmen jeweils eine Veränderung der installierten Anfangskapazität bewirken? Ist für die Bemessungszeiträume jeweils der Zeitpunkt der ersten oder der der letzten physischen Änderung maßgeblich? – sind jedoch nicht explizit geregelt.
- Besondere Umsicht ist bei der **Erweiterung von Zuteilungselementen mit Wärme-Emissionswert** geboten. Zum einen ist zu bedenken, dass dieses Zuteilungselement in zwei Zuteilungselemente zu unterteilen ist, wenn die Wärmenutzung zum Teil abwanderungsbedrohte Prozesse betrifft (Stichwort: Carbon Leakage), zum Teil aber nicht. Diese sind dann auch bei der Prüfung der quantitativen Zuteilungsschwellen gesondert zu betrachten.

217 Rechtsprechung, die in diesen Fragen Orientierung geben könnte, wird sich – diese Erfahrung haben die Anlagenbetreiber schon in den ersten beiden Handelsperioden gemacht – womöglich erst dann etabliert haben, wenn schon wieder die Fragen zu den Zuteilungsregeln der nächsten Handelsperiode anstehen. Insofern werden bei der Planung des Anlagenbetriebs oft mehrere verschiedene denkbare Lesarten der Zuteilungsregeln in Erwägung gezogen und Alternativszenarien durchgespielt werden.

4 Inbetriebnahme neuer Zuteilungselemente

218 Als ein Fall einer Kapazitätserweiterung ist es auch zu behandeln, wenn bei einer Bestandsanlage eine neue Produktionslinie geschaffen und dadurch ein neues Zuteilungselement entsteht.[156] Dies ist insofern überraschend, als die Kapazitätserweiterung ja in § 2 Nr. 24 ZuV 2020 definiert wird als eine Erhöhung der installierten

156 Zum Konzept der Zuteilungselemente bereits Kap. 3 Rn 213 ff.

Anfangskapazität. Dies impliziert schließlich, dass schon zuvor eine Anfangskapazität bestanden hat. Andererseits kennt die ZuV 2020 nur die Aufnahme des Regelbetriebs der Anlage – auch wenn die Voraussetzungen des § 2 Nr. 2 ZuV 2020 anhand eines Zuteilungselements nachgewiesen werden. Zuteilungselemente, die erst nach der Aufnahme des Regelbetriebs der Anlage die Produktion aufnehmen, können folglich nur nach den Vorschriften für Kapazitätserweiterungen behandelt werden. Die **Voraussetzungen** hierfür werden durch **§ 4 Abs. 5 ZuV 2020** geschaffen. Dort wird bestimmt, dass für Zuteilungselemente und Kapazitätserweiterungen, die bis zum 30.6.2011 ihren Regelbetrieb noch nicht aufgenommen haben, eine installierte Anfangskapazität von null anzusetzen ist.

Für den Anlagenbetreiber hat diese Lösung den Vorteil, dass ihm für die Bestim- 219
mung der neuen Kapazität dieses Zuteilungselements nicht – wie bei Neuanlagen (§ 16 Abs. 4 ZuV 2020) – nur die ersten 90 Tage nach Aufnahme des Regelbetriebs zur Verfügung stehen, sondern die ersten sechs Monate (§ 2 Nr. 5 ZuV 2020). § 4 Abs. 5 ZuV 2020 lässt aber auch Fragen offen. Denn ganz bruchlos lassen sich die für Kapazitätserweiterungen geltenden Vorschriften nicht auf diese Konstellation anwenden.

Beispiel
So fragt sich beispielweise, ob für eine solche nachträgliche Inbetriebnahme eines Zuteilungselements, für dessen Betrieb eigentlich bereits bei der Aufnahme des Regelbetriebs der Anlage die technischen Voraussetzungen bereits vorhanden waren, eigentlich eine neue physische Änderung erforderlich ist.

(Noch) etwas unklarer ist die Rechtslage für Neuanlagen, also Anlagen, die – bzw. 220
dessen erstes Zuteilungselement – erst nach dem 30.6.2011 den Regelbetrieb aufgenommen haben. Für diese bestimmt § 16 Abs. 4 ZuV 2020:

> „Die installierte Anfangskapazität für Neuanlagen entspricht für jedes Zuteilungselement abweichend von § 4 dem Durchschnitt der zwei höchsten Monatsproduktionsmengen innerhalb des durchgängigen 90-Tage-Zeitraums, auf dessen Grundlage die Aufnahme des Regelbetriebs bestimmt wird, hochgerechnet auf ein Kalenderjahr."

Diese Regelung scheint nahe zu legen, dass mit der Aufnahme des Regelbetriebs des 221
ersten Zuteilungselements bezüglich der Bestimmung der installierten Anfangskapazität auch für alle weiteren Zuteilungselemente „die Uhr läuft". Schließlich ordnet sie eine Abweichung von § 4 ZuV 2020 an, was sich somit auch auf § 4 Abs. 5 ZuV 2020 beziehen könnte. Hier dürfte es sich jedoch um ein Redaktionsversehen des Gesetzgebers handeln. Tatsächlich dürfte er nur die Absätze 1 bis 4 von § 4 ZuV 2020 gemeint haben. Diese betreffen insbesondere den Ausschluss einer experimentellen Bestimmung der installierten Anfangskapazität, die in § 4 Abs. 2 ZuV 2020 geregelt ist.

Auch bei Neuanlagen dürften also für später in Betrieb genommene Zuteilungs- 222
elemente die Regeln für Kapazitätserweiterungen gelten. Ganz passen diese für die später in Betrieb genommenen Zuteilungselemente auch hier nicht.

Beispiel
Bei einer komplexen Anlage, in der eine Vielzahl verschiedener Produkte hergestellt werden sollen, ist es oft unvermeidlich, die einzelnen Zuteilungselemente sukzessive in Betrieb zu nehmen. So kann etwa für die eine Produktionslinie noch der Probebetrieb andauern, während für ein anderes Produkt der Anlage bereits Lieferverpflichtungen zu erfüllen sind. Auch und gerade hier ergäbe es deshalb keinen Sinn, das Erfordernis einer physischen Änderung anzuwenden.

223 Auch bei diesen Fragen steht eine Klärung durch die Rechtsprechung noch aus. Bis dahin sollte sich der Anlagenbetreiber darum bemühen, den Anlagenbetrieb nach Möglichkeit so zu steuern, dass sich diese Fragen von vornherein nicht stellen.

5 Zuteilung für Kapazitätserweiterungen

224 Die Zuteilung für eine wesentliche Kapazitätserweiterung **berechnet** sich grundsätzlich wie die für eine Neuanlage, nur mit der Ausnahme, dass in die Zuteilungsformel an die Stelle der installierten Kapazität die zusätzliche Kapazität einzusetzen ist. Die Zuteilung berechnet sich somit nach folgender **Formel**:

Zuteilung = ([{zusätzliche Kapazität × Auslastungsfaktor} × Benchmark] × degressive Kürzung × linearer Kürzungsfaktor) × verbleibender Zeitraum der Handesperiode

225 Besonderheiten gegenüber der Zuteilung für Neuanlagen ergeben sich ansonsten im Zusammenhang mit der Begründung des Auslastungsfaktors.

226 Denn im Unterschied zur Inbetriebnahme einer Neuanlage muss im Fall einer Kapazitätserweiterung auch die bisherige Auslastung des Zuteilungselements berücksichtigt werden. Im Zuteilungsleitfaden der DEHSt heißt es hierzu:[157]

> „Die Bestimmung des maßgeblichen Auslastungsfaktors erfolgt für das gesamte Zuteilungselement einmalig. [...] Nach einer wesentlichen Kapazitätsänderung ist zu prüfen, ob der maßgebliche Auslastungsfaktor noch die Situation nach der wesentlichen Kapazitätsänderung widerspiegelt oder ob dieser gegebenenfalls anzupassen ist. Der gewählte maßgebliche Auslastungsfaktor ist in jedem Fall ausführlich zu begründen."
>
> [Hervorh. d. d. Verf.]

227 Die Prüfung, welcher Auslastungsfaktor plausibel ist, bezieht die DEHSt also nicht isoliert auf die zusätzliche Kapazität. Vielmehr prüft sie, ob sich für das Zuteilungselement insgesamt eine plausible Gesamtaktivitätsrate ergibt. Dabei betrachtet sie unter anderem auch die Auslastung des Zuteilungselements während des tatsächlichen Betriebs der Anlage bis einschließlich des vorletzten Monats vor der Antragstellung.[158]

157 DEHSt, Zuteilungsleitfaden: Teil 5, S. 83.
158 DEHSt, Zuteilungsleitfaden: Teil 5, S. 70.

Tipp

!

Vereinfacht lassen sich diese Aussagen auf die Formel bringen: Es genügt nicht, dass sich die installierte Anfangskapazität wesentlich erhöht hat. Um hierfür auch eine Zuteilung zu erhalten, muss der Anlagenbetreiber im Rahmen des Auslastungsfaktors auch begründen können, dass eine höhere Kapazität auch benötigt und nachhaltig eine höhere Aktivitätsrate als bisher erreicht werden wird. Dies sollte sich der Anlagenbetreiber vor Augen halten, bevor er – womöglich mit hohem Aufwand – versucht, im 6-Monats-Zeitraum eine möglichst hohe neue Kapazität zu bewerkstelligen.

V Pflichten im Zusammenhang mit Änderungen im Anlagenbetrieb

1 Einleitung

Die **Mitteilungspflichten** des Anlagenbetreibers gegenüber der DEHSt erschöpfen sich nicht in dem einmal im Jahr zu übermittelnden Emissionsbericht. Das TEHG und die ZuV 2020 sehen daneben eine Reihe von weiteren **Informationspflichten** vor, die entweder in regelmäßigen Abständen oder anlassbezogen zu erfüllen sind. Da die Verletzung dieser Pflichten zumeist mit hohen Bußgeldern bewehrt ist,[159] sollte der Anlagenbetreiber auf ihre Beachtung besondere Sorgfalt aufwenden. 228

2 Änderungen der Betriebsweise

In § 4 Abs. 5 TEHG ist die Pflicht geregelt, grundsätzlich jede geplante Änderung des Anlagenbetriebs, die Auswirkungen auf die Emissionen haben kann, mindestens **einen Monat** vor ihrer Verwirklichung vollständig und richtig anzuzeigen. Weitere Pflichten enthält die ZuV 2020: 229

- **Unverzüglich** sind der DEHSt im Fall einer wesentlichen Kapazitätsverringerung stillgelegte Kapazität und die installierte Kapazität des Zuteilungselements nach der wesentlichen Kapazitätsverringerung mitzuteilen (§ 22 Abs. 2 ZuV 2020). Die wesentliche Kapazitätsverringerung wird analog zu den Regeln für Kapazitätserweiterungen[160] anhand der Entwicklung der Aktivitätsrate des Zuteilungselements in den ersten sechs Monaten nach der Aufnahme des geänderten Betriebs nach einer physischen Änderung ermittelt. Die physische Änderung selbst wird dabei in der Regel eine ihrerseits nach § 4 Abs. 5 TEHG meldepflichtige Änderung des Anlagenbetriebs darstellen. Die Meldepflicht nach § 22 Abs. 2 ZuV 2020 wird dagegen in dem Augenblick ausgelöst, in dem der Anlagenbetreiber feststellt, dass die neue Kapazität des Zuteilungselements die installierte Anfangskapazität um mehr als 10 % unterschreitet. Die DEHSt wird dann gem. § 19 Abs. 2 ZuV 2020 die Zuteilung an die verringerte Kapazität anpassen.

159 Hierzu noch unten Rn 244 ff.
160 Vgl. oben Rn 194 ff.

- **Bis zum 31.1. des Folgejahres** hat der Anlagenbetreiber der DEHSt alle relevanten Informationen über geplante oder tatsächliche Änderungen der Kapazität, der Aktivitätsraten und des **Betriebs** der Anlage mitzuteilen (§ 22 Abs. 1 ZuV 2020). Diese Pflicht geht in zweierlei Hinsicht über die vorgenannten Pflichten hinaus: Zum einen können danach geplante Änderungen auch schon deutlich früher als lediglich einen Monat vor ihrer Verwirklichung meldepflichtig sein. Zum anderen erfasst sie auch bloße Änderungen der Aktivitätsraten, die als solche nicht notwendigerweise auch eine – nach § 4 Abs. 5 TEHG zu meldende – Änderung der Betriebsweise begründen. Hinter dieser Pflicht steht die Regelung in § 21 ZuV 2020, wonach ein Rückgang der Aktivitätsrate eines Zuteilungselements um 50 % oder mehr zu einer Reduzierung der Zuteilung führt.

230 Die zuletzt genannte Pflicht zur Erstellung der sogenannten **Mitteilung zum Betrieb** (MzB) wird von der DEHSt weit ausgelegt und bedeutet aufgrund dessen neben der Pflicht zur Emissionsberichterstattung eine weitere regelmäßige, jährlich zu erfüllenden Berichtspflicht. Denn nach Auffassung der Behörde sind nicht – wie es der Gesetzeswortlaut nahe legt – nur solche Änderungen des Anlagenbetriebs meldepflichtig, die sich im Ergebnis auf die Zuteilung für die Anlage auswirken könnten, sondern alle Änderungen. Dies betrifft auch jede geringfügige Änderung der Aktivitätsrate. Da keine Anlage in jedem Jahr stets die gleiche Aktivitätsrate aufweist, ergibt sich hieraus nach diesem Ansatz in der Praxis die Verpflichtung, fortlaufend über die Aktivitätsraten der Anlagen zu informieren. Weichen die Aktivitätsraten um mehr als 5 % von der im Zuteilungsbescheid genannten Anfangsaktivitätsrate ab, wird sogar zusätzlich eine Begründung für erforderlich gehalten.

231 Besonders hoch sind die Dokumentationsanforderungen in den Fällen, in denen an der Anlage eine physische Änderung stattgefunden hat, die potentiell eine wesentliche Kapazitätsveränderung bewirken kann. In diesen Fällen verlangt die DEHSt eine tagesscharfe Dokumentation der Produktionsdaten ab Aufnahme des geänderten Betriebs.

! **Tipp**

Die tagesscharfe Dokumentation der Produktionsdaten sollte der Anlagenbetreiber auch in seinem eigenen Interesse gewissenhaft und lückenlos durchführen. Denn wie oben ausgeführt bergen die Regeln über die Bestimmung der Aufnahme des geänderten Betriebs und die Wesentlichkeit Potential für Meinungsverschiedenheiten über das Ergebnis der Prüfung. Voraussetzung für einen belastbaren Nachweis einer wesentlichen Kapazitätsveränderung ist aber in jedem Fall eine hinreichende Datengrundlage. Da die ZuV 2020 für den Nachweis der Aufnahme des geänderten Betriebs aber nun einmal auf die Tagesproduktionsmengen abstellt, führt an der Erhebung dieser Daten kein Weg vorbei.

---

3 Änderungen im Carbon-Leakage-Status

a) Gründe für Änderungen im Carbon-Leakage-Status

232 Mitteilungspflichten können sich auch daraus ergeben, dass sich innerhalb eines Zuteilungselements der Carbon-Leakage-Status verändert. Dies kann auf zwei

Gründen beruhen, die unterschiedliche Mitteilungspflichten auslösen und deshalb streng voneinander zu unterscheiden sind:

- Entweder es ändert sich infolge einer Entscheidung der Europäischen Kommission die **Bewertung eines Sektors** als abwanderungsbedroht bzw. nicht abwanderungsbedroht oder
- es haben sich die **tatsächlichen Produktionsmengen** verändert, die einerseits auf abwanderungsbedrohte und andererseits auf nicht abwanderungsbedrohte Sektoren entfallen. Es wird also beispielsweise von einem Produkt mit Carbon-Leakage-Status weniger produziert als bisher.

b) Änderung des Carbon-Leakage-Status wegen Überarbeitung der Carbon-Leakage-Liste

In der erstmals im Dezember 2009 veröffentlichten **Carbon-Leakage-Liste**, die 233 später um einzelne Branchen ergänzt wurde, ist festgelegt, welche Wirtschaftssektoren als **abwanderungsbedroht** gelten. In der aktuellen Liste finden sich mehr als 150 Sektoren und Teilsektoren, die die Europäische Kommission anhand der in der EHRL hierfür festgelegten Kriterien als abwanderungsbedroht identifiziert hat. Die Zuteilungen, die abwanderungsbedrohte Produktionsprozesse betreffen, waren und sind von der degressiven Kürzung befreit.

Dieses Privileg besteht aber nicht vorbehaltlos und unbefristet. Denn die EHRL 234 verpflichtet die Europäische Kommission darauf, die Carbon-Leakage-Liste mindestens **alle fünf Jahre** zu überprüfen. Spätestens dann müssen die Feststellungen zur Abwanderungsbedrohung von Sektoren **auf den Prüfstand**. Werden die Bedingungen nicht mehr erfüllt, unter denen von einer Abwanderungsbedrohung ausgegangen wird – etwa, weil sich die Kostenstruktur oder die Außenhandelsintensität in der Zwischenzeit verändert hat –, kann ein Sektor von der Carbon-Leakage-Liste auch wieder gestrichen werden.

Der **Verlust** des Carbon-Leakage-Status hat für betroffene Industrieunternehmen 235 **erhebliche Konsequenzen**. Denn die dann fällige degressive Kürzung wirkt sich massiv auf die kostenlose Zuteilung von Emissionsberechtigungen aus. Im Grundsatz sinkt die kostenlose Zuteilung von 80 % im Jahr 2013 auf 30 % im Jahr 2020. Nur für abwanderungsbedrohte Sektoren und Teilsektoren oder für Erzeuger, die solche Branchen beliefern, greift die degressive Kürzung nicht. Sie erhalten ihre Zuteilungen weiter zu 100 % kostenlos – vorbehaltlich des aber auch für alle anderen Nicht-Stromerzeuger geltenden sektorübergreifenden Korrekturfaktors.[161] Ab Inkrafttreten einer **neuen Carbon-Leakage-Liste**, auf der der betroffene Sektor nicht mehr verzeichnet

---

161 Dessen Rechtmäßigkeit aber von Industrieunternehmen in ganz Europa bezweifelt wird und deshalb Gegenstand zahlreicher Verfahren vor dem EuGH ist. Mit Urteil vom 28.4.2016 – C-191/14 u.a. – hat dieser dem Cross Sectoral Correction Factor (CSCF) für ungültig erklärt und eine Umberechnung durch die Europäische Kommission angeordnet.

ist, besteht dann nur noch ein entsprechend **reduzierter Zuteilungsanspruch**. Die DEHSt hat die Zuteilung – die ja für die gesamte Zuteilungsperiode gewährt wird und somit in Bezug auf die Carbon-Leakage-Privilegierung unter Anpassungsvorbehalt steht – dann von Amts wegen in der Höhe zu widerrufen, die der degressiven Kürzung in den Jahren ab dem Inkrafttreten der neuen Carbon-Leakage-Liste entspricht.

236 „Von Amts wegen" bedeutet an sich, dass die Behörde aus eigener Initiative tätig wird. Dies kann die DEHSt in diesem Zusammenhang in aller Regel auch ohne das Zutun des Anlagenbetreibers, weil dieser in seinem Zuteilungsantrag seinen Anspruch auf eine privilegierte Zuteilung unter genauer Angabe der NACE- bzw. PRODCOM-Codes zu belegen hatte. Damit verfügt die DEHSt zumeist über eine ausreichende Datengrundlage, um eine Anpassung der Zuteilung an die geänderte Carbon-Leakage-Liste vorzunehmen. Der Anlagenbetreiber tut dennoch gut daran, seine Angaben im Zuteilungsantrag noch einmal darauf hin zu überprüfen und – falls erforderlich – eine ergänzende Mitteilung zu machen. Die DEHSt hat dies im Anschluss an die erstmalige Überarbeitung der Carbon-Leakage-Liste auch aktiv eingefordert.

! **Tipp**
Im Blick behalten sollte der Anlagenbetreiber natürlich auch, ob sich die Carbon-Leakage-Liste zu seinem Vorteil verändert hat, also beispielsweise ein von ihm hergestelltes Produkt zu einem Sektor gehört, der nunmehr als abwanderungsbedroht eingestuft wird. Eine solche Aufnahme von Sektoren auf die Carbon-Leakage-Liste erlaubt die EHRL auch vor dem Ablauf des 5-Jahres-Intervalls. Anders als beim Streichen von Sektoren wird es bei der Aufnahme eines Sektors in der Regel erforderlich sein, eine durch den Verifizierer bestätigten Nachweis nachzureichen, um in den Genuss der privilegierten Zuteilung zu kommen.

237 Die derzeitige Liste hat Gültigkeit für die Jahre 2015 bis 2019. Vor der Entscheidung über eine neue Liste führt die Europäische Kommission jeweils ein Konsultationsverfahren durch, in dem die betroffenen Branchen ihre Stellungnahme abgeben können. Sie können – und sollten – dort ihre Situation im Wettbewerb und den Einfluss der durch den Emissionshandel verursachten Kosten auf ihre Wettbewerbsfähigkeit darlegen.

238 Die **Europäische Kommission** ist zwar an die Ergebnisse der Konsultation nicht gebunden. Sie bedient sich aber der so generierten Daten, weil es auch der Verwaltungsapparat der Europäischen Kommission nicht hergibt, sich ein umfassendes Bild der Lage vor Ort in allen Mitgliedstaaten zu machen. Eine Chance, die kein Unternehmen ungenutzt verstreichen lassen sollte. Gleichwohl ist bei der Datenmitteilung Sorgfalt und Konsistenz geboten. Die Europäische Kommission, die bekanntlich die Zuteilungen überwacht, kann Querverbindungen herstellen und gleicht vermutlich ab, ob die Antworten zu den Aussagen im Zuteilungsverfahren passen.

c) Änderungen der Aktivitätsraten von Zuteilungselementen mit und ohne Abwanderungsbedrohung

Von Änderungen, die sich aufgrund einer Anpassung der Carbon-Leakage-Liste durch Entscheidung der Europäischen Kommission ergeben, sind bloße Änderungen der Aktivitätsraten zu unterscheiden, aus denen sich eine Verschiebung der Gewichtung zwischen Zuteilungselementen mit und solchen ohne Abwanderungsbedrohung ergeben. 239

Beispiel
Der Betreiber eines Dampferzeugers in einem Industriepark hat in der Vergangenheit überwiegend an Produktionsprozesse geliefert, die Sektoren mit Abwanderungsbedrohung zugeordnet sind. Infolge von Veränderungen der Abnehmerstruktur im Industriepark entfällt aber inzwischen der Hauptteil der Dampflieferungen auf nicht abwanderungsbedrohte Prozesse.

Dieser Fall wird im Grundsatz nicht anders behandelt als jeder andere Fall einer geänderten Aktivitätsrate. Dies bedeutet, dass sich zunächst nichts ändert und lediglich die notwendigen Angaben zu den Aktivitätsraten in der Mitteilung zum Betrieb zu machen sind. Auswirkungen ergeben sich erst dann, wenn die **Aktivitätsrate** die **50 %-Schwelle unterschreitet**, ab der von einer teilweisen Betriebseinstellung ausgegangen wird, die zu einer Reduzierung der Zuteilung führt. Nach Auffassung der DEHSt soll dies auch dann gelten, wenn sich an der gelieferten Menge an Dampf insgesamt gar nichts geändert hat. Dies ist der Fall, wenn dem Rückgang der Dampfabnahme in Carbon-Leakage-Sektoren eine erhöhte Abnahme in Nicht-Carbon-Leakage-Sektoren gegenübersteht.[162] Nur in zwei Fällen soll die Kürzung nicht greifen: 240

- Zum einen soll eine Kürzung nach dem Verständnis der DEHSt dann unterbleiben, wenn die Verschiebung lediglich darauf beruht, dass sich der Status der Abwanderungsbedrohung eines Sektors aufgrund einer Entscheidung der Europäischen Kommission ändert.
- Zum anderen haben Anlagenbetreiber gemäß den Angaben der DEHSt in ihrem Leitfaden die Möglichkeit, neu hinzugekommene Wärmemengen, die tatsächlich dem abwanderungsbedrohten Sektor zuzuordnen sind (z.B. Lieferung an neue Abnehmer oder Herstellung neuer Produkte), dem Zuteilungselement „Wärme, nicht abwanderungsbedroht" zuzuordnen, um Kürzungen beim nicht abwanderungsbedrohtem Zuteilungselement zu vermeiden.

Auch wenn diese Lesart umstritten ist – schließlich schränkt diese die eigentlich beabsichtigte Privilegierung abwanderungsbedrohter Sektoren ganz erheblich ein –, sollten betroffene Anlagenbetreiber das **Verständnis der DEHSt** nicht nur bei der Berichterstattung, sondern auch bei der Planung der Fahrweise der Anlage **berück-** 241

162 Vgl. das vorgenannte Beispiel in Rn 239.

sichtigen, um gegebenenfalls das Risiko künftiger Zuteilungskürzungen zu minimieren.

4 Anpassung des Überwachungsplans und Verbesserungsberichts

242 Nicht zu unterschätzen ist die in § 6 Abs. 3 TEHG geregelte Verpflichtung, den **Überwachungsplan an geänderte Umstände anzupassen**. Hierzu zählt zunächst die Fortentwicklung der rechtlichen Rahmenbedingungen der Emissionsberichterstattung – namentlich also eine Änderung der europäischen MVO. Häufig sind es aber Änderungen im Anlagenbetrieb, die die Überarbeitung des Überwachungsplans erforderlich machen. Es muss aber nicht für jede noch so geringfügige Änderung ein neues Genehmigungsverfahren durchlaufen werden. Im TEHG wird aber nicht näher konkretisiert, welche Änderungen zur Anpassung des Überwachungsplans verpflichten. Eine Orientierung bietet hier Art. 15 Abs. 3 MVO, der eine – wohlgemerkt nicht abschließende – Aufzählung der Änderungen enthält, die als erheblich zu bewerten sind. Ein Änderungsbedarf ergibt sich danach beispielsweise bei

- der Einführung neuer Stoffströme,[163]
- einer Änderung der Kategorie der Anlage,
- einer Änderung von Emissionsquellen oder
- einem Wechsel von auf Berechnungen zu auf Messung beruhenden Methodiken für die Emissionsermittlung und umgekehrt.

243 Weil es keine abschließende Aufzählung der eine Überarbeitung des Überwachungsplans erfordernden Änderungen gibt, bleibt es in den nicht ausdrücklich genannten Fällen immer eine Wertungsfrage, ob der bisherige Überwachungsplan weiter verwendet werden darf oder nicht. Im Zweifel sollte vorsorglich der Weg einer Anpassung gewählt werden. Hierfür spricht bereits das ansonsten bestehende Bußgeldrisiko. Denn als **Ordnungswidrigkeit** stuft § 32 Abs. 3 Nr. 4 TEHG nicht nur die Verletzung der Pflicht ein, überhaupt einen Überwachungsplan zu erstellen und einzureichen. Mit einem **Bußgeld** von bis zu 50.000 € kann es auch belegt werden, wenn eine erforderliche Anpassung des Überwachungsplans nicht unverzüglich vorgenommen wird.

163 Dies gilt übrigens auch dann, wenn ein emissionsintensiver durch einen weniger emissionsintensiven oder emissionsneutralen Brennstoff ersetzt wird, also beispielsweise anstelle von Kohle nunmehr naturbelassene Hölzer und Altholz verfeuert werden. Ausschlaggebend ist hier allein, dass verschiedene Stoffe auch unterschiedliche Anforderungen an eine genaue Erfassung der Emissionen stellen.

VI Bußgeldtatbestände im Emissionshandelsrecht

Von den zahlreichen **Pflichten**, die der Betreiber einer emissionshandelspflichtigen Anlage während des laufenden Betriebs zu beachten hat, ist der überwiegende Teil **mit Sanktionen bewehrt**. Die wichtigste dürfte die bereits oben dargestellte Strafzahlungspflicht sein, die für die nicht rechtzeitige Abgabe der den Anlagenemissionen im Vorjahr entsprechende Anzahl an Emissionsberechtigungen greift. Daneben greift das Emissionshandelsrecht auf die klassischen Instrumente des Ordnungswidrigkeitenrechts zurück und droht zum Teil beträchtliche Bußgelder für die Verletzung der wesentlichen Betreiberpflichten an. 244

Mit der Novellierung des TEHG zum Beginn der 3. Handelsperiode hat der Gesetzgeber die Gangart im Bereich der **Bußgeldtatbestände** deutlich verschärft. Dies zeigt sich insbesondere am Beispiel des neu geschaffenen § 32 Abs. 1 Nr. 1 TEHG, wonach seitdem eine Verletzung der Pflichten im Zusammenhang mit der Emissionsberichterstattung mit einer Geldbuße von bis zu 500.000 € geahndet werden kann. Neu ist hieran nicht nur die Höhe der Bußgeldandrohung. Mit dieser Vorschrift wird auch erstmalig ein eigener Bußgeldtatbestand im Zusammenhang mit den Berichtspflichten geschaffen. Nach dem TEHG in der bis zum 31.12.2012 geltenden Fassung konnte die Verletzung der Berichtspflicht nur mit der Sperrung des Zertifikatekontos (§ 17 Abs. 1 S. 1 TEHG a.F.) und – sofern die Vorlage eines ordnungsgemäßen Berichts nicht rechtzeitig nachgeholt wird – mit der Schätzung der Emissionen durch die Behörde (§ 18 Abs. 2 TEHG a.F.) geahndet werden. Den Anreiz zur ordnungsgemäßen Berichterstattung setzte somit der Umstand, dass der Betreiber im Fall der Schätzung mit einer höheren Abgabeverpflichtung rechnen musste. Nun kann also zusätzlich ein Bußgeld festgesetzt werden. Von der Verhängung kann gem. § 32 Abs. 5 TEHG abgesehen werden, wenn wegen des Berichtsfehlers auch eine Strafzahlung nach § 30 Abs. 1 S. 1 TEHG verhängt wird.[164] 245

1 Die Bußgeldtatbestände im Einzelnen

Die Bußgeldtatbestände, die die Pflichten während des laufenden Anlagenbetriebs (also außerhalb von Zuteilungs- und Genehmigungsverfahren) betreffen, sind im Einzelnen: 246

164 Dieser Vorschrift dürfte allerdings nach der höchstrichterlichen Klärung, dass Berichtsfehler nicht in eine Strafzahlungsverpflichtung münden dürfen (vgl. Rn 191 ff.), keinen praktischen Anwendungsbereich mehr haben.

Norm	Inhalt des Bußgeldtatbestandes
TEHG	
§ 32 Abs. 1 Nr. 1, § 32 Abs. 2	Mit einem Bußgeld von bis zu **500.000 €** wird die Verletzung der Pflicht zur ordnungsgemäßen Emissionsberichterstattung nach § 5 Abs. 1 und Anh. 2 Teil 2 S. 1 TEHG geahndet. Im Fall der lediglich fahrlässigen Pflichtverletzung (§ 32 Abs. 2 TEHG) gilt ein abgesenkter Bußgeldrahmen von bis zu **50.000 €**. Von der Verhängung dieses Bußgeldes „soll" (muss also nicht in jedem Fall) abgesehen werden, wenn wegen des Berichtsfehlers auch eine Strafzahlung nach § 30 Abs. 1 S. 1 TEHG verhängt wird.
§ 32 Abs. 3 Nr. 3	Ein Bußgeld von bis zu **50.000 €** kann fällig werden, wenn entgegen § 4 Abs. 5 S. 1 TEHG eine geplante Änderung der Anlagentätigkeit, die Auswirkungen auf die Emissionen haben kann, nicht mindestens einen Monat vor deren Verwirklichung der zuständigen Behörde angezeigt wird.
§ 32 Abs. 3 Nr. 4	Mit einem Bußgeld von bis zu **50.000 €** wird es geahndet, wenn entgegen § 6 Abs. 1 TEHG ein Überwachungsplan nicht oder nicht rechtzeitig eingereicht wird. Über eine (etwas versteckte) Verweisung gilt dies auch für den angepassten Überwachungsplan, wenn der Anlagenbetreiber gem. § 6 Abs. 3 TEHG zur – unverzüglichen – Anpassung des Überwachungsplanes verpflichtet ist. Dies ist der Fall, wenn sich entweder der Rechtsrahmen ändert, die Emissionsgenehmigung geändert wird oder eine sonstige Änderung der Tätigkeit eintritt.
§ 32 Abs. 3 Nr. 7	Betreiber emissionshandelspflichtiger Anlagen sind nach Maßgabe des § 20 Abs. 2 TEHG verpflichtet, der DEHSt Zutritt zu der Anlage und die Vornahme von Prüfungen zu gestatten sowie der Behörde auf Anforderung die Auskünfte zu erteilen und die Unterlagen vorzulegen, die zur Erfüllung ihrer Aufgaben erforderlich sind. Ein Verstoß gegen diese Pflichten kann mit einem Bußgeld von bis zu **50.000 €** geahndet werden.
ZuV 2020	
§ 31 Abs. 2 Nr. 2	Dieser Bußgeldtatbestand sanktioniert die Pflicht aus § 22 Abs. 1 ZuV 2020, relevante Informationen über geplante oder tatsächliche Änderungen der Kapazität, der Aktivitätsrate und des Betriebs der Anlage bis zum 31.1. des Folgejahres zu melden. Der Bußgeldrahmen liegt bei bis zu **500.000 €** (Vorsatz) bzw. **50.000 €** (Fahrlässigkeit).
§ 31 Abs. 2 Nr. 3	Nach dieser Vorschrift wird die Verletzung der Mitteilungspflichten nach § 22 Abs. 2 ZuV 2020 im Zusammenhang mit wesentlichen Kapazitätsverringerungen und Betriebseinstellungen mit einem Bußgeld von bis zu **50.000 €** bedroht.

2 Das Haftungssubjekt – Wer schuldet im Ernstfall das Bußgeld?

247 Wurde im Zusammenhang mit dem Betrieb einer emissionshandelspflichtigen Anlage ein Bußgeldtatbestand verletzt, so stellt sich in der Praxis natürlich die Frage, wer für die Pflichtverletzung persönlich in Haftung genommen werden kann. Die **Pflichten** des TEHG und der ZuV 2020 **betreffen** grundsätzlich den **Betreiber** der Anlage, also

regelmäßig ein Unternehmen, mithin eine juristische Person. Als Haftungssubjekt im Sinne des Rechts der Ordnungswidrigkeiten kommen aber im Grundsatz nur natürliche Personen in Betracht. Diesen kann allerdings die Betreibereigenschaft zugerechnet werden.

In Betracht kommen hier Organe des Unternehmens[165] oder Personen, die im Unternehmen eine Position in vergleichbarer Verantwortung ausfüllen.[166] Aus deren Haftung kann wiederum auch eine abgeleitete Haftung des Unternehmens selbst folgen.[167] Den Verifizierer dagegen trifft keine eigene Haftung nach dem Recht der Ordnungswidrigkeiten, sondern allenfalls eine zivilrechtliche Haftung im Auftragsverhältnis zum Anlagenbetreiber.[168] 248

a) Haftung der Geschäftsführung

Anlagenbetreiber und Bußgeldpflichtiger ist gem. § 3 Nr. 2 Hs. 1 TEHG die 249

> „natürliche oder juristische Person oder Personengesellschaft, die die unmittelbare Entscheidungsgewalt über eine Anlage innehat, in der eine [emissionshandelspflichtige] Tätigkeit [...] durchgeführt wird, und die dabei die wirtschaftlichen Risiken trägt [...];".
>
> [Hervorh. d. d. Verf.]

Täter einer Ordnungswidrigkeit können aber grundsätzlich nur natürliche Personen sein. § 9 OWiG bestimmt für diesen Fall, welche natürlichen Personen unter welchen Voraussetzungen für die Verletzung von Pflichten haften können, die der juristischen Person obliegen. Gem. § 9 Abs. 1 Nr. 1 OWiG[169] kommt grundsätzlich eine Haftung der Geschäftsführer eines Unternehmens in Betracht, das eine emissionshandelspflichtige Anlage betreibt. Denn danach ist auf denjenigen, der als vertretungsberechtigtes Organ einer juristischen Person handelt, 250

> „[...] ein Gesetz, nach dem besondere persönliche Eigenschaften, Verhältnisse oder Umstände (besondere persönliche Merkmale) die Möglichkeit der Ahndung begründen [Anm.: dies ist hier die Eigenschaft als Anlagenbetreiber] auch auf den Vertreter anzuwenden, wenn diese Merkmale zwar nicht bei ihm, aber bei dem Vertretenen vorliegen [...]."
>
> [Hervorh. d. d. Verf.]

Dies bedeutet zunächst, dass die Geschäftsführer oder Vorstände als vertretungsberechtigte Organe des Unternehmens selbst durch die emissionshandelsrechtlichen 251

165 Rn 249 ff.
166 Rn 252 f.
167 Rn 254 ff.
168 Rn 257 ff.
169 Ordnungswidrigkeitengesetz (OWiG) v. 19.2.1987 (BGBl. I S. 602), zuletzt geändert durch Gesetz v. 13.5.2015 (BGBl. I S. 706).

Betreiberpflichten verpflichtet werden – und somit auch für die Verletzung dieser Pflichten mit einem Bußgeld belegt werden können. Dies bedeutet jedoch nicht, dass die Geschäftsführer für jeden Pflichtverstoß des Unternehmens haften. Zugerechnet wird durch § 9 OWiG nur die Betreibereigenschaft, nicht aber der Pflichtverstoß als solcher. Dem Geschäftsführer muss also selbst eine pflichtwidrige Handlung zur Last gelegt werden können. Diese kann bestehen in

- einer eigenhändigen Begehung des Pflichtenverstoßes – diese fehlt, wenn die Geschäftsführung die Aufgaben im Zusammenhang mit dem Emissionshandel nicht selbst wahrnimmt – oder
- in der Unterlassung von Aufsichtsmaßnahmen, die erforderlich gewesen wären, um die Mitarbeiter des Unternehmens zur ordnungsgemäßen Erfüllung der Pflichten anzuhalten (§ 130 OWiG, installierte und gelebte Compliance). In diesem Fall kann grundsätzlich auch der nicht mit den Emissionshandelspflichten befasste Geschäftsführer haften, wenn die Begehung der Ordnungswidrigkeit bei Beachtung der betrieblichen Aufsichtspflichten hätte verhindert werden können.

b) Haftung der mit der Erstellung des Emissionsberichtes betrauten Personen

252 Da in jedem größeren Unternehmen naturgemäß nicht alle Pflichten von der Unternehmensleitung selbst wahrgenommen werden können, der Gesetzgeber aber andererseits die alleinige Haftung für die Verletzung von Aufsichtspflichten als nicht ausreichend ansieht, dehnt das OWiG die Haftung für Bußgeldtatbestände auch auf **bestimmte Personen** aus, **die nicht vertretungsberechtigte Organe des Unternehmens sind**. So bestimmt § 9 Abs. 2 OWiG:

> „Ist jemand von dem Inhaber eines Betriebes oder einem sonst dazu Befugten
> 1. beauftragt, den Betrieb ganz oder zum Teil zu leiten, oder
> 2. ausdrücklich beauftragt, in eigener Verantwortung Aufgaben wahrzunehmen, die dem Inhaber des Betriebes obliegen,
>
> und handelt er auf Grund dieses Auftrages, so ist ein Gesetz, nach dem besondere persönliche Merkmale die Möglichkeit der Ahndung begründen, auch auf den Beauftragten anzuwenden, wenn diese Merkmale zwar nicht bei ihm, aber bei dem Inhaber des Betriebes vorliegen. [...]"
>
> [Hervorh. d. d. Verf.]

253 Nach dieser Vorschrift haften die **mit der Betriebsleitung beauftragten Personen** für die Einhaltung der bußgeldbewehrten Pflichten des Unternehmens in gleicher Weise wie deren gesetzliche Vertreter. Eine Leitungsfunktion im Sinne dieser Vorschrift liegt dann vor, wenn dem Beauftragten die Aufgaben des Betriebsinhabers zur selbständigen und eigenverantwortlichen Wahrnehmung an dessen Stelle übertragen worden sind, die er auch tatsächlich ausübt.[170] Eine bloße Aufgabenzuweisung reicht hierzu nicht aus. Wird also einem Mitarbeiter beispielsweise die Erstellung der Emissi-

---

170 Göbler/*Gürtler*, OWiG, § 9 Rn 17.

onsberichte übertragen und erfüllt dieser in seiner Person nicht die Voraussetzungen des § 9 Abs. 2 OWiG, so trifft diesen keine eigene Haftung nach dem Ordnungswidrigkeitenrecht. Die Möglichkeit einer Haftung der gesetzlichen Vertreter des Unternehmens bleibt dabei bestehen, jedenfalls dann, wenn insoweit ein Organisations-, das heißt vor allem ein Auswahl- und Überwachungsverschulden feststellen lässt.

c) Haftung des Unternehmens

Wenn ein bußgeldbewehrter Pflichtenverstoß der für das Unternehmen handelnden natürlichen Personen vorliegt, kann unter den **Voraussetzungen von § 30 OWiG** daneben auch die juristische Person selbst haften. Gem. § 30 Abs. 1 OWiG haftet auch das Unternehmen/die juristische Person, wenn bestimmte vertretungsberechtigte oder diesen gleichgestellte Personen eine Ordnungswidrigkeit begangen haben, durch die Pflichten, die die juristische Person treffen, verletzt worden sind oder die juristische Person bereichert worden ist oder werden sollte. 254

Zum **Kreis der Personen**, deren Taten einer GmbH zugerechnet werden können, zählen zunächst wiederum ihre vertretungsberechtigten Organe und die Mitglieder solcher Organe (§ 30 Abs. 1 Nr. 1 OWiG), also insbesondere die Geschäftsführer des Unternehmens. Die Zurechnung setzt aber wohlgemerkt voraus, dass diesen Organen selbst ein Pflichtenverstoß zur Last gelegt werden kann. 255

Daneben kommt nach § 30 Abs. 1 Nr. 5 OWiG eine Haftung des Unternehmens auch für Ordnungswidrigkeiten in Betracht, die jemand 256

> „als sonstige Person, die für die Leitung des Betriebs oder Unternehmens einer juristischen Person oder einer in Nummer 2 oder 3 genannten Personenvereinigung verantwortlich handelt, wozu auch die Überwachung der Geschäftsführung oder die sonstige Ausübung von Kontrollbefugnissen in leitender Stellung gehört“,

begangen hat. Diese Maßgaben treffen regelmäßig auf den mit der **Betriebsleitung** Beauftragten im Sinne von § 9 Abs. 2 OWiG zu. Die Vorschrift bewirkt dementsprechend, dass die Haftung des Betriebsleiters zugleich die Haftung des Unternehmens auslöst. Unter den Voraussetzungen von § 30 Abs. 4 OWiG kann die Geldbuße auch selbständig festgesetzt werden, also auch dann, wenn gegen die handelnde (natürliche) Person kein Bußgeldverfahren eingeleitet oder dieses eingestellt wird. Eine Festsetzung gegen die juristische Person scheidet aber dann aus, wenn aus rechtlichen Gründen ein Verfahren gegen die natürliche Person nicht in Betracht kommt.

d) Haftung des Verifzierers

Schließlich stellt sich die Frage, ob der **Bußgeldtatbestand** (auch) durch den Verifizierer erfüllt werden kann, der den Emissionsbericht geprüft hat. Dies ist aber nicht der Fall. Denn die Verifizierer fallen in keine der in § 9 Abs. 1 und 2 OWiG genannten Personengruppen, denen die Betreibereigenschaft nach dem TEHG zugerechnet 257 werden kann.[171] Vielmehr gelten die Verifizierer gerade als unabhängige Dritte, die nicht im Lager des Anlagenbetreibers stehen (und auch nicht stehen dürfen).

258 Dies schließt freilich eine **zivilrechtliche Haftung des Verifizierers** gegenüber dem Anlagenbetreiber (als Auftraggeber in Bezug auf die Verifizierung) auf Schadenersatz nicht prinzipiell aus. Diese ist aber häufig, insbesondere der Höhe nach, durch Regeln im Vertrag begrenzt.

259 Nach der Rechtsprechung des BGH stellt sich die dem Verifizierer obliegende Überprüfung der Angaben des Anlagenbetreibers als eine Tätigkeit dar, die dem Pflichtenkreis der Behörde – hier also der DEHSt – zuzurechnen ist.[172] Demnach kommt im Fall einer Pflichtverletzung auch ein Amtshaftungsanspruch gegen den Staat gem. § 839 Abs. 1 S. 1 BGB i.V.m. Art. 34 GG[173] in Betracht. Allerdings kommt die **haftungsrechtliche Verantwortung** für die Richtigkeit des Emissionsberichts – auch aufgrund des nur eingeschränkten Prüfungsumfangs bei der Verifizierung – dem Ersteller des Emissionsberichts zu.

e) Verjährung

260 Die Verfolgbarkeit der Ordnungswidrigkeit **verjährt** gem. § 31 Abs. 2 Nr. 1 OWiG **nach drei Jahren.** Die Verjährung beginnt gem. § 31 Abs. 3 OWiG mit der Beendigung der Handlung, das heißt im Fall eines pflichtwidrigen Berichtsfehlers mit der Abgabe des fehlerhaften Emissionsberichts.

VII Künftige Kostenbelastungen im Emissionshandel

261 Bei den meisten Unternehmen, von denen viele seit nunmehr über zehn Jahren am Emissionshandel teilnehmen, haben sich die Routinen bei der Administration der Emissionshandelspflichten inzwischen eingespielt. Ein schwer zu kalkulierender Faktor bleibt aber nach wie vor die aus dem Emissionshandel folgenden Kosten. Dies lässt sich schon unschwer an der bisherigen Entwicklung der Marktpreise für europäische Emissionsberechtigungen (European Union Allowances – EUA) ablesen (Abbildung 3):

171 Landmann/Rohmer/*Hardach*, Umweltrecht, § 32 TEHG Rn 5

172 Der Verifizierer ist danach als Beamter im haftungsrechtlichen Sinne anzusehen, BGH, Urt. v. 15.9.2011 – III ZR 240/10.

173 Grundgesetz (GG) v. 23.5.1949 (BGBl. I S. 1), zuletzt geändert durch Gesetz v. 23.12.2014 (BGBl. I S. 2438).

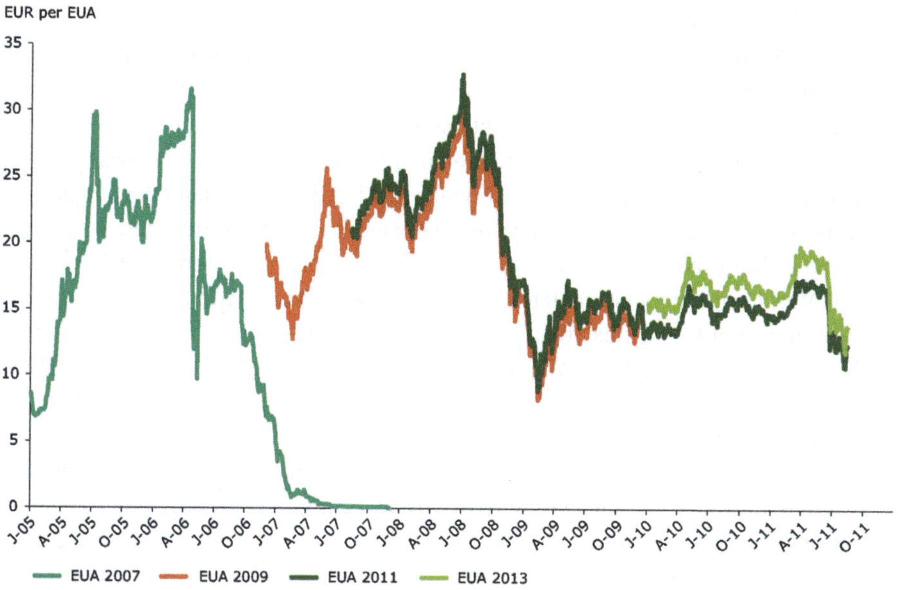

Abb. 3: Entwicklung der Marktpreise; Quelle: European Environment Agency (www.eea.europa.eu)

Die **Preise** waren also in der Vergangenheit **extrem volatil**: Während die CO_2-Zertifikate zum Ende der 1. Handelsperiode 2005 bis 2007 praktisch wertlos waren,[174] erreichten die Zertifikate der 2. Handelsperiode 2008 bis 2012 im Sommer 2008 das Allzeithoch von über 30 €. Danach brachen sie infolge der Wirtschafts- und Finanzkrise Ende 2008 drastisch auf unter 10 € ein, um sich in den Folgejahren auf ein durchschnittliches Niveau von um die 15 € einzupendeln. 2011 begann das Preisniveau wieder weiter zu bröckeln und schwankt seitdem im Korridor zwischen 5 und 8 €. Vor diesem Hintergrund bleibt es bis auf Weiteres schwierig, die künftige **Kostenlast** für emissionshandelspflichtige Unternehmen **realistisch einzuschätzen**. Zumindest die folgenden Einflussfaktoren sollten aber im Blick behalten werden: 262

- Die Prognosen sagen auch für die nächsten Jahre noch einen Überschuss der Zertifikate voraus. Die Europäische Kommission will hier aber massiv gegensteuern und hat eine sogenannte **Marktstabilitätsreserve** auf den Weg gebracht, die im Herbst 2015 verabschiedet wurde.[175] In diese sollen ab 2019 überschüssige

174 Der Grund hierfür war nicht allein, dass die Zertifikate nicht von der ersten in die zweite Handelsperiode übertragen (sog. Banking) werden durften. Vielmehr war der Markt am Ende der ersten Handelsperiode durch ein hohes Überangebot geprägt.

175 Beschluss (EU) 2015/1814 des Europäischen Parlaments und des Rates v. 6.10.2015 über die Einrichtung und Anwendung einer Marktstabilitätsreserve für das System für den Handel mit Treibhaus-

Zertifikate überführt werden. Die Europäische Kommission wird hierzu jährlich ermitteln, wie viele Zertifikate im Umlauf sind, die nicht für die Erfüllung der Abgabeverpflichtungen der Anlagenbetreiber benötigt werden. Von diesem Überschuss sollen jeweils 12 % dem Markt entzogen werden, indem die Zahl der durch Versteigerung angebotenen Zertifikate entsprechend reduziert und diese Menge in die Marktstabilitätsreserve verschoben wird.[176] Umgekehrt sieht der Mechanismus vor, dass die Marktstabilitätsreserve wieder Zertifikate freisetzt, wenn die festgestellte Umlaufmenge weniger als 400 Mio. Zertifikate beträgt. Hiervon ist der Markt mit einem geschätzten Überschuss von über 2 Mrd. Zertifikaten zwar derzeit weit entfernt. Das Signal ist aber klar: Europa ist gewillt, dem Emissionshandel zur Not auch durch Markteingriffe zur Wirksamkeit zu verhelfen. Ob dies gelingen wird, ist zwar offen. Auf dauerhaft niedrige CO_2-Preise können sich die Marktteilnehmer aber vor diesem Hintergrund nicht verlassen.

- Eine weitere Verknappung des Angebots an Zertifikaten soll dadurch erreicht werden, dass sich der sogenannten **lineare Kürzungsfaktor**, durch den sich das europäische Zertifikatebudget jährlich verringert, von derzeit 1,74 % auf 2,2 % angehoben werden soll.[177] Dies entspricht einer zusätzlichen Einsparung von 556 Mio. t CO_2 bis 2030.
- Gleichzeitig sinkt der Anteil der Zertifikate, die kostenlos zugeteilt werden. Für Unternehmen, die keinem Carbon-Leakage-Sektor angehören, wird es bereits 2024 die letzte kostenlose Zuteilung geben: (siehe Abb. 4)
- Im Bereich der Industrie sind zwar derzeit die meisten Branchen als abwanderungsbedroht eingestuft und von der degressiven Kürzung der kostenlosen Zuteilung nicht betroffen. Auch hier plant die Europäische Kommission aber Einschnitte: Nach ihrem Willen soll die Privilegierung künftig zielgerichteter erfolgen und es sollen deutlich weniger Branchen profitieren.
- Gemäß dem Kommissionsvorschlag für die Handelsperiode 2021 bis 2030 sollen die für die kostenlose Zuteilung maßgeblichen produktspezifischen Benchmarks spürbar verschärft werden. Hier schlägt die Europäische Kommission vor, den technologischen Fortschritt durch ein Abschmelzen der Benchmarks um zwischen 0,5 % oder 1,5 % jährlich abzubilden.

---

gasemissionszertifikaten in der Union und zur Änderung der Richtlinie 2003/87/EG (ABl. EU Nr. L 264 S. 1 ff.).

176 Das gleiche soll mit den 900 Mio. Zertifikaten geschehen, die schon einmal im Rahmen des sog. „Backloading" zur vorübergehenden Verknappung der Zertifikate von den Versteigerungsmengen abgezogen wurden. Diese wären ohne den Beschluss der Marktstabilitätsreserve 2019 wieder auf den Markt geworfen worden,

177 So die Europäische Kommission, Vorschlag für eine Richtlinie des Europäischen Parlaments und des Rates zur Änderung der Richtlinie 2003/87/EG zwecks Verbesserung der Kosteneffizienz von Emissionsminderungsmaßnahmen und zur Förderung von Investitionen in CO_2-effiziente Technologien, COM(2015) 337 v. 15.7.2015.

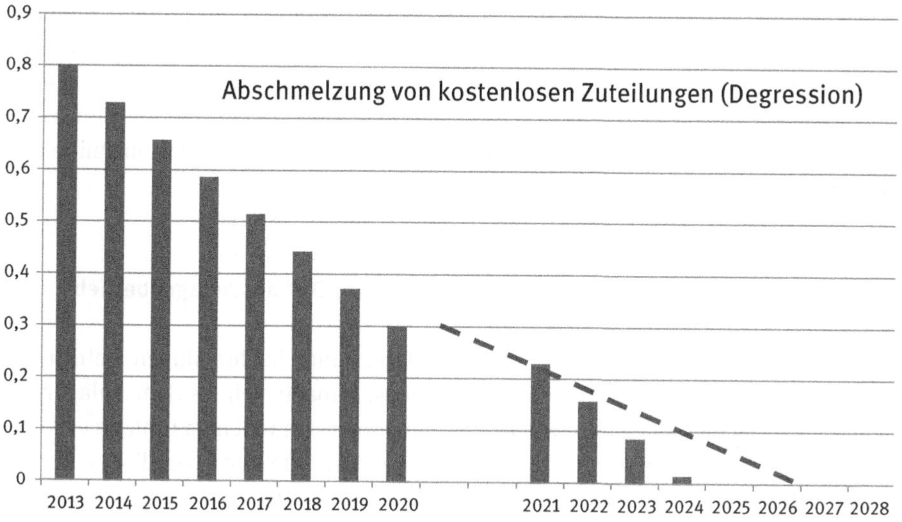

Abb. 4: Abschmelzung von kostenlosen Zuteilungen

Bestehen bleiben soll indes die Möglichkeit, besonders durch CO_2-Bezugskosten belastete Branchen eine Förderung zukommen zu lassen, wie in Deutschland die sogenannte **Strompreiskompensation.**[178] Insgesamt steht aber zu vermuten, dass die Gesamtbelastung für die Unternehmen eher steigen wird.[179] **263**

D Auswirkungen der Energiemarktregulierung auf den Betrieb von Anlagen

Beim Betrieb von Anlagen sind längst nicht mehr nur originär umweltrechtliche Bestimmungen zu beachten. Vielmehr müssen sich Unternehmen der Energiewirtschaft und der Industrie zunehmend mit Rechtsmaterien befassen, die für ihre Branche auf den ersten Blick exotisch anmuten. Getrieben wird diese Entwicklung nicht zuletzt von der Energiewende, die vor dem Hintergrund des Strukturwandels im Bereich der Energieerzeugung zusätzliche Instrumente hervorgebracht hat, **264**

178 Gemäß BMWi, Richtlinie für Beihilfen für Unternehmen in Sektoren bzw. Teilsektoren, bei denen angenommen wird, dass angesichts der mit den EU-ETS-Zertifikaten verbundenen Kosten, die auf den Strompreis abgewälzt werden, ein erhebliches Risiko der Verlagerung von CO_2-Emissionen besteht (Beihilfen für indirekte CO_2-Kosten), v. 30.1.2013 (BAnz AT 7.2.2013 B1), mit Änderungen v. 23.7.2013 (BAnz AT 6.8.2013 B2).

179 Zu den Optimierungsmöglichkeiten hinsichtlich der staatlichen Komponenten der Stromkosten vgl. Zenke/Wollschläger/Eder/*Große/Heymann*, Preise und Preisgestaltung, Kap. 10.

mit denen die Behörden direkt auf den Betrieb von Kraftwerken Einfluss nehmen können.[180] Zusätzlich werden die Bemühungen um die regulatorische Bewältigung der Finanzkrise auch für Anlagenbetreiber spürbar. Denn zu diesen gehört auch eine verstärkte Marktaufsicht im Bereich des Energiehandels, in den die meisten Anlagenbetreiber – und zwar nicht nur die der Energiewirtschaft – mindestens mittelbar involviert sind.[181]

I Staatliche Eingriffsmöglichkeiten hinsichtlich des „Ob" des Anlagenbetriebs

265 Der in den vorangegangenen Abschnitten dargestellte Rechtsrahmen betrifft im Wesentlichen nur das „Wie" des Anlagenbetriebs. Danach steht es dem Anlagenbetreiber grundsätzlich frei, selbst zu entscheiden, ob und in welchem Umfang er seine Anlage betreibt, solange nur die hierfür maßgeblichen öffentlich-rechtlichen Vorgaben eingehalten werden. Eine Betriebsbeschränkung oder gar Stilllegung kommt nur dann in Betracht, wenn die Umweltbeeinträchtigungen durch die Anlage das zulässige Maß überschreiten. Fremd ist dem Umweltrecht dagegen die Möglichkeit, den Anlagenbetreiber gegen dessen Willen darauf zu verpflichten, seine Anlage weiter zu betreiben.

266 Mit dem Instrumentarium des Energiewirtschaftsrechts dagegen kann der Betreiber eines Kraftwerkes sehr wohl gezwungen werden, die Erzeugungsleistung seiner Anlage weiter vorzuhalten, wenn die Versorgungssicherheit im Elektrizitätsmarkt dies erforderlich macht.[182] Der Versorgungssicherheit sollen daneben zusätzlich geplante Kapazitätsreserven dienen. Der Betrieb der daran teilnehmenden Kraftwerke wird ebenfalls streng reglementiert sein.[183]

1 Verhinderung der Stilllegung von Anlagen

267 Wie eingangs erwähnt,[184] entscheidet der Anlagenbetreiber grundsätzlich selbst, wie lange er seine Anlage betreibt und wann er sie stilllegen will, solange seine Anlagen den öffentlich-rechtlichen Anforderungen genügt. Dieser Grundsatz erfährt eine erhebliche **Einschränkung für Anlagen der Elektrizitätswirtschaft**. Für diese verlangt das Energiewirtschaftsgesetz (EnWG)[185] ab einer bestimmten Größe vor ihrer Stilllegung die Prüfung, welche Bedeutung diese für die Stabilität

---

180 Rn 265 ff.
181 Rn 280 ff.
182 Rn 267 ff.
183 Rn 276 ff.
184 Rn 265 f.
185 Energiewirtschaftsgesetz (EnWG) v. 7.7.2005 (BGBl. I S. 1970, 3621), zuletzt geändert durch Gesetz v. 19.2.2016 (BGBl. I S. 254).

des Netzbetriebs und die Sicherheit der Stromversorgung hat.[186] Für den einzelnen Kraftwerksbetreiber kann dies zur Folge haben, dass ihm die Stilllegung seiner Anlage untersagt wird.[187]

a) Prüfung der Systemrelevanz und Bildung der Netzreserve

Je nachdem, wie ein (größeres) Kraftwerk in der stromwirtschaftlichen Erzeugerland- 268
schaft eingebunden ist, kann seine Stilllegung schon allein unter dem netzphysikalischen Gesichtspunkt problematisch sein und die Systemstabilität gefährden. Deshalb weist das EnWG der BNetzA und den Übertragungsnetzbetreibern die Aufgabe zu, die Systemrelevanz von Kraftwerken zu bewerten. Eine Anlage gilt gem. § 13a Abs. 2 S. 8 EnWG dann als systemrelevant,

> „wenn ihre dauerhafte Stilllegung mit hinreichender Wahrscheinlichkeit zu einer nicht unerheblichen Gefährdung oder Störung der Sicherheit oder Zuverlässigkeit des Elektrizitätsversorgungssystems führt und diese Gefährdung oder Störung nicht durch andere angemessene Maßnahmen beseitigt werden kann."

Die Kriterien für die Systemrelevanz sowie die weiteren Modalitäten des Reservebe- 269
triebs – hierzu zählt nicht zuletzt die Vergütung, die der Kraftwerksbetreiber für die Bereitstellung der Reservekapazität erhält – sind in der Reservekraftwerksverordnung (ResKV)[188] konkretisiert.

Gem. § 3 Abs. 1 ResKV prüft die BNetzA jährlich bis zum 1.5. den **Bedarf an Erzeu- 270
gungskapazität** für die Netzreserve. Grundlage dieser Prüfung ist eine Systemanalyse der Übertragungsnetzbetreiber. Diese analysieren insbesondere die verfügbaren, gesicherten Erzeugungskapazitäten und ihre wahrscheinliche Entwicklung im Hinblick auf den jeweils folgenden Winter. Ergibt sich aus der **Systemanalyse** ein Bedarf an einer Netzreserve, veröffentlicht der Übertragungsnetzbetreiber die Anforderungen an die konkreten Anlagen. Betreiber von Anlagen, die diesen Anforderungen entsprechen, können sodann ihr Interesse an der Aufnahme in die Netzreserve bekunden. Allerdings kommen nur die Anlagen für die Vorhaltung von Netzreserven in Betracht, die die in § 5 Abs. 2 ResKV aufgeführten Bedingungen erfüllen. Der Betreiber muss sich verpflichten, seine Anlage nach Ablauf des Netzreservevertrages nicht mehr am Energiemarkt einzusetzen. Dieses Rückkehrverbot soll gewährleisten, dass die Teilnahme an der Netzreserve nicht zu einer Beeinträchtigung des herkömmlichen Stromerzeugungsmarktes führt.[189]

---

186 Rn 268 ff.
187 Rn 273 ff.
188 Reservekraftwerksverordnung (ResKV) v. 27.6.2013 (BGBl. I S. 1947).
189 Vgl. *Däuper/Voß*, IR 2013, 170, 171.

271 Nur im Ausnahmefall darf der Netzbetreiber die Netzreserve aus neuen Anlagen beschaffen (§ 8 ResKV). **Voraussetzung** ist zunächst, dass die **BNetzA** den Bedarf **bestätigt**. Der Übertragungsnetzbetreiber muss die Errichtung und den Betrieb der Anlage dann in einem transparenten, diskriminierungsfreien Verfahren entsprechend der Sektorenverordnung[190] ausschreiben. Sollte dieses Verfahren ohne Ergebnis bleiben, kann der Übertragungsnetzbetreiber selbst eine neue Anlage errichten und betreiben. Diese neu errichteten Anlagen dürfen allerdings ausschließlich zum Zwecke der Systemsicherheit genutzt werden.

272 § 14 Abs. 2 ResKV sieht in der Ausgangsfassung vor, dass die Verordnung **zum 31.12.2017 außer Kraft** tritt. Hintergrund war die Annahme, dass das Netz bis dahin ausreichend ausgebaut und genügend Anreize für den Neubau der für einen sicheren Netzbetrieb erforderlichen Kraftwerke gesetzt worden sind, sodass es keiner Netzreserve mehr bedarf. Geplant ist nun allerdings, dass die ResKV unter der Bezeichnung **„Netzreserveverordnung"** fortgeführt werden soll.[191] Die Netzreserve soll allerdings künftig nachrangig zu der noch zu schaffenden Kapazitätsreserve[192] zum Einsatz kommen.

b) Konsequenz: Stilllegungsverbot für systemrelevante Kraftwerke

273 Die – auch nur mögliche – Einordnung eines Kraftwerks als systemrelevant hat für dessen Betreiber – ob er nun an einer Teilnahme seiner Anlage an der Netzreserve interessiert ist oder nicht – eine einschneidende Konsequenz: Er kann diese nicht mehr ohne Weiteres zu einem beliebigen Zeitpunkt stilllegen.

274 Betroffen sind zunächst alle Betreiber von Kraftwerken ab einer elektrischen **Erzeugungsleistung von 10 MW_{el}**. Gem. § 13a Abs. 1 EnWG müssen diese eine geplante Stilllegung mindestens zwölf Monate vorher dem Übertragungsnetzbetreiber und der BNetzA anzeigen.[193] Eine Stilllegung ist ohne vorherige Anzeige und bis zum Ablauf dieser zwölf Monate verboten.[194] Die **Anzeigepflicht** dient dazu, die rechtzeitige Feststellung der Systemrelevanz zu gewährleisten.

---

190 Sektorenverordnung (SektVO) v. 23.9.2009 (BGBl. I S. 3110), zuletzt geändert durch Gesetz v. 20.11.2015 (BGBl. I S. 2025).

191 Vgl. Art. 6 des Gesetzesentwurfs der Bundesregierung zum Strommarktgesetz, BT-Drucks. 18/7317 mit den Änderungen vom 22.6.2016, BT-Drucks. 18/8915.

192 Hierzu noch Rn 276 ff.

193 Künftig soll die Anzeige auch die Gründe für die geplante Stilllegung enthalten (§ 13b Abs. 1 S. 1 Hs. 2 EnWG-E i.d.F. des Gesetzesentwurfs der Bundesregierung zum Strommarktgesetz, BT-Drucks. 18/7317, S. 17).

194 Künftig soll auch eine frühere Stilllegung möglich sein, wenn die BNetzA und der Übertragungsnetzbetreiber vor Ablauf der 12-Monats-Frist zu der Einschätzung kommen, dass die Anlage nicht systemrelevant ist (§ 13b Abs. 1 S. 3 EnWG-E, BT-Drucks. 18/7317, S. 17). Umgekehrt sieht der Gesetzentwurf aber auch vor, dass für alle Anlagen ab 10-MW_{el}-Leistung auch nach dem Ablauf der Frist die

Anlagen, die eine **Nennleistung von mindestens 50 MW_{el}** haben und sowohl vom Übertragungsnetzbetreiber als auch von der BNetzA als systemrelevant eingestuft worden sind, dürfen gem. § 13a Abs. 2 EnWG nicht endgültig stillgelegt werden. Sie sind zumindest in einem Zustand zu halten, dass sie – sollte die Netzstabilität dies erfordern – kurzfristig betriebsbereit gemacht werden können. Die Kosten für die Erhaltung der Anlage kann er allerdings vom Übertragungsnetzbetreiber einfordern (§ 13a Abs. 3 EnWG). Dem Betreiber werden die durch den Einsatz der Netzreserve entstandenen Kosten erstattet. Er erhält eine Betriebsbereitschaftsauslage dafür, dass er Reserven vorhält und einen Arbeitspreis für die konkreten Einspeisungen (§ 6 Abs. 2 Nr. 1 und 2 ResKV). 275

2 Kapazitätsreserve und Sicherheitsbereitschaft

Die Netzreserve wird voraussichtlich nicht der einzige **staatliche Eingriff** in dem Markt der Stromerzeugung bleiben. Hintergrund ist die vielfach gehegte Befürchtung, dass der Strommarkt keine ausreichenden Anreize setzt, um flexibel einsetzbare Erzeugungsleistung vorzuhalten. Dieser wird deshalb eine hohe Bedeutung beigemessen, weil im Zuge der Energiewende zunehmend konventionelle Kraftwerke und damit gesicherte Leistung aus dem Markt ausscheiden. Dem hier vielfach geforderten Kapazitätsmarkt hat die Bundesregierung zwar eine Absage erteilt. Ganz will sie aber auf Instrumente zur Steuerung der verfügbaren Erzeugungskapazitäten nicht verzichten und plant deshalb die Einführung einer Kapazitätsreserve und einer sogenannten Klimareserve. 276

Die **Kapazitätsreserve** soll – vorrangig zur Netzreserve – zum Einsatz kommen bei Leistungsbilanzdefiziten, die zu einer Gefährdung oder Störung der Sicherheit oder Zuverlässigkeit des Stromversorgungssystems führen, vgl. § 13e Abs. 1 EnWG-E: 277

> „Die Betreiber von Übertragungsnetzen halten Reserveleistung vor, um im Fall einer Gefährdung oder Störung der Sicherheit oder Zuverlässigkeit des Elektrizitätsversorgungssystems Leistungsbilanzdefizite infolge des nicht vollständigen Ausgleichs von Angebot und Nachfrage an den Strommärkten im deutschen Netzregelverbund auszugleichen (Kapazitätsreserve). Die Kapazitätsreserve wird schrittweise ab dem Winterhalbjahr 2018/2019 außerhalb der Strommärkte gebildet. Die Anlagen der Kapazitätsreserve speisen ausschließlich auf Anforderung der Betreiber von Übertragungsnetzen ein."

Die Kapazitätsreserve soll wettbewerblich ausgeschrieben werden, wobei die günstigsten Kraftwerke den Zuschlag erhalten. Anlagen können an dieser Ausschreibung mehrfach teilnehmen und den Zuschlag erhalten. Scheiden sie jedoch irgendwann aus der Kapazitätsreserve aus, ist ihnen eine Rückkehr an den Markt nach § 13e Abs. 4 278

---

vorläufige Stilllegung verboten ist, wenn der systemverantwortliche Übertragungsnetzbetreiber sie als systemrelevant ausweist (§ 13b Abs. 4 EnWG-E).

EnWG-E verwehrt. Davon bleiben jedoch die Regelungen zur Stilllegung von Anlagen unberührt, auch eine Teilnahme an der Netzreserve ist noch möglich. Details hierzu regelt die Verordnung zur Regelung des Verfahrens der Beschaffung, des Einsatzes und der Abrechnung einer Kapazitätsreserve des BMWi,[195] basierend auf § 13h Abs. 1 EnWG-E.

279 Nicht wettbewerblich ausgeschrieben – und auch nicht in erster Linie ein Kapazitätsinstrument – ist die geplante sogenannte **Klimareserve**. Diese soll vor allem dazu beitragen, dass die Bundesrepublik Deutschland ihre Selbstverpflichtung einhalten kann, ihre Treibhausgasemissionen bis 2020 um 40 % gegenüber 1990 zu senken. An diesem Ziel fehlt nach der Feststellung der Bundesregierung noch die Einsparung von 22 Mio. t CO_2. Um diese Deckungslücke zu schließen, sollen die in § 13g EnWG-E aufgeführten Braunkohlekraftwerke vorläufig stillgelegt werden. Die endgültige Stilllegung soll aber erst nach vier Jahren erfolgen. In der Zwischenzeit werden diese Anlagen als sogenannte Sicherheitsbereitschaft vorgehalten und müssen auf Anforderung durch den Übertragungsnetzbetreiber binnen 240 Stunden betriebsbereit und binnen weiterer 11 bzw. 13 Stunden auf Mindestteilleistung bzw. Nettonennleistung anfahrbereit sein. Die Betreiber der stillzulegenden Anlagen sollen für die Sicherheitsbereitschaft und die Stilllegung der Anlage eine Vergütung in Höhe der Erlöse erhalten, die sie mit der stillzulegenden Anlage in den Strommärkten während der Sicherheitsbereitschaft erzielt hätten, abzüglich der kurzfristig variablen Erzeugungskosten (§ 13g Abs. 5 EnWG-E).[196]

II Anwendbarkeit von Regeln der Marktaufsicht auf Anlagenbetreiber?

280 Dass er sich bei dem Betrieb einer BImSchG-Anlage in einem engmaschig regulierten Bereich bewegt und eine Vielzahl gesetzlicher Bestimmungen zu beachten hat, dürfte jedem Anlagenbetreiber klar sein. Allerdings gibt es eine Reihe von Regularien, von denen es manchen Anlagenbetreiber überraschen dürfte, dass diese für ihn möglicherweise relevant sein können. Hierzu zählen die Regulierungen des Finanzmarkts[197] und des Energiegroßhandelsmarkts.[198]

195 Kapazitätsreserveverordnung (KapResV) des BMWi, abrufbar unter http://www.bmwi.de/DE/Themen/Energie/Strommarkt-der-Zukunft/strommarkt-2-0.html.

196 Der zwischenzeitlich von der Bundesregierung erwogene Klimabeitrag (auch sog. Kohleabgabe) hätte im Gegensatz hierzu vorgesehen, dass die Braunkohlekraftwerksbetreiber zwar keine Anlagen stilllegen müssen, für die brennstoffspezifischen Mehremissionen aber die doppelte Anzahl von CO_2-Zertifikaten abgeben müssen. Im Ergebnis wären diese wirtschaftlich stärker belastet worden und hätten im europäischen Emissionshandel eine insofern nicht unproblematische Sonderstellung erhalten, als die CO_2-Budgetierung inzwischen auf europäischer Ebene geregelt wird.

197 Rn 281 ff.

198 Rn 284 ff.

1 Finanzmarktaufsicht

Für den klassischen Anlagenbetreiber gehört es nicht typischerweise zum Tagesgeschäft, Finanzdienstleistungen zu erbringen. Dennoch muss er sich bewusst sein, dass auf ihn womöglich die **europäische Finanzmarktrichtlinie** (MiFID II)[199] anwendbar sein kann, mit der Folge, dass er für seine Tätigkeit womöglich eine Erlaubnis nach § 32 KWG[200] benötigt.[201] Dies namentlich dann, wenn er am Energiehandel teilnimmt. 281

Beispiel

Wenn ein Unternehmen die für den Betrieb einer Anlage erforderlichen Brennstoffe einkauft, macht es das typischerweise auch auf Termin. Damit handelt es sich also nicht mehr nur um einen reinen Beschaffungsvorgang, sondern um ein Optionsgeschäft. Wird dieses zudem noch für ein anderes Unternehmen getätigt, kann sich das Geschäft also der Sache nach als Finanzdienstleistung darstellen.

Unter der Vorgängerfassung der Richtlinie (MiFID I[202]) war das klassische Geschäft von Energieunternehmen aber von der Finanzaufsicht grundsätzlich ausgenommen. Dies ändert sich nunmehr mit der MiFID II. Mit dieser wird zum einen die Haupttätigkeitsausnahme gestrichen, die Unternehmen von der Finanzaufsicht freistellte, deren Haupttätigkeit der Handel mit Waren bzw. Warenderivaten besteht. Erweitert wurde zudem der Kreis der beaufsichtigten Märkte.[203] Außerdem werden Emissionsberechtigungen künftig stets als Finanzinstrumente angesehen, also unabhängig davon, ob es sich bei deren Erwerb um ein Termingeschäft handelt oder nicht. 282

Unternehmen, die am Energiehandel teilnehmen, müssen sich also künftig mit besonderer Sorgfalt der Prüfung der Frage widmen, ob sie eine Erlaubnis nach § 32 KWG benötigen. 283

2 Meldepflichten bei Teilnahme auf Energiehandelsgroßmärkten – REMIT

Besondere – in diesem Fall explizit auf den Energiemarkt zugeschnittene – **Pflichten** ergeben sich zudem aus der europäischen Verordnung über die Integrität und Transparenz des Energiegroßhandelsmarktes (**REMIT**).[204] Die REMIT zielt darauf ab, mithilfe von Verboten in Bezug auf Insiderhandel und Marktmanipulationen und umfangreicher Meldepflichten[205] missbräuchliches Verhalten auf den Energiehandelsgroßmärkten zu bekämpfen. 284

---

199 Finanzmarktrichtlinie (MiFID II – RL 2014/65/EU) v. 15.5.2014 (ABl EU Nr. L 173 S. 349).

200 Kreditwesengesetz (KWG) v. 9.9.1998 (BGBl. I S. 2776), zuletzt geändert durch Gesetz v. 11.5.2016 (BGBl. I S. 396).

201 Vgl. hierzu näher *Zenke*, IR 2015, 266 ff.

202 Finanzmarktrichtlinie (MiFID I – RL 2004/39/EG) v. 21.4.2004 (ABl EU Nr. L 145 S. 1).

203 Vgl. Zenke/Wollschläger/Eder/*Pilgram/Däuper/Fischer*, Preise und Preisgestaltung, Rn 101.

204 Regulation on wholesale Energy Market Integrity and Transparency (REMIT – Verordnung (EU) Nr. 1227/2011) v. 25.10.2014 (ABl EU Nr. 236 S. 1).

205 Hierzu ausführlich *Zenke/Fischer*, EnWZ 2013, 211 ff.

285 Nun werden sich die meisten Anlagenbetreiber – namentlich solche in Branchen des produzierenden Gewerbes – nicht als Teilnehmer am Energiehandelsgroßmarkt verstehen. Der Anwendungsbereich der sich aus der REMIT ergebenden Meldepflichten reicht aber weiter, als die auf den Großhandelsmarkt abstellende Begrifflichkeit vermuten lässt. Betroffen sind alle Unternehmen die Energiegroßmarktprodukte nutzen. Dies kann grundsätzlich jedes Strom- und Gasgeschäft sein, unabhängig davon, ob diese jeweils am Spot- oder Terminmarkt, ob finanziell oder physisch zu erfüllen sind. Maßgeblich ist allein der **individuelle Fahrplan** der Lieferung.

- Auf der Erzeugerseite unterliegt grundsätzlich jeder der Meldepflicht, der selbst erzeugten Strom in das Netz der allgemeinen Versorgung einspeist. Damit sind also nicht nur klassische Energieversorger angesprochen. Verpflichtet ist danach beispielsweise auch ein Industrieunternehmen, das an seinem Standort ein Kraftwerk zur Eigenversorgung betreibt und zumindest zeitweise auch Überschussstrom in das öffentliche Netz einspeist.
- Auf der **Verbrauchsseite** besteht Meldepflicht bereits dann, wenn sich der Liefervertrag auf eine Abnahmestelle mit 600 GWh/a Verbrauchskapazität und mehr bezieht.

286 Seit dem 7.10.2015 müssen Standardgeschäfte an Börsen oder anderen Handelsplattformen gemeldet werden. Ab dem 7.4.2016 müssen alle Betroffenen sämtliche Geschäfte melden, soweit die Meldung nicht durch die Handelsplattform erfolgt.

287 Die Betreiber von Erzeugungsanlagen, die Strom in das Netz der allgemeinen Versorgung einspeisen, sind nach Maßgabe von Art. 8 Abs. 5 REMIT dazu verpflichtet, der europäischen Agency for the Cooperation of Energy Regulators (ACER) und der jeweiligen nationalen Regulierungsbehörde

> „Informationen über die Kapazität und Nutzung von Anlagen zur Erzeugung und Speicherung, zum Verbrauch oder zur Übertragung/Fernleitung von Strom oder Erdgas oder über die Kapazität und Nutzung von Flüssiggasanlagen, einschließlich der geplanten oder ungeplanten Nichtverfügbarkeit dieser Anlagen, zum Zweck der Überwachung der Energiegroßhandelsmärkte"

zu übermitteln. Diese Pflicht wird allerdings gem. Art. 8 ENTSO Strom[206] vom Europäischen Verband der Übertragungsnetzbetreiber wahrgenommen. Über die gegenüber dem Übertragungsnetzbetreiber bestehenden Meldepflichten hinaus ergibt sich somit für die Anlagenbetreiber selbst in aller Regel kein Handlungsbedarf.

206 ENTSO Strom (Durchführungsverordnung (EU) Nr. 1348/2014) v. 17.12.2014 (ABl EU Nr. L 363 S. 121).

E Fazit

Es ist (k)eine Binsenweisheit: Das Geflecht der vom Anlagenbetreiber auch nach Genehmigung und Inbetriebnahme seiner Anlage aktiv zu beachtenden Regeln wird immer dichter. Treiber dieser Entwicklung sind nicht allein gestiegene Ansprüche an die effektive Durchsetzung hoher umweltrechtlicher Standards. Als Energieverbraucher und -erzeuger stehen die Betreiber großer stationärer Anlagen zugleich im Zentrum weiterer politischer Großprojekte wie die der Energiewende und der Finanzmarktregulierung – von der Menschheitsaufgabe der Reduktion der Treibhausgasemissionen ganz zu schweigen. 288

Mit der Vielfalt der zu beachtenden Regelungen steigt nicht nur das Haftungsrisiko, sondern auch der Handlungsbedarf in Bezug auf die Sicherung der Wettbewerbsfähigkeit. Hier muss sich jedes Unternehmen kritisch fragen, ob es auf die gestiegenen Anforderungen organisatorisch eingerichtet ist. Die Herausforderungen sind beträchtlich, bedeuten aber auch eine Chance. Wer sich aktiv und vorausschauend mit dem sich ständig fortentwickelnden Regelwerk auseinander setzt, kann Effizienzpotentiale frühzeitig heben. 289

Kapitel 5
Nachsorge nach Anlagenstilllegung*

Die Pflichten des Betreibers einer immissionsschutzrechtlich genehmigungsbedürftigen Anlage beziehen sich – anders als beispielsweise im Bauordnungsrecht – auch auf den Zeitraum nach der Anlagenstilllegung. Schon in der Genehmigungsphase sowie in der Betriebsphase müssen die Betreiber daher immer auch diese Nachsorge im Blick behalten und auch mit diesbezüglichen behördlichen Anordnungen rechnen. Diese sogenannten **Nachsorgepflichten** sind dagegen gerichtet, dass unter Umständen mit dem fehlenden wirtschaftlichen Interesse an einer stillgelegten Anlage auch die nötigen Sicherheitsmaßnahmen vernachlässigt werden.[1] 1

A Ordnungsrechtliche Anforderungen

I Entwicklung der Vorschrift

1 Einführung der Nachsorgepflichten

Im Jahr 1990 hat der Gesetzgeber mit § 5 Abs. 3 BImSchG[2] erstmals **Nachsorgepflichten** für genehmigungsbedürftige Anlagen **kodifiziert.**[3] Damit wurde ein Streit beendet, ob die Grundpflichten des § 5 Abs. 1 BImSchG auch über die Betriebsphase einer Anlage hinaus Geltung beanspruchen. In der Rechtsprechung wurde dies abgelehnt,[4] was jedoch wegen möglicher Altlasten sowie der Wiedernutzbarmachung und Sanierung zuvor industriell oder gewerblich genutzter Flächen zu unbefriedigenden Ergebnissen geführt hatte.[5] 2

Konkreter Anlass für diese Regelung war neben der **Altlastenproblematik** auch eine vom Land Nordrhein-Westfalen in Auftrag gegebenen Prüfung, wie **Industrie- und Gewerbeflächen wieder nutzbar gemacht** werden können, und zwar auf Kosten des Verursachers. Diskutiert wurde zum einen die Einführung neuer besonderer Pflichten nach Stilllegung der Anlage, zum anderen aber auch die Fortgeltung der bestehenden Pflichten nach der Stilllegung. Im Gesetzesentwurf legte sich die Bundesregierung dann auf eine Ausweitung der bestehenden immissionsschutzrechtlichen Grundpflichten fest; die Abwehr- und Entsorgungspflichten wurden zeitlich 3

* Ich danke Rechtsanwältin Pia-Maria Heigl für ihre wertvolle Zuarbeit bei diesem Thema.

1 *Koch*, Umweltrecht, § 4 Rn 61.

2 Bundes-Immissionsschutzgesetz (BImSchG) v. 17.5.2013 (BGBl. I S. 1274), zuletzt geändert durch Verordnung v. 31.8.2015 (BGBl. I S. 1474).

3 Drittes Gesetz zur Änderung des Bundes-Immissionsschutzgesetzes v. 11.5.1990 (BGBl. I S. 870).

4 Vgl. etwa VGH Baden-Württemberg, Beschl. v. 14.12.1989 – 1 S 2719/89 – DÖV 1990, 344, 345.

5 *Hansmann*, NVwZ 1993, 921 ff.

über die Stilllegung der Anlage hinaus ausgedehnt. Diese Änderung des BImSchG trat am 1.9.1990 in Kraft.[6]

4 Danach folgten vier **weitere Änderungen**: Zum einen 1994 durch Art. 2 des Gesetzes zur Vermeidung, Verwertung und Beseitigung von Abfällen,[7] um die Vermeidung und Verwertung von Reststoffen an die Neukonzeption des Kreislaufwirtschafts- und Abfallgesetzes anzupassen.[8] Weiterhin im Jahr 1998, im Zuge der Einführung des Bundes-Bodenschutzgesetzes (BBodSchG),[9] um klarzustellen, dass die im Rahmen der Stilllegung durchzuführenden Aufräumarbeiten von der Pflicht des § 5 Abs. 3 BImSchG umfasst werden.[10] Veranlasst durch die Umsetzung verschiedener EU-Richtlinien[11] wurde im Jahr 2001 die Nachsorgepflicht aufgenommen, nach der Anlagen so zu errichten, zu betreiben und stillzulegen sind, dass auch nach einer Betriebseinstellung die Wiederherstellung eines ordnungsgemäßen Zustands des Betriebsgeländes gewährleistet ist.[12] Schließlich wurden die Nachsorgepflichten des § 5 Abs. 3 BImSchG durch das Gesetz zur Umsetzung der Richtlinie über Industrieemissionen[13] um einen neuen Abs. 4 ergänzt, der für die dort genannten Anlagen nach Einstellung des Betriebs die Wiederherstellung des Ausgangszustands fordert.[14]

2 Europarechtlicher Kontext

5 Das nationale Recht, und gerade auch das nationale Umweltrecht, sind mittlerweile stark geprägt von gemeinschaftsrechtlichen Vorgaben. Schon vorher bestehende nationale Regelungen wurden gewissermaßen „überholt" und sind nun, soweit erforderlich, an die europäischen Vorgaben immer wieder anzupassen. Der Rahmen des deutschen Immissionsschutzrechts ist damit recht klar gefasst.

6 Kernstück des europäischen Anlagenrechts war seit 1996 die **IVU-Richtlinie** (IVU-RL).[15] Sie verpflichtete die Mitgliedstaaten, Maßnahmen zur Vermeidung und Verminderung der Emissionen einer Anlage in die Medien Luft, Wasser und Boden zu ergreifen, um ein hohes Schutzniveau für die Umwelt insgesamt zu erreichen. Damit

6 *Hansmann*, NVwZ, 1993, 921 f.
7 Gesetz zur Vermeidung, Verwertung und Beseitigung von Abfällen v. 27.9.1994 (BGBl. I S. 2705).
8 Dazu die Gesetzesbegründung, BT-Drucks. 12/5672, S. 84, sowie BT-Drucks. 12/7240, S. 13 f.
9 Bundes-Bodenschutzgesetz (BBodSchG) v. 17.3.1998 (BGBl. I S. 502), zuletzt geändert durch Verordnung v. 31.8.2015 (BGBl. I S. 1474).
10 BT-Drucks. 13/6701, S. 47.
11 Gesetz zur Umsetzung der UVP-Änderungsrichtlinie, der IVU-Richtlinie und weiterer EG-Richtlinien zum Umweltschutz v. 27.7.2001 (BGBl. I S. 1950).
12 BT-Drucks. 14/4599, S. 126 f.
13 Gesetz zur Umsetzung der Richtlinie über Industrieemissionen v. 8.4.2013 (BGBl. I S. 734).
14 Dazu BT-Drucks. 17/10486, S. 38 f.
15 IVU-Richtlinie (IVU-RL 1996 – RL 96/61/EG) v. 24.9.1996 (ABl EG Nr. L 257 S. 26), seitdem mehrfach geändert und 2008 ersetzt durch IVU-Richtlinie (IVU-RL – RL 2008/1/EG) v. 15.1.2008 (ABl EU Nr. L 24 S. 8).

wurde der sektorale bzw. mediale Umweltschutz durch eine integrative, die verschiedenen Belastungspfade und mögliche Verlagerungen berücksichtigende Sichtweise abgelöst.[16] Um es sehr plakativ zu veranschaulichen: Eine „Entsorgung" problematischer Stoffe in ein Gewässer mag den Boden vor Verunreinigungen schützen, aber eben nicht das Wasser und die marine Umwelt. Neben **materiellen Anforderungen im Grundpflichtenkatalog** in Art. 3 IVU-RL wurde auch im Hinblick auf das Verfahren ein **Gebot vollständiger Behördenkoordination** in Art. 7 IVU-RL formuliert. Die IVU-RL nahm im genannten Grundpflichtenkatalog auch die endgültige Stilllegung einer Industrieanlage in den Blick. So verlangte Art. 3 Abs. 1 lit. f IVU-RL von den Mitgliedstaaten die Vergewisserung der Behörde, dass eine genehmigte Anlage so betrieben wird, dass bei einer endgültigen Stilllegung die erforderlichen Maßnahmen getroffen werden, um jegliche Gefahr einer Umweltverschmutzung zu vermeiden und um einen zufriedenstellenden Zustand des Betriebsgeländes wiederherzustellen.

Die wesentlichen Elemente und Ansätze der mittlerweile außer Kraft getretenen 7
IVU-RL wurden übernommen und fortgeschrieben mit der **Industrieemissionen-Richtlinie** (IED).[17] Die IED hat unter anderem für bestimmte Anlagen die Grundpflichten in puncto Stilllegung verschärft, und zwar sowohl für neue Genehmigungen als auch für Altanlagen.[18] Art. 22 IED regelt nun für Neugenehmigungen, dass der Betreiber einen Bericht über den Ausgangszustand, insbesondere von Böden und Wasser zu liefern hat, und bei Stilllegung das Betriebsgrundstück in den Ausgangszustand zurückzuführen ist. Dieser Ausgangsbericht bewertet die Boden- und Grundwasserverschmutzung vor einem genehmigten Eingriff. Nach der Stilllegung der Anlage kann dann ein qualifizierter Vergleich zwischen dem ursprünglichen Zustand und dem aktuellen Zustand nach Stilllegung der Anlage durchgeführt werden – nach der Stilllegung hat der Betreiber gem. Art. 22 Abs. 2 IED eine erneute Bewertung der Boden- und Grundwasserverschmutzung vorzunehmen. Im Falle einer Verschlechterung ist der Betreiber verpflichtet, die erforderlichen Maßnahmen zur Beseitigung der Verschmutzung zu treffen und den Ausgangszustand wiederherzustellen.

Für **Altanlagen** gilt, dass der Betreiber im Falle einer ernsthaften Gefährdung der 8
menschlichen Gesundheit oder der Umwelt, als Folge der genehmigten Tätigkeit, die erforderlichen Maßnahmen zur Beseitigung, Verhütung, Eindämmung oder Verringerung relevanter gefährliche Stoffe zu ergreifen hat, sodass das Gelände unter Berücksichtigung seiner derzeitigen oder genehmigten künftigen Nutzung keine solche Gefährdung mehr darstellt.

Zunächst wurde die IVU-RL und nunmehr die IED durch § 5 Abs. 3 und 4 BImSchG 9
in nationales Recht umgesetzt.

16 *Koch*, Umweltrecht, § 4 Rn 24.
17 Industrieemissionsrichtlinie (IED – RL 2010/75/EU) v. 24.11.2010 (ABl EU Nr. L 334 S. 17); Umsetzung in BGBl. 2013 I S. 973.
18 *Koch*, Umweltrecht, § 4 Rn 26 m.w.N.

II Wesentlicher Regelungsgehalt der Nachsorgepflichten

10 Die in § 5 BImSchG kodifizierten **Betreiberpflichten** stellen insgesamt ein einheitliches Konzept dar, das einen umfassenden Schutz der Umwelt vor den Auswirkungen genehmigungsbedürftiger Anlagen gewährleistet. Zusammengenommen handelt es sich um die Hauptinstrumente, mit denen Mensch und Umwelt vor schädlichen Umwelteinwirkungen geschützt werden sollen.[19]

11 Und dies über die eigentliche Betriebszeit einer Anlage hinaus: Die **Nachsorgepflichten** von § 5 Abs. 3 und 4 BImSchG ergänzen die betriebsbezogenen Pflichten von § 5 Abs. 1 und 2 BImSchG zeitlich und sachlich; die Verantwortung des Betreibers wird ausgedehnt. Dabei beginnt die Berücksichtigung dieser Nachsorgepflichten nicht etwa erst bei der Stilllegung. Sondern schon bei der Planung und Errichtung und natürlich insbesondere während des Betriebs ist zu bedenken, dass auch nach der Betriebseinstellung die Verantwortung des Betreibers nicht endet.

12 Hervorzuheben ist daher, dass eine gute Vorsorge die beste Nachsorge darstellt: Bei ordnungsgemäßem Betrieb entsteht gar nicht erst ein Zustand, der in kostenträchtige Nachsorge mündet. Vielmehr führt pflichtgemäßes Verhalten während der Errichtungs- und Betriebsphase in der Regel zu einem umweltschutz- und pflichtengerechten Zustand nach der Betriebseinstellung.[20]

III Die Nachsorgepflichten im Einzelnen

1 Gesetzliche Vorschriften

13 Gemäß § 5 Abs. 3 BImSchG sind **genehmigungsbedürftige Anlagen** so zu errichten, zu betreiben und stillzulegen, dass auch **nach einer Betriebseinstellung**

> „1. Von der Anlage oder dem Anlagengrundstück keine schädlichen Umwelteinwirkungen und sonstige Gefahren, erhebliche Nachteile und erhebliche Belästigungen für die Allgemeinheit und die Nachbarschaft hervorgerufen werden können,
> 2. vorhandene Abfälle ordnungsgemäß und schadlos verwertet oder ohne Beeinträchtigung des Wohls der Allgemeinheit beseitigt werden und
> 3. die Wiederherstellung eines ordnungsgemäßen Zustandes des Anlagengrundstücks gewährleistet ist.“

14 Für **bestimmte Anlagen** formuliert das BImSchG seit Inkrafttreten des Gesetzes zur Umsetzung der IED[21] im April 2013 in seinem § 5 Abs. 4 BImSchG **weitere, darüber hinausgehende Anforderungen**:

---

19 GK-BImSchG/*Roßnagel/Hentschel* § 5 Rn 1.
20 Landmann/Rohmer/*Dietlein*, Umweltrecht, § 5 BImSchG Rn 210.
21 Vgl. Rn 4.

„Wurden nach dem 7. Januar 2013 auf Grund des Betriebs einer Anlage nach der Industrieemissions-Richtlinie erhebliche Bodenverschmutzungen oder erhebliche Grundwasserverschmutzungen durch relevante gefährliche Stoffe im Vergleich zu dem im Bericht über den Ausgangszustand angegebenen Zustand verursacht, so ist der Betreiber nach Einstellung des Betriebs der Anlage verpflichtet, soweit dies verhältnismäßig ist, Maßnahmen zur Beseitigung dieser Verschmutzung zu ergreifen, um das Anlagengrundstück in jenen Ausgangszustand zurückzuführen. Die zuständige Behörde hat der Öffentlichkeit relevante Informationen zu diesen vom Betreiber getroffenen Maßnahmen zugänglich zu machen, und zwar auch über das Internet. Soweit Informationen Geschäfts- oder Betriebsgeheimnisse enthalten, gilt § 10 Absatz 2 [BImSchG] entsprechend."

2 Erfasste Anlagen

a) Nachsorgepflichten, § 5 Abs. 3 BImSchG

Von § 5 Abs. 3 BImSchG werden alle nach Immissionsschutzrecht genehmigungsbedürftigen Anlagen erfasst. Dabei ist die **Geltung der Nachsorgepflicht** unabhängig davon, ob eine Genehmigung erteilt wurde. Weil die Nachsorgepflicht nicht an die Genehmigung anknüpft, sondern an die Genehmigungsbedürftigkeit, sind auch Anlagen, die ohne Genehmigung also illegal errichtet und betrieben wurden, aber genehmigungsbedürftig waren, von den Nachsorgepflichten betroffen.[22] Ebenfalls nicht relevant ist, ob die Anlage jemals betrieben wurde. Denn schon die Errichtung einer Anlage kann zu Gefahren und Umweltverschmutzungen nach deren Stilllegung führen, unabhängig vom (bestimmungsgemäßen) Betrieb.[23] Auch Anlagen, die aufgrund gesetzlicher Sonder- oder Übergangsregelungen nach §§ 67 Abs. 2 und 67a Abs. 1 BImSchG nur anzeigepflichtig sind, unterliegen der Nachsorgepflicht.[24] 15

Nutzt der Anlagenbetreiber eine erteilte Genehmigung nicht mehr (voll) aus, entfallen die Nachsorgepflichten nicht. Denn auch eine **(Teil-)Einstellung** kann **als Betriebseinstellung** gewertet werden und so die besonderen Pflichten des § 5 Abs. 3 BImSchG auslösen.[25] 16

In zeitlicher Hinsicht erfasst die Nachsorgepflicht alle Anlagen, die zum Inkrafttreten des § 5 Abs. 3 BImSchG im Jahr 1990 errichtet waren, nicht jedoch solche Anlagen, deren Betrieb bereits eingestellt worden war.[26] 17

b) Rückführungspflichten, § 5 Abs. 4 BImSchG

Die in § 5 Abs. 4 BImSchG niedergelegten **„Zusatzanforderungen"** gelten nicht für alle genehmigungsbedürftigen Anlagen, sondern nur für solche, die in Anlage 1 der 18

22 *Hansmann*, NVwZ 1993, 921, 923.
23 *Hansmann*, NVwZ 1993, 921, 923.
24 Landmann/Rohmer/*Dietlein*, Umweltrecht, § 5 BImSchG Rn 212.
25 *Hansmann*, NVwZ 1993, 921, 923.
26 Landmann/Rohmer/*Dietlein*, Umweltrecht, § 5 BImSchG Rn 212.

4. BImSchV[27] in Spalte d mit einem „E“ gekennzeichnet sind; hiermit werden die entsprechenden Vorgaben des Gemeinschaftsrechts umgesetzt. In diesen Anlagen werden typischerweise Tätigkeiten ausgeführt, die in besonderem Maße Boden und Grundwasser gefährden und für die daher diese Zusatzanforderungen aufgestellt werden. Für den **Bereich der Energiewirtschaft** fallen folgende Tätigkeiten darunter:

- Verbrennung von Brennstoffen in Anlagen mit einer Feuerungswärmeleistung von 50 MW oder mehr,
- Raffinerien von Mineralöl und Gas,
- Erzeugung von Koks,
- Vergasung oder Verflüssigung von Kohle oder anderen Brennstoffen in Anlagen mit einer Feuerungswärmeleistung von 20 MW oder mehr.

19 Darüber hinaus sind weitere Tätigkeiten in großen, potentiell gefährlichen Anlagen im Bereich der Metallherstellung und -verarbeitung, der mineralverarbeitenden Industrie, in der chemischen Industrie, der Abfallbehandlung und in sonstigen Industriezweigen erfasst.

20 Für alle anderen Anlagen, die zwar der Genehmigungspflicht nach BImSchG unterfallen, aber nicht entsprechend gekennzeichnet sind, gilt § 5 Abs. 4 BImSchG nicht. Die Vorschrift gilt nur im Hinblick auf erhebliche Boden- oder Grundwasserverschmutzungen, die nach dem 7.1.2013 entstanden sind.

3 Adressat der Nachsorgepflichten

21 Zuständig für die Erfüllung der Nachsorgepflichten ist der Anlagenbetreiber. Fallen **Grundstückseigentümer und Anlagenbetreiber** auseinander, etwa weil das Grundstück gepachtet ist, so muss hier getrennt werden, denn dem Grundstückseigentümer können keine Nachsorgepflichten auferlegt werden; ihn trifft keine originär immissionsschutzrechtliche Pflicht zur Vermeidung von schädlichen Auswirkungen der stillgelegten Anlage. Nur in Einzelfällen kommt eine Inanspruchnahme des Grundstückseigentümers nach den allgemeinen Grundsätzen der **Störerauswahl** in Betracht.[28]

22 Grundsätzlich ist immer der jeweils aktuelle Anlagenbetreiber in der Verantwortung. Nach Betriebseinstellung, also bei endgültiger Stilllegung, liegt die **Verantwortung** daher **beim letzten Anlagenbetreiber.**[29] Es kommt nicht darauf an, ob ein anderer Anlagenbetreiber den Zustand verursacht hat – wird eine Anlage erworben, so werden im Hinblick auf die öffentlich-rechtliche Verantwortung grundsätzlich

---

27 Verordnung über genehmigungsbedürftige Anlagen (4. BImSchV) v. 2.5.2013 (BGBl. I S. 973, 3756), zuletzt geändert durch Verordnung v. 28.4.2015 (BGBl. I S. 670).
28 Landmann/Rohmer/*Dietlein*, Umweltrecht, § 5 BImSchG Rn 220 m.w.N.
29 GK-BImSchG/*Roßnagel/Hentschel*, § 5 Rn 591.

auch die durch einen Vorgänger verursachten Umweltschäden übernommen.[30] Wenn allerdings auf demselben Grundstück eine andere oder andersartige Anlage errichtet wird, die für die jeweilige schädliche Auswirkungen bzw. den pflichtenauslösenden Zustand nicht ursächlich ist, dann ist der vormalige Betreiber derjenigen Anlage, aus der die Auswirkungen rühren, in der Nachsorgepflicht.[31]

Tipp !
Wenn keine Besonderheiten vorliegen, lässt sich also zusammenfassen: Die Pflichten aus § 5 Abs. 3 und 4 BImSchG treffen immer den aktuellen Betreiber, bei Betriebseinstellung treffen sie demnach denjenigen, der die Anlage zuletzt betrieben hat.

Ob zivilrechtlich im Innenverhältnis etwas anderes geregelt ist, ist für die Inanspruchnahme durch die zuständige Behörde und die öffentlich-rechtliche bzw. immissionsschutzrechtliche Pflichtenlage nicht von Bedeutung. 23

Für den Fall der Insolvenz gehen die Nachsorgepflichten auf den Insolvenzverwalter über.[32] Etwas anderes gilt nur für den Fall, dass der Betrieb bereits vor dem Insolvenzfall vollständig aufgegeben wurde; weder den Insolvenzverwalter noch einen neuen Grundstückseigentümer sollen dann die Nachsorgepflichten treffen.[33] 24

4 Pflichten aus § 5 Abs. 3 BImSchG

§ 5 Abs. 3 BImSchG benennt die **drei wesentlichen Betreiberpflichten**, die sich auf die Zeit nach einer endgültigen Betriebseinstellung beziehen, aber gleichwohl von Beginn an[34] vom jeweiligen Anlagenbetreiber zu berücksichtigen sind, wie Satz 1 ausdrücklich bestimmt.[35] Wie bereits einleitend ausgeführt,[36] war der Hintergrund für die Aufnahme dieser ausdrücklichen Pflichtenregelung für den Zeitraum nach einer Betriebseinstellung die Frage, ob die Betreiberpflichten des § 5 Abs. 1 BImSchG auch auf die Zeit nach dem aktiven Anlagenbetrieb Anwendung finden.[37] Durch Einführung dieser gesetzlichen Regelung bestehen diesbezüglich nun keine Unklarheiten mehr. 25

Allerdings ist zu beachten, dass die gesetzlichen Formulierungen sehr abstrakt gehalten sind. Was konkret vom Anlagenbetreiber verlangt wird, ergibt sich häufig 26

30 Landmann/Rohmer/*Dietlein*, Umweltrecht, § 5 BImSchG Rn 22.
31 Landmann/Rohmer/*Dietlein*, Umweltrecht, § 5 BImSchG Rn 220.
32 BVerwG, Urt. v. 22.10.1998 – 7 C 38.97 – BVerwGE 107, 299, 301.
33 *Jarass*, BImSchG, § 5 Rn 108.
34 BeckOK/*Kötters*, UmweltR, § 5 BImSchG Rn 183.
35 § 5 Abs. 3 BImSchG: „Genehmigungsbedürftige Anlagen sind so zu errichten, zu betreiben und stillzulegen, ...".
36 Vgl. Rn 2 ff.
37 Landmann/Rohmer/*Dietlein*, Umweltrecht, § 5 BImSchG Rn 207.

erst aus den Nebenbestimmungen zur Genehmigung oder gegebenenfalls aus konkreten nachträglichen Anordnungen. Dieser Gesichtspunkt wird im Folgenden verschiedentlich relevant.

a) Nachsorge als Gefahrenabwehr

27 Die drei formulierten Pflichten sind bereits im Rahmen des Genehmigungsverfahrens zu berücksichtigen. Gleichwohl handelt es sich hierbei nicht um Vorsorgepflichten im Sinne des § 5 Abs. 1 Nr. 2 BImSchG. Vielmehr gehört die gebotene Nachsorge zur Gefahrenabwehr.[38] Von Bedeutung ist dies hinsichtlich der Möglichkeiten Dritter, Nachsorgemaßnahmen zu verlangen. Denn nur sogenannte **drittschützende Vorschriften**, die also gerade auch den Schutz eines einzelnen Dritten – in Abgrenzung „zur gesamten Umwelt" – bezwecken, vermitteln einen Anspruch auf Beachtung. Vorschriften, die der Vorsorge vor Umwelteinwirkungen dienen, sind in aller Regel nach der herrschenden Meinung nicht drittschützend.[39] Ihre Beachtung und Erfüllung kann also beispielsweise nicht durch einen Nachbarn eingeklagt werden.

b) Nachsorge von der Planung bis zur Stilllegung

28 Die Nachsorgepflichten dürfen nicht losgelöst von den Betreiberpflichten des § 5 Abs. 1 BImSchG gesehen werden, die erst zum Zeitpunkt der Betriebseinstellung entstünden, sondern sie stellen eine fortlaufende Pflicht dar, die verhindern soll, dass sich ein Betreiber nach Betriebsaufgabe von seiner Verantwortung für von ihm verursachte Umweltauswirkungen lossagen kann. Auch im Hinblick auf die finanziellen Mittel, die gegebenenfalls zur Nachsorge benötigt werden, ist es sinnvoll, die entsprechenden Maßnahmen bereits während des wirtschaftlichen Betriebs zu veranlassen bzw. für bestmögliche Vermeidung zu einem späteren Zeitpunkt zu sorgen.

! **Tipp**

Die beste Nachsorge ist es daher, von Anbeginn dafür zu sorgen, dass die Nachsorgepflichten für die eigene Anlage keine besondere Relevanz erlangen. Dies gelingt durch eine entsprechende Anlagenplanung und -errichtung und durch einen entsprechenden Betrieb.

---

29 Abgesichert wird dies in der Regel durch **konkretisierende Nebenbestimmungen zur Genehmigung**, mit denen gewährleistet wird, dass die Nachsorgepflichten bereits während der Errichtung und dem Betrieb berücksichtigt werden.[40] Dies können beispielsweise Auflagen sein, die die Lagermenge und die Lagerdauer von

---

38 *Kloepfer*, Umweltrecht § 4 Rn 39; wohl auch GK-BImSchG/*Roßnagel/Hentschel*, § 5 Rn 599 ff., 868.

39 Vgl. GK-BImSchG/*Roßnagel/Hentschel*, § 5 Rn 668.

40 GK-BImSchG/*Roßnagel/Hentschel*, § 5 Rn 581 ff.; *Jarass*, BImSchG, § 5 Rn 110; *Sellner*, NVwZ 1991, 305, 307.

Roh- und Hilfsstoffen auf eine bestimmte Größe beschränken, oder dass Klecker- und Verplanschvorgänge zu vermeiden sind.

Auch wenn die Genehmigung keine Auflagen bezüglich der Nachsorgepflichten 30
enthält, kann auf der Grundlage von § 17 BImSchG auch während des Betriebs eine diesbezügliche **nachträgliche Anordnung** ergehen. Denkbar wäre etwa die Erstellung oder Fortschreibung eines Stilllegungsplans für Anlagen, die in der Nachsorge erhebliche Probleme erwarten lassen, oder wenn es Anhaltspunkte gibt, dass ein Betreiber die Pflichten nicht erfüllen könnte. In der Praxis wird immer auf den Einzelfall abzustellen sein. Nachträgliche Anordnungen können im Fall einer bereits erfolgten (Gesamt-)Betriebseinstellung gem. § 17 Abs. 4a Satz 2 BImSchG allerdings nur bis zu einem Jahr nach diesem Zeitpunkt getroffen werden. Gleichwohl können die getroffenen Anordnungen aber über diesen Zeitraum von einem Jahr hinaus wirken. Wenn die konkreten Umstände es erfordern, kann die Nachsorge sich also über einige Jahre erstrecken.

c) Wann werden die Nachsorgepflichten akut?

Die Regelung des § 5 Abs. 3 BImSchG betrifft den **Zeitraum nach einer Betriebsein-** 31
stellung. Zu verstehen ist darunter die dauerhafte und vollständige Einstellung des Betriebes.[41] Dauerhaft bedeutet, dass es nicht nur vorübergehend beispielsweise zu einem Produktionsstopp kommt, sondern künftig alle Handlungen unterbleiben, die dem Betriebszweck dienen.

Schwierig kann die Abgrenzung sein, wenn eine **nur vorübergehende Ein-** 32
stellung geplant war, die Anlage aber letztlich nicht wieder in Betrieb genommen wird. Dabei ist die Absicht des Betreibers maßgeblich, die Anlage wieder in Betrieb zu nehmen oder nicht. Nur kurze Unterbrechungen während Betriebsferien oder zu einer Reparatur sind keine Stilllegungen. **Ab einer Betriebseinstellung von drei Jahren** hat der Anlagenbetreiber allerdings damit zu rechnen, dass der Anlagenbetrieb als dauerhaft eingestellt gelten dürfte, da nach drei Jahren nach § 18 BImSchG die Genehmigung erlischt.[42] Eine Umgehung der Nachsorgepflichten durch Ankündigung einer nur vorübergehenden Einstellung, gekoppelt mit einer immer erneuten Verzögerung der Wiederinbetriebnahme, ist damit nicht möglich.

In Betracht kommt außerdem eine **Teileinstellung**. Hierbei ist zu differenzieren: 33
Wird eine Anlage nur noch mit geringerer Leistung betrieben oder eine Betriebsalternative nicht genutzt, so ist die Anlage dennoch in Betrieb. Bei einem dauerhaften Verzicht auf eine Genehmigung oder wenn die Anlage dauerhaft nur noch in einem genehmigungsfreien Umfang betrieben wird, ist dies jedoch insoweit als Stillle-

41 Kotulla/*Kotulla*, BImSchG, § 5 Rn 126.
42 GK-BImSchG/*Roßnagel/Hentschel*, § 5 Rn 595.

gung anzusehen.[43] Man kann sich mithin **nicht „aus der Nachsorgepflicht hinaus schleichen"**, indem man den Umfang des Betriebs sukzessive in einen nicht genehmigungspflichtigen Bereich hinunter fährt. Anknüpfungspunkt bleibt die bestehende oder gegebenenfalls auch ausgelaufene Genehmigung und die sich daraus ergebende Pflichtenlage.

34 Grundsätzlich ist es auch denkbar, dass eine Anlage aus mehreren selbständig zu genehmigenden Anlagen besteht und diese auch getrennt stillgelegt werden können. Entsprechend gilt dann für jede der selbständigen Anlagen jeweils die Nachsorgepflicht.

35 Eine **Betriebseinstellung** ist gem. § 15 Abs. 3 BImSchG **der zuständigen Behörde** anzuzeigen, damit geprüft werden kann, ob gegebenenfalls weitere Nachsorgepflichten angeordnet werden müssen. Die **Anzeigepflicht** greift bereits, wenn die Absicht der Betriebseinstellung besteht. Dies wird jedenfalls dann angenommen, wenn die Einstellung überwiegend wahrscheinlich ist und sich dies in konkreten Handlungen niederschlägt; die Schwelle zur Mitteilungspflicht dürfte dann erreicht sein. An die Mitteilung selbst knüpfen noch keine Rechtsfolgen an. Sie versetzen die zuständige Behörde erst einmal nur in die Lage, den Sachverhalt zu prüfen.[44] Bei Zweifeln über den richtigen Zeitpunkt der Mitteilung empfiehlt sich eine Anfrage bei der Behörde, zumal die **Nichtanzeige** gem. § 62 Abs. 2 Nr. 1 i.V.m. Abs. 4 BImSchG eine **bußgeldbewehrte Ordnungswidrigkeit** darstellt. Nicht meldepflichtig ist aber die Reduktion von Einsatzstoffen oder die nicht vollständige Ausnutzung des genehmigten Betriebs.

d) Was genau wird vom Betreiber verlangt?

36 § 5 Abs. 3 BImSchG erfasst die drei wesentlichen Gegenstände, die bei der Betriebseinstellung zu beachten sind.

aa) Nr. 1: Pflicht zur Vermeidung schädlicher Umwelteinwirkungen

37 Es dürfen von der stillgelegten Anlage und vom Anlagengrundstück **keine schädlichen Umwelteinwirkungen und sonstige Gefahren**, keine erheblichen Nachteile und erheblichen Belästigungen für die Allgemeinheit und die Nachbarschaft hervorgerufen werden können.

38 Dies entspricht im Wesentlichen der für die Betriebsphase geltenden Pflicht nach § 5 Abs. 1 Nr. 1 BImSchG. Die Begriffe sind daher auch entsprechend zu verstehen; sie werden in § 3 BImSchG legal definiert. Das **Anlagengrundstück** bezeichnet die Flächen, auf denen sich die Anlage und ihre Nebeneinrichtungen befinden, sowie umliegenden Flächen, soweit sie zur Erfüllung des Anlagezwecks genutzt wurden. Aufgrund des Schutzzwecks der Vorschrift muss zu dem Anlagengrundstück auch

43 GK-BImSchG/*Roßnagel/Hentschel*, § 5 Rn 596.
44 Landmann/Rohmer/*Schiller*, Umweltrecht, § 15 BImSchG Rn 103.

das darunter liegende Erdreich gezählt werden, da von diesem insbesondere bei Altanlagen Gefahren in Form der sogenannten Altlasten ausgehen könnten. Der Betreiber ist hier verpflichtet, Verunreinigungen zu beseitigen, das Erdreich auszukoffern und von vorhandenen Schadstoffen zu klären. Nachbarflächen, die nicht zum Anlagengrundstück gehören, müssen nicht saniert werden. Außerdem muss der Betreiber Maßnahmen zur Beseitigung der auf dem Anlagengrundstück vorhandenen Stoffe ergreifen, beispielsweise in der Anlage selbst oder auf Lagerflächen. Dies können beispielsweise Tanks sein, die noch nicht gänzlich entleert sind. An dieser Stelle ist die Abgrenzung zu den Pflichten nach § 5 Abs. 1 Nr. 2 BImSchG mitunter schwierig.[45]

Mit Betriebseinstellung ändert sich das **„Emissionsverhalten" einer Anlage** 39
grundlegend; es entfallen naturgemäß alle Emissionen, die durch den Betrieb bedingt sind, wie etwa „rauchende Schornsteine" oder betriebsbedingter Lärm. Viele bisher hervorgerufene Immissionen im Sinne des BImSchG werden daher nicht mehr hervorgerufen. Möglich sind allerdings beispielsweise noch Staubverwehungen aus Lagerhalden oder das Einsickern verbliebener Einsatzstoffe in den Boden. Es können sich auch noch giftige oder explosive Stoffe in der Anlage befinden, die gesichert werden müssen. Als **Maßnahmen unter § 5 Abs. 3 Nr. 1 BImSchG** kommen daher geschlossene Lagerung oder eine Befeuchtung staubender Güter in Betracht. Auch die Versiegelung der Bodenoberfläche ist – wenn keine weitergehenden Maßnahmen zu ergreifen sind – denkbar oder die Beseitigung verbliebener Geruchsquellen. Gegebenenfalls muss die Anlage gegen Zutritt gesichert und auch bewacht werden.[46] Die Beseitigung der Anlage selbst bzw. die Sanierung des Grundstücks kann nur dann verlangt werden, wenn eine Beseitigung der Gefahr auf anderem Wege nicht wirksam ist.[47]

Es besteht keine Pflicht, Maßnahmen zur Vorsorge gegen schädliche Umwelt- 40
einwirkungen nach der Betriebseinstellung zu ergreifen. Auch Gefahrerforschungseingriffe können vom pflichtigen Betreiber – auf dessen Kosten – nur dann verlangt werden, wenn im Einzelfall die Annahme kontaminierter Altlasten konkret indiziert ist.[48]

bb) Nr. 2: Pflicht zur ordnungsgemäßen und schadlosen Verwertung bzw. Beseitigung von Abfällen

Nach der Betriebseinstellung muss der Betreiber die auf dem Anlagengrundstück 41
zurückgelassenen Abfälle ordnungsgemäß und schadlos verwerten bzw. beseitigen – eine Vermeidungspflicht ist naturgemäß nicht mehr gegeben.

---

45 Landmann/Rohmer/*Dietlein*, Umweltrecht, § 5 BImSchG Rn 222 ff.
46 GK-BImSchG/*Roßnagel/Hentschel*, § 5 Rn 601.
47 Landmann/Rohmer/*Dietlein*, Umweltrecht, § 5 BImSchG Rn 225.
48 GK-BImSchG/*Roßnagel/Hentschel*, § 5 Rn 602 f.; Landmann/Rohmer/*Dietlein*, Umweltrecht, § 5 BImSchG Rn 225.

42 Der **Abfallbegriff** ist identisch mit dem des § 5 Abs. 1 BImSchG. Für den Zeitraum nach der Einstellung des Betriebs ist § 5 Abs. 3 Nr. 2 BImSchG jedoch lex specialis gegenüber der Regelung in Abs. 1.

43 In dieser Phase stellt sich insbesondere die Frage, ob Bodenverunreinigungen oder die Anlage selbst Abfall sind. Dies ist nicht per se der Fall: Solange Bodenverunreinigungen oder mit dem Grundstück fest verbundene Anlagenteile nicht gelöst bzw. ausgekoffert werden, stellen sie keinen Abfall im Sinne der Vorschrift dar; dies ergibt sich aus § 2 Abs. 2 Nr. 10 KrWG.[49] **Abrissschutt** hingegen **oder ausgekoffertes Erdreich** unterliegen unmittelbar dem Abfallrecht.

44 Bei einigen Rückständen, die typischerweise bei Stilllegung und Abbau von Anlagen entstehen können, ist umstritten, ob dies unter Abfall zu fassen ist. Letztlich ist dies nach den Vorschriften des KrWG zu bewerten.[50] Nach dessen § 3 Abs. 1 KrWG sind Abfälle alle Stoffe oder Gegenstände, derer sich der Besitzer entledigt, entledigen will oder entledigen muss. Wille oder Pflicht zur Entledigung werden in § 3 KrWG sodann näher definiert.

45 § 5 Abs. 3 BImSchG enthält, anders als § 5 Abs. 1 Nr. 3 BImSchG, **keine Rangfolge** mehr zwischen Verwertung und Beseitigung; der Betreiber hat insoweit ein **Wahlrecht**. Allerdings besteht die Möglichkeit eines Vorrangs der Verwertung aus dem KrWG.[51] In jedem Fall müssen Verwertung oder Beseitigung ordnungsgemäß, vollständig, schadlos und abschließend erfolgen, also unter Beachtung derjenigen – insbesondere abfallrechtlichen – Vorschriften, die auf den Verwertungs- oder Beseitigungsvorgang Anwendung finden.[52]

cc) Nr. 3: Wiederherstellung eines ordnungsgemäßen Zustandes des Anlagengrundstücks gewährleisten

46 Schließlich muss das Anlagengrundstück in einen Zustand versetzt werden, der eine Nutzung zu einem anderen Zweck gestattet.[53] Dies ist dann der Fall, wenn der Betreiber alle Vorschriften, die auf den Stilllegungsvorgang anwendbar sind, eingehalten hat.[54] Dazu gehören neben den Pflichten aus Nr. 1 und 2 auch Vorschriften des Bodenschutz- und Wasserrechts. Weiterhin ist das Baurecht beachtlich und damit möglicherweise auch der Abriss der Anlage oder von Anlagenteilen, wie etwa über das Gelände laufenden Rohr- oder Kanalanlagen oder Lager,[55] gefordert. Dies hängt von

---

49 Kreislaufwirtschaftsgesetz (KrWG) v. 24.2.2012 (BGBl. I S. 212), zuletzt geändert durch Verordnung v. 20.10.2015 (BGBl. I S. 1739).

50 *Jarass*, BImSchG, § 5 Rn 116.

51 *Jarass*, BImSchG, § 5 Rn 116; a.A. Landmann/Rohmer/*Dietlein*, Umweltrecht, § 5 BImSchG Rn 227 ff.

52 Vgl. *Jarass*, BImSchG, § 5 Rn 117; Landmann/Rohmer/*Dietlein*, Umweltrecht, § 5 BImSchG Rn 230.

53 GK-BImSchG/*Roßnagel/Hentschel*, § 5 Rn 607.

54 BT-Drucks. 14/4599.

55 GK-BImSchG/*Roßnagel/Hentschel*, § 5 Rn 607.

einem tragfähigen möglichen **Nachnutzungskonzept** ab, das der Anlagenbetreiber frei ist zu entwickeln und zu präsentieren.

Angesichts des 2013 eingeführten Abs. 4 ist darauf hinzuweisen, dass § 5 Abs. 3 47
Nr. 3 BImSchG gerade nicht verlangt, den ursprünglichen Zustand wieder herzustellen. Ein **ordnungsgemäßer – rechtskonformer – Zustand** kann auch ein anderer sein als vor Errichtung und Betrieb der Anlage.

5 Zusätzliche Anforderungen aus § 5 Abs. 4 BImSchG

Handelt es sich um eine Anlage, die unter § 5 Abs. 4 BImSchG fällt, sind die Anfor- 48
derungen an die Nachsorge schärfer. Es geht nicht nur darum, einen ordnungsgemäßen, generell rechtskonformen Zustand wiederherzustellen; dies wird bereits durch § 5 Abs. 3 Nr. 3 BImSchG erreicht. Vielmehr ist das **Anlagengrundstück** in den **Ausgangszustand** zurückzuführen.

Diese – anspruchsvolle – Anforderung bezieht sich jedoch nur auf den Zustand 49
von Boden und Grundwasser,[56] nicht auf andere Eigenarten des Grundstücks. Verlangt wird jedoch eine aktive Rückführung des in Boden und im Hinblick auf das Grundwasser beeinträchtigten Grundstücks in seinen Ausgangszustand – dies geht über einen „nur" ordnungsgemäßen Zustand hinaus. Wenn das Grundstück allerdings bereits einen erheblich beeinträchtigten Ausgangszustand zur Zeit der Inbetriebnahme aufwies und keine Zusatzbelastung erfährt, ist es durchaus möglich, dass § 5 Abs. 4 BImSchG in einem solchen Fall nicht zu weitergehenden Anforderungen berechtigt, sondern – gegebenenfalls – nur die Wiederherstellung eines ordnungsgemäßen Zustands erforderlich ist.[57]

a) Verursachung von erheblichen Boden- oder Grundwasserverschmutzungen

Voraussetzung der Rückführungspflicht ist, dass im Zeitpunkt der Betriebseinstel- 50
lung eine erhebliche Boden- und Grundwasserverschmutzung vorliegt, die über den im Ausgangszustandsbericht festgehaltenen Zustand hinausgeht. Diese Verschmutzung muss infolge in der Anlage vorhandener relevanter gefährlicher Stoffe entstanden sein.

„Relevante gefährliche Stoffe" sind gem. § 3 Abs. 9 und 10 BImSchG die in der 51
CLP-Verordnung (CLP-VO)[58] aufgeführten gefährlichen Stoffe, die in erheblichem Umfang in der Anlage verwendet, erzeugt oder freigesetzt werden und die ihrer Art nach eine Verschmutzung des Bodens oder des Grundwassers auf dem Anlagengrundstück verursachen können. Erfasst sind auch Verunreinigungen durch Meta-

---

56 *Jarass*, NVwZ 2013, 169, 175.

57 *Jarass*, NVwZ 2013, 169, 175.

58 CLP-Verordnung (CLP-VO – VO (EG) 1272/2008) v. 16.12.2008 (ABl EU Nr. L 353 S. 1). Der entsprechende Anhang hat ca. 1.500 (!) Seiten.

boliten, wenn diese aus chemischen Umwandlungsprozessen aus den in der Anlage vorhandenen und freigesetzten gefährlichen relevanten Stoffen entstanden sind und zur Verunreinigung geführt haben. Es bedarf mithin eines Zurechnungszusammenhangs zwischen den in der Anlage verwendeten relevanten Stoffen und der Verunreinigung.[59]

52 Die **Verschmutzung** durch einen relevanten Stoff **muss erheblich sein**, um die Rückführungspflicht auszulösen. Die Verschmutzung muss also deutlich über den im Ausgangszustandsbericht festgehaltenen Belastungsgrad hinausgehen, wobei dieser Vergleich mit dem Ausgangszustand eine Relativität der Erheblichkeit mit sich bringt: Besteht keinerlei Vorbelastung, wird man schneller von einer Erheblichkeit der neuen Verschmutzung auszugehen haben als bei hoher Vorbelastung.[60] Es besteht hier, wie es bei unbestimmten Rechtsbegriffen wie dem der „Erheblichkeit" typisch ist, ein **behördlicher Beurteilungsspielraum**. Allerdings wird man angesichts der Zielsetzung der Renaturierung, wie sie sich aus den gemeinschaftsrechtlichen Vorgaben ergibt, davon ausgehen müssen, dass auch bei Vorbelastung eine Mehrbelastung nur dann unerheblich sein dürfte, wenn sie bagatellhaft und geringfügig ist.[61]

53 Die Vorschrift greift nur für **Verschmutzungen**, die **nach dem 7.1.2013** verursacht wurden, und sie bezieht sich auch nur auf während des Anlagenbetriebs neu hinzugekommene Verschmutzungen. Eine Altanlagensanierung ist nicht gefordert.[62]

b) Zustand im Vergleich mit Ausgangszustand

54 Bemessungsgrundlage ist der **Befund des** neu eingeführten **Ausgangsberichts**. Gemäß § 10 Abs. 1a BImSchG ist im Zuge der Beantragung einer IE-Anlage ein Bericht über den Ausgangszustand des Anlagengrundstücks vorzulegen, wenn eine Verschmutzung des Anlagengrundstücks durch relevante Stoffe möglich ist. Der Inhalt dieses Berichts wird in § 4a Abs. 4 der 9. BImSchV[63] näher beschrieben; neben Messungen mit dem Stand der Technik entsprechenden Methoden sind auch Informationen über die derzeitige und frühere Nutzung des Grundstücks beizubringen.

55 Ein solcher Bericht dient nicht der Herstellung der Genehmigungsfähigkeit einer Anlage, sondern es geht um die rechtzeitige **Erhebung eines Befundes**, der erst viel später, bei der Anlagenstilllegung, relevant wird.[64] Er hat damit eine **Beweissiche-**

---

59 BT-Drucks. 17/10486, S. 39; *Müggenborg*, NVwZ 2014, 326, 331; Landmann/Rohmer/*Dietlein*, Umweltrecht, § 5 BImSchG Rn 239.

60 Landmann/Rohmer/*Dietlein*, Umweltrecht, § 5 BImSchG Rn 238.

61 Landmann/Rohmer/*Dietlein*, Umweltrecht, § 5 BImSchG Rn 238. Etwas weniger streng – Erheblichkeit liegt vor, wenn die Anforderungen des Bodenschutz- oder Wasserrechts nicht eingehalten werden – *Jarass*, BImSchG, § 5 Rn 112.

62 GK-BImSchG/*Roßnagel/Hentschel*, § 5 Rn 627.

63 Verordnung über das Genehmigungsverfahren (9. BImSchV) v. 29. 5.992 (BGBl. I S. 1001), zuletzt geändert durch Verordnung v. 28.4.2015 (BGBl. I S. 670).

64 *Jarass*, NVwZ 2013, 169, 173.

rungsfunktion für die spätere Bewertung, ob eine Rückführungspflicht tatbestandlich gegeben ist.[65]

Voraussetzung der Pflicht zur Vorlage des Ausgangszustandsberichts ist es, dass in der Anlage überhaupt **relevante gefährliche Stoffe** verwendet werden und aus diesem Grund die Möglichkeit einer Verschmutzung des Bodens und des Grundwassers mit solchen Stoffen auch besteht.[66] 56

c) Pflicht zum Ergreifen verhältnismäßiger Maßnahmen zur Rückführung in den Ausgangszustand

Das **Verlangen einer Rückführung** im Sinne einer Renaturierung des Anlagengrundstücks steht nicht im Ermessen der Behörde. Die Rückführungspflicht wird daher nur durch die Verhältnismäßigkeit der konkret erforderlichen Maßnahme begrenzt. 57

Dabei ist das Ziel der Vorschrift wichtig: Es geht nicht darum, Auswirkungen zu begrenzen. Dies ließe sich gegebenenfalls schon durch Überwachung oder Sicherungen erreichen. Auch geht es nicht um den Schutz bestimmter, möglicherweise besonders sensibler Nutzungen, was durch eine Begrenzung der Nutzung in der Zukunft erreicht werden könnte. Sondern es geht um **Renaturierung.** Das bedeutet, dass Unverhältnismäßigkeit erst dann anzunehmen sein dürfte, wenn die Kosten ruinös wären oder der für die Renaturierung nötige Eingriff in die Natur von größerem Nachteil wäre als die verbleibende Restbelastung im Falle einer Renaturierung.[67] Die Maßnahmen müssen allerdings technisch durchführbar sein.[68] 58

Wie bei § 5 Abs. 3 BImSchG gilt auch für § 5 Abs. 4 BImSchG, dass durch entsprechende Maßnahmen, wie etwa ausreichend dimensionierte Auffangwannen und ähnliche Vorsorgeeinrichtungen, bereits das Entstehen von Verschmutzungen durch relevante Stoffe verhindert werden kann. Die kostenträchtige Rückführungspflicht wird dann gar nicht erst bedeutsam. 59

d) Behördliche Informationspflicht

§ 5 Abs. 4 BImSchG formuliert auch Pflichten für die zuständige Behörde, die nämlich der Öffentlichkeit **relevante Informationen** zu den vom Betreiber getroffenen Maßnahmen **zugänglich** zu **machen** hat, und zwar explizit auch – mithin nicht nur – über das Internet. Zum Erfüllen dieser Informationspflicht reicht es aus, wenn die 60

---

65 GK-BImSchG/*Roßnagel/Hentschel*, § 10 Rn 210.
66 *Jarass*, BImSchG, § 10 Rn 39b.
67 GK-BImSchG/*Roßnagel/Hentschel*, § 5 Rn 626; Landmann/Rohmer/*Dietlein*, Umweltrecht, § 5 BImSchG Rn 240.
68 *Müggenborg*, NVwZ 2014, 326, 332.

Maßnahmen im Einzelnen dargestellt werden und verdeutlicht wird, dass und inwieweit der Ausgangszustand hierdurch wiederhergestellt wird.[69]

61 Neben den Maßnahmen dürfte auch der Ausgangszustandsbericht im Zuge der Bekanntmachung der Antragsunterlagen öffentlich zu machen sein.[70] Jedenfalls wäre dies wohl zulässig.

62 Die der Öffentlichkeit mitzuteilenden Informationen umfassen keine **Betriebs- und Geschäftsgeheimnisse des Anlagenbetreibers.** Es gilt insoweit der für das Genehmigungsverfahren einschlägige § 10 Abs. 2 BImSchG. Voraussetzung der Geheimhaltungsbefugnis ist, dass es sich um geheime und schutzwürdige Tatsachen handelt. In diesem Sinne „geheim" ist eine Tatsache nur, wenn sie allein dem Anlagenbetreiber und den von ihm eingeschalteten Personen bekannt oder zugänglich ist. Deshalb fallen alle Daten, die außerhalb des Anlagengrundstücks gemessen werden können, nicht darunter. Auch Daten, auf deren Kenntnisse Dritte einen Rechtsanspruch haben, etwa nach dem Umweltinformationsgesetz (UIG),[71] sind nicht „geheim".

Hinweis
Schutzwürdig ist ein Umstand, wenn bei der Offenlegung der Antragsteller oder ein Dritter unzumutbare Nachteile zu erwarten hätte. Dies ist eine einzelfallabhängige Abwägungsentscheidung, bei der es nicht allein auf den Willen des Antragstellers ankommt.[72]

IV Durchsetzung

63 Sollten Anordnungen nicht erfüllt und Sicherheitsleistungen nicht erbracht sein und weigert sich ein Anlagenbetreiber, seinen Pflichten nach § 5 Abs. 3 oder Abs. 4 BImSchG nachzukommen, so finden die generellen Vorschriften über das Verwaltungsvollstreckungsrecht Anwendung.[73] In erster Linie dürfte dann nach entsprechender **Androhung eine Ersatzvornahme** in Betracht kommen. Das heißt, die Maßnahme wird durch die Behörde vorgenommen und dem Verantwortlichen, also dem letzten Anlagenbetreiber, in Rechnung gestellt. Auch ein **Zwangsgeld** könnte sich als zielführend erweisen. Unmittelbarer Zwang hingegen dürfte in diesem Zusammenhang eine sehr fernliegende Maßnahme darstellen.

69 *Schink*, UPR 2013, 241, 248.
70 *Jarass*, BImSchG, § 10 Rn 39d.
71 Umweltinformationsgesetz (UIG) v. 27.10.2014 (BGBl. I S. 1643).
72 *Jarass*, BImSchG, § 10 Rn 34 ff.; ausführlich GK-BImSchG/*Roßnagel/Hentschel*, § 10 Rn 232 ff.
73 Vgl. *Koch*, Umweltrecht, § 4 Rn 201, 229, für die Durchsetzung nachträglicher Anordnungen bei genehmigungsbedürftigen und genehmigungsfreien Anlagen.

Gemäß § 12 Abs. 1 BImSchG soll als Nebenbestimmung zur Genehmigung bei Abfallentsorgungsanlagen eine **Sicherheitsleistung** zugunsten der Erfüllung der Nachsorgepflichten angeordnet werden; dies kann auch nachträglich (§ 17 Abs. 4a S. 1 BImSchG), im Vorfeld der Betriebseinstellung, erfolgen. Für andere Anlagenarten fehlt es an einer entsprechenden Ermächtigung; das Verlangen einer Sicherheitsleistung wäre also nicht zulässig. Nur im Falle der Zulassung des vorzeitigen Beginns nach § 8a BImSchG kann auch für andere Anlagen eine Sicherheitsleistung für die Nachsorge verlangt werden. 64

V Sanktionen

Ein Bußgeld bzw. eine Strafe wegen der Verletzung von Pflichten aus § 5 Abs. 3 bzw. Abs. 4 BImSchG kommt nur dann in Frage, wenn die Verletzung eine **Ordnungswidrigkeit oder** gar eine **Straftat** im Sinne des Strafgesetzbuches (StGB)[74] darstellt. Beides kann aktuell verneint werden: 65

1 Keine bußgeldbewehrte Ordnungswidrigkeit

Die Ordnungswidrigkeitstatbestände sind im BImSchG bzw. in den einzelnen Verordnungen zum BImSchG definiert. Eine Verletzung der Grundpflichten aus § 5 Abs. 3 und Abs. 4 BImSchG wird davon nicht erfasst. 66

Etwas anders gilt allerdings dann, wenn die Pflichten durch eine Rechtsverordnung oder einen Verwaltungsakt näher konkretisiert sind.[75] Zwar hat die Bundesregierung grundsätzlich die Möglichkeit, die Anforderungen aus § 5 Abs. 3 und Abs. 4 BImSchG im Rahmen von Rechtsverordnungen zur konkretisieren. § 7 BImSchG ermächtigt sie dazu. Bislang hat die Bundesregierung von der Ermächtigungsgrundlage jedoch jedenfalls hinsichtlich der Ausgestaltung der Anforderungen nach § 5 Abs. 3 und Abs. 4 BImSchG nur wenig Gebrauch gemacht. 67

Soweit sie ihr Recht, wie etwa in § 24 Deponieverordnung (DepV),[76] in Anspruch genommen hat, wurde ein möglicher Verstoß jedoch nicht als ordnungswidriges Verhalten im Sinne des § 27 DepV definiert. 68

Zumindest bislang stellt ein Verstoß gegen § 5 Abs. 3 und Abs. 4 BImSchG keine Ordnungswidrigkeit dar und kann daher auch nicht mit Bußgeldern belegt werden. 69

---

74 Strafgesetzbuch (StGB) v. 13.11.1998 (BGBl. I S. 3322), zuletzt geändert durch Gesetz v. 20.10.2015 (BGBl. I S. 1722).

75 *Jarass*, BImSchG, § 5 Rn 128.

76 Deponieverordnung (DepV) v. 27.4.2009 (BGBl. I S. 900), zuletzt geändert durch Verordnung v. 4.3.2016 (BGBl. I S. 382). § 24 Abs. 1 DepV regelt das Recht der zuständigen Behörde, vom Anlagenbetreiber eine Überprüfung der Einhaltung der Anforderungen von § 5 Abs. 3 Nr. 1 BImSchG durch einen Sachverständigen zu fordern.

70 Es bleibt selbstverständlich bei den Möglichkeiten der Durchsetzung durch Ersatzvornahme, Zwangsgeld oder gar – ultima ratio – unmittelbaren Zwang.

2 Straftat im Sinne des Strafgesetzbuches?

71 Auch eine **Verfolgung** wegen Verletzung der Nachsorgepflichten bzw. Rückführungspflichten **nach dem StGB** scheidet aus.

72 Zwar ist es grundsätzlich strafbar, unter Verletzung von verwaltungsrechtlichen Pflichten den Boden oder die Luft zu verunreinigen sowie Lärm, Erschütterungen oder nichtionisierte Strahlen zu verursachen (§§ 324a ff. StGB). Solche verwaltungsrechtlichen Pflichten können sich aus Rechtsvorschriften, gerichtlichen Entscheidung oder vollziehbarem Verwaltungsakt damit auch aus dem BImSchG ergeben, da es sich dabei um eine Rechtsvorschrift handelt. Zwingende Voraussetzung ist jedoch, dass das Gesetz konkrete Verhaltensanweisungen beinhaltet.[77] Allgemeingehaltene Programmsätze oder noch zu konkretisierende Grundpflichten genügen dem in Art. 103 Abs. 2 GG[78] verankerten Bestimmtheitsgrundsatz nicht. Gerade an einer solchen Bestimmtheit fehlt es § 5 Abs. 3 und Abs. 4 BImSchG.[79]

73 Etwas anderes gilt jedoch, wenn **gegen eine konkrete Genehmigung** nach § 6 BImSchG **oder eine vollziehbare nachträgliche Anordnung** verstoßen wird. Hat beispielsweise die Genehmigung zur Auflage, nach Betriebseinstellung dafür Sorge zu tragen, dass keine Staubverwehungen von Lagern freigesetzt werden, erreichen diese Verwehungen das Ausmaß schädlicher Umwelteinwirkungen und verstößt der Anlagenbetreiber fahrlässig gegen diese Auflage, droht ihm **eine Freiheitsstrafe** von bis zu drei Jahren **oder eine Geldstrafe**.

B Haftung

74 Der Anlagenbetreiber bzw. Grundstückeigentümer muss grundsätzlich für seine Pflichten aus § 5 Abs. 3 und Abs. 4 BImSchG einstehen. Kommt er seinen Pflichten nicht nach, könnten ihm neben einem **Widerruf der Genehmigung** nach § 21 BImSchG und der **Durchsetzung der Pflichten** im Wege des Verwaltungszwangs auch **zivilrechtliche Schadenersatzforderungen** Dritter drohen. Dies gilt, wenn aufgrund seines Verstoßes Dritte einen Schaden erleiden.

---

77 Schönke/Schröder/*Heine/Hecker*, StGB, § 330d Rn 12; Landmann/Rohmer/*Dietlein*, Umweltrecht, § 5 BImSchG Rn 42.

78 Grundgesetz für die Bundesrepublik Deutschland (GG) v. 23.5.1949 (BGBl. I S. 1), zuletzt geändert durch Gesetz v. 23.12.2014 (BGBl. I S. 2438).

79 *Jarass*, BImSchG, § 5 Rn 128.

I Keine Anspruchskollision

Ein zivilrechtlicher Anspruch wird nicht durch das Beschreiten des Verwaltungsrechtsweges eingeschränkt. Insbesondere dürfen die Zivilgerichte nicht das Rechtsschutzbedürfnis unter Hinweis auf eine mögliche Eröffnung des Verwaltungsrechtsweges verneinen.[80] 75

Allerdings sind die Zivilgerichte an die Existenz und den Inhalt zum Beispiel auch eines Verwaltungsaktes gebunden, sofern er nicht nichtig ist.[81] Dies ist wichtig für die Frage der Bewertung eines Verhaltens. 76

II Schadenersatzanspruch aus § 1 UmweltHG

Betreiber von (Heiz-)Kraftwerken, Heizwerken, Feuerungsanlagen und anderen Anlagen nach Anhang 1 zu § 1 UmweltHG,[82] durch deren Umwelteinwirkungen ein Schaden entsteht, haften für diesen Schaden. Es handelt sich dabei um eine sogenannte **verschuldensunabhängige Gefährdungshaftung**. 77

Hinweis !

Die Haftung tritt unabhängig davon ein, ob der Anlagenbetreiber den Schaden fahrlässig oder vorsätzlich – „schuldhaft" – verursacht hat oder ob der Betrieb der Anlage schon eingestellt wurde.

Der für eine Haftung **erforderliche Kausalzusammenhang** zwischen Verletzungshandlung und Schaden wird nach § 6 Abs. 1 UmweltHG vermutet, kann allerdings widerlegt werden. Ein Widerlegen gelingt nach § 6 Abs. 2 UmweltHG beispielsweise, wenn die Anlage ordnungsgemäß betrieben wurde. Die ist dann der Fall, wenn die gesetzlichen Betriebspflichten eingehalten wurden, alle Nebenbestimmungen und nachträglichen Anordnungen beachtet wurden und auch keine Störung des Betriebs vorliegt. Die Beweislast liegt beim Anlagenbetreiber. 78

Für den Fall der Schadensverursachung nach Betriebseinstellung kann sich der bisherige Anlagenbetreiber jedoch nicht (alleine) auf die Einhaltung der Nachsorge- und Rückbaupflichten aus § 5 Abs. 3 und Abs. 4 BImSchG stützen, da diesen die hinreichende Bestimmtheit fehlt.[83] Vielmehr kommt es auch hier wieder darauf an, welche Ausgestaltungen die Pflichten in Verwaltungsakten oder konkretisierenden Rechtsvorschriften gefunden haben. Insoweit ist jedoch darauf zu achten, dass 79

---

80 Landmann/Rohmer/*Dietlein*, Umweltrecht, § 5 BImSchG Rn 41.

81 BGH, Urt. v. 26.2.1993 – V ZR 74/92 – NJW 1993, 1580, 1581.

82 Umwelthaftungsgesetz (UmweltHG) v. 10.12.1990 (BGBl. I S. 2634), zuletzt geändert durch Gesetz v. 23.11.2007 (BGBl. I S. 2631).

83 Landmann/Rohmer/*Dietlein*, Umweltrecht, § 5 BImSchG Rn 39.

die auferlegten Pflichten gerade die Verhinderung von solchen Umwelteinwirkungen bezwecken sollen, ein Auftreten solcher Auswirkungen also stark für die Nichterfüllung der Pflichten spricht. Dies ist allerdings eine Frage des Einzelfalls.

80 Unabhängig davon ist die **Haftung für Sachschäden nach dem UmweltHG** ausgeschlossen, wenn die Anlage bestimmungsgemäß betrieben worden ist und die Sache nur unwesentlich oder in einem nach örtlichen Verhältnissen zumutbaren Maße beeinträchtigt wurde. Doch auch hier hat der Anlagenbetreiber den bestimmungsgemäßen Betrieb darzulegen, ohne dass er sich auf die Einhaltung der Grundpflichten aus § 5 Abs. 3 und Abs. 4 BImSchG stützen kann, solange diese nicht konkretisiert wurden.

III Schadenersatzanspruch aus § 823 Abs. 1 BGB

81 Bei einem schuldhaften, also vorsätzlichen oder fahrlässigen Verstoß gegen die Pflichtenlage kann auch ein Schadenersatzanspruch eines Dritten gegen den Anlagenbetreiber aus § 823 Abs. 1 Bürgerliches Gesetzbuch (BGB)[84] bestehen.

! **Hinweis**
Gemäß § 823 Abs. 1 BGB haftet der Anlagenbetreiber bei einer schuldhaften Verletzung des Lebens, des Körpers, der Gesundheit, der Freiheit, des Eigentums oder eines sonstigen Rechts, beispielsweise eines Besitzanspruchs eines anderen, auf Erstattung des durch die Handlung entstanden Schadens.

1 Verletzung geschützter Rechtsgüter

82 Eine **Verletzung des Eigentums** eines anderen liegt beispielsweise dann vor, wenn der Anlagenbetreiber es – trotz konkreter Nachsorge- und Rückführungspflicht – unterlässt, mögliche Staubverwehungen aus Lagerhalden zu unterbinden mit der Konsequenz, dass die auf der benachbarten landwirtschaftlichen Flächen bestehende Bepflanzung beeinträchtigt wird, oder vorhandene Reststoffe in den Boden sickern und auch das Nachbargrundstück davon betroffen ist.

2 Rechtswidrigkeit der Verletzungshandlung

83 Eine **unmittelbare Verletzung**, zum Beispiel des durch § 823 Abs. 1 BGB geschützten Eigentums, wäre grundsätzlich rechtswidrig, es sei denn, sie ist durch einen Rechtsfertigungsgrund gedeckt.

84 Bürgerliches Gesetzbuch (BGB) i.d.F. v. 2.1.2002 (BGBl. I S. 42, 2909; 2003 I S. 738), zuletzt geändert durch Gesetz v. 11.3.2016 (BGBl. I S. 396).

Im nachbarschaftlichen Immissionsschutzrecht kann sich ein solcher Rechtfertigungsgrund insbesondere aus den **Duldungspflichten** der §§ 906, 1004 Abs. 2 BGB ergeben. 84

Gemäß § 906 Abs. 1 BGB hat ein Grundstückseigentümer Immissionen zu dulden, wenn diese die Nutzung des Grundstücks nicht oder nur unwesentlich beeinträchtigen.[85] Eine **Duldungspflicht** besteht nach § 906 Abs. 2 Satz 1 BGB auch dann, wenn die Beeinträchtigung durch eine ortsübliche Benutzung des Grundstücks, von dem die Immissionen ausgehen, herbeigeführt wird und nicht in zumutbarer Weise verhindert werden kann.[86] 85

In letzterem Fall hat der Geschädigte jedoch zumindest einen Anspruch auf einen angemessenen Ausgleich in Geld, wenn die Beeinträchtigungen für ihn unzumutbar sind.[87] 86

Besteht eine Duldungspflicht, ist die Verletzungshandlung gerechtfertigt und ein Anspruch auf Ersatz des gegebenenfalls entstandenen Schadens ausgeschlossen. 87

3 Verschulden

Neben der Rechtswidrigkeit der Handlung muss das schädigende Verhalten dem Anlagenbetreiber auch vorwerfbar sein, also schuldhaft. 88

Ist der Betreiber seiner Nachsorgepflicht nicht nachgekommen, wird man in der Regel davon ausgehen können, dass er dies zumindest fahrlässig versäumt hat. **Fahrlässig** handelt er bereits dann, wenn er die im Verkehr erforderliche Sorgfalt außer Acht lässt, sich also beispielsweise nicht ausreichend darum kümmert, die ihm auferlegten Pflichten zur Kenntnis zu nehmen und zu erfüllen. Von **Vorsatz** wird man auszugehen haben, wenn der Betreiber sich über die ihn treffenden Pflichten im Klaren ist und sie schlicht ignoriert. 89

Hat der Anlagenbetreiber also die noch auf dem Anlagengrundstück vorhandenen Stoffe, die Immissionen verursachen können, nicht ausreichend gesichert, so ist Fahrlässigkeit anzunehmen; je nach den Umständen des Einzelfalls kommt auch Vorsatz in Betracht. 90

4 Schaden

Liegen alle diese Voraussetzungen vor, kann der Geschädigte den Ersatz des ihm durch die Eigentumsverletzung oder Körperverletzung entstandenen Schadens geltend machen. 91

---

85 Palandt/*Sprau*, BGB, § 823 Rn 32.
86 Palandt/*Bassenge*, BGB, § 906 Rn 25.
87 Vgl. hierzu genauer Rn 114.

IV Schadenersatzanspruch wegen Verletzung eines Schutzgesetzes, § 823 Abs. 2 BGB

92 Ist der Anspruch aus § 823 Abs. 1 BGB jedoch ausgeschlossen, weil etwa die Verletzungshandlung durch den Geschädigten zu dulden ist, oder soll auch ein Vermögensschaden eingeklagt werden, könnte auf § 823 Abs. 2 BGB zurückgegriffen werden.

93 Gemäß § 823 Abs. 2 BGB haftet der Anlagenbetreiber auf Schadenersatz, wenn er gegen ein Gesetz verstößt, das zumindest auch den Schutz eines anderen Rechtsgutes sowie seines Inhabers bezweckt. Dies sind die sogenannten Schutzgesetze.[88]

1 § 5 Abs. 3 bzw. Abs. 4 BImSchG als Schutzgesetze

94 Ob die Nachsorge- und Rückführungspflichten aus § 5 Abs. 3 und Abs. 4 BImSchG als **Schutzgesetze** im Sinne des § 823 Abs. 2 BGB zu verstehen sind, wird nicht einheitlich beantwortet.

a) Drittschutz

95 Der überwiegende Teil der Literatur[89] und die Rechtsprechung[90] bejahen einen **Drittschutz zugunsten der betroffenen Nachbarschaft** jedenfalls für § 5 Abs. 3 Nr. 1 BImSchG und damit seine Eigenschaft als Schutzgesetz. Dies betrifft die Pflicht, schädliche Umwelteinwirkungen auch nach Betriebseinstellung zu vermeiden.

96 § 5 Abs. 3 Nr. 2 BImSchG vermittelt nach dieser Auffassung nur dann Drittschutz, wenn die abfallrechtlichen oder sonstigen Vorschriften über die Verwertung bzw. Beseitigung der Abfälle selbst drittschützende Wirkung entfalten.[91] Macht ein Dritter also geltend, durch Abfälle auf dem Anlagengrundstück einen Schaden erlitten zu haben, bedarf es einer Prüfung anhand abfallrechtlicher Vorschriften, ob diese Vorschriften individualisierbar dem Schutz des Dritten oder nur dem Schutz der Umwelt im Allgemeinen dienen.

97 Die Wiederherstellungs- oder die Rückführungspflichten des § 5 Abs. 3 Nr. 3 und Abs. 4 BImSchG haben grundsätzlich keinen drittschützenden Charakter. Vielmehr dienen sie vornehmlich dem Schutz der Umwelt insgesamt.

b) Bestimmtheit

98 Bezüglich der prinzipiell drittschützenden Pflichten aus § 5 Abs. 3 Nr. 1 BImSchG, Anlagen so zu errichten, zu betreiben und stillzulegen, dass auch nach einer Betriebs-

88 Palandt/*Sprau*, BGB, § 823 Rn 56 ff.
89 Landmann/Rohmer/*Dietlein*, Umweltrecht, § 5 BImSchG Rn 38 m.w.V.
90 OVG Nordrhein-Westfalen, Urt. v. 7.7.1976 – VII A 1804/75 – NJW 1976, 2360, 2361 = DB 1976, 2199, jedenfalls für § 5 Nr. 1 BImSchG a.F., der ebenfalls ausdrücklich auf die Nachbarschaft Bezug nimmt.
91 *Jarass*, BImSchG, § 5 Rn 139; Landmann/Rohmer/*Dietlein*, Umweltrecht, § 5 BImSchG Rn 232.

einstellung von der Anlage oder dem Anlagengrundstück keine schädlichen Umwelteinwirkungen und sonstige Gefahren, erhebliche Nachteile und erhebliche Belästigungen für die Allgemeinheit und die Nachbarschaft hervorgerufen werden können, stellt sich aber einmal mehr die Frage, ob die Pflichtenlage ausreichend bestimmt ist. Kann bzw. konnte der Anlagenbetreiber als Adressat aus der Regelung hinreichend genau das geschützte Interesse, die Art seiner Verletzung und den Kreis der geschützten Personen erkennen?

Während man wohl davon ausgehen kann, dass der Kreis der geschützten Per- 99
sonen, nämlich – neben der Allgemeinheit – auch die Nachbarschaft, für den Anlagenbetreiber erkennbar ist, stellt sich hinsichtlich des geschützten Interesses und der Art der möglichen Verletzung die Frage, wie diese aussehen könnten. Insbesondere die unbestimmten Rechtsbegriffe „sonstige Gefahren", „erhebliche Nachteile" oder „erhebliche Belästigungen" scheinen einen sehr weiten Interpretationsspielraum zuzulassen.

Es ist jedoch zu überlegen, ob nicht diese Pflichten, gegebenenfalls auch Pflich- 100
ten aus einer unbestimmten bzw. unkonkreten Genehmigung gemeinsam mit einem gegebenenfalls **vorhandenen überlegenen Sachwissen** des Anlagenbetreibers bezüglich potentieller Gefahrenverursachung durch seine Anlage eine hinreichende Konkretisierung darstellen.[92] In der Folge wäre eine Zuwiderhandlung gegen dieses Sachwissen eine Verletzungshandlung im Sinne von § 823 Abs. 2 BGB.

Zwar ist ein überlegenes Sachwissen, etwa aufgrund beruflicher Verhaltensre- 101
geln oder berufsbedingter Kenntnis der Regeln der Technik, nicht als Rechtsnorm und damit nicht als Schutzgesetz einzustufen. Da das Sachwissen jedoch ein Maßstab dafür sein könnte, welche Leistungen der Anlagenbetreiber konkret zu erbringen oder welche Sorgfaltspflichten er zu erfüllen hat,[93] könnte es – auch ohne behördliche Konkretisierung – Handlungspflichten des Anlagenbetreibers aktivieren.

Eine Verletzung von § 5 Abs. 3 bzw. Abs. 4 BImSchG ist jedenfalls dann möglich, 102
wenn die Nachsorgepflicht durch Rechtsverordnungen, Verwaltungsvorschriften oder Verwaltungsakt, wie etwa Genehmigungen oder nachträgliche Anordnungen, näher konkretisiert wurde,[94] die Pflichten also genau bezeichnet wurden.

Tipp !

Sollten also insbesondere Genehmigungen vorliegen, die die Ausübungen der Grundpflichten aus § 5 Abs. 3 Nr. 1 oder Nr. 2 BImSchG konkretisieren und verstößt der Anlagenbetreiber gegen diese, ist zu prüfen, ob die weiteren Voraussetzungen des § 823 Abs. 2 BGB erfüllt sind.

---

92 Landmann/Rohmer/*Dietlein*, Umweltrecht, § 5 BImSchG Rn 11, allgemein zur Konkretisierung durch überlegenes Sachwissen.

93 Palandt/*Sprau*, BGB, Einl. vor § 1 Rn 24.

94 Landmann/Rohmer/*Dietlein*, Umweltrecht, § 5 BImSchG Rn 11.

2 Anspruchsberechtigter

103 Anspruchsberechtigter ist der Inhaber des gegebenenfalls auch nur mittelbar verletzten Rechtsguts, soweit er vom Schutzbereich des Schutzgesetzes umfasst ist.

Hinweis
Vom Schutzbereich umfasst ist die Nachbarschaft, die durch die schädlichen Einwirkungen der Anlage betroffen sein könnte.

104 Zur **Nachbarschaft** im Sinne der Vorschrift zählen natürliche und juristische Personen, die sich im gesamten Einwirkungsbereich der Anlage aufhalten bzw. Rechte an dort befindlichen Sachen haben und die eine besondere persönliche oder sachliche Bindung von hinreichender Dauer zu einem Ort innerhalb des Einwirkungsbereichs aufweisen.[95]

Beispiel
Hierzu gehören beispielsweise Wohnung- oder Grundstückseigentümer, aber auch Mieter oder Pächter. Auch Arbeitnehmer, die sich regelmäßig im Einwirkungsbereich aufhalten, können geschützt sein.

105 Als **Einwirkungsbereich** ist der Raum zu verstehen, in dem die Belastungen dem Anlagenbetreiber „noch hinreichend zuverlässig zugerechnet werden können" und in dem die „von der Anlage ausgehenden Immissionen noch in nennenswerten Umfang festgestellt werden können"; es muss also ein individualisierbarer Immissionsbeitrag vorliegen.[96]

Tipp
Demnach ist der Einwirkungsbereich auch abhängig von der Streuung der Immissionen aus der Anlage sowie deren Masse.

3 Rechtswidrigkeit

106 Die **Rechtswidrigkeit der Handlung** folgt aus der Verletzung der Nachsorgepflicht aus § 5 Abs. 3 Nr. 1 BImSchG. Teilweise wird vertreten, dass ein Rechtfertigungsgrund in Form einer Duldungspflicht des Nachbarn bei Ansprüchen aus § 823 Abs. 2 BGB nicht greift.[97]

95 Landmann/Rohmer/*Dietlein*, Umweltrecht, § 5 BImSchG Rn 87.
96 Landmann/Rohmer/*Dietlein*, Umweltrecht, § 5 BImSchG Rn 88 m.w.V.
97 Palandt/*Bassenge*, BGB, § 906 Rn 3.

4 Kausalität zwischen der Verletzungshandlung und dem Schaden

Weiter muss der **Schaden durch die Verletzung des Schutzgesetzes** entstanden sein. Dazu genügt es nach der Rechtsprechung, wenn die Befolgung des Schutzgesetzes eine größere Sicherheit gegen den Schadenseintritt geboten hätte.[98] 107

Davon wird in der Regel auszugehen sein, da die Nachsorgepflicht und ihre gegebenenfalls erfolgte Konkretisierung ja gerade dazu dient, eine Gefahr durch stillgelegte Anlagen abzuwenden. Die umsichtige Sicherung eines noch vorhandenen giftigen oder umweltschädlichen Reststoffes wird regelmäßig den gewünschten Erfolg haben. 108

Zudem muss der entstandene Schaden zu den Schäden gehören, die durch das Schutzgesetz gerade vermieden werden sollen.[99] Der Schaden muss damit auf einer Verletzung der Nachsorgepflicht beruhen und Folge einer schädlichen Umwelteinwirkung sein. Von einem solchen Zusammenhang ist etwa dann auszugehen, wenn durch eine Sicherung von Reststoffen ein unkontrollierter Eintrag in Boden oder Grundwasser gerade vermieden werden sollte, oder wenn durch Abdeckung oder Befeuchtung verhindert werden sollte, dass Staubverwehungen von Lagerhalden entstehen, damit der Staub die Umgebung nicht beeinträchtigt. 109

Ein dadurch **entstandener Vermögensschaden** etwa wegen Gewinneinbußen oder Wertbeeinträchtigungen ist allerdings nur dann **durchsetzbar**, wenn eben ein solcher Schaden durch das verletzte Schutzgesetz verhindert werden sollte. Davon ist jedenfalls nach dem Schutzzweck des § 5 BImSchG und speziell der Nachsorgepflichten jedoch nicht auszugehen. 110

Hinweis !

Der Schutzzweck ist die Vermeidung von Gefahren für das Leben und die körperliche Unversehrtheit, Tiere und Pflanzen, den Boden, das Wasser, die Atmosphäre sowie Kultur- und Sachgüter,[100] jedoch nicht das Vermögen, das durch Gewinneinbußen geschmälert werden könnte.

---

5 Verschulden

Eine Haftung nach § 823 Abs. 2 BGB tritt nur dann ein, wenn der Anlagenbetreiber die Verletzung des Schutzgesetzes verschuldet hat. Dazu genügt bereits eine **fahrlässige Nichtbeachtung** des Schutzgesetzes, beispielsweise eine fehlende regelmäßige Überprüfung an sich vorgenommener Sicherungsmaßnahmen. 111

Der Anlagenbetreiber kann sich jedenfalls nicht darauf berufen, dass er die Pflichten aus § 5 Abs. 3 Nr. 1 (bzw. Nr. 2) BImSchG nicht kannte, da er verpflichtet ist, 112

---

98 Palandt/*Sprau*, BGB, § 823 Rn 59.
99 Palandt/*Sprau*, BGB, § 823 Rn 59.
100 Landmann/Rohmer/*Dietlein*, Umweltrecht, § 5 BImSchG Rn 66.

sich im Rahmen seines Wirkungskreises über das Bestehen von Schutzpflichten zu informieren. **Unkenntnis** ist kein hinreichender Entschuldigungsgrund.[101]

V Nachbarschaftlicher Ausgleichsanspruch nach § 906 Abs. 2 S. 2 BGB

113 Sofern der Eigentümer eine wesentliche Beeinträchtigung seines Grundstücks wegen der Ortsüblichkeit der Nutzung zu dulden hat, hat er einen **verschuldensunabhängigen Anspruch** auf einen angemessenen Ausgleich in Geld.

114 **Voraussetzung** ist jedoch, dass die Beeinträchtigung unzumutbar ist, was im Einzelfall anhand des Empfindens eines verständigen Benutzers des betroffenen Grundstücks zu entscheiden ist.[102]

C Rückstellungen für (nachträgliche) Umweltschäden

115 Um – mögliche – öffentlich-rechtliche Sanktionen oder privatrechtliche Ansprüche auszugleichen, bietet es sich an, noch vor Fälligkeit eines solchen Anspruchs, **Rückstellungen zu bilden**. Unter bestimmten Voraussetzungen ist die Bildung von Rückstellungen sogar zwingend. Rückstellungen sind grundsätzlich Geldbeträge, die auf der Passivseite der Bilanz aufgenommen werden, um beispielsweise ungewisse Verbindlichkeiten, drohende Verluste aus schwebenden Geschäften oder unterlassene notwendige Aufwendungen auszugleichen (§ 249 HGB).[103]

I Rückstellungen für ungewisse Verbindlichkeiten

116 Gemäß § 5 Abs. 1 S. 1 EStG[104] i.V.m. § 249 Abs. 1 S. 1 HGB[105] sind Kaufleute, also in aller Regel auch Anlagenbetreiber, verpflichtet, Rückstellungen für ungewisse Verbindlichkeiten zu bilden.

Beispiel
Solche ungewissen Verbindlichkeiten können auch Bußgeldforderungen von Behörden oder Schadenersatzforderungen Privater sein.

101 Palandt/*Sprau*, BGB, § 823 Rn 60.
102 Palandt/*Bassenge*, BGB, § 906 Rn 28.
103 *Creifels*, Rechtswörterbuch, S. 1116.
104 Einkommensteuergesetz (EStG) i.d.F. v. 8.10.2009 (BGBl. I S. 3366, 3862), zuletzt geändert durch Gesetz v. 2.11.2015 (BGBl. I S. 1834).
105 Handelsgesetzbuch (HGB) v. 10.5.1897 (RGBl. S. 219), zuletzt geändert durch Gesetz v. 20.11.2015 (BGBl. I S. 2029).

Voraussetzungen sind 117
- sicher oder wahrscheinlich be- oder entstehende Verpflichtungen (Verbindlichkeiten) gegenüber einem anderen,
- die rechtlich entstanden oder wirtschaftlich verursacht sind und
- mit deren Inanspruchnahme ernsthaft zu rechnen ist.

Mit einer **Inanspruchnahme** ist erst dann ernsthaft zu rechnen, wenn der Geschä- 118
digte bzw. Gläubiger seinen Anspruch gegen den Schädiger bzw. Schuldner kennt. Dazu müssen dem Geschädigten zumindest die den Anspruch begründenden Tatsachen bekannt geworden sein bzw. muss dieses Bekanntwerden unmittelbar bevorstehen[106] und damit die künftige Inanspruchnahme wahrscheinlich sein.[107]

1 Öffentlich-rechtliche Verpflichtungen

Bei drohenden öffentlich-rechtlichen Verpflichtungen ist eine **Bildung von Rückstel-** 119
lungen für ungewisse Verbindlichkeiten nach der ständigen Rechtsprechung des Bundesfinanzhofs (BFH) allerdings jedenfalls dann **unzulässig**, wenn im Zeitpunkt der Bilanzaufstellung keine hinreichenden Anhaltspunkte dafür vorliegen, dass der Schaden der für die Entscheidung über die Rechtsfolgen zuständigen Behörde bekannt ist oder alsbald bekannt sein wird.[108]

Bei Umweltschäden wird eine fehlende Inanspruchnahme regelmäßig dann 120
vermutet, wenn die zuständige Behörde weder von den konkreten Boden- oder Luftbelastungen Kenntnis hat, noch eine solche Kenntnis unmittelbar bevorsteht. Ein allgemeiner Erfahrungssatz, dass eine signifikante Verschmutzung etc. von der zuständigen Behörde innerhalb eines vorhersehbaren Zeitraums erkannt wird, existiert nach Auffassung des BFH nicht.[109]

Dass der Anlagenbetreiber sich selbst zu einer Verbindlichkeit bekennt und sich 121
zu einer Beseitigung der Schäden verpflichtet sieht, reicht nicht aus.[110]

2 Privatrechtliche Verpflichtungen

Hinsichtlich einer Rückstellung für ungewisse privatrechtliche Verpflichtungen kann 122
grundsätzlich auf das bereits Ausgeführte verwiesen werden.[111] Auch hier kann mit einer Inanspruchnahme ernsthaft erst dann gerechnet werden, wenn der potentielle private Geschädigte bzw. Gläubiger von der Immission Kenntnis erlangt bzw.

106 BFH, Urt. v. 3.1.1991 – X R 163–164/87 – BFHE 164, 556 ff.
107 BFH, Urt. v. 11.12.2001 – VIII R 34/99 – DStRE 2002, 541, 542.
108 BFH, Urt. v. 11.12.2001 – VIII R 34/99 – DStRE 2002, 541, 543.
109 BFH, Urt. v. 11.12.2001 – VIII R 34/99 – DStRE 2002, 541, 543.
110 BFH, Urt. v. 11.12.2001 – VIII R 34/99 – DStRE 2002, 541, 544.
111 Vgl. dazu Rn 116 ff.

mit überwiegender Wahrscheinlichkeit erlangen wird.[112] Rückstellungen sind jedoch dann zu bilden, wenn der Schädiger als juristische Person das ihr von ihren Gesellschaftern zur Nutzung überlassene Grundstück (Nießbrauchbesteller, Verpächter) kontaminiert. Hier wird man in der Regel von demselben Wissensstand und damit von einer Inanspruchnahme ausgehen können.[113]

II Aufwandsrückstellungen

123 Aufwandsrückstellungen eignen sich hingegen nicht, um mögliche Schadenersatzansprüche abzubilden, da dieser Art von Rückstellungen der Erfüllung von Innenpflichten, wie zum Beispiel der Instandhaltung abnutzbarer Gegenstände des Sachanlagevermögens dienen und ihnen keine (unsicheren) Außenverpflichtung zugrunde liegen.

124 Zu den Rückstellungen für Aufwendungen zählen im Geschäftsjahr unterlassene Instandhaltungen und unterlassene Abraumbeseitigungen, soweit keine rechtliche oder faktische Verpflichtung am Bilanzstichtag vorliegt.[114]

112 BFH, Urt. v. 11.12.2001 – VIII R 34/99 m.w.V. – DStRE 2002, 541, 544.
113 BFH, Urt. v. 11.12.2001 – VIII R 34/99 – DStRE 2002, 541, 544.
114 MüKo-HGB/*Ballwieser*, § 249 Rn 79 f.

Kapitel 6
Resümee und Ausblick

A Ein schwieriges Kapitel: Rahmenbedingungen für Anlageninvestitionen

Die Bundesrepublik Deutschland hat besonders die Stromwirtschaft großen Herausforderungen unterworfen. Einerseits wurde der Ausstieg aus der Atomenergie nach jahrzehntelangen gesellschaftlichen Auseinandersetzungen und letztlich wegen des Super-GAU in Fukushima beschlossen. Er wird derzeit – während das Bundesverfassungsgericht (BVerfG) die grundsätzliche Richtigkeit des Ausstieges prüft[1] – in der Praxis umgesetzt. Gleich zwei Kommissionen wurden von der Bundesregierung gebeten, ihre Empfehlungen für eine geordnete Abwicklung abzugeben. Die seit Jahren offene Endlagersuche und die Sicherung der Finanzierung des Rückbaus, der Zwischenlager und schließlich der Endlagerung haben die Experten in der Endlagersuchkommission[2] und die der KFK-Kommission[3] 2015 und 2016 beschäftigt. Die gesetzliche Umsetzung des Ausstiegs im Detail steht aus; erste Rechtsnormen in Form des Nachhaftungsgesetzes[4] liegen im Entwurf vor. 1

Andererseits hat die Energiewirtschaft sehr aktuell eine Diskussion betreffend den Ausstieg aus der emissionsintensiven Kohleverbrennung zu führen, insbesondere nachdem sich die ehrgeizigen Pläne zugunsten einer schnellen Einführung der Carbon Capture and Storage (CCS) Technologie nicht in die Realität umsetzen ließen. Zwar sind die Pläne vom Tisch, die Kohleverbrenner mit einer – europarechtlich schwierigen – weiteren CO_2-Abgabepflicht neben dem europäischen Emissionshandel zu belasten. Gleichzeitig aber werden sehr konkrete Ausstiegspläne erarbeitet, die sich auf das Jahr 2040 konzentrieren, aber auch frühere Zeitpunkte der Stilllegung von Tagebauen und Anlagen im Visier haben.[5] 2

1 Anhängige Verfahren unter dem Az. 1 BvR 2821/11, 1 BvR 321/12 und 1 BvR 1456/12.

2 Kommission „Lagerung hoch radioaktiver Abfallstoffe" gem. § 3 des Standortauswahlgesetzes (StandAG) v. 23.7.2013 (BGBl. I S. 2553), näheres unter https://www.bundestag.de/endlager/.

3 Kommission zur Überprüfung der Finanzierung des Kernenergieausstiegs (KFK), näheres unter http://www.bmwi.de/DE/Themen/Energie/Konventionelle-Energietraeger/uran-kernenergie,did=739424.html.

4 Gesetzentwurf der Bundesregierung, Entwurf eines Gesetzes zur Nachhaftung für Rückbau- und Entsorgungskosten im Kernenergiebereich (Rückbau- und Entsorgungskostennachhaftungsgesetz – Rückbau- und EntsorgungskostennachhaftungsG), BT-Drucks. 18/6615.

5 Vgl. enervis energy advisors, Der Klimaschutzbeitrag des Stromsektors bis 2040, Entwicklungspfade für die deutschen Kohlekraftwerke und deren wirtschaftliche Auswirkungen, Studie im Auftrag von Agora Energiewende, November 2015, abrufbar unter http://www.agora-energiewende.de/fileadmin/Projekte/2014/Kraftwerkspark-im-Einklang-mit-Klimazielen/Agora_Klimaschutzbeitrag_des_Stromsektors_2040_WEB.pdf.

3 Bleiben die gasverbrennenden Anlagen und diejenigen, die die Erneuerbaren Energien nutzen. Erstere haben es schon wegen des derzeit niedrigen Strompreises schwer; zweitgenannte mussten/müssen sich darauf einstellen, dass sie nicht mehr als bedingungslos förderungswürdige „Kleintechnologie" gelten, sondern in das Zentrum des Energiemarktes gerückt sind und der Anlagenwettbewerb untereinander beginnt. Im Jahr 2025 sollen 45 % des Bruttostromverbrauchs in Deutschland aus erneuerbaren Quellen stammen, legte 2013 der Koalitionsvertrag von CDU, CSU und SPD schon fest.[6] Dabei sind die Pariser Beschlüsse von 2015[7] noch gar nicht berücksichtigt. Die aktuelle EEG-Novelle[8] aber deckelt nun den Ausbau der Erneuerbaren Energien im Stromsektor auf 45 % am oberen Ende des Korridors. Vor diesem Hintergrund haben viele Energieversorger erhebliche Hemmungen, neue Stromerzeuger zu errichten.

4 Zwar blickt die Industrie aktuell angesichts günstiger wirtschaftlicher Daten optimistischer in die Zukunft.[9] Doch auch hier gibt es große Unsicherheiten über die Rahmenbedingungen von Investitionen. Genannt sei nur die offene Frage, wie sich die europäischen Märkte entwickeln, die auch fast ein Jahrzehnt nach dem Beginn der Finanz- und Bankenkrise nicht ihr Ausgangsniveau erreicht haben.[10] Auch die internationale Lage ist für die traditionell exportorientierte deutsche Industrie[11] ein bedeutender und schwer zu beeinflussender Faktor.

5 Was bedeuten diese Unsicherheiten nun für die Investition in große, genehmigungsbedürftige Anlagen? Festzuhalten bleibt zunächst, dass viele Unternehmen derzeit defensiv planen und auf ein Mehr an Sicherheit warten.[12] Hier ist die Politik gefragt. Dabei geht es nicht nur um Unterstützung etwa in Form von Fördermechanismen (wie dem EEG) oder eine Rückausnahme (wie die BESAR), die gemeinschaftsrechtlich ohnehin unter Beobachtung stehen. Es geht auch um Verlässlichkeit. Für Unternehmen, die Anlagen mit 30jähriger Lebensdauer betreiben, ist es naturgemäß ein überaus wichtiger Faktor, dass sich der Rechtsrahmen nicht ständig ändert. Welche Wirkung langfristiger Verlässlichkeit zukommt, zeigt beispielhaft der Ausbaupfad der Erneuerbaren Energien, die für 20 Jahre Einspeisevergütungen garantiert

6 Koalitionsvertrag zwischen CDU, CSU und SPD vom 16.12.2013, abrufbar unter https://www.cdu.de/artikel/koalitionsvertrag-zwischen-cdu-csu-und-spd-vom-16-dezember-2013.

7 Das Paris Agreement, abrufbar unter http://unfccc.int/files/meetings/paris_nov_2015/application/pdf/paris_agreement_english_.pdf.

8 Referentenentwurf des BMWi, Entwurf eines Gesetzes zur Einführung von Ausschreibungen für Strom aus erneuerbaren Energien und zu weiteren Änderungen des Rechts der erneuerbaren Energien, 24.4.2016, u.a. mit Änderung des EEG, abrufbar unter http://www.bmwi.de/DE/Themen/Energie/Erneuerbare-Energien/eeg-2016-wettbewerbliche-foerderung.html.

9 Kap. 1 Rn 4.

10 Kap. 4 Rn 264 ff., 280 ff.

11 Kap. 4 Rn 5 ff.

12 Kap. 3 Rn 135.

bekommen.[13] Ein Negativbeispiel dagegen stellt die Neuanlagenregelung des ersten Zuteilungsgesetzes im Emissionshandel dar, deren Zuteilungsgarantie über 14 Jahre vielen Unternehmen eine Sicherheit vorgegaukelt hat,[14] die der Gesetzgeber dann nicht eingelöst hatte.[15]

B Investitionen in Anlagen: Der Gesetzgeber macht es nicht leicht

Doch auch wenn ein Unternehmen sich trotz unruhiger Zeiten für eine Investition entschlossen hat, ist die Umsetzung eines Investitionsbeschlusses oft von erheblichen rechtlichen Hürden umstellt. Auch hier erhöhen die prägenden Langzeittrends des vergangenen Jahrzehnts in den Augen vieler Unternehmen die Investitionsrisiken: 6

Im **Planungsrecht**[16] wurde die Berücksichtigung der vielfältigen im jeweiligen Einzelfall möglicherweise kollidierenden Schutzgutinteressen, insbesondere in naturschutzrechtlicher Hinsicht, im Laufe der Jahre und Jahrzehnte in ein immer filigraneres Verfahren verlagert, das in anspruchsvoller Art und Weise sicherstellen soll, dass der Realisierung eines konkreten Anlagenvorhabens ein Planungsprozess vorausgegangen ist, in dem alle erdenklichen Interessen zutreffend und eben nicht nur rein formelhaft abgewogen worden sind. Diese hoch entwickelte Choreographie der Interessenabwägung führt jedoch nicht selten dazu, dass auf allen Seiten eines Planungsvorhabens vermeintlich untergeordnete Nachlässigkeiten und Versäumnisse in eine ernsthafte Gefährdung von Projekten umschlagen.[17] Ohne Expertenhilfe, so klagen alle Planungsebenen, sei das Risiko von Verfahrensfehlern inzwischen überaus hoch. Insbesondere, aber nicht nur, in dieser Hinsicht kommt zusätzlich zum Tragen, dass die Umsetzung der Aarhus-Konvention[18] auf europäischer Ebene Kritikern konkreter Projekte heute deutlich weitreichendere Überprüfungsmöglichkeiten, auch und insbesondere der formellen Seite, einer Anlagenplanung einräumt als noch vor wenigen Jahren. 7

Doch nicht nur in dieser prozeduralen Hinsicht gehen die entscheidenden Impulse der letzten Jahre auf das Recht der Anlagenplanung und Genehmigung von europäischen Organen aus. Die **Europäisierung des Umweltrechts** in den letzten Jahrzehnten hat das tradierte deutsche Anlagengenehmigungsrecht mehrfach tief- 8

13 Kap. 2 Rn. 17 ff.
14 Kap. 4 Rn 204.
15 Kap. 4 Rn 205.
16 Kap. 2.
17 Kap. 2 Rn. 125 ff.
18 Vgl. http://www.aarhus-konvention.de/.

greifend verändert. Schon die IVU-Richtlinie 1996[19] weitete den Fokus des BImSchG[20] hin zu einem integrierten Umweltschutzansatz.[21] Praktische Bedeutung hat diese Erweiterung des Blickwinkels insbesondere bei Kumulationseffekten. Gleichzeitig gab der Gesetzgeber die enge Begrenzung auf Emissionen in die Luft auf, zugunsten eines ganzheitlichen Ansatzes, der Wasser und Boden sowie auch die Abfallwirtschaft mit einbezog. Schließlich ist ein hohes Schutzniveau für die Umwelt insgesamt, wie es das BImSchG als Ziel definiert, nicht realisierbar, wenn das zentrale Gesetz zur Sicherung dieses Wunschzustandes nur einen potentiellen Verschmutzungspfad berücksichtigt und blind ist für Negativkompensationen und unverhältnismäßig teuer erkaufte Emissionsreduktionen an einer Stelle zulasten einer anderen. Dies leuchtet gar einerseits unmittelbar ein. Andererseits erhöht die Berücksichtigung solcher Effekte die Unsicherheit für den einzelnen Anlagenbetreiber.

9 Der Trend zur Vergemeinschaftung prägte seit den 1990er Jahren das Anlagengenehmigungsrecht. Nach dem die rechtlichen Vorgaben für Anlagen unterhalb der Genehmigungspflicht in der Vergangenheit stets allein auf nationaler Ebene erarbeitet und erlassen wurden, insbesondere durch die TA Luft[22] und die TA Lärm,[23] ist seit 2015 nun auch der Bereich der Feuerungsanlagen mit mehr als 1 MW FWL vergemeinschaftet worden. Die Richtlinie zur Begrenzung der Emissionen bestimmter Schadstoffe aus mittelgroßen Feuerungsanlagen in die Luft (MCPD)[24] enthält zum Teil sehr kleinteilige Regeln über die maximalen Emissionen, die von diesen Anlagen noch ausgehen dürfen. Zum größten Teil werden diese neuen Grenzwerte im Rahmen einer Novelle der TA Luft umgesetzt werden.[25] Neben qualitativen Anforderungen an diese Feuerungsanlagen enthält die MCPD jedoch eine ganze Reihe von Vorgaben, wie künftig kleine Anlagen registriert und überwacht werden sollen. Hier bleibt abzuwarten, wie dies auf nationaler Ebene umgesetzt wird. Fest steht jedoch schon jetzt, dass die bisherige Praxis, in der ohne allzu detaillierte Kenntnis der örtlichen Umweltbehörden die Hauptlast der Überwachung auf den Schultern der Bezirksschornsteinfeger lag,[26] zumindest Modifikationen unterliegen wird.

10 Neben die inhaltlichen Neuerungen der letzten Jahre tritt ein **Mehr an Transparenz und Öffentlichkeitsbeteiligung.**[27] Der Öffentlichkeit muss Gelegenheit gegeben werden, Vorhaben zu prüfen und gegebenenfalls Einwendungen zu erheben.

19 IVU-Richtlinie (IVU-RL 1996 – RL 96/61/EG) v. 24.9.1996 (ABl EG Nr. L 257 S. 26).
20 Bundes-Immissionsschutzgesetz (BImSchG) v. 17.5.2013 (BGBl. I S. 1274), zuletzt geändert durch Verordnung v. 31.8.2015 (BGBl. I S. 1474).
21 Kap. 5 Rn 6 ff.
22 Technische Anleitung zur Reinhaltung der Luft (TA Luft) v. 24.7.2002 (GMBl. 2002 S. 511).
23 Technische Anleitung zum Schutz gegen Lärm (TA Lärm) v. 26.8.1998 (GMBl. Nr. 26/1998 S. 503).
24 Medium Combustion Plant Directive (MCPD – RL 2015/2193/EU) v. 25.11.2015 (ABl EU Nr. L 313 S. 1).
25 Kap. 3 Rn 59 ff.
26 Kap. 4 Rn 76 ff.
27 Kap. 3 Rn 12 ff.

Gerade bei Projekten, die umstritten sind, wie etwa Kraftwerksanlagen oder große Tiermastbetriebe, ist beginnend von der Öffentlichkeitsbeteiligung regelmäßig von Auseinandersetzungen um das Vorhaben auszugehen, die für den Betreiber wie für die Nachbarschaft in jahrelange Unsicherheit über den weiteren Fortgang des Projekts münden.[28] Das Klagerecht der anerkannten Naturschutzverbände führt zudem dazu, dass der Vorhabenträger sich auch nicht allein darauf verlassen kann, dass er und sein Vorhaben in der unmittelbar betroffenen Nachbarschaft gut gelitten ist. Insbesondere haben einige spektakuläre Verfahren der letzten Jahre klargestellt, dass auch die einhellige Unterstützung von Politik und Verwaltung kein Garant dafür ist, ein großes Industrieanlagenvorhaben auch tatsächlich zur Vollendung zu bringen.[29]

Doch auch qualitativ verändern und verschärfen sich die Vorgaben. Das Immissi- 11
onsschutzrecht ist nach wie vor im Umbruch. Zwar betrifft die 2010 in Kraft getretene Industrieimmissionsrichtlinie (IED)[30] formell nur die Anlagen mit 50 MW FWL oder mehr. Tatsächlich steht die insbesondere in der 13. BlmSchV[31] umgesetzte IED neben verschärften Grenzwerten auch für ein grundsätzlich engmaschigeres Überwachungssystem als in der Vergangenheit. Denn noch vor wenigen Jahren wurde regelmäßig ein erhebliches Vollzugsdefizit des Umweltrechts gerügt und bedauert.[32] Das Immissionsschutzrecht erlaube, so damalige Stimmen, theoretisch einschneidende Maßnahmen bis hin zur Stilllegung von Anlagen.[33] Jedoch sprachen kritische Stimmen über Jahrzehnte davon, dass Umweltbehörden trotz der sich dynamisch anhand des Standes der Technik stets modernisierenden Anforderungen an den Anlagenbetrieb diese Ansprüche weder überwachten noch durchsetzen. Rechtlicher Anspruch und anlagentechnische Realität hätten teilweise weit auseinander gelegen.

Dies sollte anders werden. Landesweite Überwachungspläne, regelmäßige 12
Umweltinspektionen, die Beteiligung der Öffentlichkeit durch Publikation derselben und ein höheres Maß der Regelmäßigkeit, in der Umweltbehörden tätig werden müssen, sollen ebenso zu einem Mehr an anlagenbezogenem Umweltschutz führen, wie die regelmäßige Überarbeitung des Grenzwertgefüges durch einen alle acht Jahre anstehenden Modernisierungszyklus der verbindlichen BVT-Merkblätter. Umweltschutz soll so nicht nur durch qualitative, sondern auch durch prozedurale Vorgaben gewährleistet werden.

---

28 Kap. 3 Rn 270 ff., 281 ff.

29 Kap. 3 Rn 281 ff., 292 ff.

30 Industrieemissionsrichtlinie (IED – RL 2010/75/EU) v. 24.11.2010 (ABl EU Nr. L 334 S. 17); Umsetzung in BGBl. 2013 I S. 973.

31 Verordnung über Großfeuerungs-, Gasturbinen- und Verbrennungsmotoranlagen (13. BImSchV) v. 2.5.2013 (BGBl. I S. 1021, 1023, 3754), zuletzt geändert durch Verordnung v. 31.8.2015 (BGBl. I S. 1474).

32 Kap. 3 Rn 15 f.

33 Kap. 4 Rn 5 ff.

C Wie weiter im Anlagenrecht?

13 Zwei Jahre vor Erscheinen dieses Buches sprach ein Doyen des Umweltrechts auf einer Tagung zum Fachpublikum aus Richtern, Anwälten, Professoren und Beamten. Der Trend zu Vergemeinschaftung werde sich fortsetzen. Schon in wenigen Jahren gebe es kein nationales Umweltrecht mehr. Auch diese Materie werde in einer europäischen Rechtsordnung eines sich verdichteten Staates EU aufgehen. Man applaudierte.

14 Zwei Jahre später sieht die Welt anders aus. Die Europäische Union steckt in einer Krise, die Experten als existentiell einstufen.[34] Während manche Brüsseler Offiziellen noch von einer Union auf dem aufsteigenden Ast sprechen,[35] sind in den europäischen Hauptstädten von London über Warschau bis Athen die skeptischen Stimmen zunehmend zu hören. Dies betrifft viele Politikbereiche, in erster Linie innenpolitische und finanzpolitische Themen. Aber auch im Bereich Umwelt werden europäische Vereinheitlichungen zunehmend kritisch betrachtet. Möglicherweise wird es nicht so schnell ein einheitliches europäisches Umweltrecht geben, wie angenommen. Doch als sicher darf gelten, dass der gegenwärtig hohe Standard des Umweltrechts unabhängig vom Vergemeinschaftungsgrad nicht sinken, sondern eher noch steigen wird: Einem weiter wachsenden Umweltbewusstsein der Bevölkerung korrespondieren sowohl politische Mehrheiten für schärfere Regeln, die Anlagenerweiterungen und -neubauten erschweren. Als auch eine kritische Öffentlichkeit, die Projekte detailliert prüft und gegebenenfalls auch vor Gericht zieht.

15 Was resultiert hieraus nun für den einzelnen Anlagenbetreiber? Ein Mehr an öffentlicher Aufmerksamkeit kann nur durch ein Mehr an Sorgfalt im Planungs- und Genehmigungsprozess aufgefangen werden. Die Branche weiß: Projekte können an vermeintlichen Petitessen scheitern. Deswegen ist von vornherein der rechtskonformen Planung und der exakten Einhaltung aller einzelnen Genehmigungsschritte höchste Priorität einzuräumen.

---

34 Vgl. *Martin Schulz*, Rede auf dem SPD-Parteitag am 11.12.2015, der das Scheitern der Europäsichen Union als „realistische Option" bezeichnet, abrufbar unter https://www.spd.de/fileadmin/Dokumente/Reden/Rede_Martin_Schulz_auf_dem_Bundesparteitag.pdf.

35 Vgl. nur Interview mit *Jean-Claude Juncker*, BILD vom 16.2.2016, der Rückschritte der Europäischen Union ausdrücklich ausschließt und lediglich von kleineren Schritte oder Pausen spricht, abrufbar unter http://www.bild.de/politik/ausland/jean-claude-juncker/im-bild-interview-44586392.bild.html.

Register

Printed and bound by CPI Group (UK) Ltd, Croydon, CR0 4YY
30/09/2026
14973064-0001